数字时代图书馆学情报学研究论丛

（第二辑）

本书得到教育部人文社会科学重点研究基地重大项目（11JJD630001）资助

多语种叙词本体

MULTI-LINGUAL THESAURI-ONTOLOGY

邓仲华　赵又霖　黎春兰　汤　平　编著

WUHAN UNIVERSITY PRESS
武汉大学出版社

图书在版编目(CIP)数据

多语种叙词本体/邓仲华，赵又霖，黎春兰，汤平编著. —武汉：武汉大学出版社，2011. 10
数字时代图书馆学情报学研究论丛. 第2辑
ISBN 978-7-307-09287-7

Ⅰ. 多…　Ⅱ. ①邓…　②赵…　③黎…　④汤…　Ⅲ. 叙词法—研究
Ⅳ. G254. 24

中国版本图书馆 CIP 数据核字(2011)第227265号

责任编辑：詹　蜜　　责任校对：黄添生　　版式设计：马　佳

出版发行：武汉大学出版社　(430072　武昌　珞珈山)
(电子邮件：cbs22@ whu. edu. cn　网址：www. wdp. com. cn)
印刷：湖北省京山德兴印务有限公司
开本：720×1000　1/16　印张：29　字数：410千字　插页：2
版次：2011年10月第1版　2011年10月第1次印刷
ISBN 978-7-307-09287-7/G·2306　定价：46.00元

序

“图书馆学情报学”是我国的习惯用法，是涵盖图书馆学、情报学、档案学、出版发行学等学科的名称。在我国台湾被称为“图书馆与资讯科学”，英文为 Library and Information Science。美国也用 Library and Information Studies 来称谓这一学科。

1807 年，德国学者马丁·施莱廷格（Martin Schrettinger，1772—1851）首次使用了“图书馆学”这一概念，1808 年他又在《试用图书馆学教科书大全》中建立了以图书馆整理为核心的学科体系，标志着图书馆学学科正式诞生。

自 1887 年美国学者杜威（Melvil Dewey，1851—1931）在哥伦比亚大学创办世界第一所图书馆学校，1930 年在卡内基基金的资助下芝加哥大学设立第一所图书馆学博士班课程以来，图书馆学开始走进大学殿堂，成为高等教育中的一个专业。

图书馆学教育在美国的兴起带动了全球图书馆教育的发展。1919 年英国在伦敦大学建立了图书馆学院。目前，美国有 56 所美国图书馆学会（ALA）认可的图书馆学院，每年招收图书馆与情报学学生 26 000 人左右。

在施莱廷格后的两个世纪，图书馆学科不断变化。特别是在 20 世纪 50 年代以来的冷战期间，美苏军备竞赛，两大阵营形成。苏联卫星上天，美国实施阿波罗计划，科技文献激增。科学家对文献信息的获取变得困难。一门新型学科——情报学应运而生。1963 年美国文献工作学会正式更名为美国情报学会（ASIS）。大量增设图书馆学与情报学硕士点、博士点。图书馆学课程表中也增加了大量的情报学课程。

20 世纪 70 年代，计算机技术在图书馆与信息工作中广泛应用，自动化、地区性图书馆网络形成，机读目录广泛应用，国际图联将世界书目控制列为核心计划。图书馆学（Library Science）发展为“图书馆与情报学”（Library and Information Science），后来又进一步演变为“图书馆与情报研究”（Library and Information Studies）。

20 世纪 80 年代高新技术迅速发展，信息时代到来。美国里根政府实施星球大战计划，欧洲实施尤里卡计划等。联机图书馆系统广泛建立，并扩展至世界主要发达国家。商业性联机数据库如 ORBIT，DIALOG 发展迅速，图书馆与情报职业面临挑战。为适应信息时代要求，国际上图书馆学情报学专业开始调整。国际上有较多大学将图书馆学院易名为图书馆与情报学院或信息研究学院，图书馆学、情报学在硕士、博士层次合二为一。

20 世纪 90 年代，全球进入后信息时代——数字时代到来。克林顿政府开始实施国家信息基础设施计划（NII）、全球信息基础设施计划（GII）。新一代互联网投入使用。欧美初步建成信息社会，全球进入无缝信息环境。世贸组织建立和一揽子贸易协定生效，使全球经济一体化并逐步进入知识经济时代。各国继续加强图书馆学、情报学学科调整。图书馆学、情报学学科内容向情报科学汇集。

进入 21 世纪以来，国际上信息管理学科变化很快。自雪城（SYRACUSE）大学将学院更名为信息研究学院（The School of Information Studies）后，在美国立即出现了 iSchool 的浪潮。伊利诺依斯大学、华盛顿大学、密歇根大学、匹兹堡大学、加州大学伯克利分校、北卡罗来纳大学等知名大学的图书馆与情报学院宣称自己为 iSchool。这些 iSchools 通过宪章组成 I-Schools 联盟（ISG）。目前共有 20 所美国的大学加入联盟（联盟宪章不允许超过 25 个）。iSchool 强调信息、技术与人的关系（relationship between information, technology and people）。iSchool 的标准包括：必须有杰出的研究和杰出的博士教育；必须能在科学、企业、教育与文化进步过程中提供任何形式的信息所需的专门技术；必须能提供信息技术及其应用、信息使用与用户方面的专门知识。2004～2006年的联盟领导委员会协调人是雪城大学信息研究学院的 Raymond von Dran 院长，2006～2007年将由匹兹堡大学信息学院院长 Ron Larsen 担任。联盟成员的标准主要强调研究即实质性承担研究活动（三年中每年研究支出达到100万美元），同时，致力于培养未来的研究者（通常通过研究型的博士点），引领推动信息职业领域。

国际上图书馆与情报学科的发展表现出明显的特征：研究范围由传统的图书馆领域扩大到信息领域（information field），研究视野由实体的图书情报机构扩大到虚拟空间，研究对象由图书文献转向了信息内容。一系列相关学科如图书馆学、情报学、档案学、出版科学、信息管理与系统乃至数字商务汇集于信息科学（Information Sciences）下，从而使图书馆学情报学研究发生了根本的变化。

武汉大学图书馆学科起源于1920年美国学者韦棣华女士创办的武昌文华大学图书科，档案专业起源于1940年的文华图书馆学专科学校的档案管理科。1978年武汉大学创办科技情报学专业，后改为情报学专业。1983年创办图书发行学专业，2002年创办电子商务专业。1984年经教育部批准建立武汉大学图书情报学院。2001年更名为信息管理学院。图书馆学和情报学两个二级学科被国务院学位委员会批准为国家重点学科。“图书馆、情报与档案管理”被国务院学位委员会批准为一级学科博士学位授权点。教育部批准“武汉大学信息资源研究中心”为国家人文社会科学重点研究基地。信息产业部批准成立“国家信息资源管理（武汉）研究基地”。新闻出版总署批准建立“新闻出版总署武汉大学高级出版人才培养基地”。“网络信息资源开发与数字图书馆建设”被国家计委、教育部等批准为“十五”211重点学科建设项目。建立一级学科博士后流动站。武汉大学信息资源研究创新基地被列为国家“985二期工程”建设项目。一批院内校级重点研究基地如武汉大学四库学研究所、武汉大学中国科技评价中心、武汉大学政府信息研究中心、武汉大学数字图书馆研究所、武汉大学出版发行学研究所、武汉大学图书馆学情报学国际合作研究中心也在科研和人才培养中发挥着重要平台作用。

强调一级学科内学科群建设和学科协调发展是武汉大学图书馆与情报学科建设的基本目标。以图书馆学、情报学两个国家重点学科为龙头促进图书馆学、情报学、档案学、信息资源管理、出版发行学等学科的协调发展。

我们深刻认识到信息资源与自然资源、人力资源共同构成支撑现代经济社会发展的资源体系。信息资源是知识经济时代重要的国家战略资源，是实现经济和社会全面、可持续发展的基础条件。对信息资源的拥有、开发和利用水平，是衡量一个国家综合国力和国际竞争力的重要标志之一。消弭信息鸿沟、实现信息公平，是消除贫困、促进经济发展、构建和谐社会的重要条件之一。

信息资源管理人才培养是学院的基本任务。学院每年为国家培养本科生 260 名，硕士研究生 150 名，博士研究生 55 名左右。学院有一支知识结构和年龄结构合理的优秀学术队伍。这支队伍中有武汉大学人文社会科学资深教授 1 人，博士研究生导师 26 人，国务院政府特殊津贴专家 6 人，教育部新世纪优秀人才支持计划 3 人，武汉大学珞珈特聘教授 2 人。作为实现研究型学院建设目标的一部分，在教学的同时，广大教师承担了大量的科学研究任务。为了推动本学科领域的前进，分享他们的见解，在武汉大学出版社的大力支持下，并报有关部门批准，我们拟出版《数字时代图书馆学情报学研究论丛》（简称《论丛》）。

为了编辑这套丛书，武汉大学邀请了国内外知名学者担任《论丛》的学术顾问，组建了主要由信息管理学院的博士研究生导师担任委员的编辑委员会。

《论丛》拟用 4 年时间出版著作共 20 卷。20 卷著作将分为三个系列：（1）学科年度进展。主要约请信息管理学院图书馆学系、档案与电子政务学系、信息管理科学系、现代出版系、信息系统与电子商务系的有关教师和校外专家共同编写本学科的年度研究进展，主要有《图书馆学研究进展》、《情报学研究进展》、《档案学研究进展》、《出版学研究进展》、《信息资源管理学研究进展》；（2）个人学术专著。涉及图书馆、情报与档案管理基本理论研究、信息组织与检索、信息资源管理、信息资源建设与信息服务、文献编纂与出版、数字图书馆与信息系统工程等研究方向；（3）研究报告系列。我院研究人员共承担教育部哲学社会科学研究重大攻关项目、国家社会科学基金重点项目、教育部人文社会科学重点研究基地重大招标项目、国家自然科学基金项目、国家社会科学基金项目多项。特别是211项目和985项目，围绕数字信息资源开发与管理、数字信息资源服务与保障、信息资源公共获取与知识产权协调管理、数字图书馆关键技术与系统、资源与服务整合、信息构建与知识管理等主题正在进行探索。在信息构建的理论与方法、信息系统与资源整合、元数据知识表达、网络计量与参考、信息服务集成机制、信息资源与服务集成技术、媒体及数字出版、数字内容分销、信息资源的长期保存、商务信息流等关键领域力图实现图书馆学科在数字图书馆领域、情报学科在数字资源管理领域、档案学在数字化政务信息管理领域、出版发行学在数字出版与数字化分销、信息系统科学在集成系统以及数字化商务信息流研究方面取得研究结果。本系列将对部分研究结果进行报告。

丛书的出版是学院广大教师和研究人员辛勤探索的结果，在此，谨向严谨治学、辛勤耕耘的各位著作者表示感谢！对武汉大学出版社的支持表示感谢，对责任编辑严红女士在策划编辑过程中付出的艰辛劳动表示感谢。同时，还望广大读者不吝批评指正，共同推动图书馆学、情报学、档案学、出版发行学和信息资源管理学科的进步！

武汉大学信息管理学院院长　**陈传夫**

武汉大学信息资源研究中心主任　**马费成**

前　言

叙词表是“将文献、标引人员和信息用户的自然语言转换成规范化语言的术语控制工具，它是概括各门或某一学科领域并由语义相关、族性相关的术语组成的可以不断补充的规范化词表”，在文献标引和信息检索方面有着广泛的用途。叙词表突出的特点是丰富的关系定义，如 ANSI Thesaurus 标准（Z39. 19—1980）中规定有13 种词汇间关系（这些关系完全包括了中国《汉语主题词表》的“用、代、属、分、参”结构），使其在表达语义方面具有优良的性能。多语种叙词表则是在普通叙词表的术语及关系中加入了不同语种的映射。早在 1985 年，国际标准化组织规范了多语种叙词表的制定和修改规则，随后，许多国家也制订了自己国家的专业叙词表，并附带有其他语种叙词，目前编制完成的叙词表超过 2 000 种。多语种叙词表不仅仅是跨语言信息检索的重要工具，而且是一个多语种的语义词典，在语义网、跨语言知识组织与管理、全球信息资源组织等方面有广阔的应用前景。但就目前的使用情况来看，这些重要的作用受诸多因素的影响还没有得到很好的发挥，如：大多叙词表都是基于数据库构建，但在操作、检索、显示等方面未达到简单直观的程度，限制了应用的推广；叙词表的构建是一项综合系统工程，需要国家或大型机构支持方能完成；科学技术的发展、认识的深入，促进新术语的产生，随之对叙词表的维护功效提出了更高的要求。

本体是一个概念模型明确的规范说明。在应用上，本体对概念及其关系的描述更加精细，这一点特别适合于多语种的映射。因此，将叙词表构建成多语种本体是综合了本体与叙词表两方面的优势，它不仅完全保留了叙词表在功用方面的优势，而且利用本体的学习功能使叙词表具有自动维护的功能。以本体的形式直接构建多语种叙词表对扩大叙词表应用范围与提高其利用率具有深远的意义。通过采用本体理论构建多语种叙词本体，充分发挥叙词表在功用上的优势；通过利用本体的学习功能对叙词本体自动修复、自动优化、自动进化，增强叙词表的智能性，促进叙词表在知识交流与创新层次的实现与发展。事实上，研究多语种叙词表本体的构建理论和多语种叙词本体的自动维护模型，不仅提高了叙词本体的应用效能，而且扩大了其社会功用。例如，多语种叙词本体可以成为跨语言信息检索的语料库，实现多种信息的高效组织，提高用户检索的检全率和检准率；在实际的运用中，多语种叙词本体还可以作为网络搜索引擎以及网络百科全书信息组织的词汇工具，同时还可以为商业信息数据库服务。

本书在研究和撰写过程中，按照研究方法、技术路线和研究方案进行。全书共10章。第1章是叙词表及其应用，包括叙词表的起源及发展历程、叙词表定义和特点、叙词语言的词汇控制和叙词表的编制与维护；第2章是本体及其应用，包括本体起源及其发展历程、本体的相关性质、应用及构建；第3章是叙词本体，包括叙词本体的定义、功能、结构和多语种叙词本体；第4章是叙词本体的构建，包括叙词本体构建的理论基础、建模方法、词间关系及多语种方案和多语种叙词本体的构建；第5章是叙词本体演化，包括叙词本体演化概述、过程、基本方法和本体学习工具以及叙词本体演化框架KAON介绍；第6章是叙词本体信息源获取，包括网络爬虫原理、开源项目分析和资源下载器设计；第7章是叙词本体概念获取，包括叙词本体中的概念词、HTML解析、概念获取的流程、中文分词算法和中文分词系统介绍；第8章是概念关系抽取，包括关系抽取研究、概念关系抽取的方法和概念关系的抽取过程；第9章是专家评审机制，包括叙词本体演化的管理、专家评审机制的必要性、专家评审机制、专家评审内容与规则和专家评审结果的表达；第10章是系统设计与实现，包括系统总体结构、本体库构建、数据检测子系统、概念获取子系统、关系抽取子系统、本体演化管理和实验结果。本书适合从事情报学、信息资源管理、图书馆学中的分类学和本体论等相关领域的理论研究者和实际工作者使用。

本书的写作汇集了项目组成员的集体智慧。参与撰写的主要有邓仲华、赵又霖、黎春兰、汤平、刘抒、刘青、艾世浩、陈礼国、喻越、钱文静和杨明松。

本书在研究和撰写过程中，得到了多方的支持，包括教育部、武汉大学人文社会科学研究院、武汉大学信息资源研究中心、武汉大学信息管理学院、武汉大学出版社的大力支持。本书在撰写过程中广泛参阅和引用了国内外众多文献和开源项目，这些文献和开源项目为本书的写作提供了有力的支撑。值此书出版之际，编者一并表示衷心的感谢。

由于时间仓促，加之研究水平有限，书中难免存在一些疏漏和错误，敬请诸位读者批评指正。

编者

2011 年

目　录

1 叙词表及其应用

1.1 叙词表的起源及发展历程

叙词（thesaurus）也称描述词、叙述词，是经过规范化处理的，以基本概念为基础的表达文献主题的词和词组，具有概念性、描述性、组配性。经过规范化处理后，还具有语义的关联性、动态性、直观性，它是描述文献资料主题的一种标识符号。

从信息检索的角度来说，叙词是作为一种检索语言使用，所以在一些场合也称为叙词法。叙词法起源于20世纪50年代末，我国也称为主题词语言，是在单元词法的基础上发展起来的一种新的检索语言。它以单元词语言作为直接基础，又综合了标题法、分面组配式分类法等多种标引语言的原理和方法，包括：

①在单词组配上保留了单元词法的基本原理，在单元词法的完全后组和反记法的技术基础上发展出后组和倒排文档技术。

②采用标题法的基本方法，对语词进行严格控制的规范化方法，以确保语词能够与概念一一对应。此种规范方法在单元词法对单元词的控制中也得以发展。

③适当地采用了标题法中先组方法，以及分面组配式分类法中的概念组配原理，取代单元词法中的单纯字面组配，克服了某些复合主题分拆和组配后产生的意义失真的缺点；在采用标题法的参照系统的基础上，进行了进一步的完善，包括用、代、属、分、参参照。

④采用体系分类法的学科分类和等级结构技术编制了叙词范畴

索引、词族索引和词汇分类表；在关键词语言的轮排技术的基础上编制了轮排索引，从多个方面显示了叙词间的相关关系，以确保准确、全面地选用叙词进行标引和检索。

叙词法在吸取了这些信息标引语言的优点之后，已经发展成为一种性能优越的现代检索语言类型。

第一部叙词表出现在20世纪50年代末期，此后，随着计算机在信息检索领域的应用，叙词表的编制得以迅速增长，使叙词语言逐步发展成为受控检索的主要语种。

1.1.1 叙词表的发展

1.1.1.1 国外叙词表的发展

在国外，叙词法的研究开展得较早，可以追溯到19世纪下半叶。在一些欧美国家，叙词表是作为主要的检索语言。欧美研究叙词法的著名人物主要包括：

卡特（A. Cutter，1837—1903），美国图书馆事业上最杰出的贡献者之一，19世纪下半叶图书馆事业的领袖、标题法的始祖。其代表作《词典式目录编制规则》（*Rules for a Dictionary Catalogue*）（1876年第1版，1904年第4版）为图书馆学文献中的一个里程碑，其中“议题款目”规则部分是世界上第一部字顺主题目录的法典。

卢恩（H. P. Luhn，1896—1964），情报科学的先驱，关键词索引和自动标引的创始人。被公认为以下几个方面的创始人：题内关键词索引（1958），计算机定题服务（SDI）系统（1958），计算机编码系统，利用统计学方法进行自动标引和自动编制文摘。

克莱夫顿（C. W. Cleverdon，1914—1997），英国图书馆员和情报学家，主持领导了世界上首次大规模的、以测试语言在检索中的效益及对情报检索系统的影响因素为目的的克兰菲尔德试验，并在试验中首次采用的“检全率”、“检准率”、词汇的“专指性”、标引“详尽程度”等概念以及试验方法，之后被情报界广泛采用。

淘勃（M. Taube，1910—1965），设计出单元词卡片，提出单元词组配标引法，计算机情报检索的奠基人。他最早利用数学与计算机科学成果，提出用布尔逻辑的“与，或，非”操作符联结概念，以便与一个机器储存的信息库进行通信的思想。

兰卡斯特（F. W. Lancaster，1933— ），现代情报词汇控制研究方面的带头人，以其撰写的图书馆学情报学著作而闻名。他于1968年完成的对美国国家医学图书馆 MEDLARS 系统的评价是继 C. W. Cleverdon 领导的克兰菲尔德试验后情报检索领域的又一重要试验，其关于标引的详尽性和标引语言的专指性对检索效率的影响方面的发现和建议促使了 MEDLARS 系统和医学主题表（MeSH）的改进与完善。

萨尔顿（G. Salton，1927—1995），20世纪60年代以来机械化情报检索系统领域的发明家、试验家和促进者。他创造的自动化情报检索系统原型 SMART，进行词的自动化规范处理、自动聚类、统计式相关测量，自动编制含同义词、上下位词、同族同级词的概念词表。

美国人穆尔斯（C. N. Mooers）在1947—1950年，创造了叙词（descriptor）、叙词法（descriptor method）、情报检索（information retrieval）、情报检索系统（information retrieval system）等专门术语。

1.1.1.2 国内叙词表的发展

我国主题法的历史可以追溯到古代“用韵以统字，用字以系事”的类书。我国明代永乐年间（1403—1408年）编制的《永乐大典》，就是带有主题法性质的检索工具。它的主题法思想比英国1856年克里斯塔多罗（Crestadoro）提出的标题字顺标识系统要早448年。但在封建社会主题思想发展缓慢。到1840年以后，随着西方分类法传入我国，主题法又重新得到发展和提高。1934年开始诞生了我国第一部主题法词表——沈祖荣的《标题总录》，该书以《美国国会图书馆标题表》为蓝本，结合中文书籍的需要而编成，分上、下两册，由武昌文华图书馆专科学校出版，上册700余页，以英文为主，后附中文；下册以中文为主，后附英文，但由于“七七事变”发生而未能正式出版。

中华人民共和国成立以来，20 世纪 50 ~ 60 年代，分类法研究成果比较突出，主题法研究较弱，但编制了我国第一部实用型标题表，即 1964 年我国编制的《航空科技资料主题表》(第 1 版)。叙词表在我国的大规模编制始于 20 世纪 70 年代。1971 年出版的《航空科技资料主题表》(第 2 版) 是我国第一部叙词表。我国叙词表编制的重要工作，首推 1975 年国家“748”工程的配套项目《汉语主题词表》(以下简称《汉表》) 编纂工作的正式开始，全国先后 505 个单位 1 378 位专业工作者参加了编表工作，至 1980 年 3 月正式出版，3 卷 10 个分册，共收词 108 568 条，到目前为止，在国际上仍为收词量最大、唯一包括自然科学和社会科学领域的大型叙词表，为国内叙词表的编制培养了大批人才，此后出现了大量的专业叙词表。以下按年代列出我国目前编纂的叙词表。

1964 年：《航空科技资料主题表》，新中国成立以后第一部实用型标题表。

1971 年：《航空科技资料主题表》(第 2 版)，我国第一部叙词表。

1976 年：《科学技术用语叙词表》。

1977 年：《电子技术汉语主题表》、《航空科技资料主题表》(三册)，《常规武器专业主题词表 (试用稿)》。

1978 年：《国防科学技术主题词典》，我国第一部以英文作为主要排检依据的主题词表；《原子能科技资料主题词典》。

1979 年：《机械工程主题词表》、《汉语主题词表》(三卷 10 个分册)。

1981 年：《冶金专业叙词手册》。

1983 年：《常规武器工业分面叙词表》、《农业主题词表》、《化工汉语主题词表》。

1984 年：《英汉对照医学主题词注释字顺表》(1984 年版)、《图书情报学及相关学科主题词表》、《地质学汉语叙词表》、《仪器仪表主题词表》、《纽约时报主题词表》。

1985年：《国防科学技术叙词表》、《船舶工业范畴表》、《石油工业汉语主题词表》、《国防科学技术叙词表航天专业范畴表》、《林业汉语主题词表》、《联合国教科文组织叙词表》(图书馆学、情报学部分)、《医学汉语主题词字顺录》、《技侦情报主题词典》、《国防科学技术叙词表》(英汉索引)、《档案主题词简表》、《国防科学技术叙词表》(字顺表、型号表)、《广播电影电视专业主题词表》、《交通专业汉语主题词表》。

1986年：《测绘科学技术主题词表》(试用本)、《海洋科学主题词表》、《计量学与测试技术主题词表》、《国防科工委档案主题词表》、《汉语主题词表》(缩减本)、《煤炭科技文献检索词典》。

1987年：《矿山机械主题词表》、《教育分面叙词表》(分类部分)、《公安部文件主题词表》、《国际共产主义运动主题词表》、《钢铁工业主题词表》、《水利水电科学技术主题词典》、《新闻叙词表》、《军事公文常用主题词表》、《国防科学技术叙词表》(汉英索引)、《光学汉语主题词表》(初稿)、《汽车工程叙词表》、《城乡建设汉语叙词表》、《中医药主题词表》、《建筑材料工业主题词表》。

1988年：《有色金属工业叙词简表》、《程兵技术装备叙词表》、《军事情报主题词表》、《中国档案主题词表》(试行本)、《国际军事约章主题词表》、《铁路汉语主题词表》、《后勤科学技术主题词表》、《稀土叙词表》、《生物学主题词表》、《纺织汉语叙词表》(征求意见稿)、《装甲兵常用主题词表》、《标准文献主题词表》。

1989年：《环境科学叙词表》、《自动化科学技术主题词表》(上、下册)。

1990年：《军用主题词表》(三卷)、《光学叙词表》、《计算机科学技术汉语叙词表》。

1991年：《水产科学叙词表》、《军用公文主题词表》、《汉语主题词表》(自然科学修订本4册)、《资源科学主题词典》。

1992年：《中国地震科学主题词表》、《艺术科学叙词表》、《军用后勤主题词表》。

1993年：《军用医学主题词表》、《军用主题词释义词典》、《世界汉语教学主题词表》、《公文主题词表》、《教育主题词表》、《航空航天医学主题词表》、《邮电通信技术主题词表》(英汉对照表)。

1994 年:《物理学汉语主题词表》、《石油主题词表》(2 个分册)、《农业科学叙词表》(4 个分册)、《民航主题词表范畴纲目》、《军队档案常用主题词表》、《生物分类叙词表》(3 个分册)、《计算机科技英语主题词表》、《中国分类主题词表》(2 卷 6 个分册)。

1996 年:《音像资料叙词表》、《兵器科技档案主题词表》(两册)、《数学汉语主题词表》、《中国档案主题词表》、《环保保护档案主题词表》、《地理科学叙词表》、《航天科学技术叙词表》、《邮电公文主题词表》。

1996 年:《中国中医药学主题词表》、《管理科学主题词表》、《社会科学检索词表》。

1998 年:《水利水电科技主题词表》、《军队政治工作主题词表》、《中国铁路叙词表》、《公文主题词表》、《大气科学主题词表》。

1999 年:《标准文献主题词表与分类法对照索引》、《黄河水利委员会公文主题词表》、《军用公文主题词表》。

2000 年:《水科学和渔业叙词表》。

1.1.2 叙词表的特点

在详细了解国内外叙词表的发展历史之后，我们不难发现，叙词表的发展具有以下几个特点:

①叙词语言已经成为当今情报检索语言领域的主流。在国外，大量的综合性或专业性的数据库均是以叙词表作为主要的检索语言，同时也在各个领域建立了大量的叙词表。在我国，分类语言一统天下或叙词语言只在很少量的图书情报研究部门使用的情形已经彻底改变，叙词已经发展成为情报检索语言中同分类法并驾齐驱的检索语言。叙词语言图书、档案以及情报领域的使用亦日趋普及。

②叙词表的编制和管理已经由手工阶段转向计算机化阶段。当前，传统的纸版叙词表的网络化，不仅适用于组织纸质文献，而且

还适用于这些学科、专业的网络信息的标引和检索，满足了人们揭示不同格式、载体的同类资源时采用同样标准的需求。同时，网络叙词表的编制与开发是叙词语言的研究重点。在国外，已经建立了相当多的网络叙词表。

③叙词表的学科范围逐渐扩大。随着传统纸版叙词表的纷纷网络化，面向传统的某学科、某专业或特点领域的叙词表已经不能够满足人们检索的需求，各种覆盖多学科、多领域、多主题的网络叙词表得以建立。其中甚至包括面向大众生活的网络叙词表。

④叙词表的多语种化。随着全球化进程的加速，全球范围内的政治、经济、文化之间的信息交流日趋频繁，必然需要多语种叙词表对其进行组织和检索。多语种叙词表为不同语言的交流提供平台，网络叙词表向多语种词表发展成为其发展趋势之一。

⑤叙词表的兼容问题日趋得到重视。在叙词表的编制过程中，政治、经济、时间、地域、专业以及其他因素的影响较大，即便一部通用的叙词表要完全满足文献标引深度和广度的需要也是不可能的，必须在叙词表之间实现兼容，才能达成统一，满足文献标引和检索的需要。另外，文献的检索与利用进入联机阶段以后，作为计算机使用的叙词语言，其兼容问题也显得尤为重要和迫切。

⑥叙词表的结构变化和功能不断增强。叙词表是在单元词的基础上发展起来的，在发展过程中又综合了标题法、分面组配式分类法等多种标引语言的原理和方法，吸取了这些标引语言的优点。如在单词组配上保留了单元词法的基本原理，在单元词法的完全后组和反记法的技术基础上发展出后组和倒排档技术；采用标题法的基本方法，对语词进行严格控制的规范化方法，以确保语词能够与概念一一对应，使得叙词表的结构日益简化，功能却更加强大。

1.1.3 叙词表的发展趋势

截至目前，以及在今后的很长一段时间内，叙词法作为主题词法的主流检索方式这一地位依然不会改变，其检索方式仍将在人们的控制下进行管理，但其编制、管理等方面会表现出以下趋势：

①从面向单学科或专业领域用户转向面向大众，使用范围更加广泛。鉴于叙词语言在情报检索领域的巨大作用，叙词表的编制不再单单只是针对专业科技者的使用。另一方面，信息技术的发展使得叙词表的编制变得更加简易与快捷，网络上已经出现大量面向普通大众的叙词表，如 COOK'S Thesaurus（http：//www. foodsubs. com）就类似一部烹调百科全书，包含了成千上万的烹调原料及厨房工具，并附有图片，形象直观。

②出版方式变化趋势。早期编制的绝大部分叙词表，由于只是单纯的行业内使用的科技资料，往往只由比较权威的情报研究部门进行编制，也不作为正式的出版物由出版社出版。20 世纪 80 年代末期以后，随着叙词表使用范围的日趋扩大，许多出版社也开始正式出版叙词表，使得更多的人也能看到这些成果。

③编制单位及参与者变化趋势。起初，叙词表的编制多是一项极其浩大的工程，需要调配大量的人力、物力以及财力才能完成。如《汉语主题词表》的编写，是在先后组织了全国 505 个单位的 1 378 位专业工作者，历时 5 年才完成的。这种工作量往往非一般科研部门所能承受。如今，因为网络通信技术的发达，人们之间的联系变得相当便捷，叙词表的编制工作更多的只是通过网上合作，而不是组织大量专业工作在一起才能完成的。同时，由于网络的开放性，许多普通人员也可以通过互联网就某一叙词表的编制提出自己的意见或建议。在这种情况下，叙词表的编制只需由某一领域的研究所就能完成。

④叙词表的修订趋势。人类社会在不断进步，语言也在不断丰富。一部优秀的叙词表不是在编制完成之后就停步不前，而是在不断地进行新词的添加，不适用词的删除。如《汉语主题词表》，中国科技情报所于 1991 年对自然科学部分进行了修订，增补新词 8 221条，删除不适用的词 5 434 条。1994 年，又由北京图书馆主持，将《中国图书馆分类法》类目与《汉语主题词表》结合对应，编制出版了《中国分类主题词表》。正因如此，叙词表才显示出其强大的生命力。

⑤叙词语言的发展趋势。叙词语言是以单元词法作为直接基

础，在综合标题法、分面组配分类法以及其他多种标引语言的原理和方法的基础上发展起来的。随着时代的进步，各种先进信息技术的应用，叙词语言会吸取更多优秀标引语言的特点，对自身不断进行补充和完善。如分类法与主题法的相互结合，即分类主题一体化，是当今情报检索语言发展的重要趋势。自 20 世纪 60 年代中、后期以来，出现了几十种分类主题一体化的词表。这种新型情报检索语言的特点是叙词语言与分类语言的概念系统、标识系统、参照系统、索引系统实现了兼容，把两种或两种以上的词表融为统一体，充分发挥各自的优点，达到最佳的整体效果。

1.2 叙词表定义和特点

1.2.1 叙词表定义

根据《汉语叙词表编制规则》(GB13190-91) 中的定义，叙词表（thesaurus）是“一种将文献、标引人员或用户的自然语言转换成规范化语言的术语控制工具，是概括各门或某一学科领域并由词义相关、族性相关的术语组成的可以不断补充的规范化的词典”。

在国内，也有专家学者将叙词表称作主题词表，为了方便对其进行定义，专家学者通常选取某一角度作为切入点，如功能、结构等。按功能对其定义为：叙词表是一种术语工具，能够将标引人员或用户使用的自然语言转换成规范化的系统语言；按其结构对其定义为：叙词表是一种概括特定知识领域的，由词义相关、语义相关的术语组成的，可以不断补充修改的规范化词典。

通过对以上叙词表的定义分析，可以看出叙词表的作用和特点有如下几个方面：

它是一种知识结构，能够用来揭示概念之间的关系，帮助用户理解相应知识领域的主题关系。

它是一种词汇控制工具，使得标引人员和用户能够使用统一的语词进行标引和检索。

它是一种术语参照系统，通过参考它，用户在检索知识的过程中能够随时扩大或缩小检索范围。

它是一种动态的词汇集合，任何新生成的概念或术语，都能够以用户可以理解的方式纳入词汇系统中相应的位置。

总之，叙词表试图提供一种方式，使得某一主题领域的术语能够以规范的方式加以应用。

1.2.2 叙词表的组成

由于叙词表采用了多种标引语言的原理和方法，其结构也比较复杂。一般就总体结构而言，叙词表包括一个和若干个辅表。主表是叙词表的主体，包括的内容最全，对每个叙词的著录也比较完备，故可以独立存在。而辅表则是为了提高叙词表的使用效率而编制的与其相关的各种辅助索引，其包括的内容不全，著录也相对简单，故不能独立于主表而存在。

叙词表的组成，归纳起来主要有以下几种：

①叙词字顺表，它一般是叙词表的主表。在该表中，叙词和非叙词完全按字顺排列，并且有标注事项和显示词间关系的参照系统。使用这种排列表可以不再考虑概念之间的隶属关系，而仅从表达概念的语词的字面形式出发，直接找到相关的叙词；或再通过参照系统，从该词的上下左右间接地找到更恰当的叙词。

②叙词分类索引，也称为分类表或范畴索引。它是一种很重要的辅助索引，它将叙词按其概念所属学科或范畴分成若干大类，在大类之下再分成若干小类，在小类之下则将叙词按字顺排列，形成一个类似体系分类表的概念分类系统。这种索引便于从学科或专业的角度来选用叙词，可以使叙词在某种程度上具有分类法的性质。

③叙词等级索引，也称族系表或词族索引。它是利用概念的等级关系（概念成族原理）将叙词汇集在一起成为一族，构成一个从泛指叙词到专指叙词的等级系统，可以从一族中外延最广的叙词（族首词）出发，找到一系列同族的叙词，并且可以明确它们之间

的层层隶属关系。这种索引可以在某种程度上弥补叙词字顺表族性检索功能差的缺点。

④叙词轮排索引，也称轮排表。它是利用字面成族的原理，将有相同单词的词组叙词汇集在一起，排列在那个单词之下，从而可以从那个单词出发，查出含有该单词的某一个或全部词组叙词。一个词组叙词由几个单词构成便可以轮排几次，在几处都能查到它。这种索引的功能类似词典，查找比较方便，也可在某种程度上弥补叙词字顺表族性检索功能差的缺点。

⑤叙词多语种对照索引。这是建立在两种或两种以上语言之间证词关系的基础上，提供从另一种或几种语言字顺入手查词途径的一种索引，如英汉对照索引等。叙词表附加这种索引，有助于在标引外文文献时选准叙词，或便于借助本国叙词表查阅国外的检索工具。

⑥专有叙词索引。这些索引一般主表不重复，实际上是主表的一个组成部分。将这些专有叙词单独编成索引，可避免叙词表主表庞大臃肿，方便使用者查找，如地区索引、人物索引，机构索引，产品索引等。

⑦正式叙词索引和款目词索引。前者仅限于正式叙词，后者包括正式叙词和非正式叙词。除后者有“用”参照项外，两者都没有其他参照项和各种标注项。这种索引是叙词表的简本，可方便检索人员查阅和携带。

⑧叙词关系图，也称词族图或语义关系图，是用图示的方式来显示同族叙词之间的关系，较纯等级式的关系要清晰。

此处列举的叙词表的八种组成部分，并不是所有的叙词表都包括的，很多叙词表只包括其中的一个或几个，很少全部包括的。叙词表大体可以分为三类：

只包括字顺表的叙词表；

包括一个字顺表和一个分类索引的叙词表，这种是比较常见的；

包括一个主表和三四个辅表的叙词表。

表1-1是对国内20世纪70—90年代编制的65部专业叙词表

的结构调查得到的数据。可以看出，由字顺表、范畴索引结合的叙词表共 52 部，占调查词表总数的 80%，如果加上字顺表与分类表结合的 6 部词表，共达到 58 部，占调查词表总数的 86%，是最为常见的组合，表明绝大多数的叙词表都采用了字顺显示和系统显示相结合的方式；主表与词族表结合的共 18 部，占 27.7%；词族表与范畴表结合的共 8 部，占 12.7%；字顺表同分类表结合的叙词表共 6 部，占 9.2%，三者结合达到 49.4%，表明我国叙词表编制工作者对功能完善、结构简明的重视。此外，采用副表的有 32 部、英汉对照索引的 48 部，比较正常；轮排索引 2 部，相对较少。

表 1-1　　**65 部专业叙词表宏观结构模式**

词表结构组成	词表数	所占比例（%）
字顺表+范畴表	52	80
主表+词族表	18	27.7
词族表+范畴表	8	12.7
字顺表+分类表	6	9.2
轮排索引	2	
英汉对照索引	48	
副表	32	49
各种结构词表的总数	65	100

1.2.3　叙词表的表现形式

叙词表作为一种规范化的词汇集合，是在对词汇进行严格控制的基础上，由一系列按照某种方式展开且相互补充的部分组成的词汇系统。根据其显示方式，其组成部分可以分为字顺显示、系统显示以及图形显示三种类型。下面对这三种显示类型逐个进行解释说明。

1.2.3.1 字顺显示

字顺显示又可以分为三种：字顺表、专有叙词表及双语种索引。

（1）字顺表

字顺表，也称主表或字顺主表，是由数量繁多的叙词款目和非叙词款目按照字顺进行排列的一览表。字顺表在各种类型的叙词表中，一般都是作为词表的主体存在。

叙词款目和非叙词款目是字顺表的基本构成单元，通常是由款目词及其相关语义关系项构成的独立排检单位。叙词款目或非叙词款目一般由以下几部分组成：

①款目词项。它是款目中起标目作用的款目词及相关成分组成。其中款目词是叙词款目和非叙词款目的核心和排检依据。相关成分根据词表的具体情况而定，例如《汉语主题词表》的款目词项中，还包括有汉语拼音及其对应的英文译名。一般来说，汉语拼音只是用来作辅助排检，有时可以省略不用。英文译名则可以用来揭示其与双语种对照索引的联系。而在单语种叙词表的款目词项中，一般是没有其他语言译名的。

②标记项。它由记录款目词的范畴号及序号等标记组成。其中范畴号是用来表示该款目词在范畴索引中的类目归属，是查找范畴索引的依据。序号是一些以词表为叙词款目编制的顺序号，通常著录于款目词之前，主要用来加强与词表各组成部分的联系，便于对款目词进行查找。

③注释项。它是款目词的补充说明，主要包括含义注释、历史注释以及用法注释等，一般来说，只有在需要对某一款目词进行详细说明的时候才会使用。

④词义关系项。它是由各有关的参照项组成，是字顺表中揭示词间关系的一种基本手段。在叙词款目下，一般根据语义情况，依次设置用、代、属、分、参和族等各项参照，揭示相关叙词之间的各种语义联系。非叙词下只设“用”项，用于指向相应的叙词。

一是在叙词款目的参照项设置中，等级关系是一种常见的方式，其设置主要有两种：通过收录某一款目词的直接上位词和直接下位词，为该款目词提供一个基本的词义环境，有助于用户从一个整体去理解；通过使用这种方法，可以揭示与款目词有直接相关的等级关系。例如：《汉语主题词表》、《教育资源叙词表》(ERIC)等，为揭示主表与词族索引的联系，在参照系统中设置族项，以增强对族首词的显示。

二是通过在参照项中完整显示某一叙词的等级关系。如《国防科学技术叙词表》、《农业科学叙词表》等均采用这一显示方式。在这种方式下，多数大型叙词表通常只在族首词下才采用完全显示，而在普通叙词下仍然只作单级显示。此种方式相当于把词族表并入主表之中，以减少词表的构成部分。相比上一种方式，会增加字顺表的篇幅。

在字顺表中，普通叙词为主要部分，作为补充说明，也会收录一定数量的专有叙词。为了便于对专有叙词进行处理，在一些大型的叙词表中，会将某些类型的专有叙词编制成专有叙词表。此外，一些篇幅较大的词表还为字顺表编制字顺索引和入口词表，以缩减词表篇幅。其中字顺索引仅收录叙词和非叙词，除了非叙词含有的“用”项参照外，其他的项目概不收录，从而为用户提供了一种便捷查检的手册。入口词表由非叙词编制而成的表，收录词表编制或标引中出现的按等同关系处理的非叙词，包括未收入词表的常见组代形式等，以改善标引和检索的一致性。

(2) 专有叙词表

专有叙词表也称附表，它是将为数众多的专有叙词款目按照字顺进行排列的一览表，是字顺表的重要组成部分。

专有叙词表可以在很大程度上缩小主表的篇幅，使得字顺表更加紧凑及简明；便于用户从某一范畴出发对专有叙词进行检索；便于编者及时对相关领域的专有叙词进行管理及增补。

专有名词用以表达单一事物对象的名称。一般的专有名称主要包括人名、地名、机构名等。这些专有名词不仅数量大，而且范围广，其中不少专有名词具有很大的标引和检索价值。对于专有名词在叙词表中的编制，当前各表中并没有一个统一的模式，通常根据使用需要，将一些特定领域的专有名词单独编制成副表。例如《汉语主题词表》中有“世界各国政区名称”、“组织机构”和“人物”等专有叙词表；《教育主题词表》设有“学科名称表”、“人物名称表”等；《铁路汉语主题词表》有地名、机构、型号等专有叙词表。专有叙词表的编制必须视具体情况而定，一般来说，其数量不宜过多，否则容易造成词表结构的分散，不方便使用。

专有叙词的款目结构和排列方式与字顺相近，由于这类叙词本身具有按范畴集中的特点，一般不再收入范畴索引。

除编制专有叙词表外，当前对专有叙词的处理主要有两种方法：一是建立规范文档。如美国国会图书馆为地名、人名、机构名等建立了相应的规范文档。《美国国会图书馆标题表》规定：凡涉及地名、人名、机构名等的标引、一律依据国会馆建立的人名、地名、机构名规范文档作为凭据。二是规定使用指定的工具书，作为规范标引的方法。如我国《新闻叙词表》规定：凡涉及国家、地区、人名、地名等，均须依据新华社出版的《姓名译名手册》、《世界地名译名手册》等进行标引；《教育主题词表》规定，除使用《学科名称表》、《人物名称表》外，对地区、时代、民族等使用《中图法》的辅助表，教育机构名称等，以指定的专业词典为准。

（3）双语种索引

双语种索引是将全部叙词、非叙词与相应外语译名进行对应按外文译名字顺排列的索引系统，它是将外文译名作为词表的辅助工具。双语种索引能够帮助标引人员和用户直接从外文着手检索外文文献，也能促进国内外检索语言的沟通、交流和转换。同时，它也能当做双语种的规范化术语词典来使用。

我国目前编制的双语种索引大多为英汉对照索引，这类索引一般将每个叙词包括正式叙词与非叙词都尽量翻译成英文。非叙词后以 Y（用）项列出相应的正式叙词。当一个汉语叙词有多个英语对应主题词时，同时译出。同样，当一个英文名词同时对应几个汉语叙词时，在该英文下同时列出。

1.2.3.2 系统显示

系统显示是通过改变叙词表的编排方式，满足标引人员和用户从各种不同的角度使用叙词的辅助工具。在目前所使用的叙词表中，系统显示的方式主要包括范畴索引、词族索引、轮排索引、分类主题一体化词表等形式。以下分别介绍这几种形式。

（1）范畴索引

范畴索引也称分类索引或范畴表，它是按照词汇所属学科或专业范畴编制而成的概略分类系统，是一种从分类角度查找叙词的辅助工具。

范畴索引的作用主要表现在以下几个方面：第一，它提供了一种从内容角度进入查词的途径，便于从分类的角度查找与某一范畴有关的叙词。该方式可以弥补字顺查找的不足。如在找不到用以表达某一个概念的准确语词时，即无法从主表进行查找，这一方式具有不可替代的作用。第二，它可以作为概略分类的依据，通过信息资源，编制分类检索工具。该方式一般在不使用分类法的情况下使用。第三，它是编表选词、处理词间关系的工具。在词汇分类的基础上处理语词，有助于提高词汇控制的有效性和可操作性。

范畴索引的编制一般具有以下特点：

范畴索引中类目的设置，一般是以学科分类为基础，结合专业分类和词汇分类的特点进行的。如表1-2所示，国际关系、文化事业、工业技术等各个专业领域均被设置为《汉语主题词表》范畴索引的一级类目；同时它也适当根据词汇特点设置类目，在不同学科和专业下设置相应的“一般概念”类，以收录类无专属的叙词，如表中“社会科学一般概念”、“自然科学一般概念”等均为从语词角度设置的类目。范畴索引对类目的设置比较概略，多数词表只限于二级，而我国的《汉语主题词表》划分至三级，是范畴设置较深的词表。

表 1-2 《汉语主题词表》范畴索引大类一览表

01	马克思主义、列宁主义、毛泽东思想	51	工程热物理学
02	哲学	52	核技术
03	政治	53	能源、动力工程
04	国际关系	54	电力工程、电机工程
05	经济	56	电子技术
06	军事	57	通信技术
07	文化事业	58	自动化技术、计算技术、计算机
08	教育	60	导航技术、探测技术
09	体育	61	轻工业
10	语言文字	62	化学工业
11	文学艺术	63	石油、天然气工业
12	历史	64	矿业工程
13	民族	65	冶金工业
15	心理学	66	金属学、金属加工与设备
20	社会科学一般概念	67	机械工程
31	数学	68	土木建筑工程、城市建设
32	力学	69	水利工程
34	化学	70	建筑材料工程
35	天文学	71	交通运输工程
36	自然地理	73	舰船工程
37	地质学	74	航空、航天技术
39	测绘学	75	武器、军事技术、军事装备
41	地球物理学、地震学	81	计量学、计量技术、仪器仪表
43	气象学	82	实验方法、试验技术与设备
44	海洋学	83	通用技术
45	生物科学	87	材料科学
47	医学科学	91	环境科学
49	农林科学	92	自然科学一般概念

范畴索引中对类目的排列，一般来说有两种方式：一种是按照类目层次和相互关系显示，类似等级分类体系；另外一种是按照分类字顺的方式组织，即各级类目按照等级来进行展开，同等级类目再按照字顺排列。当前我国词表大多采用前一种方式。国外词表，大多采用后一种方式。

范畴索引的标记，大多采用单纯的数字号码，也有少数使用字母与数字结合的混合号码。编号制度一般为层累制，即以一个标记单元标示一次划分，号码既可以表示次序，也可以揭示类目划分的等级。为了能够使得标记具有较大的扩充性，不少词表在采用数字标记时，往往使用两个或两个以上的数字表示一个划分等级。

范畴索引通常收入字顺表中的全部叙词和非叙词。非叙词的后面保留 Y 项参照，用来直接指向相应的叙词。其中所有的叙词和非叙词均按照词义分入索引中的相应类目，在原则上保证一词一类。对于任意一类的词量，一般认为在 40 ~ 80 个词较为理想。假如某些词同时具有两个或多个范畴属性，或者是同时被两个或多个专业作为重点研究对象，应同时在不同门类中重复反映。

（2）词族索引

词族是指一组具有属分关系的叙词集合。而词族索引是一种以词族为款目单元，按照款目词的字顺排列，使用户能够从等级关系的角度查找叙词的索引。词族索引有时也称为等级索引。

词族索引的作用可以归纳为：第一，用户可以从词族出发查找语词，利用索引对族系关系的完整显示，自由扩大或缩小查找范围，从而达到发送标引和检索的效果。第二，在计算机检索系统中，可自动进行上位词登录，满足族性检索的要求。第三，可以通过等级关系对某一语词进行词义限定。

一般情况下，词族索引通过以词族为基本款目单元，多数以族首词为款目的标目，按照族首词字顺对词族进行排列；在同一词族中，各级叙词大多按照等级隶属关系，以小圆点（也称级点）为等级符号，依照从宽到窄的次序组织，同级词之间按字顺排列，但也有词族采用先区分概念类型再按照字顺排列的方法。

词族索引对主题词的处理具有以下特点：

词族索引通常只收入词表中按照属分关系处理的叙词，非叙词和未按照属分关系处理的叙词一律不得收入其中。

词族索引中一般应选择外延具有实际检索意义的叙词作为族首词。族首词的选择是词族确定的关键。适合选作族首词的语词，通常应能够集中一定专业范畴内具有等级关系的主题词。例如辩证法基本范畴，美学范畴、民族学学派、经济学派、语言学派、半导体材料、保温材料、切割设备、测量方法等词，在《汉语主题词表》中均为族首词。但有些因为外延太宽，没有实际检索意义的语词不宜被选作族首词，例如范畴、学派、材料、设备、方法等词因为其外延太宽，检索的意义并不大，没有被《汉语主题词表》选作族首词。

词族规模。对于词族的规模，目前有两种处理方法：一是对词族的规模不作任何限制，对词表中的等级关系进行完整显示，例如《汉语主题词表》就采用了这一方法；另外一种则是将规模过大词族分别设为几个小的词族，总词族和分词族均作为独立的词族分别进行排列，同时建立起总词族与分词族之间的联系。相比较而言，采用全显示的方式有利于完整展示等级关系，更加方便用户的使用。

词族的显示，通常情况下以族首词为标目，按照词族中的等级展开，各级叙词按照等级隶属关系，以小圆点（也称级点）作为等级符号，依照从宽到窄的次序来显示，同级词之间按照字顺排列，但也有索引在标目上先区分概念类型再按照字顺来进行排列的。对于后面一种情况，一般须插入分面标头，并注明概念划分的标准，如图 1-1 所示。

此外，也会有个别词族索引采用双向等级显示方式，轮流以索引中的每一个词为依据建立词族款目，并同时在该词下显示上位词和下位词。图 1-2 为《教育资源叙词表》词族索引中双向显示的例子，其中 BIOPHYSICS 为款目词，该叙词上部的词为其上位词，以冒号表示与款目词的等级关系，冒号越多，表示该词的外延越广；

电子计算机
（计算机类型：按大小分）
· 大型计算机
· 计算器
· 巨型计算机
· 卫星计算机
· 小型计算机
……
（计算机类型：按操作形式分）
· 并行操作计算机
· 串行操作计算机
· 时序操作计算机
· 同步操作计算机
· 异步操作计算机
……

图 1-1　区分概念类型的排列方式

款目词下的为其下位词，以西文的记点表示其等级关系，记点越多，表示其范围越小。采用这一方式，词族中所有的叙词都可以作为检索的入口，但会在一定程度上增大索引的篇幅。

: : : : : LIBERAL ARTS
: : : : SCIENCE
: : : NATURAL SCIENCE
: : PHYSICAL SCIENCE
: PHYSICS
: : : : LIBERAL ARTS
: : : SCIENCE
: : NATURAL SCIENCE
: BIOLOGICAL SCIENCE
BIOPHYSICS
· BIPHYSICS
· BIONICS
· · ROBOTICS

图 1-2　《教育资源叙词表》的双向等级显示样例

当一个叙词同时从属于两个或多个词族时，一般在相应词族下同时予以反映，以便能从不同角度查找。下面为《汉语主题词表》中某一主题词同属于两个词族的例子。

胡萝卜

S 根菜类蔬菜

伞形科

Z 蔬菜

种子植物

也存在少数叙词，按其属性可以从属于同一词族中的不同级别，必要时也允许对其重复反映。图 1-2 中的 SICENCE、NATURAL SCIENCE 等词的显示情况就是典型的例子。

（3） 轮排索引

轮排索引，也称作轮排表，是将词表中的叙词按照词素的字顺进行排列，使得含有同一词素的叙词集中显示于一处的词汇表，是一种能够从词素的角度查找叙词的辅助工具。

轮排索引具有如下几种作用：第一，增加检索入口，用户可以从词素的角度出发，对叙词进行查找；第二，根据轮排索引按词素集中叙词的特点，帮助使用者选择最适合使用的叙词；第三，编表时可以利用其字面成族的特点，发现语词之间的联系，进行词间关系处理。

轮排索引在国外使用较多，比较有影响力的词表如 NASA、TEST、ERIC 等均编有轮排索引。近年来，我国的词表也逐步开始重视对轮排索引的编制。轮排索引对叙词处理的特点如下：

目前轮排索引的收词范围有两种情况：一种是只收纳词表中词组形式的叙词和非叙词；另一种是同时收入全部叙词和非叙词，包括单词及词组。在我国，词表的轮排索引大多采用第一种。

每个叙词按照构成的词素，确定轮排条目数量。例如，“国际教育交流”，可以分别按照“国际”、“教育”、“交流”三个词素作为入口，对条目进行轮排。

按照轮排索引的显示方式，目前国内使用的主要有词外轮排、词内轮排两种。表 1-3 即为《农业科学叙词表》、《教育主题词表》

采用的词外轮排、词内轮排的样例。

表 1-3　　叙词轮排索引轮排形式样例

《农业科学叙词表》词外轮排样例	《教育主题词表》词内轮排样例		
槽		交流	Z281 00828
槽［58D］	国际教育	交流	JK672 00641
萎凋槽［58D］	教育	交流	JK67 01043
多层萎凋槽［58D］	校际	交流	JK671 02137
双层萎凋槽［58D］		郊区	Z283 00829
陡槽［58D］		校勘学	YH292. 5 00830
渡槽［28PD，20PQ］		教案	MQ894 00831
拱式渡槽［20PD］		教材	P 00832
消化槽	本校	教材	00052
Y 消化池［19L］	补充	教材	PT 00099
键槽［58D］	程序	教材	PG 00166
饮料槽［20EM］	地方	教材	00294
……	电教	教材	00319
螬	翻译	教材	PR 00416
蛴螬［34H］	视听	教材	PH 01826
草	统编	教材	PJ 01975
卫门爱草［60M］	外国	教材	02010
狼把草［68F］	乡土	教材	PM 02116
翻白草［68FA］	原文	教材	PQ 02574
三白草［68FA］	直观	教材	PF 02642
元宝草［68FA］	直编	教材	PK 02774
阿拉伯黄背草［60M］		教材编写	PA4 00833
救荒本草［57B］		教材编纂	00834
民间兽医本草［39FA］		教材出版	PA8 00835
看麦娘形戈壁草［68FA］		教材改革	PE 00836
马鞭草［60R，68FA，74B］		教材管理	PA 00837
……		……	

（4）分类主题一体化词表

分类主题一体化词表是一种分类语言和主题语言兼容互换的系统。这类系统通常通过在一个共同系统中对分类表和主题词表在术语、词间关系等方面统一实施控制，以统一的标记作为联结件或转换手段，实现两者的结合。在这类一体化词表中，分类表可以在揭示主题概念系统关系的同时，通过主题词表进一步揭示主题概念的等级关系和相关关系；主题词表也可以在揭示主题词词间关系的同时，借助分类表部分充分揭示主题概念之间的系统关系。这样，通过两者的结合，分类表和主题词表各自提高了自己的功能，使得一体化词表的整体功能高于它的各个部分（分类表、主题词表）功能的总和。

分类主题一体化词表的作用主要表现在：

它可以作为分类标引和主题标引的工具，同时进行分类标引和主题标引，两种标引的数据可以相互转换，从而节省人力物力；

用户通过它，可以在一个检索系统中同时进行分类检索和主题检索，充分利用两者的优点，达到改进检索效果的目的。

它通过两者的结合，可以改进和完善对类表的编制，包括改进选词的全面性和均匀性、构造词间关系的完整性、准确性，改进词表编制的质量和统一管理。

它可以成为不同检索语言之间互换的工具。

分类主题一体化词表有多种类型，其中一体化程度最高的是分面主题词表。这种表放弃了之前以范畴索引、词族索引等多个部分从不同角度提示词间关系的方式，改由一部详细的分面类表来代替，分面类表中的类目与相应的主题词一一对应，可以作为主题词表的索引，从分类角度查找主题词，同时又是直接用以分类标引的工具。分面叙词表的编制具有以下特点：

第一，根据学科领域的特点和标引与检索的需要，划分基本范畴，确定基本类目及其序列，建立基本框架。例如，我国的《教育主题词表》的分面分类表部分按照教育领域的特点，划分为教育学科、体系结构、活动、手段、人员、教育相关学科、通用概念7个基本范畴，并在其基础上设置了14个基本大类。

第二，在基本框架之下，根据情况直接进行分面分析或在再细分 2、3 级后进行分面分析，确立组面或亚组面，一般一个主题一个位置。例如，上述分面分类表“教材”类下的分面结构，按处理过程、形式与特点、编者等组面展开，再在其下列出基本概念。

第三，为实现分面类表向叙词表的转换，类名确定时按照叙词特点设置，必要时可以同时列出同义词，并配置相应的标记符号。例如，《教育主题词表》的分类表部分中，ED3 初等教育类下，收有代项词初级教育、小学教育等；GJ 幼儿园类下，收有同义词保育院、幼儿园、幼稚园等。

第四，分面叙词表以分类表中对类目之间关系的提示为基础，编制相应程序，通过计算机自动实现分类表到字顺主题词表的转换，提高编表的速度和质量。

除分面叙词表以外，分类主题一体化词表的类型包括分类主题词表和集成词表等类型。分类主题词表又称为分类法—主题词表双向索引，是为了寻求分类语言与主题语言的兼容和互换编制的，我国在《中图法》类目和《汉语主题词表》主题词对应的基础上编制的《中国分类主题词表》即属于这一类型；集成词表一般以一个分类表为中心对应多个叙词表或一个叙词表对应多个分类表编制而成，例如我国山西省图书馆在 20 世纪 90 年代编制的“标引对照系统”，就是一个包括《中图法》、《科图法》、《人大法》以及《汉语主题词表》在内的，以一个叙词表对应多个分类表的机读版集成系统，如表 1-4 所示。

1.2.3.3 图形显示

图形显示，也称作词族图，是将词表中叙词之间的关系以一种二维图的形式展现出来，以提供一种更加直观的特殊的表现形式。通过直观的图像，用户能够快速了解各叙词之间的种种关系。最早采用图形显示方式进行处理的是荷兰武装部队技术和情报中心于 1963 年编制的 TDCK 环形展示叙词表。自此，图形显示在欧洲出版的词表中得到了越来越多的应用。

表 1-4 《教育主题词表》分类主题一体化词表结构显示表

《教育主题词表》分面分类表	《教育主题词表》字顺叙词表
E· 各级教育 00552	各级教育 E 00552
C 教育事业 D 01103	Education at all levels
ED·· 高等教育 00507	F 高等教育 00507
D 大学教育	基础教育 00716
C 成人高等教育 GT8 00155	学前教育 02281
大学课程 NT791 00222	早期教育 02604
高等学校 GN 00512	C 各类教育 00554
留学生教育 FF 01370	教育事业 001103
EP6··· 专业教育 02754	高等教育 EP 00507
EP61···· 文科教育 02038	Higher education
C 文科院校 GN71 02039	D 大学教育
EP63···· 工科教育 00564	S 各级教育 00552
D 工程教育	F 本科 00049
C 工科教育 GN74 00565	……
EP64···· 农林教育 01469	C 成人高等学校 00155
C 农林院校 GN75 01470	……
EP64···· 医学教育 02486	专业教育 EP6 02754
C 医科院校 GN76 02485	Specialized professional education
ES2··· 学历教育 02266	S 高等教育 00507
C 学历 JP77 02267	F 工科教育 00564
ES··· 非学历教育 00444	理科教育 01340
	农林教育 01469
	文科教育 02038
	医学教育 02486
	工科教育 EP63
	Engineering college
	D 工程教育
	S 专业教育 02754
	C 工科院校 00565
	理科院校 01340

图形显示的词表通常包括图示和字顺索引两个部分。图示部分用以显示词汇的完整语义关系，索引部分用以进行字顺检索，两者的结合，能够从不同的角度查找和使用叙词。在图形结构的显示形式中，树形结构和箭头关系是两种常见的显示形式。

树形结构图。将词间关系按照树形方式展开，形成逐级展开的等级系统，其形状类似一棵倒置的树。

箭头关系图。这类图通过箭头来表示叙词之间的联系，其通常将族首词置于坐标的中心，相关词根据其与中心词关系的不同，以不同字体显示词汇等级。

为了更好对词表进行检索，图形显示往往与字顺表结合使用。用字顺表将全部叙词按字顺排列，并在其中注明有关的注释和相关事项，以便于按照字顺方式进行查找。在图形显示中未提示的相关事项，也应补充到字顺表中。

1.2.4 叙词表的评判标准

根据前面所述的叙词表的组成结构以及调查表明：在叙词表的实际编制和使用过程中，不会拘泥于一种特定的形式。往往是形式多样，风格各异，很难达到一种规定统一的模式。因为每部叙词表的编制都是由不同的机构或部门，针对不同的使用者，而各人的偏好或习惯在叙词表的编制过程中都会带来很大的影响。再者，由于处于不同时代或地域，受当时政治、经济、文化等其他环境因素的影响，叙词表的编制几乎不可能达成一个统一的标准。

一般而言，一部叙词表在编制之前，会参考其相关领域的叙词表的编制情况，并以此作为一个参照标准。另外，叙词表的结构应根据文献单位的设备条件、学科范围、收藏规模、用户对象等因素综合考虑，不应仅以个人偏好或习惯作为出发点。就叙词表整体构成而言，一部好的叙词表应力求具备以下要素：

①功能完备。这是考核一部叙词表是否优秀的基本标准，离开了这个因素，其他的都无从说起。编制叙词表可以通过各个组成部分的不同结合，使叙词表具备该系统所需要的各种应有的功能。

②功能互补。叙词表的各个组成部分具有不同的功能，在保证各个组成部分的功能有效、性能互补的前提下，通过对各个组成部分进行不同的组合，使叙词表在整体功能上获得较好的效果。

③结构简明。由于叙词表各个组成部分的不同功能，在使用其中一种或多种时应避免功能重复，整个叙词表的结构应加强整体性，减少相应的组成部分，力图在保证功能完备的前提下使得叙词表的结构尽可能简明。

④编制和管理方便。一部好的叙词表应该便于编制，在保持原有体系的基础上能方便地进行增补和管理。这样，叙词表才能表现出强劲的生命力，跟得上时代的变迁，具有较长的使用年限。

⑤易于掌握、便于使用。叙词表应尽可能做到易懂，方便专业人员或终端用户使用。

总之，计算机的使用，为叙词表相关部分结合使用增加了便利，使叙词表的结构出现了多样化的趋势。如何根据系统的特点和需要建立起结构简明、功能完备、适合于实际使用需要的整体结构，目前仍在不断探索之中。

1.2.5 叙词表分类

据不完全统计，目前全世界有500多种叙词表，因为多种因素的影响，对这些叙词表并没一个比较清晰的分类。根据笔者自身对叙词表的理解，这里将叙词表分成如下几类：

(1) 按主题范围划分

综合性叙词表。一般综合性叙词表涵盖的规模较大，范围较广，往往包括两个或更多的学科领域。综合性叙词表中比较有影响的是美国《工程与科学主题词表》和《日本科学技术情报中心主题词表》；我国的《汉语主题词表》和《国防科学技术主题词表》等。

专业性叙词表。顾名思义，专业性叙词表是面向某一专业而编制的叙词表。此种类型的表有美国的《航空和航天局主题词表》、

《国际核情报系统主题词表》、英国的《电机工程师协会主题词表》，我国的《航空科技资料主题词表》、《电子技术汉语主题词表》、《化学工业主题词表》等。

（2）按语种划分

单语种叙词表。由于叙词表编制的工程量大以及适用性的原因，绝大多数的叙词表都属于单语种的。

多语种叙词表。随着网络技术的发展，许多传统的纸质的叙词表已经被电子化，上传到网络上供人们自由分享。为了便于不同语种之间词汇的自由转换，多语种叙词表应运而生。如网络叙词表 Agrovoc Thesaurus（http://www.fao.org/aims/agintro.htm）就有英、法、西、中等16种版本。

（3）按载体划分

传统纸质版叙词表，即传统的记录在以纸张作为载体的叙词表。

电子化叙词表。以光盘或硬盘等计算机存储媒介为载体的叙词表。

网络叙词表。它是以传统网络叙词表构建原理和原则为准则；通过定义词汇的范围和含义，运用等同、等级、相关等关系揭示词汇之间的关系，并用超链接的方式予以显示，借助 Web 浏览器介质进行访问。

1.3 叙词语言的词汇控制

叙词语言是在单元词的基础上发展起来的，广泛吸收了诸如标题法、分布组配分类法等多种检索语言的原理和方法。叙词语言通过对自然语言进行控制并转成规范化语言，对词汇的规范较为完备、严密。叙词语言的词汇控制一般是根据检索的需要进行的，包括词汇选择、词形控制、词义控制、词间关系控制等基本方面，下面分别介绍。

1.3.1 词汇选择

词汇是叙词表的构成基础，一部叙词表的质量高低，很大程度上取决于其构成词汇的选择。为了保证叙词表中词汇的规范性和严密性，叙词表对词汇的选择原则以及词汇的类型、范围等因素都应具有明确的规定。

1.3.1.1 词汇选择原则

根据以往叙词表的编制情况，参考《汉语叙词表编制规则》，汉语叙词的选择一般应该遵守以下几条原则：

①叙词的选择。叙词的选择首先应该考虑标引和检索的实际需要，以及当前各学科的发展情况，脱离了实际需要的叙词表没有任何实用的价值。任一学科选择的语词，必须是在该学科领域的文献内经常出现的，进行文献检索时具有相当的检索使用率，并且能汇集一定文献量的专业术语。对于领域内新出现的语词，应该根据实际使用的需要、考虑其在领域中的影响，并结合相应的发展情况进行选择。

②语词的概念。任一被选定的语词，应该具有明确的概念定义，且不会产生歧义。保证具有科学性、通用性的原则，适宜于准确地表达文献的主题和进行检索提问。对于选择过程中出现的同形异义词、多义词，可以通过叙词表中规定的限定方法加以使用。

③词组的选择。有些时候，单个的语词可能不能很好地表达足够多的意思，这时就需要考虑选定语词的组配关系以及语词的专指性，在收录单词的同时也收录相应的词组，以保证叙词表表达内容的完备性。

④符合表达习惯。选定的语词应尽量符合汉语表达中的习惯，易于人们理解和使用。这要求被选定的语词在词形上要达到作为语词标识的要求，而不是较为生僻的语词，并且尽量选用那些便于字面成族的语词。

1.3.1.2 词汇类型

一部叙词表的构成，一般是以名词为主，某些时候为了语义表达的准确性和丰富性，也会收录一定量的形容词。按照表达事物概念范围大小的特点，叙词可以分为普通名词和专有名词两种。

普通名词是构成叙词表的基本词汇，是对普通事物的基本描述，其选词范围主要包括如下几个方面：

①表示具体事物的名词术语，如学校、教室、老师、学生、计算机等。

②表示学科门类的名词术语，如哲学、社会学、传播学、图书馆学、物理学、生物学、分子生物学、工程学、环境科学等。

③表示文献类型的术语，如词典、年鉴、百科全书、期刊、手册、目录、索引、专题报告、专利、标准、会议记录等。

④表示事物材料的名词术语，如钢铁、塑料、橡胶、合金等。

⑤表示事物性质、现象、状态，过程等方面的名词术语，如感光性、导热性、导电性、发热、振动、飞行、爆炸等。

⑥表示对事物的研究方法、工艺等方面的名词术语，如调查、分析、计算、归纳、总结、冷冻、电镀等。

专有名词用以表达某一特定方面的单一对象，对于专有名词的选择，叙词表一般重点考虑那些比较典型的、具有较大研究和检索价值的名词。其选词包括：

①自然地理区名，如亚洲、非洲、美洲、欧洲、太平洋、大西洋、北极、南极等。

②政治区名，如中国、美国、英国、法国、日本等。

③机构组织名，如联合国、世界银行、亚太经合组织、北约等。

④人名，如孔子、孟子、牛顿、爱因斯坦、马克思、恩格斯等。

⑤历史事件名，如“七七事变”、“西安事变”、“珍珠港事件”等。

⑥文献名，如《汉语主题词表》、《大英百科全书》等。

1.3.1.3 先组词的选择

在叙词表中，按照构成词汇的单元的特点，叙词表的语词可以分为后组词和先组词两类。后组词即单词，是以单元概念的语词形式收入叙词表的词，它们属于不可再分的最基本的词汇。先组词即词组，是由单元词组成的具有复合概念的语词，这类词往往由两个或多个单元词组合而成，用以表达复合主题，拆开或进行顺序调整之后意思会发生变化，不再具有复合词的概念。

采用单词组配的方法来表达复合主题的含义，早在元词法中就得到过使用，作用是可以减少叙词表的词量，在手检工具中增加检索入口，提高检全率。但不足之处在于如果过多使用单元词组配，会影响标引的直接性，降低查准率，同时也无法提示一些常用主题概念之间的关系。例如，化学工业的概念是重工业，下位概念包括发酵工业、合成工业、化学纤维工业、石油化学工业、橡胶工业、制药工业等。在这种情况下，通过揭示上述词间关系，在进行相关信息资源的查找时，显然会带来相当大的便捷性。但这些联系在使用“化学”和“工业”的情况下是无法建立的，只有将化学工业等作为先组词直接收录到叙词表中才能揭示。使用先组词可以克服后组词的上述问题，增加标引和检索的准确度。但过多地依赖先组词，也会增加词表的篇幅，同时还会在手工检索系统中减少检索入口，影响查全率。因此关键应该是根据检索系统的特点和实际需要，确定词组的选择标准，将先级词的数量控制在一定的范围之内。词组的选择是词表编制过程中的难点之一。为了使叙词表能同时适应计算机检索和手工检索的需要，同时兼顾标引的直接性、专指性，在我国叙词表的编制历史中，下述情况通常直接选用词组：

①被选择语词在某一领域内为使用效率较高的常用词组，一般直接收录到叙词表。如化学工业、教育资源、情报检索语言、数据处理等，此类词汇一般均采取直接收录的方式。

②该词组在分解成单元词后不再具有原来的含义，对理解语词概念有干扰时，直接收录进叙词表。如塑胶炸弹、全面战争二词分解之后，塑胶、全面二词的含义发生变化，应该直接被收录。

③该词组分解成单元词后其中一词意义，没有实际的检索价值时，直接收录进叙词表。如圆润检索、台面二极管二词分解之后，回溯、台面二词两词的实际检索价值不大，应该直接被收录。

④组成该词组的单元词顺序调整之后词义发生变化的词组，可以适当选用。如工业酒精一词，以工业和酒精组配，可以产生工业酒精和酒精工业两种含义，一般直接收录。

⑤有标引价值的专有名词，一般可以直接收录。如北京大学一词，如采用北京和大学加以组配，其含义就会变成北京的大学，应当直接被收录。

也有一些情况通常不直接选用词组。这类情况包括：

①表示事物及其方面的词组，如火车站设计、模具加工等。

②表示事物及其部分的词组，如飞机轮胎、计算机电源等。

③由专有名词如国家名、地区名、时代名、人名等与其他主题概念组成的复合词，中国钢铁工业、鲁迅小说创作等。

④由科学术语与文献类型的名称组成的复合词，如：计算机词典、史学书目等。

⑤可以分解成两个或多个交叉关系概念语词的复合词，也不直接选用。如生物遗传学可以分解成生物学和遗传学两个表示交叉关系的语词。

但上述情况并不是绝对的，有时当一对象资源较多，使用需要量大时，也可以适当调整。

1.3.2 词形控制与词义控制

在几千年的发展中，语言在不断地发生演变，很多词汇具有了各种各样的形状以及多种含义。为了保证叙词表的标引质量，对于所选用的叙词，必须在词形和词义两方面进行严格的控制。

1.3.2.1 词形控制

词形控制是指根据主题和检索的需要，对所选叙词的语词形式及其构成成分作出相应规定，以确保叙词表的排列效果，方便用户进行检索。在中文叙词表中，词型控制通常包括下列内容：

①规定语词形体。当一个汉字存在几种形体，如繁简体、异体或未正式公布的简体时，一律以国家通告的字体为标准。

②规定外来语和数字的用法。外来名词术语一般应选用规范的汉译名，但在外文名词术语更为通行时，也可以直接用原文。阿拉伯数字根据情况在必要时选用。例如：C 语言、SCI、X 光、铀 235 等词，均可直接选作叙词。

③规定标点符号的用法。一般只在必要时使用括号、连线、小圆点等符号，其他标点符号除特殊情况外，一般概不使用。例如：静态分析（经济学）、发射管（电子）、九·一八事变、气体—固体界面等均为正式主题词。

④规定词序。收录到叙词表的词一般采用自然语序，不使用倒置形式。例如：用“公共图书馆”而不用“图书馆，公共”；用“工程物理学”而不用“物理学，工程”。倒置形式在必要时可作为非叙词收录到叙词表，用以指向相应叙词。

⑤规定外文的词形。主要是规定单复数、名词形式等。一般可依据该文字的叙词表编制规范进行。例如在英文中，可数名词多采用复数形式；不可数名词，或表示抽象概念的名词，采用单数的形式；如一个词的单数和复数表示不同概念，可同时收录到叙词表。双语种或多语种索引中通常会涉及外文词形的处理。

⑥规定词长。为了使入选的语词适合排检和计算机检索的需要，一般应对字长规定。例如在《汉语主题词表》中规定词长不得超过 14 个汉字，过长的语词可用简称或缩写等方法处理，使其保持在规定的长度以内。

1.3.2.2 同义控制

同义控制主要是对一义多词及含义相近或有联系，可以根据需要对相互代替的语词之间进行控制。一般选其中的一个为叙词，其余为非叙词，使同一含义只用一个词表达，以便能集中同一主题的资源。同义控制包括同义词之间的控制和准同义词之间的控制两类情况。

(1) 同义词之间的控制

同义词之间的控制是对外延相同的不同语词之间的控制。包括：

①语义同义词之间。一般以较为通用的词作叙词。

例如：全球环境（叙词） 地球环境（入口词）
海洋物理学（叙词） 物理海洋学（入口词）
国家机构（叙词） 国家机关（入口词）

②学名与俗名之间。一般以学名为叙词。

例如：废物综合利用（叙词） 变废为宝（入口词）
化害为得（入口词）
玉米（叙词） 包谷（入口词）

③不同角度的名称之间。一般选较为常用的词为叙词。

例如：上海公报（叙词） 中美联合公报（入口词）
七七事变（叙词） 卢沟桥事变（入口词）

④新称与旧称之间。一般选用新称为叙词。

例如：胡志明市（叙词） 西贡（入口词）
发展中国家（叙词） 不发达国家（入口词）

⑤全称与简称之间。一般选用全称为叙词。

例如：联合国安全理事会（叙词） 安理会（入口词）
安全理事会（入口词）
武汉大学（叙词） 武大（入口词）

⑥不同译名之间。一般选用规范译名为叙词。

例如：激光（叙词） 镭射（入口词）
发动机（叙词） 引擎（入口词）

⑦产品型号与代号之间。专业文献单位一般用产品的型号为叙词。

例如：SS-1 导弹（叙词） “飞毛腿”导弹（入口词）

⑧词组与对应的组配形式之间。一般用于指向对应的组配形式。

例如：国际经济+经济援助（叙词） 对外经济援助（入口词）

期刊+联合目录（叙词）　　期刊联合目录（入口词）

（2）准同义词之间的控制

准同义关系是指含义相近或虽然含义不同，但有一定的联系，可以根据检索需要相互代替语词之间的关系。准同义词之间的控制通常在有关语词下资源数量较少时使用，是检索系统控制词量和专指度的一种方法。包括：

①分近义词之间。一般选其中较概括、通用的语词作叙词。

例如：中子流（叙词）　　弱中子流（入口词）

数据处理（叙词）　　数据处理系统（入口词）

②部分反义词之间。一般选其中表示下面含义的语词作为叙词。

例如：本质属性（叙词）　　非本质属性（入口词）

电子（叙词）　　负电子（入口词）

③部分上位词与下位词之间。一般选择含义宽泛的上位词代替一个或若干个专指的下位词，亦称上位词置代。

例如：电视设备（叙词）　　闭路电视设备（入口词）

水污染（叙词）　　地表水污染（入口词）

地下水污染（入口词）

水体污染（入口词）

1.3.2.3 词义控制

词义控制主要是针对一词多义的现象进行控制，使其具有明确性和单义性。包括对多义词、同形异义词以及词义含糊的语词等的处理，一般采用在叙词后加限义词或加注的方法予以解决。

（1）加限义词

此种方法常用于自然语言中的同形异义词和多义词，通过对词汇的使用范围加以限定，明确词汇含义，使其具有单义性。同形异义词和多义词特点是：同一字面形式的语词，在不同领域或场合往往用以表达不同的概念。例如："结构主义"一词，在哲学、心理学和语言学分别具有不同的内涵，可以通过学科、专业、地域、时间等的角度加以限定，使其含义明确。

例 1：拟人说（心理学）

拟人说（文艺）

例 2：结构主义（心理学）

结构主义（语言学）

结构主义（哲学）

例 3：病毒（医学）

病毒（计算机）

例 4：民族化（文艺）

例 5：黑旗军（广西）

黑旗烟（山东）

例 6：尼布楚条约（1689）

例 7：渡江战役（1949）

（2）注释

对叙词的注释说明大体包括三种类型，概要介绍如下：

①含义注释。含义注释通常用于一些字面上比较含糊，容易混淆的词，通过以注释的方式对其含义或范围等作补充说明，明确其含义，以便确切使用。

例如：岭南画派

注：中国现代画流派，主要是在广东活动

计算机分析

注：用计算机进行分析

互市

注：中国古代对中外贸易的统称

布鲁塞尔代表大会（1891）

注：第二国际二大

②用法注释。用法注释是指明一词的特殊使用方法，目的是使用规范，提高该词在标引和检索中的一致性。

例如：学院

注：用于高等专科学校与专业名称组配使用。例：音乐

学院用音乐+学院

③历史注释。历史注释是用来记录叙词收录到叙词表的时间及变更情况，使其能反映词汇使用的沿革，以保持词汇标引和检索的延续性。如下面分别为《汉语主题词表》、《教育资源叙词表（ERIC）》叙词款目中历史注释的样例：

例 1：环境污染机制

（增词时间：1889 年）

例 2：LIBRARY CATALOGS Mar. 1980

UF Dictionary catalogs（1968-1980）

Divided catalogs（1968-1980）

……

在例 2 中，Mar. 1980 表示此词启用时间为 1980 年 3 月，UF（代项）中 Dictionary catalogs 和 Divided catalogs 后的年代注释（1968—1980），表示该词为 1980 年前采用的叙词形式。按照上述说明，1968—1980 年该内容的文献，可以使用代项中的词进行查找，从而方便用户对历史文献的回溯检索。

上述限定和注释两种形式中，限义词是叙词标识的组成部分，可以和叙词一起直接用于标引。叙词注释则只对叙词起补充说明作用，不用于标引。

除词义控制之外，叙词语言一般还采用参照系统、索引等方法，通过确定一词与相关语词的联系或其所属学科范畴等，限定其含义。

1.3.3 词间关系控制

为了在按主题字顺的方式组织语词的同时反映叙词之间的联系，叙词法采用了建立参照系统和编制索引的方法。其中，参照系统通过在叙词下设置参照项的方式，在叙词之间建立起一种反映主题词之间联系的语义网络，是字顺表对词间关系进行控制的主要形式。叙词表中叙词之间主要有三种关系：等同关系、属分关系和相关关系。按照《汉语叙词表编制规则》及有关国际标准，叙词表的词间关系及其常用的参照符号如表1-5所示。

表1-5　　叙词表的词间关系及其常用的参照符号

词间关系	参照符号含义	汉语用符号	英文用符号	国际通用符号
等同关系	用	Y	USE	→
	代	D	UF	=
	组代		UFC	&
等级关系	分	F	NT	>
	属	S	BT	<
	族	Z	TT	
	（属种）分 （属种）属		GNT GBT	
	（整部）分 （整部）属		NTP BTP	>P <P
相关关系	参	C	RT	—

1.3.3.1　等同关系

等同关系指一叙词与含义相同或相近，可以相互替代的语词之间的关系，亦称同一关系、用代关系。提示等同关系的作用，是可以增加检索入口和根据使用需要对标引、检索的专指度进行控制。汉语叙词表中，对等同关系设有“Y”、“D”两种符号。符号“Y”用于非叙词之下，用来指向对应的叙词；符号“D”用于正式的叙词之下，用来指向被替代的非叙词。对等同的处理通常在同义规范的基础上进行，用于同义词或准同义词之间，一般应有参照和反参照。

例如：全球环境　　　　　　　　　地球环境

　　　　D 地球环境　　　　　　　　Y 全球环境

数据处理　　　　　　　　数据处理系统
　D 数据处理系统　　　　　Y 数据处理

等同关系除用来提示同义词、准同义词之间的关系外，还可以使用于组代关系，指示一专指的非叙词和相应叙词组配形式之间的关系，以提高标引的一致性，降低标引的难度。

例如：民法典　　　　　　　　民法+法典
　　　Y 民法+法典　　　　　　D 民法典
　　国际货币制度危机　　　　货币制度+货币危机
　　　Y 国际货币制度+货币危机　D 国际货币制度危机

1.3.3.2 等级关系

等级关系，指上位概念叙词和下位概念叙词之间的一种关系，亦称属分关系。提示等级关系有助于通过它扩大或缩小查找范围，提高族性检索能力。汉语叙词表对等级关系设有“F”、“S”、“Z”3 种符号。其中，“F”为分项指示符，表示该项叙词为款目词的下位词。“S”为属项指示符，表示该项叙词为款目词的上位词。“Z”为族首词符号，表示该项叙词为族首词，亦即一组等级关系的叙词中外延最宽的词。等级关系主要用于下述三种叙词之间。

（1）具有属种关系的叙词之间

在这类关系的叙词中，下位词表示的概念必然包含在上位词概念的外延之中，并且是其外延的组成部分。具有属种关系的主题概念之间一般存在着密切的联系，这类关系的叙词通常均按属分关系处理。

例如：电子侦察
　　　F 电视侦察
　　　　雷达侦察
　　　　通信侦察

上例中，电视侦察、雷达侦察、通信侦察等都属于电子侦察，并且是电子侦察的外延的组成部分，提示它们之间的联系有助于相关主题资源的查找。

（2）具有整部关系的叙词之间

整部关系不属于属种关系，但也可以在一定程度上提示事物对象之间的联系。由于整部关系的涉及面很广，词表一般应根据检索系统的需要，对处理范围作出限定。综合性叙词表对整部关系的提示通常包括：

①地理位置中的整部关系。

例如：西欧

F 爱尔兰

比利时

法国

荷兰

卢森堡

英国

S 欧洲

②人体系统与器官以及某些事物中的整部关系。

例如：血管

F 动脉

静脉

毛细血管

视网膜血管

S 心血管系统

③组织机构及其分支中的整部关系。

例如：联合国

F 国际法院

联合国安全理事会

联合国大会

联合国经济及社会理事会

联合国秘书处

联合国托管理事会

选择哪些整部关系类型作为属分关系处理，取决于检索的实际需要。专业叙词表一般可以按照实际使用需要，规定按属分关系处理的整部关系。例如，在计算机专业叙词表中，可以将计算机硬件与它的组成成分按属分关系处理。

（3）用于部分集合概念与个体概念之间

这类概念的上位词为集合概念，下位词则为其所包括的个体概念，以便可以从一集合概念的角度进行族性检索。

例如：河流

F 长江
黄河
黑龙江
海河
淮河
珠江
……

字顺表提示等级关系的做法是：一般只反映正式叙词之间的等级关系，不揭示与非叙词的联系；在等级关系不止一级的情况下，为了节省篇幅，多数词表在字顺表中只揭示最邻近一级的等级关系及族首词，而在专门设置的等级索引中对等级关系全面显示，通过族首词与等级索引的联系加以使用；在一个叙词同时从属于两个或多个上位词时，词表一般将其同时收入该词的属项，并在相应的上位词下予以反映。

例如：电子侦察

S 反电子侦察
侦察
Z 电子对抗

1.3.3.3 相关关系

相关关系是叙词之间除了等同关系、等级关系之外语义相关的一种关系，亦称为类缘关系。揭示相关关系有助于扩大检索范围，进行相关资料的查找，中文词表通常用符号“C”加以连接。与属分关系的处理相同，对相关关系的揭示只在正式叙词之间进行，二者作互逆参照，但并不严格。

相关关系涉及范围广、种类多、灵活性大，很难严格控制。一般认为，下述关系的叙词可作相关关系处理：

①近义关系的叙词之间。

例如：初等教育

C 儿童教育

②反对或矛盾关系的叙词之间。

例如：查全率

C 查准率

民主

C 集中

③交叉关系的叙词之间。

例如：对外贸易

C 国际贸易

分类

C 编目

④事物与其部分、成分的叙词之间。

例如：核电站

C 动力堆

蒸气发生器

⑤因果关系的叙词之间。

例如：科学研究

C 科学发明

劳动生产率

C 生产合理化

⑥各种事物与材料、性质的叙词之间。

例如：水泥墙板

C 水泥

磁性材料

C 磁性存储器

⑦事物、操作与其工具的叙词之间。

例如：无损检验

C 无损探测仪

⑧事物与对应工具的叙词之间。

例如：害虫

　　C 杀虫剂

⑨职业与职业工作者的叙词之间。

例如：社会工作

　　C 社会工作者

⑩学科或研究领域与其对象的叙词之间。

例如：地震学

　　C 地震

　　数据处理

　　C 数据

相关关系的类型较多，很难完整列举。对相关关系的处理一般应有一定控制，通常只有一词“作为标引词与另一词具有较强的提示作用”时，才作为相关关系处理。

1.4 叙词表的编制与维护

1.4.1 叙词表的编制

叙词表的编制一般包括以下六个步骤：

（1）总体设计

总体设计是指编制叙词表之前设计出叙词表的总体模式。在叙词表编制前，根据系统的标引对象、设备条件和使用需求等相关因素，明确叙词表的总体要求，具体包括如下7个方面：

①明确词表的主题领域。根据词表涉及的范围对词汇进行选择和处理，通常情况下，中心主题领域是收词的重点，且应做到词量充分。对于边缘学科门类，则可以相对概略。

②明确词表的标引对象。对于图书、期刊论文、科技报告、档案或是网络信息资源，应根据具体情况确定词汇的专指度。

③明确词表的功能。词表是供编制手检工具，还是供机检使

细的审核，包括：审核对应款目的参照是否完备，同义词、准同义词的处理是否恰当，叙词的类型是否符合规范，字顺排列是否准确，词表的格式字体是否符合规定等。同时，使用草表进行试验，包括试验标引和结合用户提问进行对照等。

（6）出版

经过审核和试验后的词表，便可以按照传统的印刷或是电子方式出版。出版前一般应编写详细的词表编制说明以及标引规则、特殊方法等，以方便用户使用。

1.4.2 叙词表的维护

随着科学技术的发展，叙词表作为标引工具，应能够根据信息资源标引的需要，随着各学科领域的不断发展，及时进行修订增补和动态维护。通常情况下，进行深度标引的词表比一般层次的词表更新更加迫切。在检索系统或数据库发展初期，词表的词汇会随着标引出现较高的增长，随后逐步达到相对稳定。但如果该主题领域学科发生急剧变化或数据库扩大收录范围，则词汇会再次出现大幅度增长。因此词表的维护，应根据信息资源的特点、标引的阶段以及学科领域的变化等的规律进行。叙词表的维护通常包括以下方面：

（1）增加新词

增加新词包括各种新学科、新技术、新问题等出现的新词汇。对叙词表进行增加新词汇，能够确保词表及时反应文献的发展动态。新增加的词汇应包括必要的范围注释以及参照关系，如同义词、等同关系、从属关系、相关关系等，同时补入字顺表以及相关的索引，并在相关的参照词下加以显示。对特别专指的词汇，可作为非叙词收入，用于指引检索相应的上位词或有关的组配形式。

（2）删除旧词

对于不满足系统要求的词，如使用频率过低，没有标引价值的词等，应予以删除。删除旧词应注意参考有关的标引和检索频率统计。删除某词时，一般应将该词与词表各相关部分或词间关系揭示中同时删去。对仍有一定使用价值的词，则可以将其改作非叙词，作入口词用。

（3）修改调整

根据使用需要对词表中现存的词进行必要调整，使其更加规范、适合使用。修改调整包括词形是否符合控制要求，同义关系、准同义关系中标引词的选择是否恰当，范围注释是否需要完善，等级关系和相关关系是否需要调整等，以便能够使词表更加有效、更适合实际使用需要。修改调整也包括将原来确定为非叙词的准同义词，根据实际使用情况，调整为叙词。

为了保证词表的质量，词表维护工作一般应由专门的编辑人员负责。一般来说，应以相应的数据为依据，包括标引数据、检索频率数据以及与词表有关的统计数据，如：等同率、关联比、参照度、先组词、词族及范畴的规模等。其中，等同率为词表中非叙词与叙词之比，关联比指词表中至少有一个参照项的叙词与叙词总数之比，这些数据是国内外用来对词汇控制进行评价的一些参数，可以在一定程度上作为词表调整改进的依据。词表维护过程中，应详细记录词汇的变化，做好词汇的历史注释，使词表词汇的变化发展脉络清楚，以便必要时，用户可以利用历史注释进行回溯检索。同时，使用计算机管理系统，简化词汇维护的操作，提高词表管理的水平。

2　本体及其应用

2.1　本体起源及发展历程

2.1.1　本体起源

本体（Ontology）的概念最初起源于哲学领域。作为一种哲学理念和哲学形态的“Ontology”，产生于苏格拉底提出的“始基”问题，其后由柏拉图和亚里士多德奠定了它的基础，最终在中世纪经院哲学中得以成熟。而直到 17 世纪，德意志哲学家郭克兰纽（R. Goclenius）才首次提出“Ontology”一词。

古希腊哲学家亚里士多德（公元前 384—前 322）将本体在哲学中定义为“对世界上客观存在物的系统描述，即存在论”，又把它分为两个方面：一方面研究存在的本质，另一方面研究客体对象的理论定义，即整个现实世界的基本特征。意大利中世纪经院派哲学家圣托马斯（1226—1274）所说：“通过把物质抽象为观念来理解物质，然后，用这样的知识来获取非物质的知识”。可以看出，本体是客观存在的一个系统的解释或说明，关心的是客观现实的抽象本质。《牛津现代高级英汉双解词典》（简化汉字本）对于“Ontology”的英文解释是：“the depart-ment of metaphysics concerned with nature of existence; specific theory of this”。从词源来看，英文的“Ontology”最早来自拉丁文“Ontologia”一词，而拉丁文又源自希腊文。就希腊文的字面意思来说，“本体”的英文单词“Ontolog”由拉丁文 ontos（存在）与 logos（学说、言论）派生而来，被解释为“关于存在的学说言论”。由于 ontology 最先在哲学领域出现，所以在英汉词典中把 Ontology 翻译成“本体论、实体论”。近年来国外人工智能领域首先借用哲学 Ontology 概念拓展知识表示方面的研究，并据此来开发新型的知识表示理论和技术。“Ontology”在汉语中也有不同的译名，如“万有论”、“存有论”、“本体论”、“存在论”等，其中以“本体论”流传最广。从哲学的角度出发，世界是具有可感形态，具有元本体、元实体和元分体的具体事物组成的统一体。本书所论的本体就是将哲学中所说的原本体应用在人工智能等信息领域。具体应用领域包括人工智能、知识工程、数字图书馆、软件复用、信息检索和 Web 上异构信息的处理、语义 Web 等。作为一种能在语义和知识层次上描述信息系统的概念模型建模工具，本体在进行知识的表示和组织方面表现出极大的优势。

由于本体在不同领域各有自己的不同含义，斯坦福大学的 Guarino 与 Giaretta 建议用 Ontology（首字母大写）指代哲学领域的本体论研究，用 ontology（首字母小写）来表示人工智能等领域的本体系统和本体理论的研究。本书在使用“ontology”这一英文术语时亦遵循这一惯例。

2.1.2 本体的概念

2.1.2.1 国外学者观点

在计算机人工智能界，最早给出本体定义的是 Neches，Fikes 等人（1991），他们将本体定义为“给出构成相关领域词汇的基本术语和关系，以及利用这些术语和关系构成的规定这些词汇外延的规则的定义”。Neches 认为：“本体定义了组成主题领域的词汇表的基本术语及其关系，以及结合这些术语和关系来定义词汇表外延的规则”（An ontology defines the basic terms and relations comprising the vocabulary of a topic area, as well as the rules for combining terms and relations to define extensions to the vocabulary）。

后来在信息系统、知识系统等领域，越来越多的人研究 ontology，并给出了许多不同的定义。其中最著名并被引用得最为广泛的定义是由 Gruber 在 1993 年提出的，也是比较简单的定义——“a specification of a conceptualization”，可以理解为“对某种概念化体系的规范说明”。这里有两层意义：一是先要对某个领域进行抽象、归纳，即把这一领域概念化；二是再对这一概念化的结果用一种人、计算机、代理都可以理解的通用规范表达出来，表达出来后就形成了一个 ontology。后来，Gruber 提出了另一种比较详细的表达：“explicit formal specifications of the terms in the domain and relations among them”，即“本体是概念化的明确的规范说明”。和这个定义类似的有 N. Guarino 和 P. Giaretta（1995）提出的“本体是概念化的明确的部分的说明/一种逻辑语言的模型”（An ontology is an explicit, partial account of a conceptualization/ the intended models of a logical language）。

Borst 等学者在 Gruber 所做定义的基础上作了些许修正，给出了 ontology 的另外一种定义：“ontology 是共享概念模型的形式化的规范说明”（It is an explicit formal specification of a shared conceptualization）。

德国卡尔斯鲁厄大学的 Studer 等学者对 Gruber 和 Borst 的两个定义进行了深入的研究，认为“ontology 是共享概念模型的明确的形式化规范说明”。这包含四层含义：

①概念化（conceptualization）：客观世界中某些现象的一个抽象模式，该模式是通过定义了这些现象的相关概念形成的，其表示的含义独立于具体的环境状态；

②明确（explicit）：使用的概念，以及在使用这些概念时所受的约束和限制等，都有明确的定义；

③形式化（formal）：指 ontology 能被计算机识别和处理；

④共享（share）：指 ontology 中体现的是相关领域中获得普遍认可的概念的集合，它针对的是团体而非个体。

Nicola Guarino 把概念化定义为：$C = \langle D, W, R \rangle$，其中 D 是

一个领域，W 是该领域中相关的事务状态（state of affairs）的集合，R 是领域空间〈D，W〉上概念关系（conceptual relation）的集合，本体是采用某种语言对概念化的描述。

ontology 的目标是捕获相关领域的知识，提供对该领域知识的共同理解，确定该领域内共同认可的词汇，并从不同层次的形式化模式上给出这些词汇（术语）和词汇之间相互关系的明确定义。

当前本体是图书馆情报领域研究的热点，在此领域对本体的定义基本上跟人工智能领域的定义等同。人工智能领域的文献中有很多有关本体的定义，这些定义在本质上基本没有什么区别。例如：斯坦福大学的 Natalya F. Noy 和 Deborah L. McGuinness 对本体的定义："本体就是关于某一领域概念的明确规范的描述"（an ontology is a formal explicit description of concepts in a domain）。它包含以下几点：

①类（classes（有时也称作概念 concepts））也就是概念集。

②属性（slots（有时也称作 roles 或 attributes）），概念的属性（properties），用以描述每个概念的有关特征。

③属性的限制条件（restrictions（facets，有时也称作 role restrictions或 constraints））。

④一个完整的本体还包括一系列与某些类相关的实例（instances），这些实例组成了一个知识库（Knowledge Base）。

本体定义的发展如表 2-1 所示。

表 2-1　　本体的定义演化表

作者	时间（年）	本体定义
Neches 等	1991	本体是组成主题领域的词汇表的基本术语及其关系，以及结合这些术语和关系来定义词汇表外延的规则
Gruber	1993	本体是概念化的明确规范说明
Guarino 等	1995	本体是概念化的、明确的、部分的说明/一种逻辑语言的模型

续表

作者	时间（年）	本体定义
Uschold	1996	本体是概念化的、明确说明和显示表达
Borst	1997	本体是共享的、概念模型与形式化的规范说明
Swartour	1997	本体为描述某个领域而按继承关系组织起来作为一个知识库骨架的一系列术语
Studer	1988	本体是共享的、概念化的、显示的与形式化的规范说明
Fensel	2000	本体是对一个特定领域中的重要概念共享的形式化描述
Noy F. N	2001	本体是对某个特定领域概念形式化的明确表示，每个概念的各个方面及其约束的特征和属性
Fonseca	2001	本体是某一观点用详细的词汇表述实体、概念、特性和相关功能的理论
Starla	2003	本体必须包括所使用术语的规范说明、决定这些术语含义的协议，以及术语之间的联系，来表达概念

2.1.2.2 国内学者观点

近十年来，“ontology”在中文文献中的译名并没有一个统一的定论，在不同的文献中表现均有所不同。在绝大多数文献中，“ontology”被译作“本体论”或“存在论”，这主要是因为受到传统的哲学界对“Ontology”译名的影响。但是大多数文章将“ontology”直接译作“本体”。

在哲学领域，中国社会科学院哲学研究所杨学功在对“Ontology”的研究过程中，产生了自己独到的见解。他不主张将“Ontology”译作“本体论”，也不把它作为哲学的一个分支来看待，而是把它作为一种特殊的哲学理论形态来看待。他认为：“作为一种特殊的哲学理论形态，Ontology 是以追求终极实在为依归，以奠定知识基础为任务，以达到终极解释为目标的哲学。”此种表述简洁有力，表现了哲学中本体的核心思想，也可作为其他领域对本体研究的一种参考。

在图书情报和人工智能领域，对本体的研究如火如荼，关于本体的理解和定义也是仁者见仁，智者见智，各个定义都表达出了该学科领域对本体的理解。

李景和陈平在《叙词表与本体的区别与联系》一文中认为：“本体是一个关于一些主题的清晰规范的说明。它是一个规范的、已经得到公认的描述，它包含词表（或称名称表、术语表），词表中的术语全是与某一学科领域相关的，词表中的逻辑声明全部是用来描述那些术语的含义和术语间的（它们是怎样和其他术语相关联的）。因此，ontology 提供了一个用来表达和交流某些主题知识的词表，还包括一个关系集，关系集把握着词表中这些术语间的联系。”

张晓林博士等在《描述知识组织体系的元数据》一文中称“ontology”为“概念集”。他提道：“所谓概念集（Ontologies）指特定领域公认的关于该领域的对象（实际对象和逻辑对象）及其关系的概念化表述，包含以下部分：

①本领域对象类的等级体系；

②对象类的属性及属性取值限制；

③语义关系体系，即对象类之间的逻辑关系体系；

④关于对象类及语义关系体系的推理规则。

概念集通过一个语言标记后成为显性知识，可在信息系统中表征和交换知识，并可被代理系统自动解析和识别。”

浙江大学人工智能研究所的刘柏嵩先生和高济教授在《基于 RDF 的异构信息语义集成研究》一文中使用了“概念模型”（Conceptual Model）来表达本体的含义。他们说：“CM（Conceptual Model）由一个类（概念）层次和类属性以及一组符合有关类或其属性的公理的规则组成。因此通过在检索到的事实组上应用这些规则，可能推理出新的事实。规则可用 F-LOGIC 来表达……基于可性的原因，为所有可能应用维护一个全局 CM（本体）不可取。”

武汉大学的张玉峰教授等在《动态约束性概念网络与知识检索研究》一文中指出，概念网络是知识检索的基础，“概念网络中的每个节点均反映唯一的知识内容，采用若干属性的元组来表示”。在她所说的概念网络中，“每一概念类都具有层次分明的概念树状关系，形成概念网络中的主关联……通过概念分类形成了一定的概念层次划分。概念类不同，但概念层次相同的概念节点可以根据自身属性或内容相互连接成关联网络。从而有效地揭示概念节点间的各种相关关系，构成概念网络中的辅关联。”按照她的表述，文中的“概念网络”实质上就是本体。

通过对国内外学者各种观点的总结，笔者认为，虽然目前关于本体的定义有多种表述，但是对于表述其核心思想的必要元素，在其定义中都应该有所表现。综合以上观点，笔者得出以下对本体的定义：

本体是关于某一领域的、关系明确的规范说明。它作为一种形式化的知识表示体系应该得到公众的认可，包含词表和逻辑声明两部分。词表中的术语应该是全部与某一学科领域相关，能对该学科领域作详细表述，逻辑声明是用来描述术语的含义或术语间的关系。

基于这两个部分，我们可以看出，本体提供了一个词表和词间关系的集合，以此来表达和交流某些学科与主题知识。

2.1.3 本体研究概述

2.1.3.1 国外研究现状

1. W3C

W3C（World Wide Web Consortium）中文翻译为“万维网联盟”。W3C 是一个关于信息、商业、通信和共识的非营利性组织，像 HTML、XHTML、CSS、XML 的标准就是由 W3C 来定制。W3C 是专门致力于创建 Web 相关技术标准并促进 Web 向更深、更广发展的国际组织。

2000 年 12 月 18 日，在 XML2000 的会议上，Berners-Lee 正式提出语义网（Semantic Web）的概念。语义网的目标是将 Web 上的信息表示成计算机可以理解的语义，满足智能软件代理（Intelligent Agent）对万维网上异构和分布式信息的有效访问和搜索。2001 年，Berners-Lee 为未来 Web 的发展提出了基于语义的体系结构，如图 2-1 所示。该体系从底层到顶层分别是：

第一层：Unicode 与 URI。该层是整个语义网络的基础，Unicode 处理资源的编码，URI 负责标识资源。

第二层：XML+NS+XML Schema。该层用于表示数据的内容和结构，通过标准的格式语言将网络信息的表现形式、数据结构和内容分离。

第三层：RDF（S）。该层通过语义模型来描述 Web 上的资源及其类型。

第四层：Ontology vocabulary。定义知识的共享，描述各种信息之间的语义关系，描述各种资源之间的联系。

第五层：Logic。提供公理和推理原则，为智能服务提供基础。

第六层：Proof。提供认证。

第七层：Trust。提供信任机制。

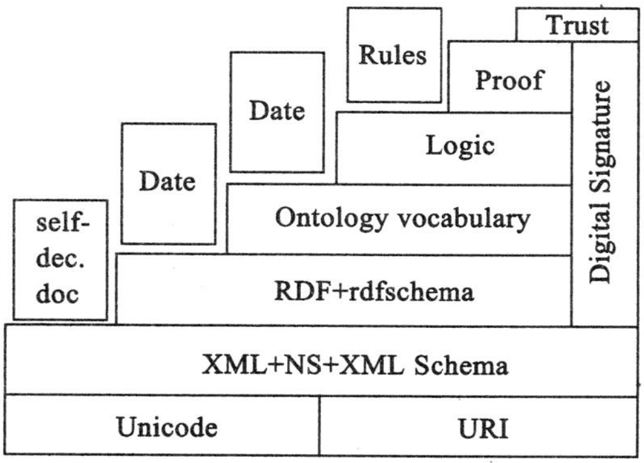

图 2-1　Tim Berners-Lee 的语义网结构图（Semantic Web Architecture）

这七层中第二、三、四层为核心层，用于表示 Web 信息的语义，第五、六、七层是在下面四层的基础上进行逻辑推理操作。

基于这样的基础，W3C 于 2001 年致力于本体的研究，与对语义网的研究几乎同时起步。主持研究的是 Web-ontology 工作组，其研究的定位是为语义网的构建打基础。

W3C 于 2002 年 7 月 31 日透露了发行 OWL 语言工作草案的细节，其目的是为了更好地开发语义网。W3C 发行的 3 种工作草案名分别为《特色大纲》(Web Ontology Language（OWL）Guide Version1.0)、《抽象句法》(OWL Ontology Web Language 1.0 Abstract Syntax）和《语言参考》(OWL Web Ontology Language Reference)。

W3C 的发言人 Ian Jacobs 说，开发语义网的目的是为了能够在互联网上进行结构化更强的智能处理。例如，针对现行的交运系统在各自无法达到客户目标的情况下就给不出运营方案，在语义网中可以智能地结合每个交运系统综合给出最优运营方案。

2. AIFB 的研究

德国卡尔斯鲁厄大学（University of Karlsruhe）的 Rudi Studer、Alexander Maeche，和以他们为主的应用情报学和规范描述方法研究所（AIFB，Institute of Applied Informatics and Formal Description Methods）对本体基础理念（ontology learning）和本体的数学表达进行了深层次的研究。

AIFB 的课题研究范围涉及知识管理、知识表示与推理、语义网、本体工程、万维网系统、知识门户、数据和文本挖掘、代理系统、语义标引、机器学习、形式概念分析、办公信息系统、商业过程分析等 10 余个领域。承担这些项目的研究小组主要是知识管理研究组、商务信息与通信系统研究组和复杂性管理研究组。目前 AIFB 所从事的重点是基于本体的知识门户和语义门户。

欧洲的 OntoWeb 就是依托 AIFB 研究所的 OntoWeb 项目建立的以知识管理为目的的网上知识门户。OntoWeb 的目标是集合欧洲语义网网页标准的研究人员和产业学会的力量，加强该领域的跨学科协作，促进欧洲文化的复兴，保护欧洲语言多元化和欧洲文化多样性，并在本体领域的研究中占据主导地位。现在 OntoWeb 已经允许国际组织的网络资源语义搜索。OntoWeb 系统由两个部分组成：数据库和一个基于本体的搜索引擎，在相关性和时间性上的搜索与当前互联网的搜索引擎相比提高了系统的性能。OntoWeb 在基于本体技术的知识共享领域的研究丰富，大体包括：

（1）推动语义网的研究成果产业化；

（2）展示和协调与本体相关各领域的研究，如：Web 标记语言、知识查询、知识工程、知识再现、信息系统和数据综合、信息回归、语言工程、数字化图书库、软件代理和可读性学习；

（3）加强欧洲本体研究领域在 DAML 项目方面与斯坦福大学知识系统实验室的协作；

（4）与 W3C 的元数据标准语言和推荐标准接轨。

3. KSL 的研究

美国斯坦福大学的知识系统实验室（KSL，Knowledge Systems Laboratory），在本体建模工具领域，以及本体应用层面的研究都走在了本体领域的前沿。

KSL 的 Guarino 博士根据整体与部分理论、同一性（Identity）理论和关系理论等哲学理论成果，设计了顶级一层本体。Guarino 本体构架的设计特征是根据特殊性（Particulars）和普遍性（Universals）两个角度来设计。特殊性表示具体的实体、事件和物质。普遍性表示具体事件中抽象出的概念、属性、状态和关系等。

KSL 对“可复用知识海量存储”的研究是 DARPA 赞助的快捷知识构造（RKF，Rapid Knowledge Formation）项目的一部分。可复用知识海量存储库的前身是高性能知识库项目（HPKB，High Performance Knowledge Bases）。该项目研究旨在开发支持协同构造和高效利用高度易于重用的分布式本体元库（即综合库，元数据与数据均可存放进去）。

Ontolingua Server 作为 KSL 的许多知识表示项目的服务器，提供了一种分布式协作环境，可以对本体进行浏览、创建、编辑、修改和使用。Chimaera 作为对本体进行利用的复杂工具，具备高级合并和知识库清理功能。KSL 还创建了包含本体和知识表示方面信息源的网上文库，用于储存并提供下载。

除上述之外，研究基于本体检索加工的学者和机构还有西班牙萨拉戈萨大学的 Eduardo Mena 和巴斯克大学的 Arantza Illarramendii，以及美国佐治亚大学大规模分布式信息系统实验室（Large Scale and Distributed Information Systems，LSDIS）和美国得克萨斯大学计算机系的基于知识系统研究小组（Knowldege-based System Research Group）等。

2.1.3.2 国内的研究现状

国内对于本体论的研究起步较晚，但是由于本体对信息知识领域有着巨大潜力，所以国内的研究也很高涨。比较有影响的有中科院数学所陆汝钤研究员领导的常识知识的实用性研究，中科院计算技术研究所曹存根研究员主持的大规模知识系统的研究，以及中科院数学研究所金芝研究员研究的基于本体的软件需求获取方法等。

（1）常识知识的实用性研究的主要目的是建立一个大规模的常识知识库 Pangu，并探讨利用常识知识来解决一些实际问题（如，机器翻译和自然语言理解等）。Pangu 知识库采用 Agent 和本体来表达知识，其中 Agent 强调包装和继承，重视事物之间的纵向联系，而本体主要进行常识知识的横向联想，因此本体论方法是面向 Agent 方法的一个很好的补充。在 Pangu 中，一个本体描述分成 3 部分：静态本体元的集合（Static Extension）、动态本体元的集合（Dynamic Extension）、本体网（Ontonet），后者也是一个语义网络，由从属于该本体的所有 Agent 构成。每个本体表述（ontology）从属于某个 Agent 的 Belief 部分，本体网的全体形成了该知识库的本体结构。

（2）NKI 是一个庞大的、可共享的知识群体，为科研、教学、科普和知识服务提供有效的基础。NKI 在对很多本体进行本体论分析时，定义了属性之间以及关系之间的公理。并且引入了强公理和弱公理的概念。在强公理不成立的情况下，以弱公理代替强公理进行推理，再在以后的推理中，由于新知识的加入或确定性高的公理的加入逐渐强化公理，以提高公理的确定性。NKI 中，各专业本体是手工获取的。但是专业知识的获取是采用半自动的方式进行的：

知识工程师先对专业知识进行形式化，计算机对形式化后的知识进行必要的整理。

(3) 在大型信息系统的开发过程中，如何快速地获取和准确地表达用户需求，是长期困扰软件开发者的难题。一方面，软件开发者由于不了解应用领域，只能被动地等待领域用户提供信息；他们还难免对领域用户的描述产生错误的理解，因而得出不适当的需求模型，导致软件开发半途而废。另一方面，领域用户通常不知道如何按软件开发的要求去描述他们的需求。而且，他们一开始常常对自己的需求仅有一个模糊的认识。如何建立领域用户和软件开发者之间的沟通桥梁，将领域用户密切结合到需求获取活动中来。如何将领域用户的描述正确地转换为软件需求。这些问题越来越引起软件工程界的重视，从而引发了许多需求获取方法的研究。金芝提出的基于本体的需求获取方法，是以企业本体和领域本体作为需求获取的元模型，以之指导和规范整个需求获取过程，并通过对领域模型的重用，完成目标系统的模型构造。其主要思想是：①通用企业本体作为企业描述层的元模型，规范企业描述并使之系统化，保证企业描述的完整性和一致性；②领域本体作为领域元模型，定义企业描述在特定领域的约束，同时提供领域可重用概念及其关联；③领域软件需求模型作为领域分析的结果，支持目标系统需求模型的构造。

近年来本体的发展非常迅速，已经成为信息科学界最热门的词汇之一，被广泛应用于知识工程、人工智能、万维网、语义 Web、信息检索、信息抽取、系统建模和异构信息集成等众多领域。另外，本体作为一种能在语义和知识层次上描述信息系统的概念模型建模工具，在知识系统、知识工程、知识表示等领域和下一代互联网语义 Web 领域的应用研究也较为普遍。主要研究领域分别为：

(1) 语义领域，近年来，随着第三代语义 Web 的发展，本体凭着其丰富的概念语义结构，在语义领域的应用独占鳌头，并且呈现出快速增长的趋势。主要利用本体的概念体系、规范化的本体描述语言为语义网、语义模型、语义检索、语义集成、语义标注、语义地图、语义相似度、语义互操作、语义查询等提供丰富的概念语义基础和统一的语义描述框架。

（2）Web领域，主要通过本体的概念语义关系和本体描述语言为Web文档、信息、资源、网页等的标注和描述提供语义基础和统一的语义描述框架，从而实现Web文档、信息、资源、网页等的语义服务、智能化语义搜索、智能语义挖掘等Web应用。

（3）知识领域，主要借助本体规范化的概念语义关系，构建各个领域的知识结构，对领域内广泛、繁杂的知识进行识别、获取、概念化，使用形式化的本体描述语言对领域知识进行统一表示，形成各个领域的知识本体、知识库，从而为各领域知识的自动组织、获取、语义表示、语义检索、知识共享、知识的自动化管理和知识系统的构建、集成等提供语义基础和统一的逻辑框架。

（4）信息领域，要利用本体统一的共享概念模型、规范化的语义描述框架、丰富的概念语义关系，为信息系统和信息模型的构建、不同系统之间集成和通信、信息的共享等提供统一语义模型和逻辑框架，同时为信息的语义检索、信息分析、信息管理等提供规范化的语义推理、扩展机制和统一的信息语义描述与存储框架。

（5）管理领域，主要利用信息抽取技术、信息挖掘技术、推理技术、相似度计算方法将各个领域的资源进行抽取、概念化，分析资源之间的概念语义关系，利用本体描述语言对概念化的资源进行统一表示，构建各个领域的资源本体，以构建的资源本体作为共享概念模型，通过本体映射技术、基于本体的概念语义相似度计算、基于本体的语义推理技术、语义Web、知识地图、管理系统等对各个领域的资源进行自动化、半自动化的管理。

2.1.3.3 国外知名的本体系统

目前，国外比较知名的本体知识系统网站有如下几个：

WorldNet(http://wordnet.princeton.edu/)；

HowNet(http://www.keenage.com/)；

FrameNet(http://framenet.icsi.berkeley.edu/)。

2.2 本体的相关性质

2.2.1 本体的体系结构

本体的体系结构包含3个要素：元素、元素间的交互以及从这些元素到规范语义间的映射关系。现有关于本体体系结构的规定有Chaudhri等人（1998）提出的“开放的知识底层的连通性”模型（OKBC，Open Knowledge Base Connectivity，它是向本体中的基本元素即那些能够被机器加工的语言信息，提供规范语言的模型）和ISO704标准（1987）的术语学原理与方法。

ISO704包括三个部分：

（1）概念，人们根据客体特性概括而得到的心理构想，它是思维的单元；

（2）定义，对概念的语言描述，它指出某一概念在概念体系中的确切位置，并将该概念同相关概念区分开来；

（3）术语，专业领域中概念的语言指称，概念的自然语言表达方式。

ISO704建议，一个概念应该用一个自然语言的术语得到理想的表达。

概念之间有4种基本关系：Part-of表达概念部分与整体的关系；Kind-of表达概念间的继承关系，类似面向对象中的父类和子类之间的关系；Instance-of表达概念间实例和概念之间的关系，类似面向对象中的对象和类之间的关系；Attribute-of表达某个概念是另一个概念的属性，例如概念“价格”可以作为概念“桌子”的一个属性。在实际应用中，概念之间的关系将不会局限于上述4种关系，可以根据特定领域的具体情况定义相应的关系，以满足需要。

在《本体理论在文献检索系统中的应用研究》一书中，作者李景认为本体作为知识组织的重要手段应该具有以下要素。

（1）声明（Statement）。声明用来说明本体所表示的知识范围、主体以及它的主要用途和目的。

（2）公理（Axiom）。公理通常都是一阶谓词逻辑的表达式。公理是那种无须再进行证明的逻辑永真式。例如，两条平等线永远不会相交。

（3）概念，又称为类（Concept，Class）。类是相似术语所表达的概念的集合体。

（4）属性（Property，Slot）。属性用来描述类中的概念，具有限制类中概念和实例的功能。一些类具有某一属性，另外一些类不具有这一属性。属性是区分类的标准。属性具有继承性。一个属性必须具有相应的属性值。例如，“中华人民共和国公民”这一个类，具有属性“民族”，属性取值类型是枚举型，范围是“汉族、壮族、蒙古族、维吾尔族、朝鲜族、藏族、高山族……”

（5）函数（Function）。函数是关系（Relation）的特定表达形式。函数中规定的映射关系，可以使得推理从一个概念指向另一个概念。例如：函数 Mother（）的定义，是将某个人或生物与他（它）的母亲联系到一起。对于任何人或动物而言，Mother（）的值是唯一确定的。而 Mother（）的逆反函数 Children（）的值不见得是唯一的。

（6）实例（Instance），也称个体。归根结底，类是实例的类，实例是类的实例。函数是实例的函数，实例是函数的实例。实例是本体中最小对象。它具有原子性，即不可再分性。如果某个实例还可以再进行划分，那么它就是一个类，而不是实例。实例可以代入函数中去进行运算，而函数的运算结果一定是另外一些实例或者是类。类，包含实例，而每个实例都有不属于其他实例的属性，这是区分不同实例的唯一标识。

只有全部满足以上 6 个条件的知识表示体系才可以称为“知识本体”。如果缺少函数、公理等要素，则不过是一部词表，充其量只能称为轻量级本体。

2.2.1.1 语言记号学

作为一种知识表示方法，了解语言记号学（Semiotics，也称符号学）对理解本体体系结构有很大的帮助，以下是语言记号学的基础：

（1）语法（Syntax），用以处理符号间的关系；

（2）语义（Semantics），用以分析真实世界中符号和事件代表的事物间的关联；

（3）语用（Pragmatics），研究怎样使这些符号用于特殊目的，它分析的是符号和特定主体（对象）间的关系。

2.2.1.2 本体语言基础

本体语言在具备描述能力的同时，也应具备足够的推理能力。因此本体语言一般都是基于某种逻辑语言，而目前所开发的本体语言，基本上是基于一阶逻辑和描述逻辑。尽管高阶逻辑拥有所有已知逻辑中最强的表达能力，但是它没有足够良好的计算性，虽然存在真命题，但不可证明。在一般情况下，如果不需要高阶语义，二阶逻辑可以转换为一阶逻辑。

（1）一阶逻辑

一阶逻辑是一种形式语言系统，研究的是假设与结论之间的蕴含关系，即用逻辑的方法研究推理的规律。它可以看做是自然语言的一种简化形式。由于其精确、无二义性，所以容易被计算机理解并进行处理，同时又与自然语言相似，具有很强的表达能力，因此一阶谓词逻辑系统可以用来表示人类的某些知识。但是一阶逻辑作为一种形式语言，还远远不能表示人类自然语言所能表达的全部知识。

用一阶逻辑表达某一领域有关问题的知识，实际上就是如何用一阶逻辑对自然语言命题进行符号化的问题。首先要将一个原子命题分解为个体词和谓词两个部分，接着找出原子命题中所包含的量词［存在量词（∃）或所有量词（∀）］，然后用符号表示原子命题中个体词（如 x）与谓词的关系。例如，“所有的人都要呼吸”

这样一个全称命题，可用一阶逻辑表示为：∀（x）［Human（x）→Breath（x）］。目前开发的基于一阶逻辑的本体语言主要有：Cycl，Ontolingua 和 Loom。

（2）描述逻辑

描述逻辑是一种基于对象的知识表示的形式化，也叫概念表示语言或术语逻辑。它建立在概念和关系之上，其中概念解释为对象的集合，关系解释为对象之间的二元关系。描述逻辑是一阶逻辑的一个可判定的子集，具有合适定义的语义，并且具有很强的表达能力。一般的，描述逻辑依据提供的构造算子，在简单的概念和关系上构造出复杂的概念和关系，通常描述逻辑至少包含以下算子：交（∩），并（∪），非（¬），存在量词（∃），全称量词（∀）。例如，“Happy Father”用描述逻辑可表示为：Man∩（has-child：human）∩（has-child：Hap-py）。在这种最基本的描述逻辑的基础上再添加不同的构造算子，则构成不同表达能力的描述逻辑。

与一阶谓词逻辑不同的是，描述逻辑系统能提供可判定的推理服务，它保证推理算法总能停止，并返回正确的结果。一阶逻辑虽然具有很强的表达能力，但其推理过程复杂，不利于本体的检验；而描述逻辑的推理复杂度可知，更适用于本体检验。并且，描述逻辑的语法容易转换成 XML/RDF 形式，因此基于描述逻辑的本体模型更适合于网络环境下的概念建模与知识共享。

（3）知识交换格式（Knowledge Interchange Format，KIF）

知识交换格式是由斯坦福大学开发的一种基于一阶逻辑的形式语言，用于各种不同计算机程序和系统之间进行知识交换。当一个计算机系统需要和其他的系统通信时，可通过将其内部的数据结构转换成 KIF 来实现。KIF 对一阶逻辑进行了扩展和限制，其核心语义（即没有规则和定义的 KIF）与一阶逻辑语义相似，也保持了一阶逻辑的简洁性和半决定性，但增加了处理非标准运算符的功能和对非单调推理与定义的支持。KIF 的主要特点在于：①KIF 语言具有语义宣布性，即 KIF 表达式的语义是可以理解的，不需要求助解释程序；②KIF 语言在逻辑上是可理解的，可以谓词演算的形式提供任意句子的表达式；③KIF 语言提供元知识支持，这样就可以在不修改语言的情况下引进新的知识表示结构。

2.2.1.3 本体建模元语

Perez 等人（1999）认为 Ontology 可以按分类法来组织，它归纳出 Ontology 包含 5 个基本的建模元语（Modeling Primitive）。这些元语分别是：类（classes/concepts），关系（relations），函数（functions），公理（axioms）和实例（instances）。

（1）类（或概念）。它的含义非常广泛，可以指任何事物。如工作描述、功能、行为、策略和推理过程。从语义上讲，它表示的是对象的集合，其定义一般采用框架（frame）结构，使用槽来表示概念的名称。它包括概念的名称，与其他概念之间的关系的集合，以及用自然语言对概念的描述。

（2）关系。它代表了在领域中概念之间的交互作用。形式上定义为 n 维笛卡儿乘积的子集：R：$C_1 \times C_2 \times \cdots \times C_n$。

（3）函数。它是一类特殊的关系。在这种关系中，前 $n-1$ 个元素可以唯一决定第 n 个元素。形式化定义为：F：$C_1 \times C_2 \times \cdots \times C_{n-1} \rightarrow C_n$。

（4）公理。它代表永真断言。如概念乙属于概念甲的范围。

（5）实例。它代表元素。从语义上讲实例表示的就是对象。

2.2.1.4 Guarino 的本体特性理论

本体的概念和方法被信息领域采用，用于知识表示，知识共享和重用。直观地讲，本体是一个实体，是对某领域应用本体分析、建模的结果，即把现实世界中的某个领域抽象为一组概念及概念之间的关系，本体的本质是概念模型。概念和概念之间的差别，不仅体现在概念的内涵上，同时也体现在概念的某些特性上。比如，概念“人”和概念“学生”之间不仅有明显的内涵上的区别，同时也有概念本身特性上的区别。对于概念“人”的任何一个实例，例如，张三是人，那么张三永远是人；但对于概念“学生”的实例却没有上述特性。例如，李四是学生，并不代表李四永远是学生。

Guarino 等人对本体的基础理论中概念进行了深入而细致的研究，通过分析什么是概念、概念的特性、概念之间的关系和概念的分类，提出了关于概念分类方面的理论。基于这些理论，他又提出了面向本体的建模方法，从理论上为本体建模提供了一个通用的模式。Guarino 认为，概念之间的差别不仅体现在其定义上，也体现在其某些特性上。从这些特性出发，归纳出概念的元特性（最基本的特性），从而用公式给出元特性的严格的形式定义。在此基础上，又讨论了元特性之间的关系的约束，最终把研究结果作为概念分类的基本理论工具并提出一套完整的概念分类体系结构。Guarino 的理论可以归纳为：概念的元特性是概念分类理论的基础。以元特性为出发点，按照一定的规则，把具有相同元特性的概念归为一类，进而给出一般意义上的概念分类体系。概念的基本特性包括：持久特性、非持久特性、反持久特性、半持久特性、载体标识特性、支持标识特性、外部依赖特性等。

持久特性是指概念的所有实例都必须满足概念的特性，例如，“人”就具有持久特性，而“学生”就不具有持久性。非持久特性表达的是对某概念而言，存在某些实例不会永远属于该概念，例如“学生”就具有非持久特性。反持久特性表达的是对概念的任何一个实例，这个实例不会永远属于该概念，例如，“青年人”，显然每个青年人都不可能永远年轻。半持久特性是非持久特性与反持久特性的差集，也就是说半持久特性是非持久特性，但不是反持久特性。显然，非持久特性包含半持久特性和反持久特性，半持久特性和反持久特性是不相交的。

载体标识特性和支持标识特性反映的是概念区分其个体的能力。例如，“人”就具有支持标识特性，因为它的每个实例相互之间是可区分的，人与人之间的差别可由标识（如身份证）来区分。而“学生”就不具备支持标识特性，但是具备载体标识特性。一般知道学生张三和学生李四是不同的学生，但他们之间的差别不是作为学生来区分的，而是作为人来区分的。

外部依赖特性表达的是一个概念对另外一个概念的某种依赖关系。概念 A 对概念 B 的外在依赖关系表现为对概念 A 中的任何一个实例 a，必蕴涵属于概念 B 的实例 b，而 b 不是 a 的一部分。例如：父母外在依赖于小孩，因为某个人是父母就蕴涵他（她）有小孩，他的小孩当然不是他身体的一部分。

本体基本特性间的关系如表 2-2 所示。

表 2-2　**概念的基本元特性**

名称	描述	举例
持久特性	严格定义为：$\forall x \Phi(x) \rightarrow \Diamond\Phi(x)$。Φ 代表某个概念，Φ（$x$）代表 x 是 Φ 的一个实例，◇表示其后的断言永远为真	人具有持久性，而学生不具有持久性
非持久特性	对概念而言，存在某些实例不会永远属于该概念	学生具有非持久性
反持久特性	对概念的任何一个实例来说，这个实例不会永远属于该概念	青年人具有反持久特性
半持久特性	非持久特性和反持久特性的差集	——
载体标识特性	概念区分其个体的能力	如学生具有载体标识特性，因为学生之间的区别不是靠学生，而是作为人来区分的
支持标识特性	每个实例相互之间是可以区分的	学生具有支持标识特性，人和人之间可由标识（DNA）来区分
外部依赖特性	一个概念对另外一个概念的某种依赖关系。概念 A 对概念 B 的外在依赖关系表现为概念 A 中的任何一个实例，a 必蕴涵属于概念 B 的实例 b，而 b 不是 a 的部分	父母外在依赖于小孩，某人的父母蕴涵他有小孩，而他的小孩当然不是他身体的一部分

Guarino 等人提出的概念分类体系，不仅从理论上澄清了概念分类上存在的模糊和混淆的现象，同时为实际应用中本体概念模型的建立提供了良好的分析、设计和评估的手段。

2.2.2 本体的特征

本体作为一种知识组织的方法具有以下特征：

（1）在逻辑表达的形式上，本体不同于叙词表之类的知识表示体系，局限于特定的专业术语。在本体中，可以使用自然语言或半自然语言的术语进行描述。

（2）在概念的组织结构上，本体中的类/概念的分布不再仅仅是一张平面的知识表示图，所有的知识点只是以类似于坐标的形式出现在这张图中。其类/概念的分布是一种网状的立体的结构，可以在四维的空间中随着时间的发展呈现动态的变化。

（3）在系统的开放性上，本体拥有一个开放的集成的体系结构，随着相关学科领域知识的更新和发展，它的底层知识库和概念集合也会发生变化，自动进行修正和更新。通过利用本体这一特性，观察本体概念动态更新的过程，可以从中找出学科发展的规律，从而进行预测。

（4）一般来说，本体中概念间的关系可以分为 6 种，如表 2-3 所示。

（5）在包含的内容上，本体是关于某一学科领域的自备知识库，是一个完备的知识组织体系。从这个意义上来看，本体应该具有智能查询、回答用户问题以及预测学科发展规律等特性。

（6）在学科分类体系上，各个学科都是在不断发展演化的，由于本体结构的开放性，可以保持其主要框架的前提下，对其细节进行一定的修改，将修改后的框架应用到其他学科本体的构建，从而实现本体体系结构的复用。

我们之所以在知识工程、自然语言处理、信息检索系统、智能信息集成和知识管理、信息交换和软件工程等领域研究和发展本体，是因为本体有以下突出的特点。

表 2-3 **本体中概念间关系**

概念间关系	图形表示	概念间关系	图形表示
1. A 与 B 同义	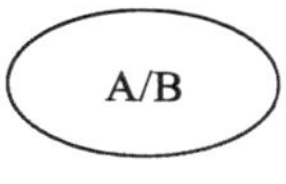	4. A 与 B 交叉	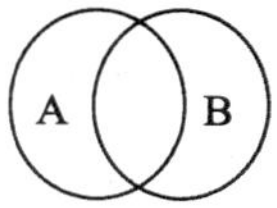
2. A 包含 B	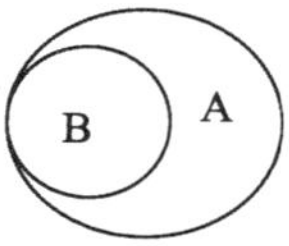	5. A 与 B 互不相关	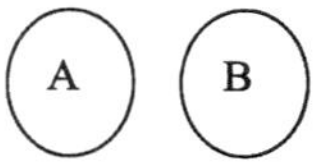
3. B 包含 A	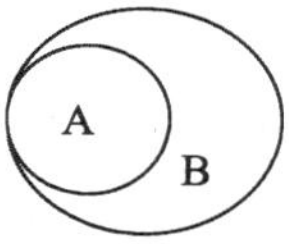	6. B，C，D，…的合集包含 A	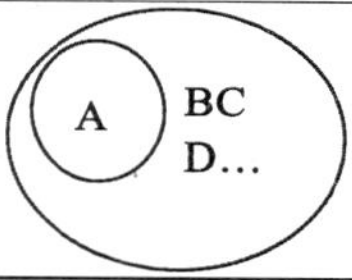

（1）本体可以在不同的建模方法、范式、语言和软件工具之间进行翻译和映射，以实现不同系统之间的互操作和继承。

（2）从功能上来讲，本体和数据库有些相似。但是本体比数据库表达的知识丰富得多。首先，定义本体的语言，在词法和语义上都比数据库所能表示的信息丰富得多；最重要的，本体提供的是一个领域严谨丰富的理论，而不单单是一个存放数据的结构。

（3）本体是领域内重要实体、属性、过程及其相互关系形式化描述的基础。这种形式化的描述成为软件系统中可重用和共享的组件。

（4）本体可以为知识库的构建提供一个基本的结构。以描述对象的类型而言：有简单事实及抽象概念，这些可以描述成一个本体的静态实体部分，它们主要描述的是事物或概念的各个组成部分以及这些组成部分之间的静态联系；本体也可以描述事物或概念的运动和变化。应用本体，知识库就可以运用这类结构去表达现实世界中浩如烟海的知识和常识，这一点在中科院数学所陆汝钤（Lu，2000）研究员建立的 Pangu 知识库中得到了很好的体现。

（5）对于知识管理系统来说，本体就是一个正式的词汇表。本体可以将对象知识的概念和相互间的关系进行较为精确的定义。

在这样一系列概念的支持下进行知识搜索、知识积累、知识共享的效率将大大提高，真正意义上的知识重用和知识共享也能成为现实。

（6）本体适合表示抽象的描述。而企业模型是人们对企业或者企业的某些模型的抽象描述，因此在企业逻辑建模中，本体的使用可以帮助我们清楚地理解企业特定领域的相关元素、关系和概念，让知识表达更加准确便捷，帮助人们进行更好的企业决策。

2.2.3 本体的作用

本体是实现领域知识共享、集成和重用的基础。本体提出的最初目标是实现知识的共享、集成和重用，这也是本体的主要作用和研究本体的意义所在。本体的具体作用如下：

（1）提供通识术语。本体通过为群体提供了描述客观世界的标准要领和受到严格控制的术语，得到了群体共同认可，有利于群体对通用知识的理解。

（2）隐性知识形式化。隐性知识包括存在于群体生活环境和人脑中的、人们日常无意识使用的概念体系和专家知识。本体将对这些知识的形式化表达起到关键作用。

（3）知识结构化。本体通过提供一定的知识组织模式或知识组织大纲，描述了客观世界存在实体的概念及其之间的关系。数据库的概念模式可以说是数据库的本体。

（4）知识体系化。本体为知识体系化提供了一些构件。这些构件是经过严格定义了的、获得群体共识的概念和术语。通过构件能丰富地描述各种现象、事实和理论知识。

（5）标准化。正如工业标准化工作在工业生产中所起的决定性作用一样，本体将在网络化、大规模化、高效率知识处理中发挥重要的作用。

（6）元模型。模型是实体存在的抽象，模型的组成来自于实体存在的概念和彼此建立的关系。组成模型的最小集又可以被认为是元模型。从本体的“组织知识的知识”（构件知识）上讲，本体是一种元模型。

（7）内容的理论。从问题求解的数据结构、数据处理和数据视图三阶段划分来看，本体是研究数据结构或系统内容的理论。

对以上本体的作用可以归纳为以下几点：

（1）支持知识交流。本体的分析澄清了领域知识的结构，从而为知识表示打好基础。本体可以重用，从而避免重复的领域知识分析。通过构建一个统一框架或者一个规范模型来减少概念和术语上的差异，使得工作在不同领域之中或者应用不同操作平台的人员之间信息的共享和交换成为可能。

（2）支持不同系统之间的互操作。在不同的建模方法、范式、语言和软件工具之间进行翻译和映射，以实现不同系统之间的互操作和集成。这种应用可细分为两类：低概念化本体和高概念化本体。前者只要求操作者使用相同的词汇，但不能够保证他们对于同一词汇（或者知识）有相同的解释或是理解，这种应用中本体一般不包含有语义信息。后者本体是一种对知识表示语言中的构建和约束作一般化的语义解释，目的就是实现使用者之间进行语义层次上的知识共享和互操作。

（3）提高信息化的实施效率和质量。制造企业知识集成技术的研究在软件系统的设计以及实现过程中，采用基于本体的方法有很多好处。利用本体对需求解决的问题和任务进行规范描述，可以提高需求分析、信息获取的效率，节约成本。同时，利用本体概念化的表达可以实现对信息（或者知识）的一致性进行自动或者半自动的检查，从而提高系统的可靠性。另外，本体是领域内重要实体、属性、过程及其相互关系形式化描述的基础。这种形式化描述可成为软件系统中可重用和共享的组件。

2.2.4 本体的分类

关于本体的分类方法，目前有很多种，这里介绍几种通用的、得到普遍认可的分类方法。

（1）应用领域分类

目前，本体主要应用于以下几个领域：①人或组织间的通信；②系统间的互操作；③系统工程领域。如图2-2所示：

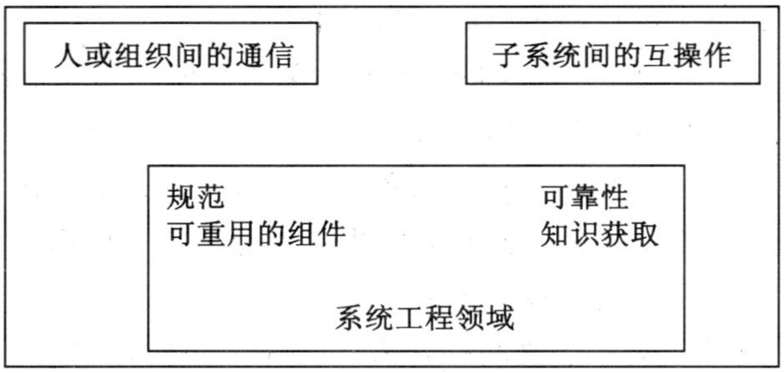

图2-2　本体应用的3个主要领域

在不同领域，对本体研究关注的重点会有所不同。依照本体对各学科领域的依赖程度，可以将本体细分为顶级本体、领域本体、应用本体和表示本体四种，且该分类在知识工程领域是得到普遍认可的：

①顶级本体（也称上层本体或通用本体，General ro Upper ontology）。顶级本体主要研究非常通用的概念，它为客观世界的实体划分了不同的种类，定义了最基本的概念类、属性及语义关系，如空间、时间、对象、行为等，顶级本体能够处理物理对象的时间-物质属性，如整体-部分关系、适当的交迭、内置的部分等。它们完全独立于特定的问题或领域，具有普遍的意义，与具体的应用无关，其他种类的本体都是该类本体的特例。

②领域本体（Domain ontology）。领域本体是专业性比较强的本体，描述特定领域中的概念及概念之间的关系，它利用顶层概念集来细化定义具体应用领域的专用概念类、属性及语义关系。这类本体表示的知识只针对某一专业学科领域，例如教育、农业等。该本体描述的词表关系特定学科领域，且提供了关于该学科领域中的概念及其之间的关系，有时还会包括该学科领域的重要理论。如Plinius ontology是陶瓷物质化学成分领域的本体。

③应用本体（也称求解本体，Application ontology or Problemsolved ontology)。应用本体描述了既依赖于某个特定领域又依赖于某个课题的知识。这类本体与用来描述专业领域的概念相关联，这些概念是解决问题的方法体系的组成部分，也与解决问题的方法相关联。利用这类本体，在特定的问题的方法体系中，专业领域的概念所起的作用可得以明确表示。

④表示本体（也称元本体，Representation ontology or Meta-ontology)。表示本体是指在一个特定的知识表示体系中，用来获取对知识进行形式化的元词的本体。

（2）本体的形式化程度分类

本体的形式化程度主要跟其应用有关，如对机读性要求越高，则形式化程度越高，反之亦然。

①完全非形式化本体。此种本体完全使用自然语言来描述，其机器可理解性最差，目的在于帮助人们阅读、理解形式化程度更高的本体。如爱丁堡大学企业项目中的 Enterprise Ontology 自然语言版。

②结构非形式化本体。此种本体采用受限的或者结构化的自然语言表示，以减少概念的二义性。

③半形式化本体。此种本体是一种采用人工定义的形式化语言表示的本体。Ontolingua 描述的本体都属于这一类。

④格形式化本体。此种本体对所有的概念术语、术语的关系、术语的一致性和完整性等都进行了形式化的语义定义。

除以上两种分类方法，其他专家根据自己的理解也提出了各自的分类方法。

1995 年，Mizoguchi 等人提出按照本体的内容进行划分，将本体分成领域本体、顶级（通用）本体和任务本体三种。前面我们介绍了领域本体和顶级本体。任务本体是指利用顶层概念集来细化定义具体通用任务（如支付、传输等）的专用概念类、属性及语义关系，它描述特定任务或行为中的概念及概念之间的关系，提供了用于解决与特定任务或行为的有关问题的术语集合。

1997 年，Guarino 提出了根据本体描述的详细程度和本体对某一特定学科领域的依赖程度进行划分的方法。详细程度是相对的、较模糊的一个概念，指描述或刻画建模对象的程度。详细程度高的称作参考本体（Reference ontology），它把万维网上已经存在的本体作为对象来建立本体，目的是为了保存各种本体的元数据。详细程度低的称为共享本体（Share ontology）。依照本体对各学科领域的依赖程度，可以将本体细分为顶级本体、领域本体、任务本体和应用本体四种，它们之间的层次关系如图 2-3 所示。

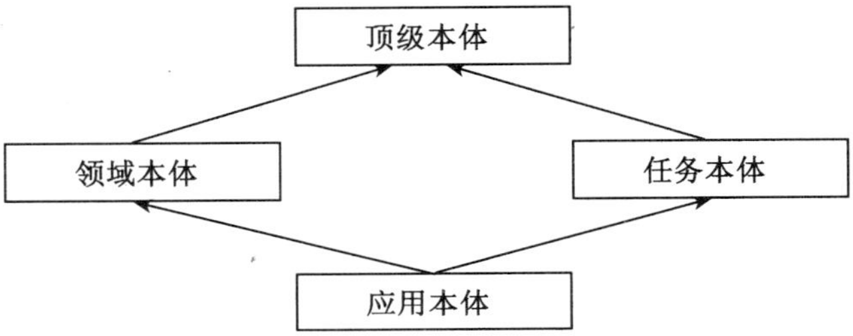

图 2-3　本体分类与层次

1999 年，Perez 和 Benjamins 在研究分析了大量本体分类方法的基础上，提出了 10 种本体类型，分别是：知识表示本体（Knowledge-Representation ontology）、通用本体（General ontology）、顶级本体（Top ontology）、核心本体（也称元本体，Core or Meta ontology）、领域本体（Domain ontology）、语言本体（Languange ontology）、任务本体（Task ontology）、领域—任务本体（Domain-Task ontology）、方法本体（Method ontology）和应用本体（Application ontology）。此种划分方法是对 Guarino 划分方法的细化和扩充，基本上所有的本体都可以被划分种类。然而这十种本体之间并没有明显的界限，彼此之间还存在交叉和模糊地带，层次也不够分明，不利于用户更深入的理解。

在国内，也有专家提出关于本体类型的划分方法。2005 年，李景在本体的推理功能的基础上提出了相应的分类方法。她认为：构建本体的目的决定了它的应用领域和功能。不具备推理功能的本体，即使涵盖的概念再多，充其量仍然不过是词表扩展后的加强版。从这个意义上来说，本体可以分为以下三种类型：

①轻量级本体（Lightweight ontology）。轻量级本体不具备任何逻辑推理功能，如叙词表和 WordNet。

②中量级本体（Middle ontology）。中量级本体只具有比较简单的逻辑推理功能，系统可以识别诸如一阶谓词逻辑的表达式。

③重量级本体（Heavyweight ontology）。相比前两种本体，重量级本体具有更为复杂的逻辑推理功能，系统可以识别更加复杂的诸如二阶谓词逻辑的表达式，并为更加复杂的推理功能的实现预留了接口，如 Cyc 本体系统。

2.3 本体应用

在现实生活中，人们习惯使用自己的语言进行交流。对于现实世界，人们使用自然语言在大脑中建立相应的模型。由于自然语言具有模糊性和不确定性，其并不适合用来在计算机中建立模型。在这种情况下，形式化的语言（Formal languages）应运而生，用来规定和说明各种现实世界的模型。

李景就本体理论在文献检索系统中的应用研究中指出：

本体可以表示不同的事物：术语表和数据词典，叙词表和分类法，框架和数据模型，形式本体和参考等。一个本体其实就是一个用某种本体语言表达的控制词表，该语言以语法规则限定了词表术语表达具体领域内容的方法，该语法形式上规定了本体控制词表的术语如何共同使用。可以认为，叙词表和分类法是一种有语法的简单语言（尽管实际上没有）。通常此种语言没有形式化，某种意义上说是没有形式化的语义。但是，可以用 UML 或形式化的本体语言创建一个模型，并且有相同的意义。本体的目标是促进机器之间或机器与人之间的交流，而可控词表、分类法、叙词表主要是规范人与人之间的知识交流。

本体能够成为不同系统互操作的基础，构建一个本体能够解决以下几个问题：

(1) 在用户间或软件代理间达成对于信息组织结构的共同理解和认识。假如有若干包含医药信息或提供医药电子商务服务的Web站点，这些Web站点共享相同的底层本体，那么计算机代理就可以准确、没有歧义的抽提和集成这些来自不同站点的信息，代理软件可以利用这些集成的信息来回答用户的检索式或向用户提供数据。

(2) 可以复用专业领域知识。例如，中医各科对诊断技术的多方面理解。

(3) 通过断言的形式，使专业领域内的学术观点和假设变得更加明确。对专业领域知识进行明确地形式化说明，对于必须理解该领域术语的新用户很有帮助。

(4) 从操作性知识的环境中分离出领域知识。

(5) 分析专业领域的知识。在进行复用现有本体和扩展这些本体的尝试中，对术语规范的语义分析是极有价值的。

2.4 本体的构建

2.4.1 本体描述语言

本体描述语言，又称标置语言或构建语言，是表示本体的语言工具。它为本体的构建提供建模元语和标引工具，使得本体能够从自然语言的表示格式转化为机器可读的逻辑表达格式。本体描述语言使用形式化的语言表示本体，让本体可以直接被计算机存储、加工和利用。另外，本体描述语言通过提供标准的机读格式，实现了本体在不同系统之间的导入和输出。

以下重点介绍几种主要的本体描述语言。

2.4.1.1 RDF

RDF (Resource Description Framework，资源描述框架)，是由

W3C 于 1999 年开始研发的，旨在创建描述 Web 资源的元数据，支持互联网上的知识共享（Knowledge sharing）和知识交换（Knowledge exchange）。它提供了针对数据的模型及语法，使得独立的个人或团体也可以对其进行使用或交换。RDF 是表述对象及对象之间二元关系的语言规范。

RDF 文档使用 XML 编写，被 RDF 使用的 XML 语言称为 RDF/XML。通过使用 XML，RDF 信息可以轻易地在使用不同类型的操作系统和应用语言的计算机之间进行交换。RDF 和 XML 之间是互补的：RDF 的作用之一是以一种标准化的、具有互操作性的模式为基于 XML 的数据规定语义。

RDF 数据模型包含 3 种类型的元素：

①资源（Resource）和实体（Entities）：用统一资源标识符（URI，Uniform Resource Identifier）进行资源标识。例如网页、网站和书等，具体如“http://www.w3school.com.cn/rdf”。资源 ID（Resource Identifier）是资源的唯一标识，资源 ID 由 URI 加上一个特定锚 ID（Anchor）组成。

②属性（Properties），定义了资源的各个方面（Aspects），包括特征（Characteristics）、属性（Attributes）或关系。比如“author”或“homepage”。

③声明（Statements），即拥有已被命名的属性，属性又被赋值的特定资源就是 RDF 声明。RDF 声明由 3 部分组成，类似于汉语中的主谓宾结构：主题（Subjects），一项特定的资源，用椭圆标记；谓词（Predicates），一个被命名的属性，用箭头标记；对象（Objects），在该资源中属性的取值，用矩形标记。

RDF 具有普遍性，它不局限于某个领域的网络资源定义，其描述的网络资源也不局限于某一种格式。RDF 语言的主要功能特征所描述的内容包括以下几个方面：

①Resource：它是一类特定的信息条目，通常是一个 Web 站点。资源一般以 URL 进行标识。标识符并不一定必须用英语或其他自然语言来表示，也可以使用其他语种。

②Class/Subclass：由于资源能够被分成各种类（Class），而每

个类下面又可以分为更小的下位类（Subclass），这些便构成了完整的分类体系系统。

③Property：用来连接两个相关的资源，描述它们之间的关系。

④Domain/Range：一个 Property 中的所描述资源可以受到限定，一个目标域（target "Domain"）以及目的文件范围（destination "Range"）会受到一个特定类的限制。

⑤Container：用于组织资源集合。Container 包括：集（set）、元素次序（Sequence）以及其他的选择。

RDF 研究队伍中的核心工作组为 RDF 制订了两个重要规范：

一是 RDF Model and Syntax 的推荐标准（Candidate Recommendation）。RDF Model and Syntax 提出了一个由资源、属性和声明构成的数据模型。该数据模型通过命名属性和属性取值来描述资源之间的内在关系。此方法类似于 E-R 图模型（Entity-Relationship model）。该数据模型的基本语法为：

①规定了描述资源、属性和声明语法的巴科斯范式（一种严格的用递归定义式表达语法的方法），以及一些缩写格式。

②使用 bag、queue 和 alternative 三种容器来表示资源集合。

③提出了具体化（Reification）的方法来实现声明的自定义，并使用 4 个属性（包括主题 subject、谓词 predicate、对象 object 和类型 type）来对其进行描述。

二是 RDF Schema 的候选推荐标准。

2.4.1.2 RDFS

RDF 使用命名特定和值来表达与资源有关的简单声明。但很多情况下，用户希望能够自定义一些词汇，然后用这些词汇来描述资源。总的说来，就是需要定义一些类和特性，比如定义 Person 类来描述人，定义 Book 类来描述图书，定义 Author 特性来描述图书的作者等。RDF 本身并不能定义这些类和特性，它们需要用 RDF 的描述语言 RDF Schema 来定义。

RDF Schema 以抽象世界中的主要关系为基础建立类型系统，从而支持了从客观世界到抽象世界的映射。属性即资源之间的关系，它提出了类的概念和限制（Constrain）的概念，不仅描述了该类具有哪些主要属性，也描述了该属性可以从属于哪些类。于是用户便可以依据 RDFS 定义一个自己的属于某个特定领域的Schema。

RDFS 对资源的描述的数据模型是基于框架的（Frames-based），并为定义资源与属性之间的关系提供了机制。RDFS 定义了核心的概念和类，等级体系和类型约束（Hierarchies and Type Constraints），核心属性（Core properties），核心限制（Core Constraints）以及类型系统（Type System）。

RDFS 的核心类有：

①Rdfs：Resource，表示 RDF 中所有资源的集合。

②Rdf：Property，表示 RDF 中所有属性的集合。此处属性也是一种资源。

③rdfs：Class，表示 RDF 中所有类的集合。此处的类与面向对象中的类的定义相似，是一种资源。

2.4.1.3 OWL

OWL 语言是 W3C Web-ontology 工作小组于 2001 年开发的，旨在提供一种可以面向各种应用的语言。同时，W3C 还发行了 OWL 的 Web Service 框架使用方案集合的工作草案，为下一代的 Web 服务提供使用案例和方案。它是结合了 DAML+OIL 应用经验而改进的修订版（因此就不再介绍 DAML+OIL），建立在 RDF 基础上，以 XML 为书写工具。主要用来表达需要计算机应用程序来处理的文件中的知识信息，而不是呈递给人的知识。OWL 能清晰地表达词表中各词条的含义及其之间的关系，这种表达被称为本体。OWL 相对 XML、RDF 和 RDF Schema 拥有更多的机制来表达语义，从而 OWL 超越了 XML、RDF 和 RDF Schema 仅仅能够表达网上机器可读的文档内容的能力。

OWL 分三个子语言：OWL Lite、OWL DL、OWL Full。相应简介如表 2-4 所示。

表 2-4　　OWL 子语言简介表

子语言	语言描述	语言例证
OW Lite	用于提供给那些只需要一个分类层次和简单的属性约束的用户	支持基数（cardinality）只允许基数为 0 或 1
WOL DL	支持那些需要在推理系统上进行最大程度表达的用户，这里的推理系统能够保证计算完备性（computational complere-ness，所有的结论都能保证被计算出来）和可决定性（decidablity，所有的计算都可以在有限的时间内完成）。它包括了 OWL 语言的所有约束，但是只能在被制约特定的约束下	一个类可以是多个类的下位类时，约束它的不能是另外一个类的实例
OWL Full	该语言支持那些需要在没有计算保证的语法自由的 RDF 上进行最大程度表达的用户。它允许一个本体在预定义的（RDF、OWL）词汇表上增加词汇，从而任何推理软件均不能支持 OWL Full 的所有特征	一个类可以被同时表达为许多个体的一个集合以及这个集合的一个个体

以上 3 种子语言之间的关系如下：每个合法的 OWL Lite 都是一个合法的 OWL DL；每个合法的 OWL DL 都是一个合法的 OWL Full；每个有效的 OWL Lite 结论都是一个有效的 OWL DL 结论；每个有效的 OWL DL 结论都是一个有效的 OWL Full 结论。

对于以上 3 种子语言的选择，主要考虑的因素有：

①OWL Lite 或 OWL DL 的选择，主要取决于用户需要整个语言在多大程度上给出约束的可表达性；

②OWL DL 或 OWL Full 的选择，主要取决于用户在多大程度上需要 RDF 的元模型机制；

③在使用 OWL Full 而不是 OWL DL 时，推理的支持不可预测，是因为目前还没有完全的 OWL Full 的实现。

2.4.1.4 DL

描述逻辑（DL，Description Logics）是一种非常重要的知识表现形式，它为传统的、应用广泛的、基于框架的系统、语义网络、面向对象的表示法、语义数据模型和类型系统提供了统一的逻辑基础。

DL 建立了若干种用于评价语义网（Semantic Networks）的重要指南。目前基于本体层面的比较流行的推理操作有如下几种：

①自动分类、归类（Automatic Classification/Subsumption）。该操作为基本操作，能够自动地判定对于一个给定的概念 A 是否属于另一个概念 B 的下位概念。该操作可以为构建分类体系提供帮助，也可以作为构造检索式的基础。

②概念匹配，检索式加工（Concept Matching，Query Processing）。通过定位一个基于一种描述的概念，在本体中找到一些在结构上与一个特定的、精确的对象相似的对象，完成检索过程。

③自动聚类（Automatic Clustering）。通过寻找一系列相关实例之间的相互关联关系，在此基础上构建一个新的类别。

④一致性检验（Consistency Checking）。通过寻找任何可能在逻辑关系上被错误放置的概念，检验已知本体在逻辑上是否具有一致性。

2.4.1.5 Ontolingua

Ontolingua 是由斯坦福大学的知识系统实验室（KSL）在 1995 年开始进行研发的。Ontolingua 是一种基于知识交互格式（KIF，Knowledge Interchange Format）和框架本体（FO，Frame Ontology）的构建语言，也是 Ontolingua 服务器用来进行本体构建的语言，它是一种本体形式化的工具，为本体的构建提供了统一规范的格式，使得本体构建的工作可以以标准化的形式进行，提高了本体构建的效率。

知识交互格式（KIF）是一种中性知识表示语言，能够满足目前高级知识表示语言中几乎所有重要的概念和区别，以及知识表示中语言的异构性问题。KIF被允许用来定义类、关系和对象，并且能将这些定义翻译成几种特定的表示语言，同时它也提供元知识的表示和非单调性的推理规则。KIF是基于一阶谓逻辑运算的知识表示语言，它拥有明确的语义，并且带有注释性的前缀。作为一种知识交互格式，KIF从本质上对本体进行了规定，但是这种用KIF写出来的与本体有关的规范说明却相当晦涩难懂。

框架本体（FO）是一种基于KIF的知识表示本体，它对本体的构建提出了一定的要求，即本体的构建必须遵循范例的框架。该框架提供了诸如class、instance、subclass-of、instance-of等类似术语。由于FO无法用来表达公理（Axioms），因此Ontolingua允许定义中包含基于FO的KIF表达式。

Ontolingua允许用户自由选择合适的方式构建自己需要的本体。例如：只单独使用FO的词表（不能表示公理）；利用KIF的表示法——表达式；同时使用两种表示语言。

Ontolingua中包含了大量用于知识表达的基本元素，如下：

①类（Class）。类是用来显示和表达一些相似概念集合的组织，每个类包括一个定义，用来描述类与实例之间的关系。同时，一个类也可以拥有一组逻辑声明，称为公理集。当用类结构无法显示某一知识时，公理集能够利用关系和属性值对其进行描述。

②上位类（Superclass），也称母类。对于任意一个类A，如果其中的所有实例也是另一个类B中的实例，那么类B就是类A的上位类。一个类可以拥有多个上位类。

③下位类（Subclass），也称子类。对于任意一个类A，如果其中的所有实例也是另一个类B中的实例，那么类A就是类B的下位类。一个类可以拥有多个下位类。

④个体（Individual）。在一个类中，特定发生的事件都可以称为个体。

⑤实例（Instances）。在一个本体中，所有的术语都有与之相关联的定义，如Classes、Slots、Relations以及Facets等都是某些类

别的实例。实例不能等同于个体，实例可以是一个类，而个体不可能成为类。

⑥关系（Relation）。一个类中两个或更多概念之间的任何存在的关系。

⑦子关系（Subrelation）。它是某一关系集合的子集。

⑧元数（Arity）。元数是一个关系被允许携带自变量（arguments）的个数。对于一个可以携带任意数目自变量的关系函数，其元数就是不确定的。

⑨属性槽（Slot）。对于两个概念，如果它们之间存在一种严密的关系，即可称为属性槽。

⑩集的基数（Cardinality），也称基数性。它指对一个属性槽（Slot）能够拥有的值的数量限制。

⑪函数（Function）。函数是指将一个或多个概念关联到另一个概念（不属于前面的概念）的关系。例如，函数 Father（）表示一个动物只能关联另一个雄性动物。

⑫域（Domain）。域是对概念的限制。用一种特定的属性对某一概念进行限制，使其成为某一特定类的成员。

⑬明确的领域（Exact-domain）。

⑭范围（Range），也称范畴。范围是指对属性值的限制，以确保概念成为某一特定类的成员。

⑮明确的范围（Exact-range）。

⑯逆反（Inverse）。一对属性互为逆反属性。上位类（Superclass）和下位类（Subclass）就属于逆反关系。又例如：如果汽车（Auto）具有属性"has-wheel"，那么类别车轮（Wheel）就是"Wheel-of"的逆反属性。

⑰公理（Axioms）。一般一个公理是一个一阶逻辑表达式，在逻辑上是重言式，即永真式。与公理相联系的类必须为真。对于某些不能用上述定义的适用限制条件来表示的复杂关系实例，可以用公理集来表达。

通过上述的内容可以发现，Ontolingua 语言具有如下几个特点：

（1）提供了标准的、统一的以及可机读的方式，方便用户构建和维护本体。

（2）用 Ontolingua 构建的本体能够便捷地转换到各种知识表示和推理系统中，从而能够将本体的维护与使用它的目标系统分隔开来。

（3）Ontolingua 主要用于本体服务器（ontology serve），具有良好的构建机制。

2.4.1.6 OIL

OIL 是由包括斯坦福大学、荷兰阿姆斯特丹大学、曼彻斯特大学计算机科学系、贝尔实验室、AIFB、麻省理工学院等在内的众多科研机构共同开发的，它以 AIFB 的 Ontoknowledge 项目为依托。OIL 的全称为 Ontology Interchange Language 和 Ontology Inference Layer，可译为“本体交换语言”和“本体推理层”。OIL 实质为一种推荐标准，具有以下两种功能：一是合并和表示本体，二是进行系统间的交互。OIL 统一了不同研究组的三个重要方面：描述逻辑，框架，基于 XML 和 RDF 语法的 Web 交换标准。

OIL 使用若干元素和组件构成本体，这样的本体分为三个层次：①对象层（Object Level），用来处理实例；②第一元层或本体定义层（The first meta level or ontology definition），包含本体的定义；③第二元层或本体容器（The second meta level or ontology container），包含本体特征的信息。利用这三层结构，OIL 可以是概念、关系—函数和公理，但不能定义实例的语法结构、规则和公理。

由于 OIL 融合了基于框架语言以及 DL 提供的形式语义和推理功能的建模元语，使得它成为能够面向本体的基于 Web 的表示和推理层。OIL 与 RDFS 是兼容的，并且包含用来描述术语含义的精确语义规范。以 OIL 为标准和本体描述语言具有分层的结构。每一个新增的层次（Additional Layer）都在前一层的基础上添加了功能性和复杂性（Functionality and Complexity）。因此，只能加工较低层次本体的人机代理可以部分地理解较高层次的本体。从图 2-4 中可以看出 OIL 和 RDFS 之间的关系以及 OIL 由外及里的四层子语言。

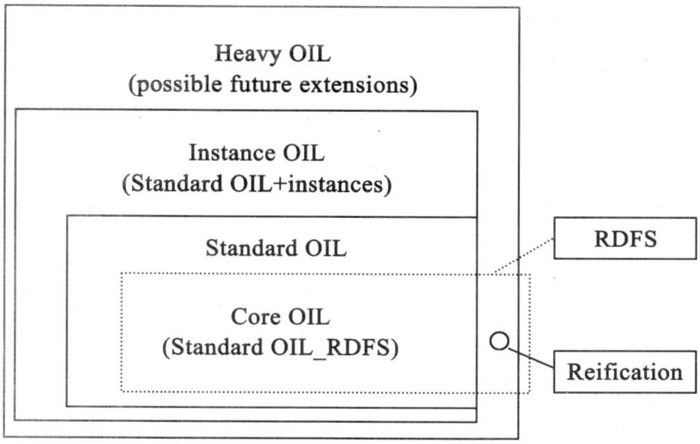

图 2-4 OIL 与 RDFS 的关系图像

来源 http：//www. ontoknowlede. org/oil

OIL 从外向里的四个子语言分别为：

①Heavy OIL，包含额外的表示（或推理）能力。但目前它的语法和 RDF Schema 还未被完整定义。

②Instance OIL，包含十分完备的个体集成。当其上一层 Standard OIL 包含着等待个体填充（individual fillers，会被定义和规范）的建模结构时，Instance OIL 就成为一个资格完备、结构健全的数据库系统，专门等待实例个体来填充。Instance OIL 的 Schema 与 Standard OIL 完全一样，每个实例都可以直接被描述为 RDF 格式。

③Standard OIL，其目的是为获得更多的具备充分表达能力的建模元语，而且这些建模元语要易于理解和掌握。因此，可以精确定义 OIL 本体中的语义，并从理论上实现推理。

④Core OIL，它基本上与 RDF Schema 相符合，使得简单的 RDF Schema 代理也能够处理 OIL 本体，并以自身有限的性能来说可能地“理解” OIL 标引的本体含义。

在业界，RDF 和 Topic Maps 已经是公认的描述 Web 资源的轻量级语言。随着研究的进展，DAML 和 OIL 被逐步完善，成为在 XML 框架下构建复杂本体的语言。其中 DAML 被认为是 OIL 的扩充集合，而 OIL 的创立是基于 DL 的原则。

OIL 的主要功能特征包括：

①类（Class），在 OIL 中，一个类的成员需要得到规范的定义。此处的类与语义网络中最为通用的 class/subclass 分类体系中的 class 相同。

②下位类（Subclass），也称子类，是置于某一类之下的更加专业性的类。

③类名（Name），用于标识类或其他元素的唯一标识符。

④属性槽（Slot），用于描述对象的特性，它与对象相关联，具有一个属性名和属性值。

⑤属性限制（Slot Constraint），通过设置条件来限制属性的取值。这些限制条件在类的体系结构中必须得到定义，并被用来定义某一个类的成员。对于任何类，其中的所有实例必须满足属性限制，且任何类的下位类的属性限制必须与其上位类的属性限制一致。

⑥And/Or/Not，一个属性槽只能有一个以内的限制条件，且它们必须与布尔逻辑操作的使用结合在一起。

⑦Max-Cardinality/Min-Cardinality，它是用来对一个属性槽中“值”的数量进行限制，它不能超过/少于被限定的最大值/最小值。

⑧域、范围（Domain、Range），属性限制的组成部分，其作用是合并某一领域中概念及属性相同的类，或确定类之间的隶属关系。

⑨逆反（Inverse），属性值是可以配对的，即如果一个属性与另一个属性是相反的关系，则称这个属性是另一个属性的逆反属性。

⑩传递性、对称性（Transitive、Symmetric），传递性是指关系的传递，例如：如果 A 包含 B，B 包含 C，则 A 也包含 C。对称性是指如果 A 包含 B 且 B 也包含 A，则它们共用类中的属性槽的值。

⑪Primitive/Defined class，在任何时候，属性限制是用来确定作为类的成员所应具有的充分条件和必要条件，只有明确了充分条

件和必要条件的类才是确定的类（Defined class）。对于有些类，其限制条件是不能够完全得以明确的，例如限制条件是必要条件而不是充分条件的类，则称作元类（Primitive class）。

⑫属性限制和 Primitive/Defined class 是 DL 的关键特征。它们是自动分类（决定一个类是否是另一个类的特定实例，或者一个对象是否属于一个特定的类）和其他推理操作的基础。

在 OIL 中，本体被定义为本体封装层（Container）和本体定义两部分。本体封装层直接引用都柏林核心集（Dublin Core）的 15 个元素来描述本体本身的作者、发表时间、领域、版权声明等，本体定义包括类定义、属性槽、公理及实例定义，如表 2-5 所示。

表 2-5　**OIL 中的类定义、属性定义和公理定义**

类定义	属性槽定义	公理定义	
Class_def	Slot_def	Disjoint (c_1 c_1 … c_n)	互不相交的概念
Subclass_of	Subslot_of	Covered c_1 by c_2 … c_n	用若干个类覆盖一个类
Slot_sonstraint	Domain	Disjoint_covered c_1 by c_2 … c_n	c_1 被互不相交的离散类 c_2 … c_n 所覆盖
Value type	Range	Equivalent(c_1, c_2)	c_1 和 c_2 等价
Has value	Inverse		
Has filler	Properties		
Cardinality	Transitive		
Max Cardinality	Symmetric		
Min Cardinality	Functional		

2.4.1.7　DAML，DAML+OIL

DAML（DARPA Agent Markup Language），是由美国国防部高级研究计划署研发的。DAML 的研发是基于 XML 和 RDF 的，实质上是 XML 和 RDF 的扩展。它与 OIL 相比，除了有许多相同的特性，又额外添加了一些足够引起重视的功能特性，主要包括：

①类（Class），定义与 OIL 中类的定义相同。

②类标识符（Class Identifier），用来确定类的唯一标识，以命名空间（name spaces）作为其限制。

③子类（Subclass），定义与 OIL 中子类的定义相同。

④SameClass/EquivalentTo，用来说明两个类是完全相同的。

⑤ Complement/Union/Disjoint/Disjoint Union/Intersection，将操作置于 classes 的成员之上。

⑥个体/实例（Individual/Instance），某个类的一个个体或一个实例。

⑦子属性（Sub Property），某一属性的子属性，前提是该属性能够形成一个分类体系。

⑧域/范围（Domain/Range），对加入到某种特定关系中的个体所作的限制，以确保其属于某个类。

⑨属性限制（Property Restriction），其作用类似于 OIL 中的 Slot Constraint。

⑩ Cardinality（extract，max，min）and qualified cardinality range，unique，一个属性的值的数量范围。

⑪必要/充分条件（Necessary/Sufficient Conditions），其作用类似于 OIL 中的 Primitive/Defined。

⑫逆反/传递性（Inverse/Transitive），一个属性同另一个属性是逆反关系；属性具有传递性。

⑬值域（Concrete domain），某一属性的确定值，如整形（int），字符串（string），浮点数（float）等。

⑭版本（Version），某一本体可能有多个版本。

⑮引入（Import），从另一个本体中提取定义，添加到当前本体中。

⑯Thing/Nothing，所有类都是类“Thing”的子集，也就是说类“Thing”是所有集的根；没有任何一个类是类“Nothing”的子集，类“Nothing”位于所有类的最底层。

其中，DAML+OIL 是 DAML 的最新版本，它提供了丰富的结构组成元素和概念集合，用来构建本体和进行信息标记，使得机器可以解读和理解用 DAML+OIL 表示的本体和信息。

2.4.1.8 TM

主题图（Topic Maps，TM）最初是由独立的组织 Topicmaps. Org 于 1999 年开始开发的，现已成为 ISO 的主题图标准（ISO/IEC FCD 13250：1999）。

主题图是利用图形方式表示某一主题的信息集合，信息集合中的每一部分以及它们之间的相互关系都与其表示的主题紧密相关。按照张晓林的观点，主题图是指“一定主题领域的概念集合，可以是正规叙词表或分类表，也可以是一定资源集合主题内容的结构化表现。主题图独立于技术平台，描述主题、主题关系以及主题与具体资源的联系，可‘标引’信息资源并建立相应索引、交叉参照、引文体系等，可链接复杂主题范围的分布资源来建立虚拟知识体系，可通过主题概念与资源的不同链接在同一资源集合上定制面向不同用户的界面”。

在提供标引 Web 资源的途径上，同 RDF 和其他语言相比，主题图的术语体系要更加的通俗易懂，以下介绍几个主题图中常用术语的功能特征：

①主题（Topic），一个普通的类目，如昆虫（Insect）。

②主题名（Topic Name），为主题命名的途径。在本体语言中，命名是非常重要的，对于本体中的每一个对象，必须有一个独一无二的名字以区别于其他对象。

③事件（Occurrence），它是主题的一个实例，类似于 RDF 中的资源（Resource）以及其他语言中的对象或实例。一个事件可以是一个特定的 Web 站点。在 Topic Maps 中，一个事件的内在细节是表达语言的外在范围，它们被简单的指出，但在其他很多高级语言中，对象是属于表达语言的一部分，并且被规范定义。

④联系（Association），描述两个主题之间的关系，类似于 RDF 中的属性（Property）。

⑤分面（Facets），它是描述一个主题与一个简单值（Simple value）之间的关联，类似于联合。分面可以看成是联合中的不够典型的一种形式，因为分面描述的关联不是两个对象间的关系，也不是两个事件之间的关联，而是一个主题同一个简单值之间的关联。

⑥范畴（Scope），主题图通过引入范畴来对那些用主题图标引的资源的概念进行分区，以便将那些与某一特定课题或学科领域相关的对象组织在一起，成为一个具有统一格式的大集合体。利用这种区分产生不同的背景，使得具有相同背景的术语能够被组织到同一范畴当中。而在不同的背景中，主题名具有不同的含义，被划分到不同的范畴中去。

2.4.1.9 SHOE

简单的 HTML 本体扩展（Simple HTML Ontology Extension，SHOE）是由马里兰大学计算机系并行理解系统研究组（Parallel Understanding Systems Group）于 2000 年开始研发的，主要用来进行高级本体标示语言（Ontology Markup Language，OML）的开发。

SHOE 实质上是 HTML 的一个扩展，它能将机读的语义知识结合到 HTML 文档或 Web 文档中，直接在万维网上设计和应用本体。通过利用 SHOE，代理能够进行有意义的 Web 页面和文档信息的收集，从而改善搜索机制和知识搜集。该过程包括三个阶段：

一是对本体进行定义；

二是使用本体信息对 HTML 页面进行注解以描述自身和其他页面；

三是通过搜索所有现存页面以及保持信息更新，使用代理在语义层面检索信息。

SHOE 是一种基于 HTML 的、Web 上的、具有 XML 兼容性的知识表示语言，作为 HTML 的扩展集，其开发的主要目的是扩展 HTML，然后合并 HTML 或其他 Web 文档中的可机读的语义知识，使用代理收集 Web 及文档中的有用信息，改进搜索机制和知识搜集。上述过程可以分为两个步骤：

①定义本体，描述有效的对象分类体系及对象之间的关系。

②对 HTML 页面进行标引，从而描述自身和其他页面。

可以使用 SHOE 将本体标记为 HTML 格式的文件，也可以用概念元素资源形成 HTML 格式的元数据，例如：

<ONTOLOGY> </ONTOLOGY>	文件定义符
<DEF-RELATION> </ DEF-RELATION >	类关系定义符
<DEF-CATEGORY>	类定义符
<DEF-INFERENCE> </ DEF-INFERENCE >	推理规则定义符
<INF-IF> </INF-IF>	推理规则条件语句定义符
<INF-THEN> </INF-THEN>	推理规则结论语句定义符
<CATEGORY>	类标记符
<RELATION> </RELATION>	语义关系标记符
<USE-ONTOLOGY>	引入本体标记符
<DEF_RENAME>	引入概念类或属性元素重命名标记符
<INSTANCE> </INSTANCE>	类实例标记符

2.4.1.10 FLogic

框架逻辑（Frame Logic，FLogic）是由德国弗赖堡大学 Florid project 项目组从 1993 年开发的，相比之前很多面向对象（Object oriented）和基于框架语言（Frame based）的结构化层次来说，FLogic 具有格式新颖、清晰和共享的优势。另外，它为数据表示和知识表示提供了逻辑学基础。

FLogic 拥有一套模式理论的语义（A Model-theoretic Semantics）和一套完备的基于问题解决方案的证明理论（Proof Theory）。FLogic 软件平台从面向对象的演绎型数据库（Deductive Database）发展成为本体，它可以整合其他的专门逻辑（如高阶逻辑 HiLog、事务逻辑 Transaction Logic 等），并以此来改善本体中利用信息进行推理的功能。

2.4.1.11 Loom

Loom是由南加州大学ISI研究所的人工智能研究小组开发的，它是一种基于一阶谓词逻辑的高级编程语言，属于描述逻辑体系的语言工程，能够支持Ontosaurus工具进行本体构建的底层描述语言。经过一系列的发展，目前Loom已经发展为PowerLoom语言，PowerLoom以前后向链式规则（Backward and Forward Chainer）作为推理机制。

Loom具有如下特点：①提供的说明语言表达能力强、声明性规范；②具有强大的演绎推理能力；③拥有多种编程风格及知识库服务。

作为一种高水平的编程语言，Loom能够用于构建专家系统和其他智能软件程序的环境。Loom既是KL-ONE家庭的派生物，又是基于DL的，利用Loom可以获得一个基于规则和基于构架的两者严谨结合的范例。Loom具有以下功能：①支持为对象和关系建模的描述语言；②支持为在概念和关系上规范约束并声明有关个体事实的声明语言；③当基于产生式规则和基于分类法的推理能力支持强有力的演绎推理时，支持程序编写的功能可以通过面向模式的方法实现。

Loom在以DL的方法进行本体建模时，通过DL来定义概念并为概念加上一系列限制，完全不同于之前使用描述性语言所提供的基于框架的方法。

2.4.1.12 OKBC

基于连通的开放知识（Open Knowledge Base Connectivity，OKBC）协议是由斯坦福大学的KSL和SRI研究所的人工智能中心从1995年开始研发的，其前身是通用框架协议（Generic Frame Protocol，GFP）。OKBC定义了一个对底层知识表示系统（KRSs，Knowledge Representation Systems）进行定制的协议，弥补了用于支持知识共享的语言规范的不足。

通用框架协议的知识模型存在于 OKBC 基础之上，它支持以对象为中心的知识表示并提供一整套框架表示系统的表示构造方法，包括：常量（Constants）、框架（Frames）、属性槽（Slots）、属性分面（Facets）、类（Classes）、个体（Individuals）和知识库（Knowledge Bases）。

当需要通过网络来获取知识时，OKBC 协议也用来为知识库定义一个完整的答问式（Tell&Ask）界面和程序。最终，为了适应 Ontolingua 而发展成为 OKBC ontology，它与 OKBC 协议是完全兼容的。

2.4.1.13 XOL

基于 XML 的本体交换语言（XOL，XML-based Ontolgoy Exchange Language）是由 SRI 研究所的人工智能中心从 1999 年起开发的。它以 Ontolingua 和 OML（ontology markup language）作为基础，融合了 OKBC 的高层表达方式和 OML 语法，并借鉴 XML 的语法特点和 OKBC 的语义特点，旨在服务生物信息学领域的异构信息系统之间进行本体定义的交换。

XOL 允许在 XML 的语法结构下定义 OKBC 的子集，称作 OKBC-Lite。因为 OKBC 中定义了访问基于框架的表示系统（Frame-based Representation Systems）的协议，使得 XOL 能在万维网上不同的系统间交换格式不同的信息。

由于目前没有支持 XOL 本体开发的工具，利用 XOL 借鉴 XML 语法的特点，大多采用 XML 编辑器创建 XOL 文件。尽管 XOL 有着良好的特性，但 XOL 设计的初衷是提供一种转换本体定义的格式，所以在实际中几乎不用 XOL 进行本体开发。

最初，XOL 只是用于生物信息学本体的交互，后来才慢慢引进到本体研究的其他领域，如作为本体传递的中介语言，应用在不同的数据库系统之间或不同的本体开发工具之间。

综上所述我们得出几种本体语言之间的关系如图 2-5 所示。

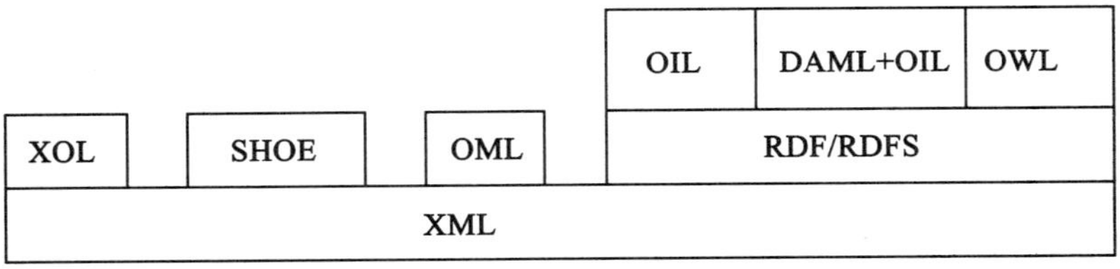

图 2-5　本体描述语言之间的关系

2.4.2　本体构建的原则及方法

本体的建库是一项庞大的工程，其过程往往表现为耗时长、花费大、精准度高以及协作性强。本体建库质量的高低，决定了所建本体能否准确表达现实世界中的概念及其之间的关系。尽管对于本体构建方法及构建工具的选择，与本体推理、本体检索、本体可视化等技术相对独立，但本体的建库过程是上述方法、技术、过程得到完美应用的保证。与此同时，本体建库的工作量是本体开发过程中的主要任务，其大小极大地影响着本体经济性和效率性。因此，在本体建库的过程中，构建方法及构建工具的选用是本体开发过程中的关键步骤。

本体构建方法论是当前本体研究领域的热点。目前本体的构建多是面向某一特定的领域，很少有面向多领域的本体，对于构建这样的本体，如果没有一种好的方法路线作为指导，就难以使不同领域的本体构建保持一致性，也不能使本体构建标准化与规模化。所以，本体构建方法的研究对于本体的应用起着至关重要的作用。

由于各自领域和具体工程的不同，本体构建选择的方法和过程也不相同。M. Uschold 等人在 1996 年尝试制定出一套构建本体的方法，但其所做研究并不是要给出一整套关于构建本体的规范性指南，只是要表示这种方法在他们的研究环境中能很好地发挥作用。K. Mahesh 和 Bateman 也根据自己的研究给出了相应的本体构建原则。但是这些原则都是研究人员建立在自己的系统开发经验之上，而不是针对所有的本体系统构建提出来的。因此，几乎每进行下个系统的开发，都可能会导致一些不同的本体构建方案的提出。由于现行的本体构建方法没有一个统一的标准，也没经过权威标准化机械的认证，不少研究人员出于指导人们构造本体的目的，从实践出发，提出了不少有益于构造本体的标准。到目前为止，公认的比较有影响力的本体构建规则是 Gruber 在 1995 年提出的。

（1）明确性和客观性。本体应能有效地说明所定义术语的内涵；定义应该是客观的、与背景独立的；当定义可以用逻辑公理表达时，它应该是形式化的；定义应该尽可能的完整；所有定义应该用自然语言加以说明。

（2）完整性。本体所给出的定义是完整的，能表达特定术语的含义，所有的定义应该用自然语言加以说明。

（3）一致性。由本体推导出来的概念含义应与本体中的概念含义本身一致；本体所定义的公理及用自然语言说明的文档都应该是一致的。

（4）最大单向可扩展性。向本体中添加通用或专用的术语时，不需要修改原有的内容。

（5）最小约束性。本体的约束应该最小，对待建模对象应该尽可能少的列出限定约束条件，只要能满足特定的知识共享需求即可。

以下介绍几种常用的本体构建方法。

2.4.2.1 七步法

七步法是由斯坦福大学医学院开发的，主要面向于领域本体的构建。它将本体构建划分为七个步骤，每一步骤都细分了详细的目标和任务，通过整合这七个步骤来完成本体的构建。七个步骤分别如下：

第一步：确定本体的专业领域或范畴。

在这一阶段，主要任务是要弄清以下几个基本问题：

①构建的本体将涵盖哪个专业领域？

②构建该本体的目的？是否为了更好地挖掘本领域的深层信息或知识？

③本体中的信息或知识能对哪些类型的问题做出回答或解释？

④该本体的主要用户或维护者分别是哪些人？

⑤确定本体可以解答的专业问题，即系统能力问题。

除最后一个问题，其他问题的答案在本体设计的过程中，会随着设计的进一步发展而做出相应的调整。但在任何一个特定的时间段里面，它们对于限制模型的范畴是有帮助的，所以需要相对稳定。

第二步：分析复用现有本体的可能性。

在某些情况下，如果构建的系统需要同其他应用平台进行一定交互，而该应用平台又与特定的本体或受控词表结合在一起，那么复用现有的本体就是最行之有效的办法。目前，许多本体都有相应的电子版本，而且能够输入到个人使用的本体开发系统中去。即使一种知识表达系统不能直接以某种特殊的格式来工作，将本体由一种格式转换为另一种格式并不困难。在 Web 上可以找到很多现在的本体文库。

第三步：列出本体中的重要术语。

构建领域本体时，需要列出一份包含所有术语的清单，清单中的术语是用来给用户进行解释的。首先，在不考虑概念间可能会出现的属性及表达上的重复情况下，列出一份尽可能全的术语清单，包含目前能够找到的所有术语。下面的两个步骤是定义概念属性和完善概念间的等级体系，这两个步骤是密不可分且相互交叉的，两者必须同时进行。这两个步骤是本体设计过程中最重要的两步。

第四步：定义类和类的等级体系（hierarchy）。

以下是完善类的等级体系的几种可行方法：

①自顶向下法：以某一领域中的最大的概念为起点，而后逐渐将这些概念细化。

②自底向上法：以底层的最小类的定义为起点，分别将这些被细化的类组织在更为综合的概念之下。

③综合法。综合上述两种方法。首先定义大量重要的概念，然后分别将它们进行恰当的归纳和演绎，再将它们与一些中级概念关联起来。

对于上述三种方法的选择，主要取决于开发者对该专业领域的理解程度和观点。如果开发人员对一专业具备一套自上而下的系统认识论，那么利用自顶向下的方法会事半功倍。由于在领域的概念中，“中层概念”是更具有代表性的，所以综合法对绝大多数开发而言，是最为敏捷的。如果想要收集更多更广泛的实例，那么自底向上的方法更加适合。当然，无论选择哪种方法进行，都需要从“类”的定义开始。

第五步，定义类的属性。

仅仅只有类的体系而没有概念间的内在结构的本体，是不足以提供系统能力问题所需要的答案信息。因此一旦定义好了类，就必须开始描绘概念间的内在结构。

首先从第三步建立的列表中选择好类。而绝大多数剩下的术语可能就是这些类的属性。一般情况下，有几种对象属性的类型能够成为一个本体中的属性：

①“内在”属性（intrinsic properties），例如某种汽车的颜色。

②“外在”属性（extrinsic properties），例如某种汽车的产地。

③如果对象是结构化的，那么它的一部分，可以是既具体又抽象的元素。

④与其他个体的关系。此处的“关系”是指某个类中的个体成员与其他类之间的关系。任意一个类的所有下位类都会继承其上位类的属性。

第六步：定义属性的分面（Facets）。

一个属性可能由多个“分面”组成。一个属性的“分面”就是属性取值的类型（Value Type），容许的取值（Allowed Values），取值个数（Cardinality 集基数）和有关属性取值的其他特征。

第七步：创建实例。

此过程包括以下工作：确定一个类，创建该类的一个实例，以及添加这个类的属性值。

2.4.2.2 TOVE 法

TOVE 法，又称 Gruninger&Fox“评价法”。TOVE 指多伦多虚拟企业（Toronto Virtual Enterprise）专用于构建 TOVE 本体（关于

企业建模过程本体)，由多伦多大学企业集成实验室（Enerprise Integration Lab.）研发，使用一阶谓词逻辑进行集成。TOVE 本体包括企业设计本体、工程本体、计划本体和服务本体。TOVE 流程图如图 2-6 所示。

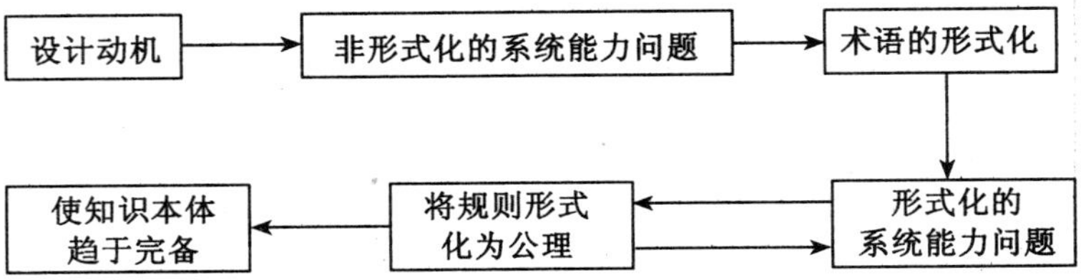

图 2-6　TOVE 流程图

①设计动机。定义直接可能的应用和所有解决方案。提供潜在的非形式化的对象和关系语义表示。

②将系统“能够回答的”问题作为约束条件，包括系统能解决什么问题和如何解决。这里的问题用术语表示，答案用公理和形式化定义回答，由于是在本体没有形式化之前进行的，所以又被称为非形式化的系统能力问题。

③术语的形式化。从非形式化系统能力问题中提取非形式化的术语，然后用本体形式化语言进行定义。

④形式化的系统能力问题。一旦本体内的概念得到了定义，系统能力问题就脱离了非形式化，演变为形式化的能力问题。

⑤将规则形式化为公理。术语定义所遵循的公理用一阶谓词逻辑表示，包括定义的语义或解释。

⑥调整问题的解决方案，从而使本体趋于完备。

2.4.2.3　骨架法

骨架法，也称 Enterprise 法，是专门用来构建企业本体的方法。(Enterprise ontology，关于企业建模过程的本体)。骨架法是建立在企业本体基础之上，关于商业企业间术语和定义的集合，该方法只提供开发本体的指导方针。目前企业本体项目由爱丁堡大学人工智能研究所（AIAI，the Artificial Intelligence Applications Institute）及合作伙伴——IBM，Llgyd's Register，Logica UK Limited 和 Unilever 共同承担。骨架法流程图如所 2-7 所示。

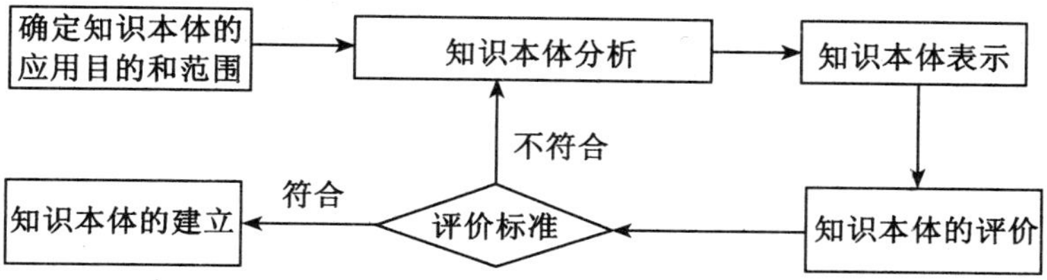

图 2-7　骨架法流程图

①确定本体应用的目的和范围：根据所研究的领域或任务，建立相应的领域本体或过程本体，领域越大，所建本体越大，因此需限制研究的范围。

②本体分析：定义本体所有术语的意义及其之间的关系，该步骤需领域专家的参与，对该领域越了解，所建本体就越完善。

③本体表示：一般用语义模型表示本体。

④本体评价：建立本体的评价标准是清晰性、一致性、完善性、可扩展性。清晰性就是本体中的术语应被无歧义的定义；一致性指的是术语之间关系逻辑上应一致；完整性，本体中的概念及关系应是完整的，应包括该领域内所有概念，但很难达到，需不断完善；可扩展性，本体应用能够扩展，在该领域不断发展时能加入新的概念。

⑤本体的建立：对所有本体按以上标准进行检验，符合要求的以文件的形式存放，否则转②，如此循环往复，直至所有步骤结果均达到要求。

2.4.2.4　METHONTOLOGY 法

METHONTOLOGY 法专用于构建化学本体（有关化学元素周期表的本体），该方法已被马德里大学理工分校人工智能图书馆采用。它的流程包括三个阶段：

①管理阶段。这一阶段的系统规划包括任务的进展情况、需要的资源、如何保证质量等问题。

②开发阶段。分为规范说明、概念化、形式化、执行以及维护五个步骤。

③维护阶段。包括知识获取、系统集成、评价、文档说明、配置管理五个步骤。

目前，用这种方法开发的本体有：

①（Onto）Agent：基于 ontology 的 Web 代理，关于 ontology 使用参考 ontology 作为知识源进行一定约束条件的重新知识获取。

②Chemical OntoAgent：基于 ontology 的 Web 化学教育代理，允许学生进行化学学习，并在此基础上自测在该领域的水平。

③Ontogeneration：使用领域本体（化学家）和语言本体来产生西班牙文本描述，来作为对学生关于化学领域问题查询的回答。

2.4.2.5 KACTUS 工程法

KACTUS 工程法是基于欧洲的 KACTUS 项目而产生的，它是欧洲 ESPRIT 框架下的研发项目之一。KACTUS 是“关于多用途复杂技术系统的知识建模”（Modeling Knowledge About Complex Technical Systems for Multiple Use）工程英文的缩写。该项目的目的是开发出技术系统全生命周期的知识重用方法学，以便在设计、诊断、操作、维护、再设计和培训时使用同一知识库。

这种方法开发本体由应用开发控制。所以每一个应用都有相应的表示该应用所需的 ontology。这些本体既能重用其他的 ontology，也能被后继应用集成，应用于电子网络的开发。具体的开发过程如下：

①应用说明。提供应用的上下文和应用模型所需的组件。

②相关本体范畴的初步设计。搜索已存在的本体，进行提炼、扩充。

③本体的构造。用最小关联原则来确保模型既相互依赖，又尽可能一致，以达到最大限度的系统同构。

KACTUS 是 ESPRIT 的项目，支持 EXPRESS 和 Ontolingua，目

的是关于技术系统生命周期过程中的知识重用，用 CML 语言描述，CML 是 KADS 工程语言，非形式化的，不能被程序执行。

2.4.2.6 SENSUS 方法

SENSUS 法是由美国 USC/ISI 研制开发的用于自然语言处理的 SENSUS 语言本体的方法。ISI 自然语言研究小组旨在为机器翻译提供广泛的概念结构。SENSUS 为机器翻译提供概念结构，用该方法开发的 SENSUS 本体系统用于自然语言处理程序。目前 SENSUS 语言本体共包括电子科学领域的 7 万多个概念。为了能在 SENSUS 基础上构造特定领域的本体，必须把不相关的术语从中剪除。SENSUS 本体的构造流程如下：

①定义“叶子”术语（暂时还不属于 SENSUS 的术语）。

②用手工方法把叶子术语和 SENSUS 术语相连。

③找出叶子节点到 SENSUS 根节点的“路径”。

④增加和 SENSUS 本体中的域相关但是还未出现在 SENSUS 本体中的概念。

⑤用启发式思维找出全部特定域的术语：某些有两条以上的路径经过的节点必是一棵子树的父节点，那么这棵子树上的所有节点都和该域相关，是要增加的术语。对于高层节点则通常有多条路径经过。

具体流程图如图 2-8 所示。

现在，使用 SENSUS 法所构建的本体包括武器、原油、飞机等用于军事领域的本体。

2.4.2.7 IDEF5 法

IDEF5（Integration Definition for Function Modeling）是由美国 KBSI 公司（Knowledge Based Systems Inc.）开发，主要用于描述和获取企业本体的方法，英文名为“IDEF5 Ontology Description Capture Method”。它是由 KBSI 开发的一系列“面向功能建模的集成定义”项目。该系列项目已由最初的 IDEF0 发展到如今的 IDEF9，建模技术也由传统的面向对象技术发展到现今的构建技术及形式化语

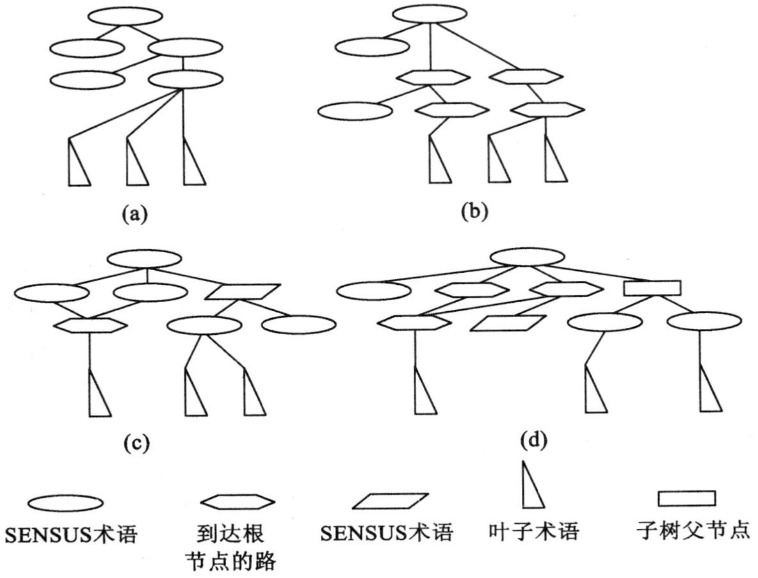

图 2-8　SENSUS 术语构造

言描述。IDEF5 通过使用图表语言（IDEF5 schematic language）和细节说明语言（IDEF5 elaboration language），获取关于客观存在的概念属性和关系，并将它们形式化，作为本体的主要架构。

IDEF5 图表语言是一种图形化的语言，旨在能够使学科领域专家可以表达基于本体的最为通用的信息。IDEF5 细节说明语言是一种结构化的文本语言，用来详细描述本体中的元素。IDEF5 提出的本体建设方法包括以下五个步骤：

①组织和范围。确定本体建设项目的目标、观点和语境，并为组员分配角色。

②数据收集。收集本体建设需要的原始数据。

③数据分析。分析数据，为抽取本体做准备。

④初始化的本体建立。从收集的数据当中建立一个初步的本体。

⑤本体的精练与确认。完成本体建设过程。

在本体的构建过程中，研究人员首先对叙词集合进行编目，以此为基础建立领域模型。这一模型中的概念是用叙词集合中的叙词来进行表示的。为了完成本体的构建，需要做以下三个工作：一是对术语进行编目。二是获取用这些术语描述这一领域时的限制条件。三是建立一个模型，当在模型中加入一条特定的描述时，就会产生“适当的”附加描述声明。

KBSL 的研究人员认为：任何领域的本质特征都可以通过 3 个元素得到提示。

①包含在特定领域里的特征对象和过程的词表；

②词表中基本术语的严格定义；

③术语间逻辑联系的特征表示。

本体是关于特定领域的一套完整的精确定义、规则和术语含义约束的词表，保证了知识复用的一致性，利用这种技术，领域专家可以有效开发和维护领域本体。IDEF5 构建本体的方法在于获取现实世界客观对象的断言，以及它们的属性和它们之间的内在联系。

2.4.3 本体构建的工具

目前，网上可以找到的本体构建工具多达 60 多种，但很多并不属于完全意义上的本体构建工具，有些属于本体标引工具，有些属于本体评价工具，也有些属于本体合并和集成工具等。其中比较常用、发展成熟、知名度较高的工具只有 10 种左右，如 DAMLImp（API）、KAON（包括 OIModeller）、Ontolingua with Chimaera、OntoEdit、OilEd、Ontosaurus、OpenCyc Knowledge Server（简称 Cyc）、Protégé2000、WebODE 及 WebOnto 等。下面重点介绍其中的 7 种。

2.4.3.1 Protégé2000

Protégé2000 是由斯坦福大学医学院的医学情报学研究小组（Stanford Medical Informatics，SMI）开发的一个开放源码的本体编辑器，它是用 Java 编写的。Protégé2000 界面风格与普通 Windows

应用程序风格一致，用户比较容易学习使用。本体结构以树形的层次目录结构显示，用户可以通过点击相应的项目来增加或编辑类、子类、属性、实例等，使用户在概念层次上设计领域模型，所以本体工程师不需要了解具体的本体表示语言。

Protégé2000 支持多重继承，对新数据进行一致性检查，并且具有很强的可扩展性，主要表现在如下几点：①Protégé2000 是一个可扩展的知识模型。用户可以重新定义系统使用的表示原语。②文件输出格式可以定制。可以将 Protégé2000 的内部表示转换成多种形式的文本表示格式，包括 XML、RDF（S）、OIL、DAML、DAML+OIL、OWL 等系列语言。③用户接口可以定制。提供可扩展的 API 接口，用户可以更换 Protégé2000 的用户接口的显示和数据获取模块来适应新的语言。④有可以与其他应用结合的可扩展的体系结构。用户可以将其与外部语义模块（例如针对新语言的推理引擎）直接相连。⑤后台支持数据库存储，使用 JDBC 和 JDBC-ODBC 桥访问数据库。

与其他系统，Protégé2000 的优势主要表现在：①具有图形化的用户界面；②对 Unicode 字符集输入的支持；③可以免费下载系统安装软件和插件；④支持 DAML+OIL 和 OWL，能够用 RDF、RDFS、OWL 等本体语言在系统外对本体进行编辑和修改。

由于 Protégé2000 开放源代码提供了本体建设的基本功能，使用简单方便，有详细友好的帮助文档，模块划分清晰，提供完全的 API 接口，因此，它已成为国内外众多本体研究机构的首选工具。但是，它基本上没有提供合作开发方面的支持，在实际应用中存在很多限制。

2.4.3.2 Ontolingua With Chimaera

Ontolingua 是斯坦福大学知识系统实验室（KSL）开发的一个本体开发环境。它包括一个服务器和一个表示语言，服务器位于斯坦福大学。主要特点如下：

①使用 Ontolingua 语言的扩展版本作为半形式化的表示语言。

②使用满足面向对象的框架视图表示和浏览知识。浏览器使用

超链接，使得用户的浏览可以方便、快速地从一个术语跳到另一个。用户还可以看到信息是如何推导的。Ontolingua 使用类/子类的方式展现类层次。

③将 Ontolingua 语言进行扩展，使用户能迅速地从模块库中组合新本体。Ontolingua 服务器允许用户通过包含、多态表示和限制的方式，重用模块的结构库中的已有本体。为了方便对已有本体的重用，Ontolingua 服务器提供了将一个本体包含到另一个本体的方法。每个本体可以看作一个词汇集和公理集由于本体包含的结果是产生一个公理集的并集，因此不存在环包含。Ontolingua 服务器既允许用户显式地表示本体之间的包含关系，也允许用户使用公理之间的参考隐式地创建包含关系。

④为用户提供三种与 Ontolingua 服务器交互的主要模式。第一，分布在远方的人们使用 Web 浏览器浏览、构建和维护存储于服务器的本体，服务器允许多个用户在共享的会话上并发地处理一个本体；第二，远程应用可以通过 Internet 查询、修改服务器上的本体，它使用扩展 Generic Frame Protocol 的网络 API；第三，用户可以将本体转变为特定应用使用的格式。

⑤能够转换为其他语言（如 IDL、Prolog、CLIPS、LOOM、Epikit、KIF）。

⑥支持合作开发本体。Ontolingua 支持对本体的维护、共享、合作开发，而且 Ontolingua 满足易用性。用户通过比较两个本体，并观察从一个本体转变为另一个本体的动作集合，可以方便地监视本体的变化。通过检查槽、槽值、面、面值，确保它们满足已知的限制的方法，用户可以分析本体的一致性。服务器也提供了将大本体分解为几个小本体的方法。Ontolingua 通过用户和组的访问控制，以及多用户的会话，提供合作开发机制。

⑦在 Ontolingua 中可以实现上下文敏感的搜索，术语的限制被用来限制搜索的结果。当前 Ontolingua 并不提供太多的推理能力。

Ontolingua 是一个功能非常强大的本体开发环境，特别是它对本体的维护、共享、合作开发等环节的支持程度。

2.4.3.3 OntoEdit

OntoEdit 是由卡尔斯鲁厄大学开发的，是分层构建本体系统工程的工作平台，它使用图形方法支持本体的开发和维护，将本体开发方法论（骨架法）与合作开发和推理的能力相结合，关注本体开发的三个步骤：收集需求阶段、提炼阶段、评估阶段。

开发 OntoEdit 所用的软件包是 Java standalone application。OntoEdit 支持推理的多重继承性系统的基本公理有不相交的概念（Disjoint Concepts）、对称性关系（Symmetric Relations）和传递性关系（Transactive Relations）。输入输出格式支持 RDF（S）、DAML+OIL 和 FLogic，提供对于本体的并发操作。

OntoEdit 构建在一个强大的内部本体模式之上，该模式可以通过 XML 的利用得到串行化，XML 支持内部文档的处理。OntoEdit 词形变化表尽可能地支持不依赖面向概念、关系和表达语言的建模。包含在本体中的几种图形视窗支持本体工程周期的几个不同的建模。OntoEdit 的工作平台直接提供的工作插件包括：①概念和关系（Concepts and Relations）；②实例（Instances）；③互不相交的概念（Disjoint Concepts）；④可视化显示（Visualizer）；⑤认证（Identification）；⑥元数据（Metadata）。

除此之外，OntoEdit 还在其网站上提供输入输出插件，支持各种数据类型的插件，包含概念列表型（Concept List）、关系列表型（Relation List）、文档数据型（File List）、字符数据型（String List）、布尔数据型（Boolean Data）、数值数据型（Number Data）和整型数据型（Interger Data）等各种数据类型。

OntoEdit 还提供了安装在界面面板上的工具插件，给用户提供了更多的便捷。这些插件包括图形规划插件（Graph Layout）、概念关系拆分插件（Concept Relation Split）、实例编辑器插件（Instance Editor）、本体属性插件（ontology Editor）以及统计插件（Statistics）。除此之外，还有数据模型插件，如本体高速缓冲存储器（Cached ontology）以及本体框架面板集成器（ontology Frame Panel Container）等。

OntoEdit 的另一大特色是它的可视化显示插件（Visualizer），它拥有多变的形式，能够按照用户的要求显示某几个概念某几个实例间的关系，而且概念间关系的表示简洁明了，通俗易懂。

目前 OntoEdit 已经产品化，不开放源代码，它可以作为 KAON（Karlsruhe Ontology and Sematic Web Tool）的客户端软件。KAON 是 OntoEdit 的后继版本。

2.4.3.4 OilEd

OilEd 是一个由曼彻斯特大学计算机科学系信息管理组构建的基于 OIL 的本体编辑工具，它允许用户使用 DAML+OIL 构建本体。它的基本设计受到类似工具（如 Protégé 系列、OntoEdit）的很大影响。它的新颖之处在于对框架编辑器范例进行扩展，使之能处理表达能力强的语言；使用优化的描述逻辑推理引擎，支持可跟踪的推理服务。OilEd 作为这些工具的原型测试和描述一些新方法，它不提供合作开发的能力，不支持大规模本体的开发，不支持本体的移植和合并、本体的版本控制，以及本体建设中本体工程师之间的讨论。OilEd 中的中心组件是描述框架，它由父类的集合组成。OilEd 描述框架与其他框架不同之处在于它允许使用匿名框架描述和高复杂性。OilEd 提供源代码。

OilEd 能使用推理检查类的一致性，推断出包含的关系。推理服务由 FacT 提供，FacT 为两类描述逻辑 SHF 和 SHIQ 提供推理服务。FacT/OilEd 并不为它的推理提供解释。OilEd 也可以将本体导出为其他格式，如 Simple RDFS、SHIQ、SHOQ（D）、HTML、DOTTY、DIG 和图形格式。

2.4.3.5 Ontosaurus

OntoSaurus 是南加州大学为 Loom 知识库开发的一个 Web 浏览工具，提供了一个与 Loom 知识库链接的图形接口。OntoSaurus 同时提供了一些对 Loom 知识库的编辑功能，然而，它的主要功能是浏览本体。由于 OntoSaurus 使用 Loom 语言，它具有 Loom 语言提供的全部功能，例如支持自动的一致性检查、演绎推理，也支持多重继承。OntoSaurus 目前只支持对 KIF、OKBC 语言的导入/导出。

OntoSaurus 支持两种模式：一种模式是本体浏览模式，另一种是本体编辑模式。当一个用户进入编辑模式后，将阻塞其他希望进入本体编辑模式的用户，这样就允许多个用户同步对一个本体进行操作。但是用户很难辨认其他用户对本体做出的修改。如果要创建一个本体，特别是比较复杂的本体，那么用户就需要对 Loom 语言有一定的了解。对于一个新的用户，使用 OntoSaurus 编辑本体不是很方便。

Ontosaurus 作为本体服务器主要有三个特点：①知识表示语言是以 DL 的 Loom 为基础；②推理能力主要依赖于 Loom 的推理功能；③其顶级本体使用了 SENSUS。

虽然，Ontosaurus 的开发受到 Ontolingua 的启示，但它们的开发方式存在明显的不同。Ontolingua 的本体开发方式采用自底向上的方式，先建立许多范围小、内容丰富的本体，然后将这些小本体合并起来，生成更大的本体，逐步迭代。而 OntoSaurus 的本体开发方式则是自顶向下的。它先建立一个大的、通用的本体结构框架，然后逐步往这个框架添加领域知识，形成内容丰富的本体。

2.4.3.6 WebOnto

WebOnto 是英国 Open University 的知识媒体研究所于 1997 年开发的。该项目的目的是开发一个基于 Web 的本体编辑器，它能提供比 Ontolingua 更为复杂的浏览、可视化和编辑能力。WebOnto 是基于 OCML 的知识模型，提供多重继承、锁机制，支持用户合作地浏览、创建和编辑本体。WebOnto 没有提供源代码。

Ontolingua、Ontosaurus 等系统使用浏览器作为客户端接口，这样会导致三个问题。①数据的集中存放。由于所有数据集中存放于中央数据库，这样中间的用户修改就会被覆盖，而且无法提供迅速反馈的接口。②一次性连接。服务器仅仅对网页请求做出回应，这意味接口仅能对用户动作做出反应，因此本体建设工具无法包含异步通信（如周期地提醒存储数据），也就是用户必须记住以前的页面。③浏览器展现的呆板。浏览器对于图形接口的支持是有限的。

而 WebOnto 可以解决这些问题。WebOnto 由一个中央服务器和 Java 编写的客户端组成。它包括一个图形用户接口和用于存放细节数据的检查窗口。WebOnto 提供大量定制信息表示类型的选项。最后它提供一个客户端的 API，用于从 WebOnto 的本体检索信息，以及运行 WebOnto 建成的应用。

与 Ontolingua 服务器一样，在使用 WebOnto 前必须注册成为其用户。在获取了系统维护人员发送的用户名和密码之后，用户才能够使用它的网络版工具，而不能下载到本地使用。

2.4.3.7 WebODE

WebODE 是马德里技术大学开发的一个本体建模工具，它支持本体开发过程中的大多数行为，并且能够支持 METHON-TOLOGY 本体构建方法论，目前只有 WebODE 和 OntoEdit 两个工具能够将本体构建方法与实际的本体构建环境对应。WebODE 没有提供开放的源码，只能通过网络注册的方式进行使用，它是 ODE（Ontology Design Environment）的一个网络升级版本，并提供了一些新的特性。

WebODE 是通过 Java、RMI、COBRA、XML 等技术实现的，提供了很大的灵活性和可扩展性，可以方便地整合其他的应用服务。WebODE 体系结构分为三层：第一层提供了用户接口。这个接口是通过使用 Internet Explorer 或 Netscape 等 Web 浏览器提供的，使用 HTML 或 XML 与其他应用进行交互。第二层提供了业务逻辑，包括两个子层：逻辑子层——通过 Minerva Application Server 使用一组定义好 API 来对本体进行直接访问；表示子层——生成需要在用户浏览器上显示的内容，并且处理客户端用户的请求。第三层是数据层，本体存储在关系数据库（Oracle）中，通过 JDBC 访问。

WebODE 和 Protégé2000 一样，不需要使用具体的本体表示语言，而是在概念层构建本体，然后才将其转化成不同的本体表示语言。目前，WebODE 支持的本体表示语言有 XML、RDF（S）、DAML+OIL、OWL、X-CRAIN、FLogic。

WebODE 通过定义实例集来提高概念模型的可重用性。这个特性使得不同用户可以使用不同方法对同一个概念模型进行实例化，每个用户使用自己的实例集，使得应用间的交互性得到提高。并且，WebODE 对同一个概念模型可以提供不同的概念视图。同时，WebODE 允许用户创建对本体的访问类型，使用组的概念，用户可以编辑或浏览一个本体，并且提供了同步机制来保证多个用户无差错地编辑同一个本体。

WebODE 支持多重继承、支持类型一致性、数值一致性、集合一致性检查，并且提供了分类一致性验证机制。另外，虽然 WebODE 不遵循 OKBC 标准，但是在它的推理引擎中定义了所有的 OKBC 原语。

3 叙词本体

叙词本体是叙词表在智能化方面的发展。从叙词表的发展过程来看，早期的叙词表采用传统的纸质版本形式，随后在计算机软件与数据技术的支持下出现了电子版本，之后又出现了网络版本。因为电子版与网络版是直接把叙词表数字化，所以我们可以认为它们仍是同一发展阶段的产物，这里称为第一代叙词表。本书将本体作为一种实现技术用于构建叙词表，从而更好地服务于知识的组织和检索。在构建理论上，叙词本体采用本体模型，以提高概念语义描述的精确性；在功能上加入智能，使静态的叙词表发展到动态的叙词本体，使原来的被动维护状态发展成具有主动学习演化功能的状态。鉴于这几方面的发展，这可以被认为是第二代叙词表，由于采用的模型及管理技术都来自本体，因而我们称为叙词本体。由此可见，叙词本体是具有本体功能的叙词表，是利用本体的组织模型与管理技术构建的叙词表，它同时具有叙词表和本体两者的优点。

3.1 叙词本体的定义

3.1.1 叙词表与本体的比较

叙词表主要用于检索时的后控制和标引时索引词的选择，是提高查全率和查准率，实现多语种检索和智能化概念检索的重要途径。而本体提供了一个用来表达和交流某些主题知识的词表，它包含一个关系集，关系集描述了词表中这些术语间的联系。叙词表和本体都是可以描述主题知识的词表。两者到底有什么样的区别与联系呢?

中国农科院的李景和钱平专门论述了叙词表与本体的区别和联系，主要体现在以下六个方面。

①叙词表中的术语是规范的学科术语，而 ontology 中的概念和术语则是自然语言或者半自然语言。

②二者在组织结构上也存在着区别，叙词表中分布的知识点是线性一维的，而 ontology 中的知识概念分布则是网状的，在四维空间中伸缩。

③本体的知识库与概念集可以随着学科领域的发展会不断地进行修正和更新，这一点大大地强于叙词表。

④叙词表中只有“用、代、属、分、参、族”六种简单的语义关系，而 ontology 中的概念间关系则被表述得更加广泛、深入、细致和全面。

⑤叙词表是一个词汇库（即语料库），但不是知识库；而 ontology 不仅仅是概念集、语料库，而且还是知识库。

⑥叙词表相对稳定，结构保守而单一，不可能经常修订。而 ontology 的结构应该是基于 xml 的开放体系，可以被复用，可以增加或减少枝节，可以对每个枝节处进行修改和校验，可以对原有的模式进行保存，还可以“温故知新”。

学者赵焕洲和唐爱明也对叙词表与 ontology 进行了比较研究，除了上述的区别之外，他们认为二者的区别还体现在以下几个方面：

①在表示语言方面，叙词表没有表示语言，而 ontology 可以采用 Ontolingua，Loom，Flogic，SHOE，RDF，OIL，DAML+OIL 等语言来对其进行表示。

②叙词表没有采用数学语言，ontology 采用了数学语言中的一阶谓词逻辑。

③在构建流程方面，叙词表的编制一般按以下流程进行，即总体设计、选词、对词汇进行处理、编表、审核和试标引。而 ontology 构建时通常采用或参考 enterprise 方法、Grunninger&Fox 的评价法、

Berneras 等人的方法、MethOntology 方法以及基于 SENSUS 的方法等。

④在应用方面，叙词表一般用自然语言词语作为表示，直观表达信息主题概念，是以直接标引信息为目的。而 ontology 的作用则是澄清知识的结构，从而为知识表示打好基础，实现知识的共享。

除了上述区别之外，我们认为叙词表和本体之间还存在着以下几点区别：

①叙词表可以直观表达信息主题概念，可以直接用以标引信息，但是其结构不清晰，查询比较困难，而本体在此方面就做得比较好，能够更加清晰地表示知识的结构，查询更加容易。

②在组织结构方面，叙词表是线性一维的，而本体呈现网状结构，能够将知识之间的关系表达得更加清晰。

③在关系定义方面，本体模型中关系的定义不像叙词表中有具体的规定，本体的关系具有灵活性及可扩展性。这一点可以认为是本体的优势。但在构建本体时，如何定义关系却是一件困难的事，而叙词表给出了一个实用的具体方案。从应用效果上看，由于概念间的关系比概念本身更复杂，因而清晰的关系更能帮助人们对知识的理解，所以目前许多本体项目是基于叙词表构建的。知识组织中概念之间的关系是非常重要的内容，叙词表所规定的词间关系是一个优秀的方案。可以说，叙词表是一种表现形式，而实际上它是一种方法：叙词法。叙词法是知识组织与表示的一种综合方法。从这层意义上讲，叙词表（法）与本体的研究内容与重点不在一个层次。

④在词汇的组织方面，本体的语词除了有规范化的语言之外，还包括自然语言和半自然语言，这表明本体与叙词表相比，在规范化方面表现较差。而在信息标引时，用自然语言进行处理，显然缺乏学科的专业性。信息组织的大量工作必须依赖手工的录入和标引，机器标引和自动编目存在很大的局限性，其精确度尚无法和手工标引媲美。低效率的手工标引成为制约本体系统构建和完善更新的最大瓶颈。而且研究本体构建的技术体系与研究检索的技术体系之间存在脱节问题。这导致了本体工程的生命周期不能顺利进行。

⑤在应用效果方面，叙词表的应用效果是得到公认的，而本体的应用并不如预期的那么广泛。

⑥叙词表的更新维护功能相对较困难，而本体技术的自学习以及自演化的相关研究已经有所突破，况且加上其描述语言的开发性，增加、修改本体都相对比较容易。随着世界上交通技术以及通信技术的快速发展，世界各地学术交流也越来越容易，因此，整个学术以及发展“欣欣向荣”，新术语以及新关系的涌现层出不穷。传统的叙词表的结构和组织方式严重地阻碍了叙词表的更新和维护。在这方面，由于本体构建技术以及描述语言的特点，使其更新和维护都相对容易。

从上述的区别和联系中，我们可以看到叙词表以及本体都各自存在优缺点，那为什么不结合使用两者，使其充分发挥其优点，为知识组织以及表示更好的服务呢？答案当然是肯定的，基于这种想法，我们提出了叙词本体的思想，即利用本体技术来构建叙词表。下面各章节将详细介绍叙词本体的定义，功用，结构以及扩展叙词本体的概念，提出多语种叙词本体。

3.1.2 叙词本体的定义

定义 1 （叙词本体）令 TO = {C, I, HC, RI, O}，其中 TO（Thesauri Ontology）为叙词本体，它由一系列概念集 C，从属于概念集下的实例（叙词与非叙词）I，概念的类分关系 HC，叙词术语之间的关系 RI，以及一些公理 O 组成。

这里的概念集是指表示学科范畴的概念，即学科分类，利用本体技术进行构建时，使用本体原语“类”进行构建。I 是术语词集，对应于叙词表中的语词，包括规范化的叙词以及非规范化的非叙词，利用本体技术进行构建时，使用本体原语“实例”进行构建。公理 O 与本体概念中的含义相同，代表永真断言，如概念乙属于概念甲的范围。它主要用于叙词术语隐式关系推理之用。HC 为概念类分关系，而叙词术语之间的关系 RI 将在下面的内容中详细介绍。

定义 2 （概念的类属关系）HC 是指叙词本体中概念的类属关系，HC（C1，C2）表示 C1 是 C2 的子概念。

例如 HC（“情报学”，“情报学、情报工作”），“情报学”是“情报学、情报工作”的子概念。在叙词本体构建中，主要是通过定义类之间的对象关系得以实现，一般情况下为“is part of”关系。

定义 3 （术语关系）RI = {Y，D，S，F，C，Z} 是指概念下叙词术语之间的关系，这种关系引用了叙词表里的六种关系，即用（Y），代（D），属（S），分（F），参（C），族（Z）的关系。

Y（I1，I2）表示 I1 是 I2 的非叙词表示，D（I2，I1）表示 I2 是 I1 的叙词表示，S（I1，I2）表示 I1 是 I2 的下位词，F（I2，I1）表示 I2 是 I1 的上位词，C（I1，I2）表示 I1，I2 是相关关系，Z（I1，I2）表示 I2 是 I1 的族首词。

同叙词表的关系一样，可以将这六种关系概括为三大类关系，即等同关系，等级关系以及相关关系。等同关系即指用（Y）、代（D）关系；等级关系指属（S），分（F）以及族（Z）；相关关系即指参（C）。而相关关系所包括的具体关系有很多，如对立关系、交叉关系等。如果从网络资源中提取出的关系可以精确到这些更具体的关系，那么我们可以扩展叙词本体的关系。在相关关系即参（C）下增加一些子关系，如对立关系，交叉关系等。

在叙词本体的构建中，术语关系也是通过定义对象属性进行定义的。而相关关系的子关系则是通过定义参（C）的子属性得以实现的。

由此，叙词本体可以将叙词表中所有的内容都包含进来，并有机结合了学科分类成为分类法与主题法相结合的一种解决方案。同时对关系进行了扩展，使其能够更加准确地表现叙词术语之间的关系，使用叙词本体中的叙词进行标引，能够更准确地描述概念；同理，选择叙词本体中的叙词作检索词，也能够更容易且更加准确的检索出与此词相关的信息。例如，如果叙词术语 A1 与叙词术语 A2 存在对立关系，在叙词本体中对 A1、A2 进行了定义，那么在检索时，提供检索词 A1 以及选择了检索出其对立关系的选项，那么叙词本体将会把其存在对立关系的叙词术语 A2 也一同检索出来。

3.2 叙词本体的功能

3.2.1 叙词本体与叙词表的比较

叙词本体的实质依然是叙词表，因此叙词本体也具有叙词表的四个作用。同样是将文献标引人员、信息检索用户的自然语言转化为规范语言的工具，对信息检索进行后控制，提高查全率、查准率。但它却比传统的叙词表更加智能化，并为实现多语种检索和智能化概念检索打下了基础。

在检索叙词术语方面。传统的叙词表则只能够按照字顺顺序进行检索，要定位叙词术语所属的学科分类还必须通过分类号加以确定，而叙词本体就不用这么麻烦了。而且不可以通过学科分类进行检索，即查询途径相对单一，不能满足不同用户的需求。叙词本体解决了这方面的难题，它吸收了本体的优点，使得叙词本体的结构更加清晰，概念的层次结构更加明显，因此检索途径可以多样化，既可以按照概念分类进行垂直检索，也可以通过叙词术语直接进行检索。而且通过叙词术语检索出来的信息包括了叙词术语的所属学科分类、分类号、各种叙词术语之间的关系。所以在检索方面，叙词本体会给用户带来很多方便，促进了标引人员提高工作效率，同时也节省了用户的时间。

在叙词术语以及术语关系更新维护方面。传统的叙词术语的结构相对稳定，由于组织方式的原因，很难对叙词表进行修改以及更新，因此对于维护以及版本升级来说，都是相当困难的。即使是通过更新版本来达到叙词表的升级，但是时间周期也是非常长的，而且还非常耗时耗力。如果是纸质版的叙词表，除了专家外，还需要大量的出版编辑者重新对叙词表进行排版，重新出版，整个升级过程将耗费大量的资金以及人力。而由于叙词本体的底层是基于本体技术的，所以可以利用本体自学习以及自演化的技术来实现叙词本体的演化功能。与传统叙词表不断更新版本不同，叙词本体在更新和修正时，在原有语料库基础上进行自动化的抽取以及半自动化的维护。只要初始叙词本体构建好之后，演化过程只需要专家对发现的新词以及新关系加以评审之外，无须耗费大量的其他人员参与演化过程，从而节省了人力物力。而且叙词本体更新能够重用原始的叙词本体，没有发现变化的叙词术语以及关系，不会发生任何的改变。叙词本体演化能够使叙词术语以及关系时刻跟进学科发展，减少了词表维护的工作量。

3.2.2 叙词本体的网络学习功能

叙词本体除了提供叙词术语以及查询的功能之外，最重要的是能够实现叙词本体更新维护的功能。而更新维护功能主要分为网络学习以及自动演化两个子功能。这一节将讲述网络学习功能，下一节将讲述自动演化功能。

网络学习功能又具有以下三项子功能：网络信息解析子功能，新词发现子功能，关系提取子功能，如图 3-1 所示。

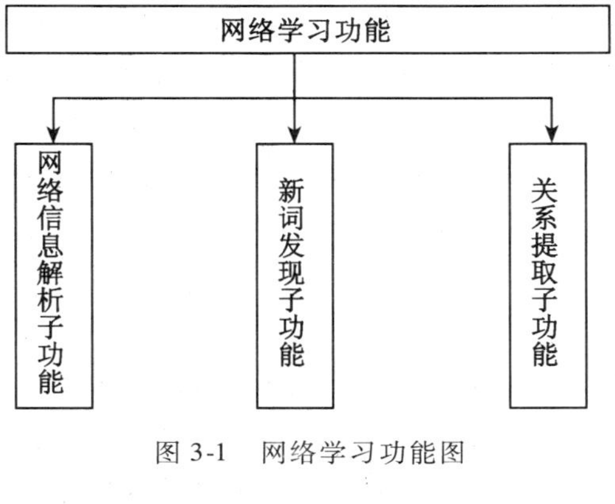

图 3-1　网络学习功能图

其中网络信息解析子功能主要是对抽取出的网络信息资源进行

解析，提取出能够发现新词以及新关系的关键信息。而要解析网络信息，首先需要获取信息来源。

叙词本体需要更新与维护，除了原有叙词本体之外，还需要一些新术语以及新关系的知识来源。如果没有知识来源，叙词本体的功能再强大，也不能够更新陈旧的叙词本体，这就好比“巧妇难为无米之炊”。

知识来源有很多，如互联网、各种书目信息，以及各种学术论文信息。互联网信息的增长速度非常快，特别是大量草根作者涌现的情况，很多互联网用户开始在网络上发表自己的观点和看法，使互联网信息更加丰富多彩。但是这些信息都不能作为叙词本体的真正来源，因为大多数的草根作家并不是就某一学术问题发表自己的观点看法，而是对于他们周围的事物以及自身的经历写下日志，这些信息中即使出现了新词，那也只是社会上流行的语言在发生改变，而不能说明学术上涌现了新的词汇。所以我们并不采用互联网信息作为叙词本体演化的信息来源。那么书目信息呢？很多书目确实是学术研究的成果，但是由于书籍出版的周期比较长，因此从书目信息中发现新叙词术语以及新关系，在一定程度上具有时滞现象。

那么我们最好的选择就是从大量的学术论文数据库中获取到一些学术论文的信息作为叙词本体网络学习的来源。学术论文是表达学术研究成果快捷的一种表现形式，因此采用学术论文可以减少叙词本体更新维护的时滞。网络上的一般信息表达随意而缺乏规范，而学术论文是学术交流的一种形式，代表着每一位学者在该领域研究过程中所作出的贡献，其规范程度较高。国内的学术数据库主要包括“中国知网”、“重庆维普数据库”以及“万方数据学术论文数据库”；外文数据库非常之多，较为出名的有“Conference Proceedings Citation Index”等。

选择了信息来源之后，需要从这些数据库中获取到描述文献特征的网页，并对其进行解析，提取关键信息。通过分析这些关键信息，为叙词本体演化功能服务。对于不同的数据库，其描述文献特征的网页结构也不一样，那么需要针对各种不同数据库描述文献特征的网页结构来分析如何解析网页，提取关键信息。在后面的章节中，将会仔细介绍如何针对不同的数据库提取关键信息。这里的关键信息，主要是指题名，关键词，摘要以及学科导航信息等。

新词发现子功能主要是从提取的关键信息——题名、关键词以及摘要中进行分词；根据叙词表的叙词词汇控制要求，提取出符合要求的词汇；同原有叙词本体进行比较是否存在相同的词汇；统计新词的词频，判断其规范性；确定新词。叙词本体要完成新词发现功能，需要专家事先定义新词的词频。叙词本体根据专家预先设定的词频对抽取出的新词进行判断，将超过该词频的词汇作为候选新词提供给专家进行评审。

关系提取子功能主要解决的问题是在新词出现的语句中提取该词与其他词之间的关系。根据叙词术语关系的特点，采用不同的方法提取关系。由于相关关系的外延比较宽泛，只要两个词之间存在一定的关系，那么这种关系就可以称为是相关关系。可以认为等同关系以及等级关系从某种程度上说也是一种相关关系。因此可以先提取两个词之间的相关关系，然后在相关关系的基础上再进一步判断等级关系以及等同关系，同时也可以在相关关系的基础上进一步判断是否满足相关关系子关系的要求，如对立关系以及交叉关系，从而更具体、更准确地提取相关关系。

这一节都只是较为简单地描述网络学习各个子功能，在后续的章节中，将会具体阐述如何实现这些功能。

3.2.3 叙词本体的自动演化功能

叙词本体演化功能又分为专家评审功能以及自动更新子功能两个功能。图 3-2 为自动演化功能与其子功能的结构图。

上一节讲述了网络学习功能以及其子功能，新词发现子功能完成了提取出新词，关系提取子功能完成了关系的提取，新词以及新关系提取出来之后并不能直接将其增加到叙词本体中去。而要通过专家的审核，才能够增加到叙词本体中去。因此在演化功能中有专家评审子功能。此功能主要是为众多专家提供了评审的平台，提取出来的新词以及新关系会自动提交到专家评审流程中，只要专家以

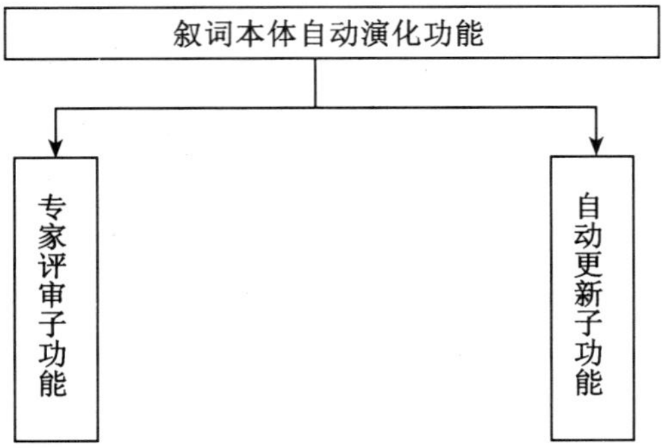

图 3-2　叙词本体自动演化功能

专家的身份登录叙词本体系统，就可以看到系统提示的评审事宜。专家通过超级链接进入到评审界面，会看到各条提取出来的新词以及新关系及其出现的频次，作为专家评审的依据。同时专家也可以看到其他评审对此作出的评价结果以及打分情况，还可以对此参与讨论。这样可以加强专家之间的合作以及交流，使专家评审的结果可以更加准确。

自动更新功能是指在所有注册了叙词本体的专家都参与评审之后，自动地对专家评审的结果进行统计和分析，将通过绝大多数专家评审的新词以及新关系自动增加至叙词本体中去。而绝大多数专家到底是指多少专家呢？这需要在叙词本体系统中进行参数定义。在后续的工作中，系统将自动地根据此参数进行统计分析。自动更新子功能是指将满足要求并通过专家评审的结果添加到叙词本体中，此功能的实现需要借助本体更新技术，利用开源代码 Jena 即可以完成。

3.3 叙词本体的结构

叙词本体的组成结构可划分为两个主要的层次：应用层与技术层（见图 3-3）。

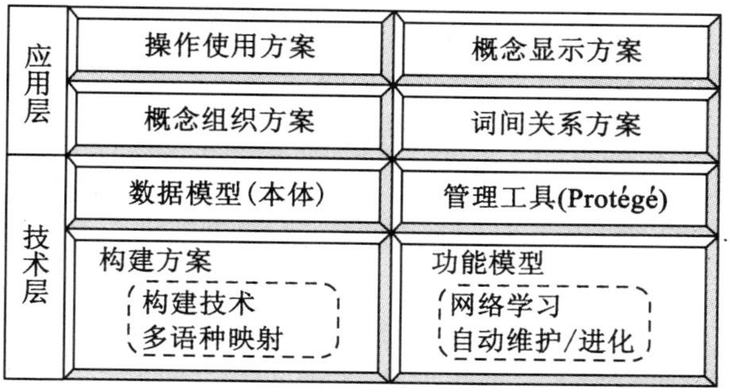

图 3-3 叙词本体（第二代叙词表）的逻辑结构略图

3.3.1 应用层

应用层是叙词表的外观视图与功能描述。叙词本体的外观表现与传统的叙词表一样，其可视化效果为一维的、线性的树状结构。但实质上由于底层有本体的支持，叙词本体具有网络结构的特性。通过属性之间的联系，使得叙词本体中的概念与概念之间呈现出错综复杂的网状关系。因此，在操作和使用上，与传统叙词表的使用没有多大的区别，但却会更加智能化。例如，当输入一个非规范化词时，不用手动查找代用的规范化概念，通过概念与概念的关系将非规范化语词和规范化语词联系起来，而这个转化过程对用户来说是透明的。除此之外，叙词本体还提供多样化检索途径，不仅可以通过叙词术语查找相关信息，而且可以通过学科分类查找叙词术语，而传统的叙词表只能通过字顺进行查找。

叙词本体的应用层从四个方面为用户提供了良好的解决方案。

（1）操作使用方案

这里的操作含有两层含义，一种是查询，另一种则为叙词本体演化操作。叙词本体为用户提供了一个界面友好的查询界面。上面内容已经讲到叙词本体提供了多样化的检索途径，目的在于能够让用户更好的操作叙词本体，为用户使用叙词本体提供更多的方便。叙词本体的功能除了查询之外，最重要的是提供了演化的功能。在叙词本体进行演化之前，需要工作人员设置一些必要的参数。如演化叙词本体的周期，即叙词本体多长时间演化一次；设置新词频次标准，即指新出现的词汇达到多少次才认为其是达到使用广泛性的要求，可以作为候选的新叙词术语被提取出来；设置新关系频次标准，即提取出来的新关系使用的频次达到多少，才能够视其已达到广泛使用的要求，可以作为候选新关系提取出来。关于演化的操作除了设置参数之外，还需要为专家提供一个可以完成专家评审操作的界面。在这一部分中，专家需要完成的操作包括：查看新叙词术语出现的频次，新叙词术语与其他术语之间的关系，以及关系出现的频次；查看其他专家对新词以及新关系的打分情况，以及其他专家对此的看法；可以在评审子系统中，与其他专家进行讨论；为新词以及新关系进行打分，并发表自己的看法。最后演化功能的操作，即是系统自动根据专家的评审意见进行统计分析，决定是否将提取出的新词以及新关系添加到叙词本体中去，如果评审通过，则将提取出的该新词以及新关系添加到叙词本体中，完成整个演化过程。

（2）概念显示方案

这里所指的概念包括了两层含义，一种是指学科分类的概念，另外一种是指叙词术语概念。在叙词本体中，对这两层含义的概念都进行了显示。学科分类概念的显示以树形控件进行显示。每个学科分类下都有很多叙词术语，因此在每一层节点后面都会标示该学科分类下有多少叙词术语，见图3-4。

叙词术语概念的显示则是以表格控件进行显示。对于每一个叙词术语都会为其提供术语描述，中图法分类号，所属分类，以及与其他术语之间的关系，包括了叙词本体中所有的RI关系。

图3-4只是针对单语种进行显示的，对于多语种叙词本体的显示则更为复杂一些。叙词术语一栏可能会以中文的形式显示，也可以以英文的形式显示。这是因为中文叙词术语以及英文叙词术语是两个完全不同的叙词术语。RI关系中，也可能会有中文叙词术语与英文叙词术语之间的各种关系。

（3）概念的组织方案

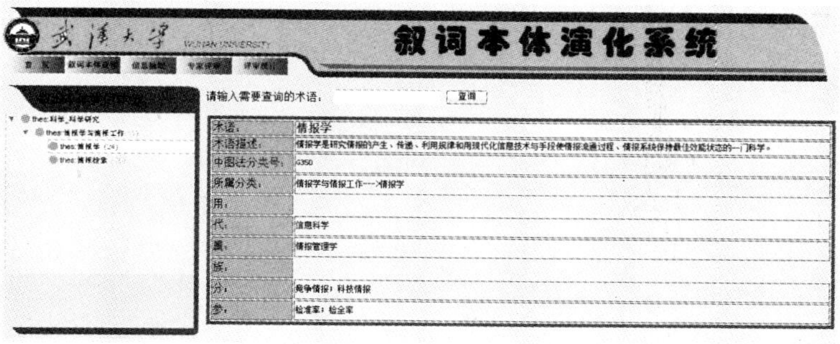

图 3-4　叙词本体类目体系

同显示方案一样，概念的组织方案也是按照学科分类概念以及叙词术语概念两种不同概念分别进行组织的。对于学科分类概念，采用树状组织方式；对于叙词术语概念采用网状组织方式，其网状形式则是通过各种 RI（用，代，属，分，参，族）关系进行链接的。

（4）词间关系方案

从图 3-4 可以看到，目前界面上只采用了叙词表里的几种关系（用、代、属、分、参、族）。随着关系提取的技术不断进步，可以细化各种关系，如可以定义相关关系的子关系，具体到对立关系，交叉关系等，在显示方案中也需要适当的扩展显示这些子关系，从而使用户可以一目了然叙词术语所有信息，并且可以更清楚地知道该叙词术语与其他叙词术语之间更深层次的关系，加深用户对该叙词术语的理解。

3.3.2 技术层

技术层以本体的形式进行数字化存储与处理。采用本体构建的方法和工具对叙词表中的概念进行抽象，创建类，并将叙词的词间关系作为类的属性。为了让用户更加方便和深刻的理解，还可以创建类的实例，从而实现信息的自动标引和索引词的选择。除此之外，技术层还包括有叙词本体的自动学习和进化的功能，使叙词本体成为一个开放的，可扩展的叙词表，以适应不断发展的学科领域。

（1）数据模型

根据《中国图书馆分类主题词表》（以下简称《中图法》）的结构特征，我们按照分类体系来定义叙词本体的类属结构，而主题词则作为叙词本体每个类目下的实例。图 3-5 为叙词本体的概念模型。

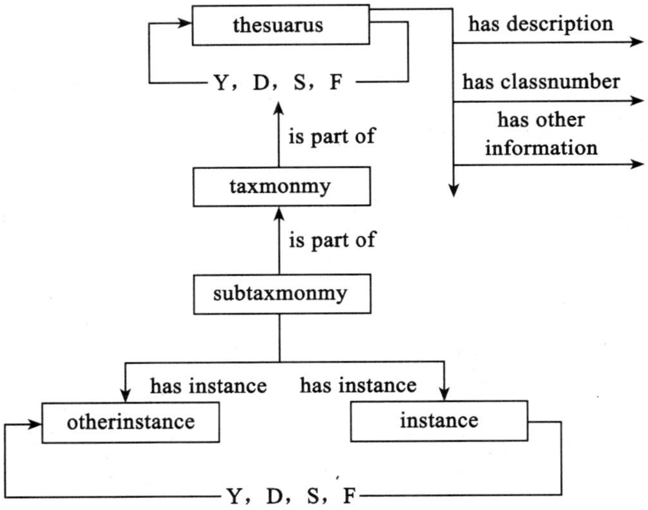

图 3-5　叙词本体构建的概念模型

thesaurus 是叙词本体的最顶层类，下面有很多子类，其子类为《中图法》的 20 个大类，图中用 taxnmnmy 概括表示这 20 个大类，每个大类下面又有很多小类以及更细的分类，图中用 subtaxmonomy 表示。每个类目下可能会有很多叙词，在叙词本体中用实例来描述叙词。叙词之间存在着许多关系，即用（Y），代（D），属（S），分（F），参（C），族（Z）。这些关系在本体中应该为对象属性，因此在 thesaurus 类中就应该定义好这些对象属性，对于具体的叙词（实例），则需要添加具体的值以完成叙词关系的映射。除了定义这些对象属性之外，还需要添加其他的值属性以完善叙词的描述，如叙词含义描述 has description，叙词的中图分类号 has class number，以及其他的一些信息。图 3-5 将作为构建叙词本体的概念模型。

（2）管理工具（Protégé）

Protégé 是由斯坦福大学的 Stanford Medical Informatics 开发的一个开放源码的本体编辑器，它是用 Java 编写的，可以免费下载。Protégé 界面风格与普通 Windows 应用程序风格一致，用户易上手。Protégé 支持多重继承，对新数据进行一致性检查，并且具有很强的可扩展性，主要表现如下几点：

①Protégé 是一个可扩展的知识模型。用户可以重新定义系统使用的表示原语。

②文件输出格式可以定制。可以将 Protégé 的内部表示转换成多种形式的文本表示格式，包括 XML、RDF（S）、OIL、DAML、DAML+OII、OWL 等系列语言。

③用户接口可以定制。提供可扩展的 API 接口，用户可以更换 Protégé 的用户接口的显示和数据获取模块来适应新的语言。

④有可以与其他应用结合的可扩展的体系结构。用户可以将其与外部语义模块（例如针对新语言的推理添加模块）直接相连。

⑤后台支持数据库存储，使用 JDBC 和 JDBC-ODBC 访问数据库。由于 Protégé 开放源代码，提供了本体建设的基本功能，使用简单方便，有详细友好的帮助文档，模块划分清晰，提供完整的 API 接口。

因此，它基本上成为国内外众多本体研究机构的首选工具。我们在叙词本体演化系统也将使用 Protégé 来构建初始的叙词本体。

本体的描述语言比较多，如 XML，XML Schema，RDF，RDF Schema。其中 XML（http://www.w3.org/XML/）提供了一种结构化文档的表层语法，但没有对这些文档的含义施加任何语义约束；而 XML Schema（http://www.w3.org/XML/Schema）是一个约束 XML 文档结构和为 XML 扩充了数据类型的语言；RDF（http://

www.w3.org /TR/2002/WD-rdf-concepts-20021108）是一个描述 RDF 资源的属性（property）和类（class）的词汇表，提供了关于这些属性和类的层次结构的语义。RDF 的基本构造为陈述（或声明，Statement），表述了一个“资源，资源所具有的属性，属性值”（即主体-属性-客体）的三元组。RDF 表现的是一个数据模型，简言之，就是一个事物（资源），这个事物具有什么属性，这些属性应该有什么样的属性值。而 OWL 则是 RDF 的扩展，为我们提供了更广泛的定义 RDFS 词汇的功能，更广泛意指可以定义词汇之间的关系，类与类之间的关系，属性与属性之间的关系等。它旨在用于那些需要由应用程序而不是由手工处理文档中信息的情形。OWL 可被用来明确表示词汇表中术语的含义以及术语间的关系。如此表示的术语及术语间关系被称为本体（Ontology）。OWL 较之于 XML，XML Schema，RDF，RDF Schema 添加了更多的用于描述属性和类的词汇，例如类之间的不相交性（disjointness），基数（cardinality，刚好一个）、等价性、属性的更丰富类型、属性特征（例如对称性），以及枚举类型（enumerated classes）。因此在表达含义和语义方面，OWL 比 XML，RDF 和 RDFS 有更多的表达手段，在 Web 上表达机器可理解内容的能力也比这些语言强。由于 OWL 的这种优势，我们的叙词本体采用 OWL 语言来描述本体。

（3）构建方案

叙词本体基于 B/S 模式，技术层与应用层分别基于服务器端和客户端。

服务器端 根据叙词本体的定义以及结构，我们可以以《中国图书馆分类主题词表》为蓝本来构建叙词本体。《中国图书馆分类主题词表》主表中的左部分是分类法，给出了学科分类，右部分则是对应于该分类的叙词。因此，我们可以用学科分类来构建叙词本体中的概念 C，用叙词来构建叙词本体中的术语 I。学科分类关系就是概念类属关系 HC，而叙词表中叙词之间的“用，代，属，分，参，族”关系就是叙词本体中术语关系 RI。另外需要制定一些规则即公理 O，使其支持之后演化过程需要的推理。按照这种对应关系，我们利用本体构建工具 Protégé 手工构建初始化的叙词本体，作为叙词本体演化的原始版本。Protégé 工具构建出的本体是用本体描述语言 OWL 表示。其中，概念之间的定义方式如下：

```
<rdfs:Class rdf:about="http://www.domain2.com#情报学与情报工作">
    <rdfs:subClassOf rdf:resource="http://www.domain2.com#科学_科学研究"/>
</rdfs:Class>
```

叙词概念之间的关系用、代、属、分、参、族作为概念间的关系定义：

```
<owl:ObjectProperty rdf:ID="D">
    <owl:inverseOf>
        <owl:ObjectProperty rdf:ID="Y"/>
    </owl:inverseOf>
    <rdfs:range rdf:resource="http://www.domain2.com#科学研究"/>
    <rdfs:domain rdf:resource="http://www.domain2.com#科学_科学研究"/>
</owl:ObjectProperty>
<owl:ObjectProperty rdf:ID="Z">
    <rdfs:range rdf:resource="http://www.domain2.com#科学_科学研究"/>
    <rdfs:domain rdf:resource="http://www.domain2.com#科学_科学研究"/>
</owl:ObjectProperty>
<owl:ObjectProperty rdf:ID="S">
    <owl:inverseOf>
        <owl:ObjectProperty rdf:ID="F"/>
    </owl:inverseOf>
    <rdfs:range rdf:resource="http://www.domain2.com#科学_科学研究"/>
```

```
      <rdfs:domain rdf:resource = " http://www.domain2. com#科
学_科学研究"/>
    </owl:ObjectProperty>
    <owl:ObjectProperty rdf:about = " #F" >
      <owl:inverseOf rdf:resource = " #S" />
      <rdfs:range rdf:resource = " http://www.domain2. com#科
学_科学研究"/>
      <rdfs:domain rdf:resource = " http://www.domain2. com#科
学_科学研究"/>
    </owl:ObjectProperty>
    <owl:ObjectProperty rdf:about = " #Y" >
      <rdfs:domain rdf:resource = " http://www.domain2. com#科
学_科学研究"/>
      <rdfs:range rdf:resource = " http://www.domain2. com#科
学_科学研究"/>
      <owl:inverseOf rdf:resource = " #D" />
    </owl:ObjectProperty>
    <owl:DatatypeProperty rdf:about = " http://www.domain2. com#
hasChineseTerm" >
       < rdfs: range rdf: resource = " http://www. w3. org/2001/
XMLSchema#string" />
      <rdfs:domain rdf:resource = " http://www.domain2. com#科
学_科学研究"/>
    </owl:DatatypeProperty>
    <owl:SymmetricProperty rdf:ID = " C" >
      <owl:inverseOf rdf:resource = " #C" />
      <rdf:type rdf:resource = " http://www. w3. org/2002/07/owl#
ObjectProperty" />
      <rdfs:domain rdf:resource = " http://www.domain2. com#科
学_科学研究"/>
      <rdfs:range rdf:resource = " http://www.domain2. com#科
```

学_科学研究"/>

</owl:SymmetricProperty>

用，代是可以逆转的，定义成逆反属性，而属、分也是可以逆转的，因此也定义成逆反属性，而参为对称的，因此定义成对称属性。而所有的对象属性的值域和定义域都是所有的概念，因此为最上位类的概念。

而隶属于某种概念的（叙词）术语在本体中则以概念实例的形式呈现，用OWL表示如下：

<thes:情报检索 rdf:about = " http://www. domain2. com#查全率">

< thes: hasChineseTerm rdf: datatype = " http://www. w3. org/2001/XMLSchema#string" >查全率 </thes: hasChineseTerm>

</thes:情报检索>

这表示查全率是情报检索的一个叙词，其中 thes:hasChineseTerm 是查全率的一个值属性，而 < thes: hasChineseTerm > </thes: hasChineseTerm>之间的查全率是属性值。这样做的好处是：可以增加更多的值属性来描述此叙词，比如用英语来描述这个术语，就可以增加一个值属性<thes:hasEnglishTerm>，用法和中文的用法一样。这样有助于构建多语种叙词本体。

客户端 客户端以浏览器的形式呈现给用户，以使用户有一个友好的界面接口。我们利用 Java 与 JSP 来实现。

系统叙词本体构建之后的可视化效果如图 3-4 所示，左边呈现了叙词表的类目结构，其结构与《中国图书馆分类法》的结构一样，每一个类目下有多个叙词。类目后的小括号的数字表示该类目下的叙词数目。因此，系统能够清晰地显示叙词表的类目系统。右边如具体的叙词的详细信息，包括叙词的含义，《中图法》分类号，所属分类以及叙词的六种关系。点击左边的类目，可以在右边的详细信息显示区域将该类目下的所有叙词的详细信息都显示出来。也可以输入具体的术语，将该术语的具体信息显示出来。

3.4 多语种叙词本体

3.4.1 多语种叙词本体

多语种叙词本体则是包含了多种语言的叙词本体。同多语种叙词表一样，多语种叙词本体也是为跨语言信息检索服务的。通信和网络的发展使得任何一个领域的发展都离不开国际大环境，只有在充分了解国内外的发展情况下，才能够促进本领域的科技发展。那么要与世界融合，必定涉及不同语种的交流。因此多语种叙词本体是必要和必需的。利用多语种叙词本体，不仅可以为一篇文献标引不同语种的索引词，而且可以将输入的某语种的非规范化语言转化为多语种的规范化语言。尤其是在跨语言信息检索时会给用户带来极大的方便。用户只需要输入自己所熟练掌握的语言，通过多语种叙词本体完成文献标引的索引词与检索词之间的匹配，就可以检索出多种语种的文献，提高文献的检全率。

在本体模型中，类的属性具有良好的扩展性。若以类存储某一概念，其他语种相应的词汇即可作为这个类的属性存储（这是多语种映射的方案之一）。因此从单语种叙词本体扩展到多语种叙词本体是比较方便的。

3.4.2 多语种映射解决方案

多语种映射的直接目的是将同一术语用多种语言表示。另外，本体映射对于语义网络的数据互用性是非常重要的，这是因为它在代理和服务之间实现互用性的预处理。叙词本体的底层是基于本体的术语库，因此，映射方案与本体库的构建方案有紧密的关系。

（1）多语种映射研究及处理策略

按照语种构建不同的本体，而在不同语种本体之间通过映射来实现相似信息的互用。由于叙词本体的底层是基于本体的信息存储库和管理功能集的，因此可以在底层构建多语种的不同本体，来实现多语种叙词本体的构建。目前关于本体映射的研究已提出了多种映射方法，如：FCA-映射方法，将认知支持理论与决策制定结合起来实现的自动本体映射方法，将标准字符串的距离特征与基于向量表现的结果化相似度测量结合起来实现的本体映射方法，基于OCL的本体映射方法，基于信息检索与交互活动网的方法，利用OMEN工具的方法，LiteMap方法以及IAOM方法等。这些研究成果可以作为本书研究的基础，直接用于叙词本体的多语种映射。

我们在研究中发现，实现多语种叙词本体的构建有两种方案，一种是固定中心方法，即以某一种语言为中心语言，以此语言构成叙词表，其他语种作为实例的一个属性；另外一种是动态中心方法，即以不同的语言分别建立自己独立的叙词本体，通过本体映射在不同语种叙词本体之间建立联系。

前者关系是固定的，构建相对容易但维护不便，表示层中非中心语言的可视化实现也比较复杂，跨语言检索时也会影响查找速度。后者构建时的工作量大，但是一旦构建完成，维护相对比较容易，它特别适合于新词的更新。当某一语种出现新词时，直接在属于该语种的叙词本体中增加新词及相关属性，若其他语种还没有表达相同概念的语词时，映射关系设置为无；当某一语种与其他语种叙词本体中的概念关系发生改变时，只需要改变映射关系即可，而不需要去更改各种语种的本体层。这有点类似于数据库中的三层模式，两级映射。

固定中心与动态中心两种策略各有优点与不足，两种策略下的本体库的结构设计及处理方案都不尽相同。以下的示例说明了固定中心策略下技术处理的主要内容：叙词本体的结构设计与多语种映射的处理方案。

（2）固定中心策略下的结构设计与多语种映射实现

固定中心方案是以某一种语言为中心语言来构建叙词本体。在底层的语料库的结构设计中，中心语言的每一个概念/叙词作为一个类。曾新红在研究用OWL表示中国分类主题词时设计了15种类型的类，7 种表示词间关系的属性和两种描述类特征的属性，以及21 种隐含语义的属性，达到了对语义深层次揭示的目标。

①统一的概念类：我们研究的重点目标之一是多语种映射与关联性展示，为了使处理过程模式化，我们把描述叙词的类，统一地抽象为一个类：概念类（Concept class）。在概念类中用一个属性 classType 来表示它的种类。例如：

<rdfs：classType>GeneralConcept</rdfs：classType>

所表示的是一个一般通用概念；而：

<rdfs：classType>PersonConcept</rdfs：classType>

则表示这是一个关于“人物”的类。这种方式可根据发展与处理需要，调整与扩充类的类型，所以处理起来要灵活一些。

②多语种映射：固定中心方案实现多语种映射相对容易，语料库中每一个叙词的语种关系是固定的。构建叙词本体的结构中，中心语言的每一个叙词为一个类，只要在每一个类中加入其他语种的相应词汇即可。我们在概念类中设置了一组语种属性，用于表示其他语种的相应的词汇。下例显示了主题词“系统”的语种属性（以中文为中心语言）。

```
<owl:Class rdf:ID="系统">
    <rdfs:subClassOf>
        <owl:Restriction>
            <owl:onProperty rdf:resource="#English"/>
            <owl:hasValue rdf:datatype="&xsd;string">sys-
tem </owl:hasValue>
        </owl:Restriction>
    </rdfs:subClassOf>
    <rdfs:subClassOf>
        <owl:Restriction>
            <owl:onProperty rdf:resource="#Japanese"/>
            <owl:hasValue rdf:datatype="&xsd;string">シス
テム</owl:hasValue>
        </owl:Restriction>
```

```
    </rdfs:subClassOf>
    ……
</owl:Class>
```

③语种扩展：以上的示例中只列出了语种映射相关的属性，省略了词间关系及其他描述的属性。语种属性虽然只列出英文、日文两种，但正如前面所述的，由于本体的类属性可在程序的管理下调整与扩展，所以可在需要时添加其他语种。语种属性的扩展操作按统一的模式进行，具体步骤及方法是：定义语种属性类→在概念类中语种属性区（上例中的“……”部分）添加语种属性→添加相应语种的词汇。

这个示例显示：本体技术良好的可扩展特性，使得处理多语种映射问题既简便又灵活。传统的网络叙词表构建技术主要基于数据库，数据模型大多采用“关系”模型。比较而言，关系模型的结构设计相对固定，使得结构变更（调整、扩展）在技术处理上比较困难。而本体技术在这方面具有较大的优越性，另外，本体的自学习技术与自演化技术等，也可使这种扩展更具有智能性。

④功能模型：我们要构建的叙词本体必须具有自学习和自动演化的能力。基于本体为底层的叙词本体，可以利用吸收本体学习、自动演化以及本体演化管理已有的研究成果，来完善叙词本体的自动维护和进化。

本体学习的目标是利用各种技术（如统计、神经网等）自动或半自动化地从已有的数据资源中获取期望的本体，其任务包括概念的获取，概念间关系的获取以及公理的获取。目前关于本体学习的方法主要有基于传统搜索引擎相似度框架的本体学习方法，从文本数据及用于抽取知识的规则中，自动抽取知识的方法，基于词汇条目抽取的方法以及从关系数据库中挖掘检索日志来辅助本体学习的方法等。除此之外，可以利用 Hasti、OntoLearn、Text-To-Onto、OntoBuilder、OntoLiFT 等本体学习工具来加快本体学习的效率。

传统的叙词表更新比较困难而且工作量很大，需要很多领域专家共同参与才能完成，在叙词更新上存在与学科发展不同步（严重滞后）的现象。为了跟进领域知识的发展，需要使叙词表自动的学习和更新叙词表中的概念。而本体具有自学习的特性，因此利用本体的自学习功能来实现叙词表的自动更新不失为一种解决方法，这也是构建叙词本体概念的原因之一。学习的目的是抓取网络上出现的新词汇，甄别词汇的规范性，自动归类到所属领域，以及多语种新词汇间映射关系的更新等。当然，就目前的技术而言，是不能完全实现自动化的，在学习和进化的过程中，也需要领域专家的参与。而专家们之间的协作和冲突的削减都是研究的重点问题。

本体演化是指本体根据出现的变化以及由这些变化所引起的本体不一致性问题的自适应性变更。目前已有一些关于本体演化方法，如斯坦福大学的代数方法和 AIFB 的方法、分布式多语义本体的演化方法、通过关系限制来管理本体演化的方法等。一些专家还从实际角度研究了本体演化的步骤，并且构造了本体进化的框架 EDOCOM1。这些较成熟的研究为我们研究叙词本体的自动维护及进化提供了理论基础与方法准备。

除此之外，多语种叙词本体的自动演化还涉及版本的管理。叙词本体中的概念和术语都是规范化的，不是任何网络或者期刊上出现的新词汇都可以加入到叙词本体中的，它必须经过严格的分析和筛选后才能作为规范词增加到叙词本体中。因此，演化过程应该强调保存历史版本，记录下演化的日志，还需要有监督机制来审核每一步的变化。

当然叙词本体演化过程对用户来说是透明的。即叙词本体演化需要在保证具有传统电子叙词表使用便利，结构优良，关系简练明了，概念清晰等功能的基础上，在用户察觉不到叙词本体在不断更新的情况下实现。

在后续的章节中，还将就这一问题进行详尽的讲解。

4　叙词本体的构建

4.1　叙词本体构建的理论基础

关于叙词本体构建的方法，由于基于本体技术构建的特殊性和特定领域叙词本体的需求不同，致使构建叙词本体的过程也各不相同。直至目前，对于叙词本体的构建，尚没有一套标准的体系结构方法和规范性指南。尽管如此，叙词本体的构建，仍可以借鉴相关学科的理论知识和实践成果，来科学地指导叙词本体的构建过程。叙词本体建模所必需的理论知识基础包括：叙词表的编制理论、软件工程中的领域建模理论、图书馆学中的分类学和本体论等。

4.1.1　叙词表的编制

叙词本体是叙词表的进一步发展。从叙词表的发展看，早期的叙词表采用的是传统的纸质版本形式，随后在计算机软件与数据技术的支持下出现了电子版本，之后又有了网络版本。因为电子版与网络版是直接把叙词表数字化，所以我们可以认为它们仍是同一发展阶段的产物，也可将其称为第一代叙词表。这里将本体作为一种实现技术用于构建叙词表，使得静态的被动维护的传统叙词表具有自动演化学习的功能，从而更好地为知识组织和检索服务，因此可以把叙词本体看做是第二代叙词表。传统的第一代叙词表可以认为是一种最简单的本体形式，叙词本体作为第二代的叙词表是借助本体所拥有的丰富的语义关系和强大的推理能力，更好地用来描述特定学科知识的组织工具，它必将给叙词表以新的发展方向。

虽然叙词本体构建从技术角度上看，与传统叙词表有实质的区别，但从叙词表的基本观点和原则方法来看，是基本相同的。另外，比较两者呈现给用户的表现形式，叙词本体也是以更为形象具体的电子化的叙词表的外观展现。叙词表自20世纪50年代出现以来，因为其自身的优点，一直到现在都是主题检索的主要语言，应用相当广泛，其范围几乎涵盖社会的各个领域，如美国国会标题表LCSH、医学标题表MeSH、工程和科学词汇叙词表TEST、艺术和建筑叙词表AAT等，叙词表可以说是图书馆情报界为信息检索提供的知识财富。叙词表经过了长时间的实践经验，积累了很多优越的词汇控制、表达、语义关联等方法。因此在构建理论和规范上，叙词本体的构建需要参照传统叙词表的编制过程，充分利用已有的编表成果。叙词表的编制一般包括总体设计、选词、对词汇进行处理、编表、审核和试标引、出版等步骤。在构建叙词本体时，也应符合叙词表的构建原则及特点，遵照相应的国际标准和国家标准，保证其专业性、实用性、完备性和兼容性问题，使叙词本体成为由语义相关、族性相关的术语组成的一种规范化的动态词表。

4.1.2 软件工程相关理论

何琳等学者在《领域本体的半自动构建方法研究》论文中曾定义领域需求分析，并且给出了构建领域模型的过程。其中他们认为领域需求分析是软件工程中对某领域需求进行获取、分类以及分析，采用统一知识组织形式表达，使之成为领域内各方面人员普遍接受的规范，是有效地消除通信鸿沟的过程。在构建领域模型中，需要明确软件系统中所要描述的对象和操作，对它们进行分类，抽取共同特征建立类模型，获取领域概念和关系，确认组件以执行领域模型中定义的类属功能。这与叙词本体的构建流程极为相似，因此可以将领域模型看成是一个比较专指的范围狭窄的叙词本体。因此在叙词本体构建中可以借鉴构建领域模型中的方法论。

学者陈建在论文《领域本体的创建和应用研究》中指出工程

思想的核心有两点：标准化的表达方式和规范化的工作步骤。与一般的软件相比，本体更强调共享、重用，它的出现就是为了给不同系统间提供一种统一的语义集成，因此它的工程性更为明显。目前本体工程这个思路虽然已经被大家所接受，但是并没有出现成熟的方法论作为支持。叙词本体的建立基本还是采用人工或半自动化的方式，叙词本体的构建远远还没有成为一种工程性的活动，每个叙词本体开发团队都有自己的构建原则、设计标准和不同的开发阶段，到目前为止还没有统一的构建原则作为指导，整个构建过程难以进行规范的管理，所以在一定程度上给本体的共享、重用和互操作带来了困难。某些叙词本体的构建需求分析不够充分，构建过程缺乏计划性和控制性。在叙词本体的评价方面，没有统一的标准，这必然影响叙词本体的应用和进一步的发展。因此，借鉴软件工程多年发展的成果，反软件工程思想引入叙词本体的构建过程，能够使构建的叙词本体表示的更加规范，可以为叙词本体构建提供一套可借鉴的、科学的工程化指导，这对叙词本体的复用有着极大的促进作用。

4.1.3 分类法

叙词本体中概念及概念之间的关系是一个相对比较完整的分类体系，其中的实例则是关于领域内某一概念分类的具体实现，它们聚集在该概念分类之下，相当于关键词或主题词的作用。因此可以说，叙词与本体的结合，更好地实现了分类法与主题法的一体化，即由概念以及概念之间的关系形成分类体系，概念的实例形成词表。正如 1962 年第二次国际分类法会议上指出的“分类法是一种在众多单个语义单位之间建立属种或其他联系的方法”。从某种程度上说，分类表是一个缩减的本体。分类法以知识门类的层次划分、以代码为标识来解释和组织信息，它按照学科或体系范畴，依据类别特征组织排列信息，符合人类正常的思维习惯。叙词本体与分类表、叙词表有着千丝万缕的联系。

国内外专家对此方面都有不少的研究，其中国内学者侯汉清利用图书情报机构的标引数据，采用统计方法发现分类号和主题词关系自动构建知识库，为叙词本体构建提供了参考方法。国外学者Ruben Prieto-Diaz在本体的构建中引入分面分类法对本体类层次进行组织，取得了不错的效果。因此，图书馆学领域编制体系分类法、分面分类法以及分面叙词表、分类主题一体化词表等所积累的大量成功技术和模式，可供叙词本体构建所借鉴。

一个成熟的分类表可以帮助我们在构建叙词本体时选择概念及表述概念之间的关系，并判断概念之间、信息资源之间的相关性。需要注意的是，将现存叙词表转化为叙词本体，并不意味着仅仅在词表中增加更多类和子类，还应该详细地列出这些类之间的关系，通过本体技术来丰富这些词语的概念描述。考虑到叙词本体表达概念的语义清晰性，必要时可参考多个词表。

4.1.4 本体论

目前，本体论的理论研究包括本体构建、本体映射、本体进化和本体评估等方面。在构建理论上，叙词本体采用本体模型，以提高概念语义描述的精确性；在功能上加入智能，使静态的叙词表发展到动态的叙词本体，使原来的被动维护状态发展成具有主动学习演化功能的状态。鉴于这几方面的发展，由于采用的模型及管理技术都来自本体，叙词本体是具有本体功用的叙词表，是利用本体的组织模型与管理技术构建的叙词表，它同时具有叙词表和本体两者的优点。因此可以用本体论的理论研究成果来指导叙词本体的构建。

传统的叙词表是用书本式的词表标引和检索书本式的文献。网络出现以后，文献扩展到网络信息资源，叙词表的应用相应的扩展为用电子化词表标引和检索书本文献以及用书本式词表标引和检索网络的信息资源。叙词表的应用步入了网络时代，构建过程中也出现了一些相应问题。如新词和新概念的不断产生和更新滞后性的矛盾，分面规则过于负责而损害了叙词表的易用性等。这些问题都严重影响了叙词表的应用效能。叙词表的编制过程复杂，耗费人力、物力，耗时长且成本高。本体学习与本体演化的技术为叙词表的演化提供了一种良好的解决思路，使得叙词表能够跟上学科的发展，实现扩充与更新的自动化。

另外，本体作为一种新的信息组织方式，能够比较清晰明确并能形式化的表现信息。本体研究促使我们显性地表示出领域知识和领域假设。领域知识包括领域概念、概念的性质，概念之间的关系、概念之间的一般规律等。领域本体的研究要求我们根据概念之间的类属关系显式地建立概念之间的联系，明确定义概念所具有的属性、属性的取值约束、处理过程、概念之间的关系等。领域本体还要求明确定义出概念内部或者概念之间的公理，以表示领域内的一般假设或者规律。领域本体的研究使得在人看来一目了然的概念和概念之间的关系加以形式化的描述，使概念之间的各种规律、联系和假设等都被显式地描述出来，这有利于全面地获取和分析并利用知识。因此通过应用本体相关理论，来辅助叙词表的构建有利于词表编制者更加方便高效地进行编制、修订与管理，从而推动了叙词表的发展。

4.2 叙词本体建模方法

4.2.1 叙词本体的构建原则

在基于本体技术的叙词表构建过程中，所建立的叙词本体必须满足一定的质量要求，即描述能力是否足够，描述粒度是否合理，以及是否能完整描述领域内的知识等，这需要寻找一些准则来指导建立叙词本体的过程。学者王素芳在《Ontology 与叙词表的融合初探》中曾指出构建本体需要遵守的原则，这对我们构建叙词本体要遵守的原则有一定的借鉴作用，我们需要遵守以下几个方面的原则：

①对概念进行更具体的描述。词表是从整体意义上来描述数字

对象的，这类似于图书馆编目记录通过其总体特征来描述对象，但是从用户的实际使用来看，他们通常寻找的是数字对象整体中的一些细节，因而叙词本体需要丰富这些描述词汇并表达出这些信息。

②将现存叙词表转化为叙词本体，并不意味着仅仅在词表中增加更多的类和子类，还应详细地列出这些类之间关系。

③描述概念和概念之间关系的语言的能力。一种正式的描述性语言是基于描述逻辑的，这种描述逻辑使用不同种类的个体（如一个对象集合中的实例）来描述各种情形，并通过个体之间的作用相互关联在一起组成概念，其真正意义在于它的表达性具有推理能力。

④应考虑到叙词本体的再利用性和共享性。

4.2.2 叙词本体建模

在第 2 章中，我们介绍了国外常见的几种构建本体的方法，其中部分方法和软件工程中常见的开发过程相类似。这些构建本体的方法论是诞生在具体的本体建设项目之中，在相应的项目中得到实践，对叙词本体的建模都具有一定的借鉴意义。出于各学科领域知识的差异和对工程实践的不同考虑，构建领域叙词本体的过程也各不相同。即使是同一个目标叙词本体，对其理解不同，选用的开发方法也不尽相同。目前尚没有一套标准的叙词本体构建方法。在综合比较了诸多方法的优缺点，结合叙词本体构建的理论基础，我们在斯坦福大学制定的七步法的基础上，参考学者付佳佳的硕士论文中对于本体建模的步骤，提出了叙词本体建模的一般步骤，依次包括确定叙词本体的应用目的、叙词本体的整体设计、叙词表中叙词及词间关系的预处理和精练、叙词本体的详细设计、叙词本体的表示以及叙词本体的评价。每一步的结果作为下一步的输入，对每一步的工作进行评审，如果工作成果得到确认，则继续进行下一步的开发活动，如图 4-1 所示。实际的叙词本体开发过程是一个反复迭代的过程，需要根据实际需求反复的讨论、修改、调试，最终确定叙词本体的原型。该方法步骤具有较强的逻辑性，有着良好的扩展性，可应用于一些专业叙词本体的构建。

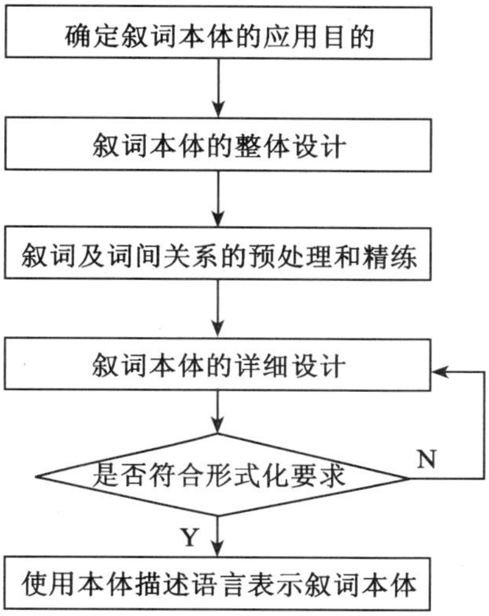

图 4-1　叙词本体建模过程

（1）确定叙词本体的应用目的

叙词本体提供了某个或某些专业学科领域中概念的词表以及概念之间的关系，给出了领域实体概念及相互关系领域活动以及该领域所具有的特性和规律的一种形式化描述。叙词本体对普通用户来说，是一种简化的词典。而在图书馆员看来，叙词本体作为第二代的叙词表，是主题词表的一种，它结合了叙词表的前身标题词表和元词表的优点，用概念词汇来标引文献。叙词表特别适合于学科和专业性质较强的文献的标引和检索，因此许多典型的叙词表都是面向某个学科和专业，有着不同的应用目的。采用和软件开发过程类似的办法，在叙词本体构建的初期，首先要了解其应用的具体背景和需求。

构建一个完整或完善的叙词本体是一项非常艰巨的工程，不是一蹴而就的，而且其工作量也是非常繁重的，在构建过程中需要对其不断地完善和修订。因此，明确叙词本体的应用目的非常重要，通过限定其范围、增强其针对性，进而降低构建的难度、缩短构建的时间。

（2）叙词本体的整体设计

依据第一步所确定的应用目的，接下来进行叙词本体的整体设计。这一步主要是制定叙词本体所应达到的目标、概念范围，选择本体开发工具和本体表示语言，确定叙词本体的评价标准和相关原则等。

领域叙词本体表述的是领域知识及其知识间的关系，构建叙词本体是一项复杂的工作。现在各学科知识之间互相渗透，领域边界越来越模糊。要构建某一学科的叙词本体，会涉及很多其他学科相关知识，这样扩充起来太庞大了。因此，构建本体前要明确该叙词本体创建的目标，从而确定叙词本体的领域和范围。

本体构建的过程中有大量的人工参与，因此还需要考虑如何尽可能减少构建过程中的繁重工作，所以需要借助优秀的本体编辑工具。关于本体开发工具和本体描述语言的选择，请参见第 2 章的内容，在此就不再重复。

叙词本体概念的构建是否科学合理，本体开发工具是否先进，叙词本体是否真正符合领域知识状况，可否真正体现知识组织的功能，这些都是叙词本体建设过程中必须考虑和解决的问题。因此，需要科学合理地设置叙词本体的评价指标体系，以规范化叙词本体的建设。通过借鉴学者马文峰、杜小勇的论文《领域本体评价研究》中对于本体评价应满足的原则，笔者认为叙词本体的评价应满足整体性、科学性、可行性、开放性等基本原则。

● 整体性原则。如前所述，叙词本体建设是一项系统工程，所以应强调对叙词本体的整体性评价。评价指标体系要尽可能地囊括影响叙词本体建设的各方面的基本要素，并能从不同角度反映评价对象的内涵及其主要特征。应将不同层次、各方面相互联系的要素整合起来，形成一个有机的评价系统。

● 科学性原则。评价体系的制定必须与叙词本体建设的理念和目标保持一致。

● 可行性原则。评价指标体系既要全面、科学，又要简明，并符合叙词本体建设实际状况。尽可能选择可量化指标，对难以量化的指标，可通过间接衡量、局部特征综合等方式进行定性描述。无论是定性指标还是定量指标，都要有明确的内涵和科学的解释，并具有可操作性。

● 开放性原则。叙词本体评价指标在一定的时期内应保持相对稳定。但是随着叙词本体研究与建设的深入，评价指标、权重系数、评分标准也应根据情况的变化而有所调整。因此，在评价指标体系的构建过程中，应尽量保持体系的开放性，以便与叙词本体建设实践发展相适应。

（3）叙词表中叙词及词间关系的预处理和精炼

这一步是基于本体建立叙词表的最核心、最关键的步骤。通过对叙词表中叙词及词间关系进行预处理和精炼，可以明确其概念；将叙词转变成叙词本体中的概念，简化其关系；将叙词表中宽泛、不准确的词间关系精炼为明确的概念间关系，使叙词表真正转换成叙词本体。如何对词间关系进行处理，在下一节中将有详细的说明。

（4）叙词本体的详细设计

叙词本体的详细设计也可称为叙词本体的具体构建过程，即在上一步的基础上，利用本体建设工具构建叙词本体。具体的构建过程包括：定义类和类的等级体系、添加类的属性、为概念添加实例。

①定义类和类的等级体系（建立概念层次结构）。类用于描述抽象的实体对象，是一类具有共性特征的实体的集合。类具有封装性、继承性，包含有子类，其中子类可以继承其父类的特性。类以层次结构的形式组织，最高层的类代表着最抽象的实体概念，就是所谓的顶层概念，其子类代表着更具体或范围更小的实体概念。

以下是一些类的例子：

人，所有人的集合，学生，老师，农民，工人等都可以作为人的子类。

个体，代表所有个体的类。

类，代表所有类的类。

农产品，代表所有农业产品的类。小麦，玉米，水稻等都可以作为其子类。

电子品，代表所有电子产品的类。手机，MP3，MP4，电子词典等都可以作为其子类。

教科书，代表所有教科书的类。比如，语文课本，数学课本等可以是其子类。

情报，代表所有情报信息的类。

概念层次结构将领域概念进行分类组织。概念的分类层次结构体现了分类概念之间的一种继承关系（kind-of），但是在叙词本体中，概念和概念之间通过关系来交互，除了继承关系，在我们构建的叙词本体中还可以根据需要，定义其他的关系。注意一个概念的表示会有同义词，但一个概念只能创建一个类。一个新类通常会增加其父类不具备的新的属性，或覆盖父类属性的约束。

学者刘艳玲在《本体构建方法的研究与应用》中，提出建立一个分类概念的层次结构有 3 种可行的方法：

1）自顶向下（top-down）方法。顾名思义，自顶向下的方法就是从上往下构建，即首先找出最抽象最具有概括性和覆盖最广的概念作为顶层本体中的最高本体层，然后以此概念作为起点根据各维（如时间维或空间维）拓展出下层抽象概念或子概念，并依次类推向下分解，直到具体分解至领域，从本体的概念为止。分解完后可以根据具体的领域知识或相关信息确定所有的物理实体及其相互关系，形成静态结构。用这个方法可以利用顶层本体已有的知识和经验，可以提高复用率，同时顶层本体也为领域本体的构建提供了框架，方便我们对领域本进行构建。其实这种自顶向下的描述方法实质上是一种面向过程的方法。简单地说就是由某一领域最大的概念开始，而后再将这些概念细化，最终得到叙词本体的等级层次结构。

2）自底向上（bottom-up）方法。它是一种由本体的设计者将领域本体映射到顶层本体的一种方法。具体构建过程是：首先，根据具体的所要构建的领域，从本体中抽取物理实体概念并实例化，描述这些概念和实例的关系从而形成体系结构；然后，确定最底层组织概念的能力以及可执行的任务，并根据最底层的任务按照时间维或空间维向上聚合，直到抽象到最高层且最具有概括性和覆盖最广的概念这止。其实自底向上的方法是一种类似于面向对象的描述方法。简单地说就是由底层最小类的定义开始，它们是这个等级体系的细枝末节，然后将这些细化的类组织在更加综合的概念之下，构成一个等级层次结构。这种方法也利用了顶层本体的知识，但这种映射将会有许多困难，因为领域本体和顶层本体概念之间存在不一致性。

3）核心扩展（middle-out）方法。综合上述两种方法。其表现形式为由一组核心概念入手，分别对它们进行恰当的归纳和演绎，不断扩展本体概念模型。

不论哪种方法，都有其优点，也有其缺点。具体采用哪种方法取决于开发者对该领域的理解程度。如果开发者对该领域有一套自上而下的系统认识，那么自顶向下的方法比较适合。如果开发者收集到更多的是实例，那么可选用自底向上的方法。对大多数开发者而言，综合法可能最为便捷。但是无论选择哪种方法，都要从类的定义开始，可以从上面已经创建的术语清单中，选择一些无二义性的术语作为类。

②定义类的属性。叙词本体中的类层次结构虽然提供了领域知识的整体框架结构，但还不足以提供所需要的全部知识信息。因此，一旦在定义了类之后，就必须进一步描述这些概念类的内部结构，即定义类的属性（porperty），在本体中属性通常可以分为以下几种：

a. 数据类型属性（Datatype Property）：称为其“内在属性”，描述类实例与 RDF 文字或 XMLschema 数据类型间的关系，这一类属性通常连接一个概念（individual）和一个数据值（data value），并且这种属性具有通用性和传递性。例如叙词本体中的概念与分类号、概念和范围注释（scope note）之间的关系就可以定义为 Datatype Property。

b. 对象属性（Object Property）：称为其“外在属性”，也可称为“关系”，表示类或概念之间的关系。由于每个概念的属性都非常多，我们可以根据需求来定义领域内概念的属性，并不需要将概念的属性全部包括进来。例如叙词本体中概念与术语之间的关系（具有正式主题词、非正式主题词）就可以定义为 Object Property。

一个属性可能由多个“分面”组成，包括：属性取值的类型（ValueType）、容许的取值（AllowedValues）、取值个数（Cardinality 集基数）和有关属性取值的其他特征。

③创建实例（个体）。实例是一个本体中最基本的、“基态”的组成部分。一个本体中的实例不仅包括数字和词汇这样的抽象个体，也包括人类、动物、桌子、汽车、分子、行星这样的有形物体。严格地讲，一个本体并不需要包含任何个体。但是，即便这些个体并不是本体的必需部分，一个本体的一般目的是提供对这些个体进行分类的方法。定义完后即可进行实例化。实例化的过程要先确定一个类，然后创建这个类的实例，同时要为实例的属性赋值。实例化是整个叙词本体开发过程中工作量较大、较为繁琐的一部分。

（5）叙词本体的表示

即选择表示叙词本体的本体描述语言。选择合适的本体描述语言对上述建立的叙词本体进行编码，使其形式化。本体的编码有基于描述的，也有基于逻辑推理的。常用的本体语言有 Ontolingua、Loom、Flogic（Frame Logic）、XOL、RDF（S）、OWL、OIL 等。一般本体构建工具可以导出描述语言文档，也可根据实际情况对这个文件进行编辑、修改。

这里建议采用标准的本体描述语言，可以更好地实现本体的共享和重用。编码过程结束之后，应该把编码过程和编码结果以文档的形式保存下来，为本体共享提供规范的文档。

（6）叙词本体的评价

叙词本体的编制，难免会存在结构和逻辑上的错误。目前大家公认在构建叙词本体的过程中，需要领域专家的参与和协作，以保证叙词本体的质量。

经过前面的五个步骤，已建立了一个初步的叙词本体。类似于软件开发中的测试阶段，本体也需要检验和评价。请对该领域较为熟悉的专家对这个叙词本体原型进行评价，学者付佳佳曾指出评价的内容主要包括概念体系结构的合理性、概念、属性以及关系的明确性和准确性，根据他们的意见返回第三步进行修改，经过反复修改，最终确定领域本体的原型。

目前还没有本体评价的标准方法，更无标准测试集。常用的指标包括清晰性、一致性、完善性、可扩展性等。清晰性就是叙词本体中的术语应被无歧义的定义；一致性是指术语之间关系逻辑上应一致；完整性是指概念及其关系应是完整的，包括该领域内所有的概念，虽然很难达到，但应该不断完善；可扩展性是指本体应用能够扩展，在该领域发展过程中能加入新的概念。

4.3 叙词本体的词间关系及多语种方案

4.3.1 叙词本体的词间关系

传统的叙词表与叙词本体在逻辑表达形式、构建及修订等方面都存在着很大的差别。但两者最大的不同点在于词（概念、类）间的关系方面。叙词表在表达语义方面受到明显的限制，只包含“用、代、属、分、参、族”这样简单的语义关系对词表中的词进行规范。这些关系往往没有经过严格的定义，对于叙词间关系的表达过于宽泛和模糊，因此就会经常导致词间关系含糊不清，这对使用叙词表的标引来讲，叙词表中的词间关系相对来说比较粗糙。而叙词本体中主题词之间的关系，可以被描述得更广泛、深入、细致和全面。并且可以说，叙词本体中的概念（类）之间的关系是无限的，任何描述所给定的领域本体的关系都可以使用，这些关系用来消除概念之间的歧义，这对计算机智能地发现知识是非常重要的。另外通过对概念添加属性，对属性添加逆反属性，属性与属性之间再添加映射关系，叙词本体可以体现许多在叙词表中无法描述的关系。

4.3.1.1　叙词表词间关系的种类

对于叙词表的概念可以从多个角度来定义，学者王素芳认为叙词表，是收录某一领域中所有叙词（即经过规范化处理的，以基本概念为基础来表达文献主题的词或词组）和非叙词，按照一定顺序排列的词表。其基本单位是叙词款目，每个款目由叙词、分类号和各种参照事项组成。其中叙词是某一概念的优选词，用来标引，其余非叙词为入口检索词。这样就使得同一概念只用一个词表达，解决了一个概念多个术语的问题。而参照项则主要有用、代、分、属、族、参等，如表4-1所示，分别用来表示叙词款目之间的等同、等级、相关等语义关系。其中，等同关系使用“Y”、“D”两种符号加以表示。符号“Y”用于非叙词之下，用来指向对应的叙词，符号“D”用于正式叙词之下，用来指向相应的非叙词。它们可帮助用户区分规范和非规范检索词；等级关系使用“S”“F”“Z”三种符号表示，通过提示等级关系有助于扩大或缩小查找范围，提高检索能力；“C”代表的是词间相关关系，用来提示叙词之间的各种联系，有助于扩大检索范围。借鉴学者刘俊、李华、侯汉清、徐焕良的《叙词表词间关系可视化实验研究》一文，笔者对叙词表词间关系的种类用表4-1表示：

表4-1　　叙词表词间关系的种类

项目 / 词间关系	代码		参照项名称	备注
等同	USE	Y	用	正式叙词
	UF	D	代	非正式叙词
等级	BT	S	属	上位词
	NT	F	分	下位词
	TT	Z	族	族首词
相关	RT	C	参	相关词

国内外许多组织都提出了词间关系的标准，如国际标准化组织、中国国家技术监督局以及联合国粮食与农业组织等。另外，在国内学者中，有些情报学科的专家也对词间关系做出了很好的总结，如张琪玉的《情报语言学基础》。以下分别介绍1986年版《文献工作——单语种叙词表编制与修订准则》（1502788-1986）、《汉语叙词表编制标准》（GB13190-91）、联合国粮食与食品组织及张琪玉的《情报语言学基础》总结的词间关系分类。

4.3.1.2 叙词本体的词间关系

叙词之间的关系主要有三种：等同关系、属分关系和相关关系。叙词表是用“用、代、分、属、族、参”等参照项来描述语义关系，但这种关系的定义并不是非常严格，包含了所有的词间关系，可能会出现一种关系会有几种划分方式的问题。如等级关系中就可能包括：包容关系，如酒和红酒；整体和部分关系，如身体和手；类和实例关系，如教科书和语文课本；角色关系，如知识和知识生产者；属性关系，如衣服和颜色；属性值关系，如衣服和红色等。

叙词本体吸收了叙词表在词汇控制方面的思想，可以通过相应的属性命名机制来定义叙词表中的各种关系，实现词汇控制，并在传统叙词表的用、代、属、分、族、参的简单关系基础上，具有灵活定义概念间关系类型的功能，使用者可以根据领域概念的特点灵活地定义概念之间的关系。在叙词本体中所表达的概念之间的关系比传统叙词表更为具体和确切。

对于叙词表中的词间关系的研究已经比较成熟，很多已成为我们的共识，所以对于叙词词间关系的介绍笔者借鉴了学者贾黎莉的论文《Ontology构建中概念间关系的研究》中对于叙词词间关系的介绍。在叙词表中等同关系一般包括三种：同义词、准同义词以及上位词替代。同义词关系可以作为等同关系纳入叙词本体中，但是准同义词和上位词替代不可以。准同义词是指在常规使用中意义并不相同，但为了标引目的而视为同义词的词汇。而叙词本体中的等同关系概念内涵完全相同。另外，在叙词表中，某些反义词也被纳入等同关系，而在叙词本体中，对立关系是独立于等同关系之外的。在叙词本体中，把概念内涵有一部分相同的类之间的关系称为交叉关系，这样做也是为了与相关关系区别开来。在叙词表中，只要不是等级关系和等同关系的词间关系就被划入相关关系。可是相关关系中的矛盾关系、因果关系等许多关系都是不属于交叉关系的。叙词表中的等级关系也不能直接全部转换为叙词本体中的上下位关系，比如一些时间上的顺序关系，包括生物的进化树、生物个体的发育过程、法律程序等。以哺乳动物的发育过程为例，发育过程包括胚胎期、幼儿期、成年期和老年期。在叙词表中，胚胎期、幼儿期、成年期和老年期均为发育过程的下位概念，完全显示不出这四个时期的先后顺序及相互关系。而在叙词本体中，本体语言可以很好地表达这些知识。

● 上下位关系

"属"、"分"、"族"项表示的是概念间的等级关系，在叙词本体中表现为上下位关系。上下位关系（subsumption relation）是以上位概念与下位概念的程度或水平为基础的，揭示的是上位概念叙词和下位概念叙词之间的一种关系。上位概念表示类称或整体，下位概念表示成员或部分。图 4-2 表示了上下位关系，概念 A 是概念 B 的下位概念，概念 B 的内涵包含概念 A 的内涵，类似于数理逻辑学中的"B 包含 A，A 包含于 B"。例如："情报"包含"商业情报"，即表示"商业情报"是"情报"的下位概念。

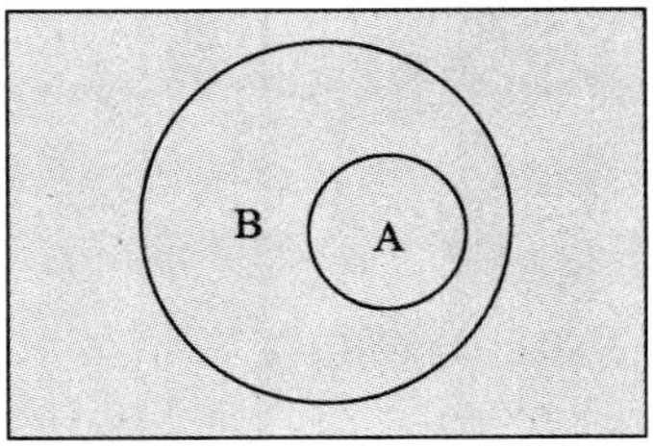

图 4-2　上下位关系

传统叙词表中的属种关系、整部关系和包含关系均可归为上下位关系。具体说来，生物属种、地理位置中的整部关系、人体系统与器官之间的关系、学科分支或专业领域、组织机构及其分支以及社会群体等概念之间的关系均属于上下位关系。

上下位关系可扩展出三种子关系：类属关系（the generic relationship），实例关系（the instance relationship）和整体—部分关系（the whole part relationship），如表 4-2 所示。

表 4-2　上下位关系

叙词表的参照项	可能的叙词本体关系	
F（分）/S（属） 等级关系	实例关系	< includeSpecific > 概念——实例/< is-a > 实例——概念
	整体—部分关系	<hasComponent>整体——部分/<componentOf>部分——整体
		<spatiallyIncludes>空间包含/<spatiallyIncludedIn>包含于空间
		< hasMember > 整体——成员/< memberOf > 成员——整体
		<IsConceptuallyPartOf>/<HasConceptualPart>
	类属关系	<belongTo>/<belong>

等级关系中的每一种关系都有反关系，其中有 F（分）和 S（属）转化成的叙词本体关系是互为反关系的，另外关系可以根据需要动态地增加。

OWL 语言使用 rdfs：subClassof 标签来表示两个类属于上下位关系。例如，概念“情报”包含“商业情报”，使用 Protégé 本体工具获得的 OWL 表示语句为：

```
<owl:Class rdf:ID="情报"/>
<owl:Class rdf:ID="商业情报">
```

```
<rdfs:subClassof rdf:resource="#情报"/>
</owl:Class>
```

上下位关系是可逆的，概念 A 是概念 B 的下位概念，则相对应地，概念 B 是概念 A 的上位概念，在 OWL 中定义 rdfs：superClassof 标签来代表这个关系，如概念“情报”和“商业情报”的关系还可以如下表示：

```
<owl:Class rdf:ID="商业情报"/>
<owl:Class rdf:ID="情报">
<rdfs:superClassof rdf:resource="#商业情报"/>
</owl:Class>
```

上下位之间关系包含非常广泛，在本体语言中仅用 rdfs：subClassof 标签来表示上下位关系是远远不够的。正如表 4-2 所示，上下位关系包括属种关系、整体与部分关系等。下面列举出表中介绍到的一部分上下位关系的具体定义形式：

（1）componentOf 关系和 component 关系

这里定义 componentOf 关系来表示部分与整体的关系。例如概念 A<componentOf>概念 B 表示概念 A 是概念 B 的一部分，而且概念 A 是独立存在的。举例来说，“手”<componentOf>“身体”，“抽屉”<componentOf>“桌子”，“果实”<componentOf>“果树”。在 OWL 语言中，定义 owl：componentOf 标签来表示 componentOf 关系，实例“抽屉”<componentOf>“桌子”表示如下：

```
<owl:Class rdf:about="#抽屉">
<owl:componentOf rdf:resource="#桌子"/>
</owl:Class>
```

component 关系与 componentOf 关系是一对互逆关系，所以 component 关系来表示整体与部分的关系。如果概念 A 和概念 B 之间存在关系：概念 A< componentOf>概念 B，则概念 B<component>概念 A 同时存在。在 OWL 中，定义 owl：component 标签来表示 component 关系，实例“血液”<component>“血细胞”表示如下：

```
<owl:Class rdf:about="#桌子">
<owl: component rdf:resource="#抽屉"/>
</owl:Class>
```

（2） member 关系和 memberOf 关系

这里定义 member 关系和 memberOf 关系来表示组织机构、社会群体等概念之间的关系。它们也是一对互逆关系。如果概念 A 和概念 B 之间存在概念 A<memberOf>概念 B 的关系，则概念 A 是概念 B 的成员之一。例如，信息管理学院是武汉大学的一个分支机构，则它们之间存在 memberOf 关系，表示为“信息管理学院”<memberOf>“武汉大学”。在 OWL 中，定义 owl：memberOf 标签来表示 memberOf 关系，实例“信息管理学院”<memberOf>“武汉大学”，表示如下：

```
<owl:Class rdf:about="#信息管理学院">
<owl:memberOf rdf:resource="#武汉大学"/>
</owl:Class>
```

member 关系也表示社会或政治组织团体之间的关系，它是 memberOf 关系的逆关系。如果概念 A 和概念 B 之间存在关系：概念 A<member>概念 B，则概念 B 是概念 A 的成员之一。在 OWL 中，定义 owl：member 标签来表示 member 关系，实例“信息管理学院”<member>“武汉大学”表示如下：

```
<owl:Class rdf:about="#武汉大学">
<owl:membe rdf:resource="#信息管理学院"/>
</owl:Class>
```

(3) belongTo 关系和 belong 关系

对于传统的属种关系，这里单独定义 belongTo 关系和 belong 关系来表示。如果概念 A 和概念 B 之间存在关系：概念 A<belongTo>概念 B，则概念 A 是概念 B 的一种生物分支或产品类型之一。例如，“牛奶”<belongTo>“乳制品”。在 owl 中，这里定义 owl: belongTo 标签来表示 belongTo 关系，该实例表示如下：

```
<owl:Class rdf:about="#牛奶">
<owl:belongTo rdf:resource="#乳制品"/>
</owl:Class>
```

如果概念 A 和概念 B 之间存在关系：概念 A<belongTo>概念 B，则以下关系也同时存在：

概念 B<belong>概念 A。例如“牛奶”<belongTo>“乳制品”也可以同时表达为“乳制品”<belong>“牛奶”。在 OWL 中，本文定义 owl: belong 标签来表示 belong 关系，该实例表示如下：

```
<owl:Class rdf:about= "#乳制品">
<owl:belong rdf:resource="#牛奶"/>
</owl:Class>
```

● 等同关系

“用”、“代”项表示的是等同关系，叙词表中的等同关系是用来表示概念上相同或相近的一组词，可以相互替代的语词之间的一种关系。将其中一个词定义为叙词，其他词规定为非叙词，非叙词与对应的叙词是用、代关系。如“情报”与“信息”的词间关系就属于等同关系。在 OWL 中，可以将用代关系表示的叙词都表示为等价类，用<owl: equivalentClass>标签来描述这种关系。举例来说，“情报产业”< equivalentClass >“咨询业”的表示如下：

```
<owl:Class rdf:about="#情报产业">
<owl: equivalentClass rdf:resource="#咨询业"/>
</owl:Class>
```

但是，在等同关系中，有一部分叙词与其指代的非叙词在其内涵和外延上并不是完全等同，或存在着单双向等同。所以需要细化等同关系，经过研究我们归纳整理出原有叙词表中的等同关系分别对应的可能的叙词本体的逻辑关系，如表 4-3 所示。在填充叙词本体的属性及属性约束时，可以参照这个关系进行映射，从而快速地完成从叙词表概念向叙词本体的映射。

表 4-3　　**叙词关系与叙词本体等级关系的对照表**

叙词表的参照项	可能的叙词本体关系	
Y（用）/D（代） 等同关系	单向等同	<Use>/<UsedFor>
		<IsVersionOf>/<HasVersion>
	双向等同	<IsSynonymOf>/<IsFormatOf>

● 相关关系

“参”项表示的是相关关系，是指概念内涵之间的语义联系的词间关系。它是叙词之间除等同关系、等级关系之外语义相关的一种关系。包括事物之间的交叉关系、矛盾关系、对立统一关系、形式与内容关系、本质与现象关系、原因与结果关系等，都是反映事物内在联系相关的概念之间的语义关系这些不同方面的相关关系，反映了事物之间的某种密切的联系。众所周知，自然语言中概念之间的相互关系是非常复杂多样的。传统的叙词表仅用“参”项来表示具有丰富语义联系的相关关系，其对概念语义关系的表达较为薄弱和贫乏。叙词本体相对来说是一个开放的体系，概念（类与实例）之间的关系类型可以由用户自行定义，如表 4-4 所示。

表 4-4　　叙词关系与叙词本体相关关系的对照表

叙词表的参照项	可能的叙词本体关系
C（参）相关关系	<antinomy>表示概念之间的矛盾关系
	<behavior relations>表示概念间的动作关系
	<complement relations>表示概念间的互补关系 ……

相关关系的子关系属性拥有很大的自由度，可以根据具体的应用环境从列表中进行选择，也可以在共享应用的过程中根据使用者（如领域专家）的要求进行扩展，从而细化概念间的关系粒度，使来自叙词表的粗粒度本体逐渐演变成细粒度本体，满足特定领域的逻辑推理需求。

（1）矛盾关系

矛盾关系（antinomy relation）指在同一上位概念下两个下位概念间的内涵完全否定的关系，即两个下位概念内涵相互排斥，但这两个概念的外延之和应大于其上位概念的外延之和。以图 4-3 为例，概念 A 和概念 B 同为概念 C 的下位概念，但它们的内涵完全不同，则概念 A 和概念 B 互为矛盾关系。例如："阴"和"晴"均属于"天气状况"的一种，且其内涵相互矛盾，但是天气状况还包括"多云"、"小雨"、"中雨"等，所以"阴"和"晴"之间的关系属于矛盾关系。又例如，信息检索中的"检全率"和"检准率"。

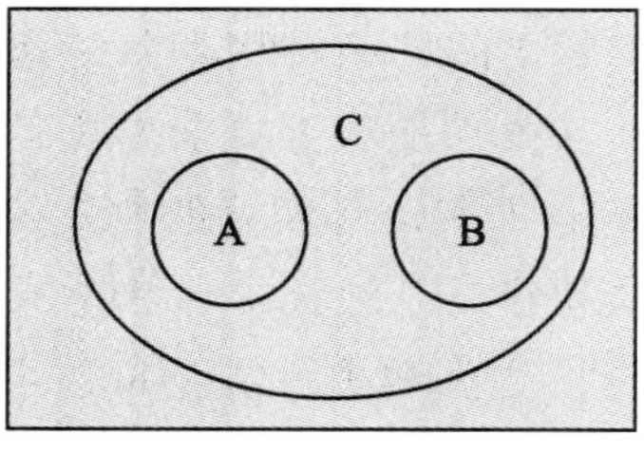

图 4-3　矛盾关系

矛盾关系是一种非常普遍的关系，很多概念间都存在着矛盾关系，例如："黑"与"白"，"民主"与"集中"等。矛盾关系的表现形式为：概念 A<antinomy>概念 B。在 OWL 中，定义 owl：antinomy 标签来表示反义关系，实例"黑"<antinomy>"白"表示如下：

```
<owl:Class rdf:about="#民主">
<owl:antonym rdf:resource="#集中"/>
</owl:Class>
```

（2）互补关系

互补关系（complement relations）指在同一上位概念下的两个下位概念间的内涵完全否定的关系，这两个下位概念外延相互排斥，且其外延之和等于该上位概念的外延。"传染性病害"的概念和"非传染性病害"的概念就属于排他关系，它们同属于概念"病害"，共同组成了这个概念。

互补关系和矛盾关系有其相似之处，它们均属于同一上位概念下的两个下位概念，其不同之处在于这两个概念的外延之和等于还是大于其上位概念的外延。

在 OWL 中，使用一个词汇 owl：disjointWith 属性来定义互补关系。定义如下：

```
<owl:Class rdf:about="#传染性病害">
<owl:disjointWith rdf:resource="#非传染性病害">
</owl:Class>
```

一个领域中最基本的概念莫过于各种分类树的根，OWL 中的所有个体都是类 owl：Thing 的成员。如果两个类的内涵之和为类，而它们的内涵完全矛盾，则这两个类之间为互补关系，在 OWL 中定义了标签 owl：complementOf 来表达这种特殊的互补关系。"主观"和"客观"的例子如下：

```
<owl:Class>
<owl:complementOf>
<owl:Class rdf:about="#主观"/>
</owl: complementOf>
</owl:Class>
```

该例子定义了不是“主观”的概念，这个概念与“主观”的概念之间存在互补关系。

（3）动作关系

动作关系（behavior relations）是概念间关系中比较特殊的一类关系。它是指两个类之间存在的相互作用的关系，与语言学中的“动谓宾”关系有点类似。例如在因果关系中，如果某种行为导致某个结果，它们之间存在动作关系 resultIn。举例如下：“分株—resulting—死亡”，而“分株”本身是一种动作，如“农民—分株—大麦”。

许多研究领域本体的组织和机构就曾在自己的领域本体中提出过一些这类动作关系。联合国粮食与农业组织曾在其网站上发布过这类比较具体的关系，包括 affects 和 affected_by、beneficial_for 和 benefits from、causes 和 caused_by、growsIn 和 growthEnvironmentFor 等。这些关系中，有些可以在各个领域通用，有些不可以。并非所有的动词都可直接拿来做动作关系，只有及物动词才能考虑。而且，这个动词还必须能应用于大部分领域。目前在动作关系上没有比较统一的标准和实现办法，这也是需要研究的地方。

4.3.2 多语种叙词本体构建方案

4.3.2.1 多语种叙词本体的概念

多语种叙词表是在普通叙词表的术语及关系中，加入了不同语种的映射。这使得它不仅仅是跨语言信息检索的重要工具，而且是一个多语种的语义词典，在语义网、跨语言知识组织与管理、全球信息资源组织等方面有广阔的应用前景。

对于多语种叙词表的构建与研究，国际上历来重视。早在1985年，国际标准化组织就制定了ISO 5964标准，规范了多语种叙词表的制定和修改规则。随后，许多国家也制定了自己国家的专业叙词表，并附带有其他语种叙词，目前编制完成的叙词表超过2 000种。近年来国外学者的研究主要集中在叙词表的体系、构建及使用等方面，如叙词的确定、词组和元数据的划分、结构的安排、索引、搜索等。

本体是“一个概念模型的明确的规范说明”，在应用上，本体对概念及其关系的描述更加精细，这一点特别适合于多语种的映射。因此，将叙词表构建成多语种本体是综合了本体与叙词表两方面的优势，它不仅完全保留了叙词表在功用方面的优势，而且可以利用本体的学习功能使叙词表具有自动维护的功能。而这正是叙词表应用范围与利用率发挥作用的关键。

根据叙词本体的描述语言，可以将叙词本体分为单语言叙词本体和多语言叙词本体两大类。简而言之，单语言叙词本体就是采用一种语言（或主要是一种语言）描述的叙词本体。多语种叙词本体则是包含了多种语言的叙词本体。同多语种叙词表一样，多语种叙词本体也是为跨语言信息检索服务的。通信和网络的发展使得任何一个领域的发展都离不开国际大环境，只有在充分了解国内外的发展情况下，才能够促进本领域的科技发展。那么要与世界融合，必定涉及不同语种的交流。因此多语种叙词本体是必要和必需的。利用多语种叙词本体，不仅可以为一篇文献标引不同语种的索引词，而且可以将输入的某语种的非规范化语言转化为多语种的规范化语言。尤其是在跨语言信息检索时会给用户带来很大的方便。用户只需要输入自己所熟练掌握的语言，通过多语种叙词本体完成文献标引的索引词与检索词之间的匹配，就可以检索出多种语种的文献，提高文献的检全率。

多语言叙词本体（Multilingual ontologies）是叙词本体在不同语种中的具体表示形式，类似于不同语言的语义词典，是实现跨语言信息检索的一个重要工具。多语言叙词本体本身具有很多特征，而其中最为关键的一个特征是跨语言同义词规范，即来自不同语种的叙词本体库对应的概念内涵是一致的。多语言本体其中一个很重要的作用就是用于跨语言信息检索，而引入跨语言同义词规范，能够使得用不同语种描述的概念之间能够准确地进行一一对照。这样带来很明显的一个改进就是，这个共同的概念内涵仅仅只需要用一些简单的符号或者数字来描述出其含义，而不需要专门用任何一个语言的词汇来表示。简单举个例子，我们可以用“1234”这几个数字来标识概念“a person who trains or directs athletes or athletic teams”，而此概念用英文词汇进行描述就是“coach”，与之相对应的，用中文词汇对其进行描述的词汇就是“教练”。

通过对多语言概念及其关系的精确定义来达成共识，对该领域的专家来说，即使采用不同的语言也能畅通无阻地进行信息的交流。姚文琳、王存刚等学者曾指出实现多语言本体的两种策略，根据这一策略笔者认为实现多语言叙词本体的两种策略是：①采用 ontology 集成技术，通过概念与概念之间的映射、ontology 学习等技术将基于特定语言的 Ontologies 合成起来；②建立一个通用的多语言 ontology。

4.3.2.2 多语种映射解决方案

多语种映射的直接目的是将同一术语用多种语言表示。另外，本体映射对于语义网络的数据互用性是非常重要的，这是因为它在代理和服务之间实现互用性的预处理。叙词本体的底层是基于本体的术语库，因此，映射方案与本体库的构建方案有紧密的关系。

（1）本体间的多语种映射研究

国内学者芦明、李冠宇、史一明认为本体映射是发现两个本体的概念之间的映射关系或相似程度的过程，在已生成的本体上建立联系，以便双方能使用通用的接口，对同一事物有共同的理解。具体地说，它是本体间概念及其关系取得一致性的一个规范说明；除此之外，它还是本体结盟、本体集成、本体合并、本体翻译等的技术基础，其目的就是找到不同本体中概念之间的对应关系，并制定出相应的映射规则。在某种特定情况下，本体映射可以看做是一个有向的映射关系，举个例子：对于 a 到 b 的映射，称本体 a 为源本体，b 为目标本体。

按照语种构建不同的本体，而在不同语种本体之间通过映射来实现相似信息的互用。由于叙词本体的底层是基于本体的信息存储库和管理功能集的，因此可以在底层构建多语种的不同本体，来实现多语种叙词本体的构建。目前关于本体映射的研究已提出了多种映射方法，如：FCA-映射方法，将认知支持理论与决策制定结合起来实现的自动本体映射方法，将标准字符串的距离特征与基于向量表现的结果化相似度测量结合起来实现的本体映射方法，基于 OCL 的本体映射方法，基于信息检索与交互活动网的方法，利用 OMEN 工具的方法，LiteMap 方法以及 IAOM 方法等。

（2）固定中心与动态中心策略

本项目在研究中发现，实现多语种叙词本体的构建有两种方案，一种是固定中心方法，即以某一种语言为中心语言，以此语言构成叙词表，其他语种作为实例的一个属性；另外一种是动态中心方法，即以不同的语言分别建立自己独立的叙词本体，通过本体映射在不同语种叙词本体之间建立联系。

前者关系是固定的，构建相对容易但维护不便，表示层中非中心语言的可视化实现也比较复杂，通过跨语言检索也会影响查找速度。后者构建时的工作量大，但是一旦构建完成，维护相对比较容易，它特别适合于新词的更新。当某一语种出现新词时，直接在属于该语种的叙词本体中增加新词及相关属性，若其他语种还没有表达相同概念的语词时，映射关系设置为无；当某一语种与其他语种叙词本体中的概念关系发生改变时，只需要改变映射关系即可，而不需要去更改各种语种的本体层。这有点类似数据库中的三层模式，两级映射。

对于多语言 ontology 的研究，笔者参考姚文琳，王存刚等学者的论文《基于核心概念集的多语言 Ontology》中的描述。通过著名的项目 AGROVOC 和 EuroWord Net（欧洲的欧语词网）来说明两种主要的方法，即单一概念（Single Concept）方法和中间语言（Interlingual）方法。它们实现多语言 ontology 中的方法都是基于第二种策略。其基本构建过程是：每一个特定语言中的词汇和用中间语言表示的概念建立一个映射关系。一个词汇通常会有多种含义，严格来说应该是将词汇的每一个含义映射到中间语言表示的一个概念。不同自然语言中的词汇可以映射到用中间语言表示的同一个概念，但是对用中间语言表示的概念来说，并不需要对所有自然语言的词汇建立映射，这要根据实际的需求来决定。具体方法介绍如下：

（1）单一概念方法——AGROVOC

在单一概念方法中，每一个概念有单一的表示，这种表示包括了概念到多种自然语言的词汇（Terms）的翻译关系。以 AGROVOC 为例，AGROVOC 是由联合国食物和农业组织（The United Nations Food and Agricultural Organization）开发的多语言农业词典。一台这样的中心服务器可以提供包括英语、法语、西班牙语、汉语以及其他自然语言的多语种服务。一部 AGROVOC 词典包含了 BT，NT，RT，UF 四种关系，其中 BT 表示 Broader Term，RT 表示 Related Term，NT 表示 Narrower Term，UF 表示 Used For。词典中的每一个词条均包含了 BT/NT/RT/UF 这四种关系及每一种自然语言相对应的词汇。例如，“beef” 词条包含：

BT meat
BT animal products
RT veal
English：beef
Spanish：carrne de res
French：vlande bovine
Portuguese：carne de bovino

其中，BT meat 表示 “meat” 是 “beef” 的上层概念，BT animal products 表示 “animal products” 又是 “meat” 的上层概念，RT veal 表示 “veal” 是 “beef” 的相关概念。向 AGROVOC 词典中添

加新的词条时，需要列出所有支持该语言的对应词汇。例如，向词典中加入“beef”词条，需要列出西班牙语的“carne de res”，法语的“vlande bovine”等和英语“beef”与之相对应的词汇。尽管AGROVOC词典在某种程度上简化了多语言词汇的创建，但是现实情况是，并不是所有的概念都可以简单地对应翻译成其他自然语言语种的词汇，即有些概念在某种语言中很可能就没有对应的词汇，这就会造成“词汇间隙”现象。

（2）中间语言方法——EuroWordNet

在中间语言方法中，采用了多层次表示，包括用中间语言表示的概念层和用每一种自然语言表示的词汇层。以EuroWordNet为例，它是一个多语言ontology，建立在Word Net基础之上。它是由普林斯顿大学Miller等人开发而成，是一个建立在心理语言学原则基础上的机器词典。WordNet可以用来表示不同自然语言的词形和词义：用大众比较熟悉的语言拼法来表示词形，用同义词集Synsets来表示词义。除此之外，WordNet还提供了处理同义词（Synonyms）和一词多义（Homonyms）现象的机制。在WordNet中，一个词汇首先被分解成不同的含义，这些含义要按照不同的词性（名词、动词、形容词和副词）加以分类。每一个词汇的不同含义都需要映射到一个同义词集（Synset，即Synonym Set），同义词集则用来对不同的概念进行描述。有相同含义的不同词汇映射到同一个同义词集上。同义词集包含注释（用英语给概念下的简短定义）和其他信息。EuroWordNet采用了与WordNet完全相同的架构（以同义词集表达语义关系），以助于实现与英语的链接，但同时它又将WordNet进行了扩展，使之能提供多种自然语言支持。在EuroWordNet中，它并不要求一种语言中的概念必须与另一种语言中的概念完全相同，因为词汇和同义词集的建立是“半依赖”于每一种自然语言的。例如，英语有自己的词汇和同义词集，法语也有它自己的词汇和同义词集，这就使得在描述特定语言概念的时候具有更大的灵活性。不同自然语言之间的关系是由同义词集建立起来的。

中间语言法用中间语言索引（Inter Lingual Index，ILI）将含义相同的来自不同语言的同义词集映射到同一个概念上。例如，英语和法语是两种完全不同的语言，但是如果这两种不同的语种的一个同义词集描述的是同一个概念，这两个同义词集是可以通过 ILI 联系在一起。通过 ILI，不同语种表示的同义词集之间就可以建立起某种特定的关联。但是，不同语言的词汇之间并没有直接相连。ILI 本质上是用来标志不同语言的同义词集之间等价关系的一种方法。然后 ILI 并没有形式化表示的结构，它只是一个链接等价同义词集的一种机制。作为一个中间语言方法，ILI 提供的 ontology 功能是比较单一弱小的。另外，ILI 的同义词集来自 WordNet，尽管它的非英语语种的同义词集内容可以不断扩展，但从历史渊源上来说，它还是更偏重于英语，而不是对所有的语种“一视同仁”。

这两种方法对于我们实现多语种叙词本体的构建有着重大的借鉴作用。我们可以综合两种方法的优点，尽可能克服其不足的地方，实现多语种叙词本体的构建。

4.4 多语种叙词本体的构建

叙词表对于构建表示和检索信息的主题索引具有十分重要的作用。目前国际多语种信息的交流越来越广泛，需要多语种叙词表来进行多语种标引和检索工作。这样用户就可以用母语或至少用其所熟悉的一种语言来进行信息检索等。因此编制多语种叙词对促进世界范围的信息交流具有重要作用。

多语种叙词表是在普通叙词表的术语及关系中，加入了不同语种的映射。本体是“一个概念模型的明确的规范说明”，在应用上，本体对概念及其关系的描述更加精细，这一点特别适合于多语种的映射。

研究叙词表新的构建理论与新的应用模式，直接将叙词表构建成叙词本体，有别于目前的主流研究思路，对促进本学科领域的同类理论研究有重要学术参考价值。按照上一节所提出的叙词本体的构建方法，本节以一个实验系统，即结合《中国图书馆分类主题词表》和《管理科学主题词表》中的情报学领域叙词来具体构建多语种叙词本体，从而详细地阐述叙词本体的建模过程。

4.4.1 确定多语种叙词本体的应用目的

构建多语种叙词本体，完全保留叙词表的功用，同时又全面地利用本体理论的研究成果，使之成为有效的跨语言语义词典，成为一种知识共享工具，极大地拓展应用领域。

多语种叙词本体可以成为跨语言信息检索的语料库，实现多语种信息的高效组织，提高用户检索的查全率和查准率。多语种叙词表也可以作为各个联机数据库的语料库。各联机数据库服务公司可以利用多语种叙词表来扩展他们的业务，使在用户对国内外期刊会议论文都有需求的情况下，输出满足用户需求的国内外命中的文献。

4.4.2 多语种叙词本体的整体设计

（1）设计概念范围

经过相关的信息收集及需求分析，结合实际情况，笔者选取了情报学领域为建立多语种叙词本体的对象。通过构建情报学叙词本体，探索、认识情报学学科的规律，为情报学叙词表、本体服务提供可以借鉴的框架和成果。整理现有的情报学知识体系，发现其中的缺陷与不足。利用本体的思想和方法可以重新检视知识体系，并且对其中的所有部分都进行严格的逻辑验证，从而发现现有知识体系中应当涉及但未能涉及的部分以及体系中存在的逻辑谬误，使得学科体系结构更为合理化。

（2）开发工具的选择（Protégé）

一个良好的本体编辑工具应能在本体建模过程中提供书写本体、一致性检查、可视化、查询、推理，以及将建模结果转换为不同本体语言表示格式等功能。

目前国际上已经有许多本体的建模工具，能够自动地生成各种不同形式的本体语言。如 Ontolingua、OntoSaurus、Protégé、KAON、OilEd 等工具。其中由斯坦福大学医学院开发的 Protégé，它是用 Java开发的一个开放源码的本体编辑器。Protégé 有良好的用户界面，容易学习使用，支持多重继承，对新数据进行一致性检查，并且具有很强的可扩展性。

由于 Protégé 所具有的优点，它基本上成为国内外众多本体研究机构的首选工具。在我们的本体编码过程中选择 Protégé 作为本体建模工具，用来构建初始的叙词本体。

（3）本体描述语言的确定（OWL）

本体的描述语言比较多，如 XML，XML Schema，RDF，RDF Schema。其中 XML（http://www.w3.org/XML/）提供了一种结构化文档的表层语法，但没有对这些文档的含义施加任何语义约束；而 XML Schema（http://www.w3.org/XML/Schema）是一个约束 XML 文档结构和为 XML 扩充了数据类型的语言；RDF（http://www.w3.org/TR/2002/WD-rdf-concepts-20021108）是一个描述 RDF 资源的属性（property）和类（class）的词汇表，提供了关于这些属性和类的层次结构的语义。RDF 是一个三元组，用（资源，资源所具有的属性，属性值，即主体-属性-客体）来表示。RDF 表现的是一个数据模型，描述事物也即资源的属性，以及属性所具备的值。而 OWL 比 RDF 的含义更广，是 RDF 的扩张，即为我们提供了更广泛的定义 RDFS 词汇的功能，可以定义词汇之间的关系，类与类之间的关系，属性与属性之间的关系等。它旨在用于那些需要由应用程序而不是由人类来处理文档中信息的情形。OWL 可被用来明确表示词汇表中术语的含义以及术语间的关系。如此表示的术语及术语间关系被称为本体（ontology）。OWL 较之于 XML，XML Schema，RDF，RDF Schema 添加了更多的用于描述属性和类的词汇，例如类之间的不相交性（disjointness），基数（cardinality，刚好一个）、等价性、属性的更丰富类型、属性特征（例如对称性）以及枚举类型（enumerated classes）。因此在表达含义和语义方面，OWL 比 XML，RDF 和 RDFS 有更多的表达手段，在 Web 上表达机器可理解内容的能力也比这些语言强。由于 OWL

的这种优势，我们的叙词本体采用 OWL 语言来描述本体。

本书第 2 章中介绍过网络本体语言的三个子语言：OWL Lite、OWL DL 和 OWL Full。这三个语言的表达能力和推理能力是逐渐增强的。这里在构建叙词本体选择的是 OWL DL。OWL DL 包含了所有网络本体语言的元素，在这三个子语言中拥有较强的表达性却又不失计算力，很符合本研究的要求。因为本文进行本体构建的目的是为了更准确、更完备地表达领域知识。所以语言的表达能力非常重要。OWL DL 符合描述逻辑，同时又不失计算完整性，并能进行推理。综合考虑，OWL DL 最符合需求。

（4）多语种构建方案的确定

根据前面对于多语种映射方案的讨论，这里将两种构建方法的实现过程都介绍给读者，以便根据具体项目的需求予以选择。构造方法的不同对后面叙词本体的演化机制有着很大的影响，方案的实现过程将在后面章节里面详细说明。

（5）相关原则

叙词本体的创建是一个工程问题，需要科学准则去指导这个创建过程。人们在总结已有成功和失败经验基础上，归纳出一些有用的本体创建准则，用于指导创建。韩韧、黄永忠等学者在《OWL 本体构建方法的研究》中曾提到，最有影响的是 T. R. Gruber 在 1995 年提出了 5 条准则：

①明确性和客观性：本体应用自然语言对术语给出明确客观的语义定义。

②完整性：所给出的定义是完整的，能表达特定术语的含义。

③一致性：知识推理产生的结论与术语本身的含义不会产生矛盾。

④最大单项可扩展性：向本体中添加通用或专用的术语时，通常不需要修改已有的内容。

⑤最少约束：对待建模对象应该尽可能少地列出约束限定条件。

实际上，这 5 条设计准则在使用过程中往往需要进行权衡，难以全部满足。

4.4.3 词间关系的预处理

这一步是基于叙词表建立叙词本体的最核心、最关键的步骤，是叙词本体建立的基础。虽然叙词表的叙词和叙词间的关系有明确的语义，这使得叙词表可以作为向叙词本体转换的基础。但是大部分的叙词表所表述的词间关系太过宽泛，不能达到本体中精确的语义的要求。因此，从叙词表向叙词本体模型转换的第一步，也是最关键的一步，就是对叙词表中的叙词及叙词间的关系进行预处理和精炼。通过对叙词表中叙词及词间关系进行预处理和精炼，将叙词转变成领域本体中的概念，将叙词表中宽泛、不准确的词间关系精炼为明确的概念间关系，使叙词表真正成为转换成叙词本体或作为叙词本体建设的基础资源。这里我们参考《中国图书馆分类主题词表》和《管理科学主题词表》对叙词及词间关系进行预处理。

4.4.4 多语种叙词本体的详细设计

（1）定义类和类的等级体系

首先根据叙词表确定该领域与最重要的概念相关的其他重要概念，以建立核心概念集。由于我们是参照《中图法》思想来定义我们的类体系结构，因此我们采用自顶向下法来构建，即将《中图法》中的学科体系结构嵌入到这个叙词本体中，充当叙词本体的主干结构。对于其中不足部分进行添加和修改。根据叙词本体的定义以及结构，我们可以以《中国图书馆分类主题词表》为蓝本来构建叙词本体。《中国图书馆分类主题词表》主表中的左部分是分类法，给出了学科分类，右部分则是对应于该分类的叙词。因此，我们可以用学科分类来构建叙词本体中的概念 C，用叙词来构建叙词本体中的术语 I。

Protégé 构建的本体描述的是某个特定领域中重要的概念和联系；这样不仅为该领域提供了一部词汇表，同时也为词表中词语含义提供了一种计算机可操作的规范。Protégé 构建本体时，客观世界或某个领域是用类（Classes）来划分的，而且允许在最低层类别之下添加实例（Instances），通过定义属性（Properties）将相关的类和实例联系起来，然后用图形表示出来，显示类和实例，并表示出它们之间的各种关系。目前 Protégé 提供了几个插件来实现可视化功能，例如 TGVizTab 采用的是网状图结构（见图 4-4），将类、实例、属性节点与节点相连，形成一张动态的语义相关的网络。

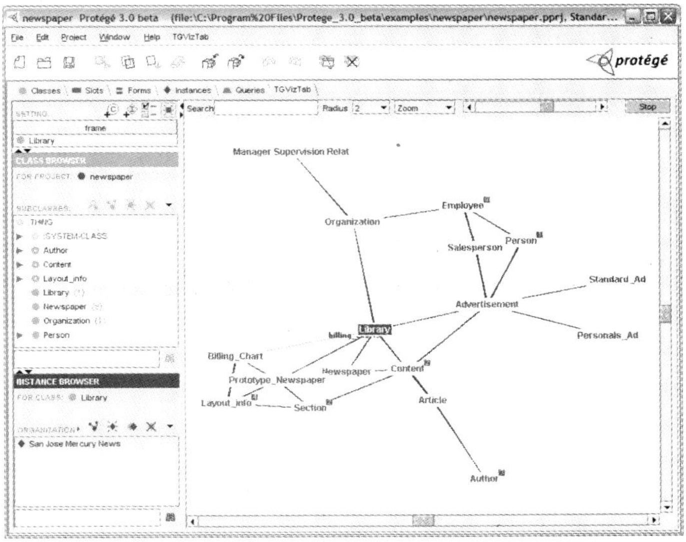

图 4-4　网状图结构

（参考刘俊、李华等学者的《叙词表词间关系可视化实验研究》）

通过构建情报学叙词本体的整体框架，使大家了解 Protégé 建立 OWL 的基础用法。本实验系统采用的是 Protégé 3.3beta 版本，其安装文件可以在 Standford 大学的网站 http://protege.stanford.edu 上下载得到。

步骤 1：建立新的项目。打开 Protege，然后会出现对话框，点击 Create New Project，出现 Create New Project 对话框后，在提示框选择生成文件的格式，见图 4-5（a）。本研究选择 OWL Flies

(. owl or . rdf) 后，点击 Next，选择 OWL DL 语言，见图 4-5 (b)。

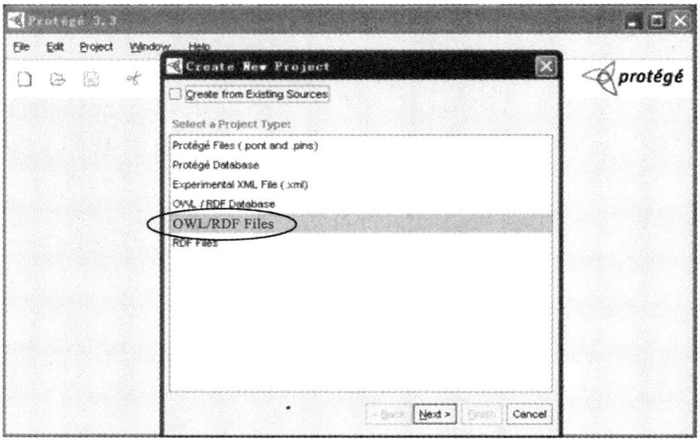

(a)

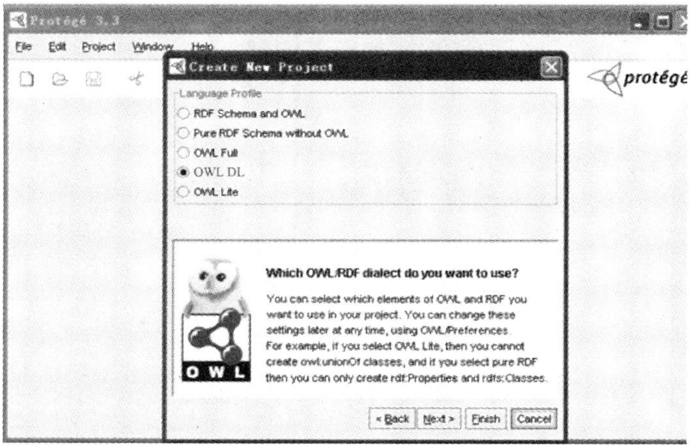

(b)

图 4-5 在 Protégé 中建立新项目

步骤 2：建立类。Protégé 的主页面会出现，OWL Classes (OWL 类)，Properties (属性)，Forms (表单)，Individuals (个体)，Meteda-ta (元类) 这几个标签。我们选择 OWL Classes 来编辑。在 Asserted Hierarchy (添加阶层) 中，会有所有类的超类 OWL Thing 上点击 Asserted Hierarchy 旁边的 Create subclass，见图 4-6（a），或者在 OWL Thing，点击右键选择 Create subclass，会出现 Protege 自动定义名为 Class_ 1 的类。在右边的 CLASS EDITOR（类编辑器）的 Name 选项中，输入“科学_ 科学研究”对该类重命名，见图 4-6（b）。

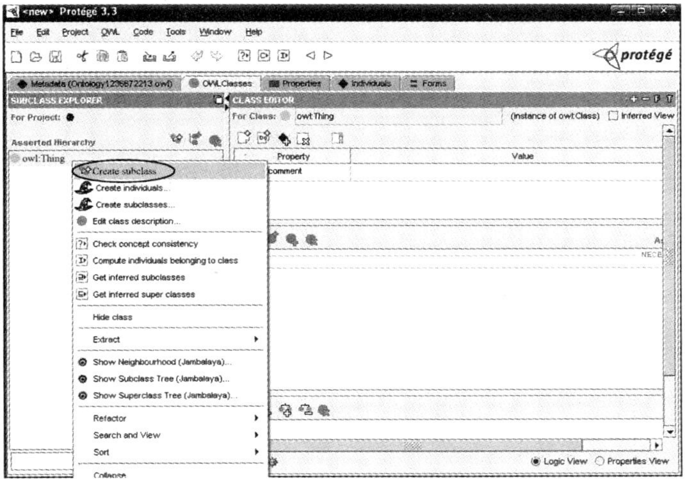

(a)

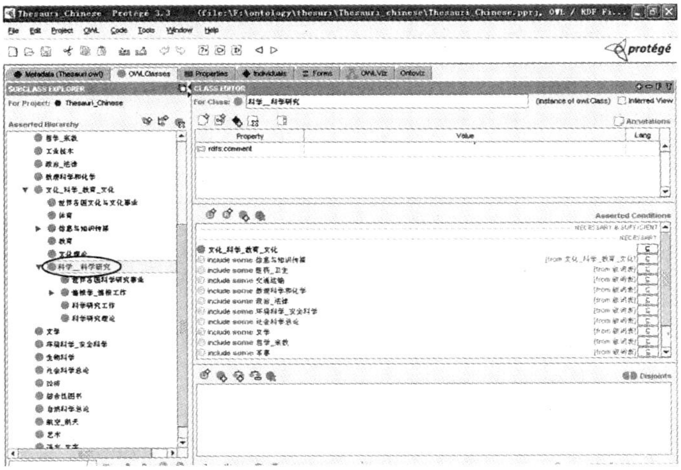

(b)

图 4-6　在 Protégé 中创建类

步骤3：建立科学_科学研究的子类，在科学_科学研究点击上右键，选择 Create subclass，并按照上述方法将其名字变为相应的子类名字。

步骤4：然后按照上面的方法，建立 Science and Science Research的其他子类，以及子类的子类。状态如图4-7所示。

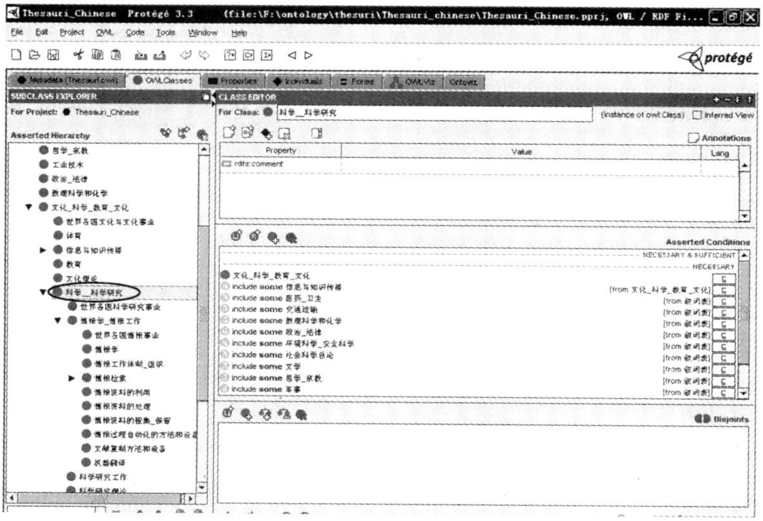

图4-7　在 Protégé 中建立子类

其中，概念之间的定义方式如下：

<rdfs:Class rdf:about = " http://www. domain2. com#情报学与情报工作">

<rdfs:subClassOf rdf:resource = " http://www. domain2. com#科学_科学研究"/>

</rdfs:Class>

（2）定义类的属性

图4-8是属性的编辑界面，可以在左边的浏览框中新建属性，

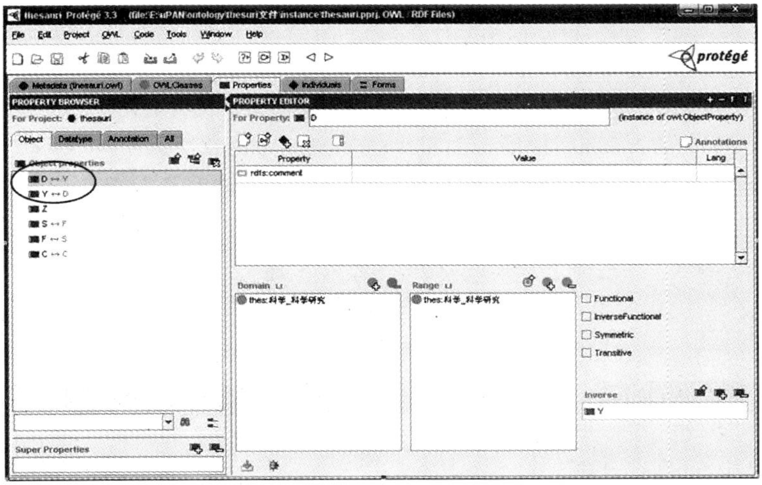

图 4-8 Protégé 中属性编辑界面

然后在右端的编辑框对这个属性作限定。在编辑框中选择这个属性的使用范围，也可以设定属性的性质。从图中可以看到右下角有一些选项，如 Transticive 代表这个属性可以传递，InverseFunetional 代表这个属性是可逆的。可以在下面的 Domain 和 Range 框选定其应用的范围。Protégé 中已经存在五个注释类的属性如下：owl：versionlnfo，rdfs：label，rdfs：comment，rdfs：seeAlso，rdfs：isDefinedBy。

类只是描述了一个框架，一定程度上，还不能够确切地描述一个领域。因此还需要继续定义这个类的内部结构。在上述步骤中，我们已经确定了一些重要术语，那么我们接下来的任务就是确定哪些可以成为其中类的属性了。

类的属性包括数据类型属性和对象属性。数据类型属性（DataType Property）在本实验系统中包括叙词含义描述 has description，叙词的中图分类号 has class number，以及其他的一些信息。

类的内在属性确定后，还需要确定类之间的关系，又被称为“外在属性”。本书将接下来介绍如何在类之间建立关系。属性的一个重要功能就是描述概念间关系或实例间关系，在 Protégé 中关系也是通过属性来表示的。Protégé 自定义了一些比较普遍的描述性的关系，在图中列出了大部分 Protégé 自定义的关系。

建立对象属性。新建一个 ObjectProperty（注意不是 DataProperty）选择 Properties 标签，建立一个对象属性（owl：ObjectProperty）S（属），然后再建立一个属性 F（分），它是属性 S 的逆关系（owl：inverseOf），在右下角 Inverser 框中选择 S 属性，如图 4-9、图 4-10 所示。

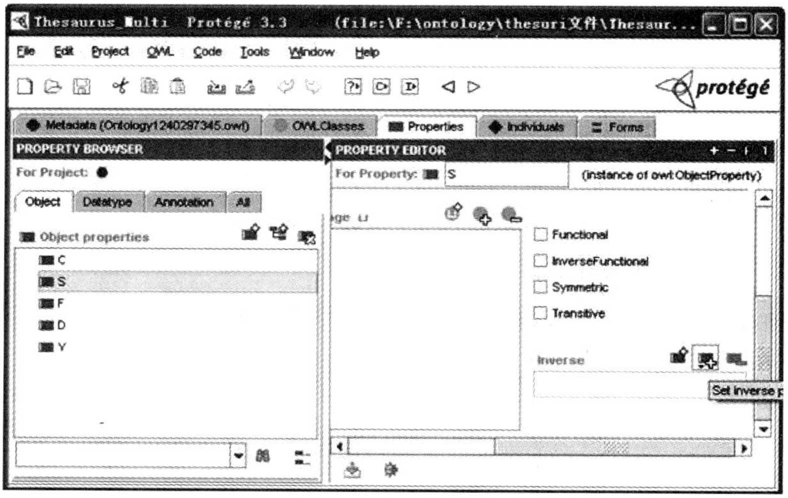

图 4-9 建立对象属性

其他的对象属性建立过程与上述步骤类似，这里不再重复的介绍。建立数据类型属性。新建一个 Data Property。选择 Properties 标签，建立一个数据类型属性（owl：DataProperty）。数据类型属性（DataType Property）在本实验系统中包括叙词含义描述 has description，叙词的中图分类号 has class number，以及其他的一些信息。

虽然叙词本体可以继承本体自定义无限概念关系的特性，但是为了让叙词本体不至于太过复杂，我们决定目前的研究范围还是仅

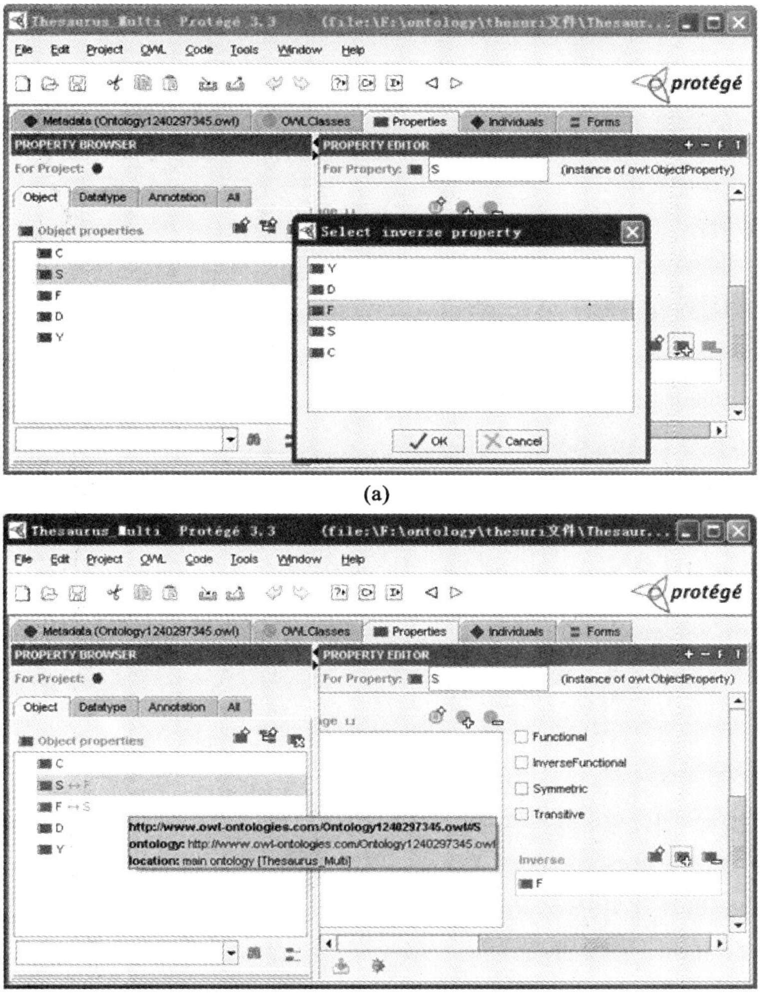

(a)

(b)

图 4-10　建立属性间的互逆关系

限于“用，代，属，分，参”这五种基本关系和语种关系，概念关系的预处理和确定参照《管理科学主题词表》（见表 4-5）。

表 4-5　《管理科学主题词表》中部分叙词及词间关系

情报	情报产业	情报检索	情报分析	情报研究	情报机构
F 科技情报 经济情报 战略情报 战术情报 商业情报 军事情报 飞行情报 C 信息	D 咨询业 C 信息产业	D 信息检索 S 检索 F 手工检索 自动化检索 追溯检索	Y 情报研究	D 情报分析 F 科技情报研究	C 信息机构

①上下位关系

Protégé 系统提供了一个基本大类 owl：Thing，在此类之下，允许用户自定义各大类，再一级级细分出小类，最后一级小类之下可以添加具体实例。由于这里选取的都是抽象名词（见表 4-5），没有实例名词，因而在 Protégé 中编辑叙词表时，一个叙词就作为一个类。这样类的上下位关系就反映着叙词间的等级关系。

②等同关系

Protégé 提供两种类型属性：对象属性（Object Property）和数据属性（Datatype Property）。对象属性用来表示类或实例之间的相互联系，即关系，包含翻转属性、传递属性、对称属性和函数属性四种类型。数据属性反映的是某类或实例本身具有的属性，例如图书的数据属性有开本、页码等。不难看出，在表现叙词间等同关系和相关关系时，需要定义对象属性。只要在属性编辑页面中选定一种对象属性，然后再添加该属性的定义域和值域，就可将存在此类关系的类或实例联系起来。

《管理科学主题词表》在处理同义词时，通常指定其中一个常用的词语为正式叙词，其余词均为非正式叙词，表示方法为“正式叙词 D 非正式叙词，非正式叙词 Y 正式叙词”。根据 D 和 Y 的互逆关系，在 Protégé 属性界面中新建两个对象属性 D 和 Y，并定义 Y 是 D 的翻转属性。只要类 1 用属性 D 联系到类 2，系统就自动地从类 2 用属性 Y 联系到类 1。参考刘俊、李华等学者编写的论文《叙词表词间关系可视化实验研究》，笔者画出了对象属性设置的表 4-6。

表 4-6　　对象属性设置

对象属性	含　义	翻转属性
D	代非正式叙词	Y
Y	用正式叙词	D
C	参	SA
SA	参见	C
S	上位类	F
F	下位类	S

③相关关系

相关关系 C 是一种特殊的翻转属性，是一种自逆关系。笔者新建一种对象属性 SA（See Also）（见表 4-6）作为属性 C 的翻转属性，这样叙词 1 若与叙词 2 相关，可以从叙词 1 用属性 C 联系到叙词 2，相应地叙词 2 用属性 SA 反向联系到叙词 1。在此基础上，与等同关系可视化操作一样，为每一组相关关系建立一对翻转子属性，并相应定义每个子属性的定义域和值域，即添加有相关关系的两类或多个类。

④自定义词间关系

在《汉表》中等级关系只包括属种关系，而并未揭示整体与部分的关系以及列举关系。而利用 Protégé 的属性设置功能，我们就可以自定义一对翻转属性 BTP 和 NTP 来揭示整体—部分关系，同时通过在类下设置实例（instance）就可以来揭示列举关系（BTI 和 NTI）。BTP 和 NTP 是 ANSI/NISO Z39.19-2005 标准中建议使用的，BTP 是 Broader Term（Partitive）的缩写，NTP 是 Narrower Term（Partitive）的缩写。其中 BTP 指向包括各组成部分的整体，NTP 指向构成整体的组成部分。例如，数据库是信息系统的一个重要组成部分，可以表示为：数据库 BTP 信息系统，信息系统 NTP 数据库。由于 Protégé 可以在最底层的类下添加实例，因而很容易实现列举关系的可视化，不再赘述。

叙词概念之间的关系用、代、属、分、参、族作为概念间的关系定义：

```
<owl:ObjectProperty rdf:ID=" D">
    <owl:inverseOf>
        <owl:ObjectProperty rdf:ID=" Y"/>
    </owl:inverseOf>
    <rdfs:range rdf:resource=" http://www.domain2.com#科学_科学研究"/>
    <rdfs:domain rdf:resource=" http://www.domain2.com#科学_科学研究"/>
</owl:ObjectProperty>
<owl:ObjectProperty rdf:ID=" Z">
    <rdfs:range rdf:resource=" http://www.domain2.com#科学_科学研究"/>
    <rdfs:domain rdf:resource=" http://www.domain2.com#科学_科学研究"/>
</owl:ObjectProperty>
<owl:ObjectProperty rdf:ID=" S">
    <owl:inverseOf>
        <owl:ObjectProperty rdf:ID=" F"/>
    </owl:inverseOf>
    <rdfs:range rdf:resource=" http://www.domain2.com#科学_科学研究"/>
    <rdfs:domain rdf:resource=" http://www.domain2.com#科学_科学研究"/>
</owl:ObjectProperty>
<owl:ObjectProperty rdf:about=" #F">
```

```
<owl:inverseOf rdf:resource="#S"/>
<rdfs:range rdf:resource=" http ://www. domain2. com#科学_科学研究"/>
<rdfs:domain rdf:resource=" http ://www. domain2. com#科学_科学研究"/>
</owl:ObjectProperty>
<owl:ObjectProperty rdf:about="#Y">
<rdfs:domain rdf:resource=" http ://www. domain2. com#科学_科学研究"/>
<rdfs:range rdf:resource=" http ://www. domain2. com#科学_科学研究"/>
<owl:inverseOf rdf:resource="#D"/>
</owl:ObjectProperty>
<owl:DatatypeProperty rdf:about=" http ://www. domain2. com#hasChineseTerm">
<rdfs:range rdf:resource=" http ://www. w3. org/2001/XMLSchema#string"/>
<rdfs:domain rdf:resource=" http ://www. domain2. com#科学_科学研究"/>
</owl:DatatypeProperty>
<owl:SymmetricProperty rdf:ID="C">
<owl:inverseOf rdf:resource="#C"/>
<rdf:type rdf:resource=" http ://www. w3. org/2002/07/owl#ObjectProperty"/>
<rdfs:domain rdf:resource=" http ://www. domain2. com#科学_科学研究"/>
<rdfs:range rdf:resource=" http ://www. domain2. com#科学_科学研究"/>
</owl:SymmetricProperty>
```

代是可以逆转的，定义成逆反属性，而属、分也是可以逆转的，因此也定义成逆反属性，而参为对称的，因此定义成对称属性。而所有的对象属性的值域和定义域都是所有的概念，因此为最上位类的概念。

隶属于某种概念的（叙词）术语在本体中则以概念实例的形式呈现，用 OWL 表示如下：

```
<thes:情报检索 rdf:about="http://www.domain2.com#查全率">
<thes:hasChineseTerm rdf:datatype="http://
www.w3.org/2001/XMLSchema#string">查全率
</thes:hasChineseTerm>
</thes:情报检索>
```

这表示查全率是情报检索的一个叙词,其中 thes:hasChineseTerm 是查全率的一个值属性,而<thes:hasChineseTerm></thes:hasChineseTerm>之间的查全率是属性值。这样做的好处是:可以增加更多的值属性来描述此叙词,比如用英语来描述这个术语,就可以增加一个值属性<thes:hasEnglishTerm>,用法和中文的用法一样。这样有助于构建多语种叙词本体。

⑤语种关系

a. 建立等同关系基于概念，用“等同关系”把不同语种的叙词联系起来。界面右下角是“Asserted Conditions”框，其中包含“NECESSARY”项和“NECESSARY&SUFFICIENT”，而该框的右上角有三个按钮，分别可以添加表达式、限制和具名类。首先选定“情报”，然后选“NECESSARY&SUFFICIENT”，最后点击“Add named class”。然后，在弹出框中选择“Information”，按确定键，即可把“情报”和“Information”等同起来，结果如图 4-11（a），图 4-11（b），图 4-11（c）。可以看到在类检索框和“Asserted Conditions”框均显示出来。

b. 语种属性定义语种属性，是采用的固定中心方法，即以某一种语言为中心语言，以此语言构成叙词表，其他语种作为实例的一个属性。这里将中文作为中心语言，其他语种作为实例的一个属性。首先在属性编辑界面，建立对象属性 hasEnglishTerm，以叙词“情报”为例，多语种关系的建立如图 4-12（a），图 4-12（b），图 4-12（c）所示。

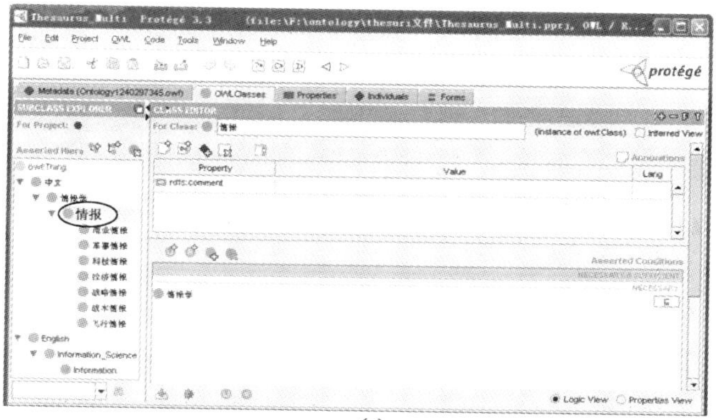

(a)

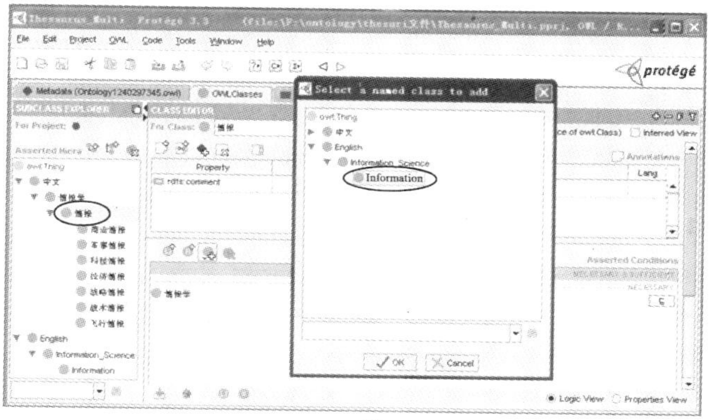

(b)

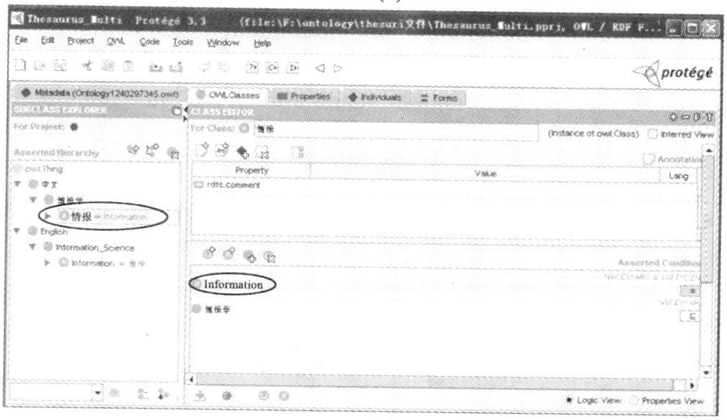

(c)

图 4-11　基于概念的多语种等同

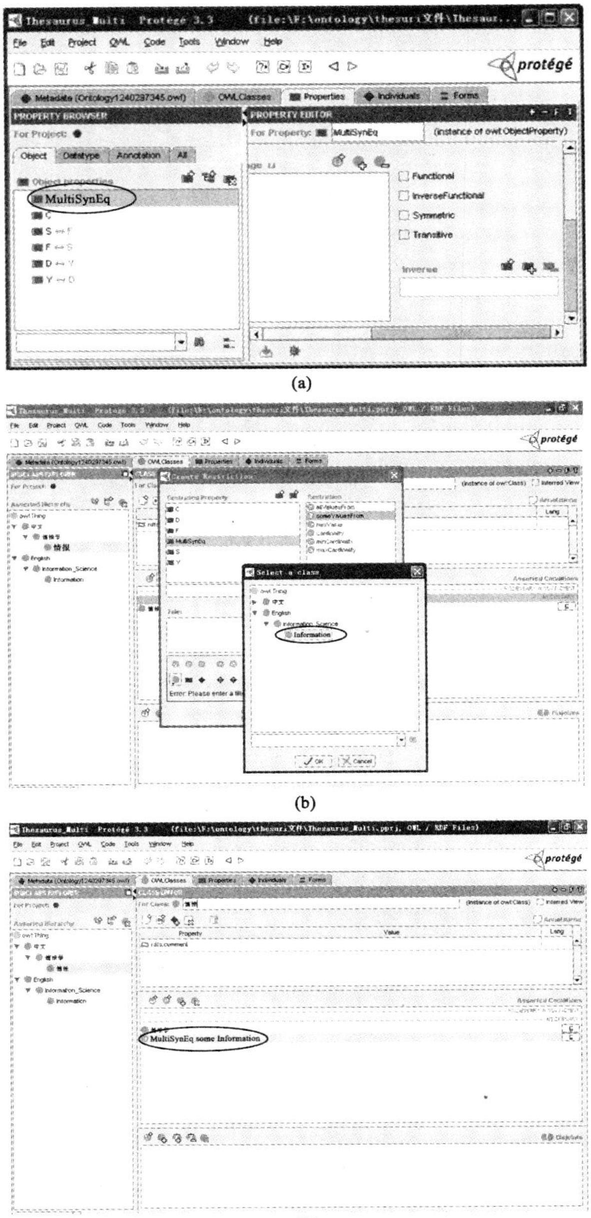

(a)

(b)

(c)

图 4-12　语种属性的建立

（3）创建实例

实例是本体的重要组成部分，可以在 Protégé 工具中为类添加实例。在完成了上述定义后，我们的最后阶段是将这些类实例化。图中的菱形图标代表 Individuals 框，点击该图标就可以进入实例界面进行编辑。例如，为“情报检索”添加一个实例“专题检索”。首先，在 CLASS BROWSER 框中选择“情报检索”，然后在 INSTANCE EDITOR 中对这个实例进行编辑，可以为它取名、定义等。结果如图 4-13 所示。

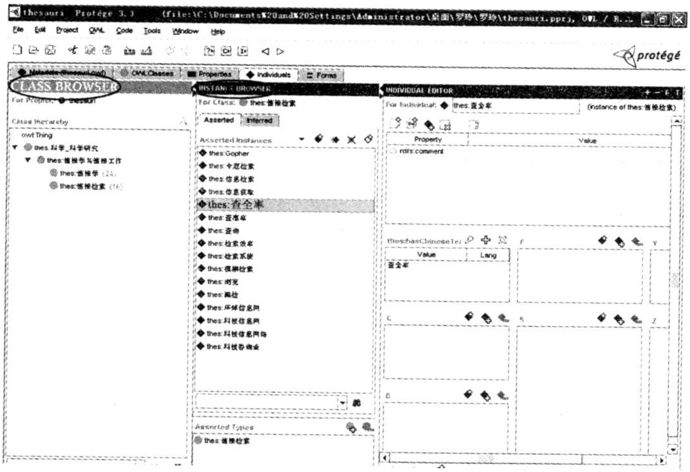

图 4-13　创建实例

4.4.5　叙词本体的表示

首先，我们根据《中国图书馆分类主题词表》构建了“科学与科学研究”类目下的一部分叙词，由于是实验系统，因此我们并没有将所有的分类和术语都创建起来，而是选择了其中的一部分。其结构如图 4-14 所示。

在图 4-14 中，左边区域为叙词本体的类属结构：科学—科学研究→情报学与情报工作→情报学，情报检索；而中间区域则是类

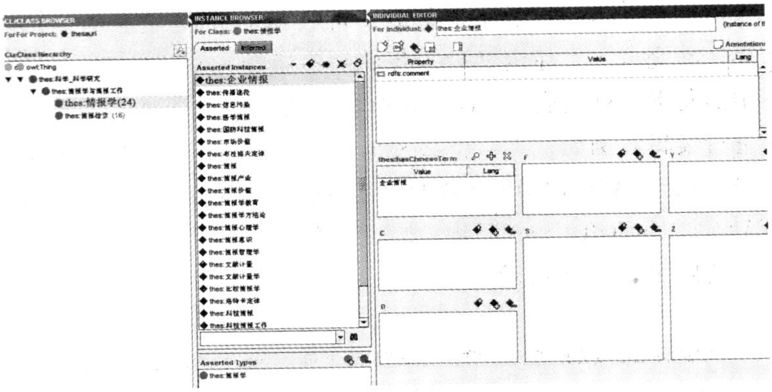

图 4-14　用 Protégé 构建的叙词本体结构

目下的实例，这里就是属于该类目的叙词，从图中可以看到，情报学下有 24 个叙词，而信息检索下有 15 个叙词；最右边是中间叙词所对应的关系，包括用（Y），代（D），属（S），分（F），参（C），族（Z）以及值属性，如中文术语等。

4.4.6　多语种叙词本体的评价

利用《中国图书馆分类主题词表》和《管理科学主题词表》构建的情报学叙词本体，有非常好的可扩展性和权威性，也可以很方便地对其进行扩展。接下来的工作是请熟悉该领域的专家对这个叙词本体进行评价，评价内容包括类、属性以及类之间关系的明确性和准确性，提出指导意见，根据所提出的指导意见返回到前面，重新对其进行反复修改，直至最后形成情报学叙词本体原型。

5 叙词本体演化

第4章介绍了本体构建的基本原理、映射方法、构建流程以及构建的相关技术等内容。这一章就叙词本体演化的基本概念及相关内容作进一步的研究和探讨。基于叙词本体主要是采用本体的技术来进行构建的，在此基础之上的演化无疑也离不开本体演化的相关技术，所以这一章主要以现有的本体演化及相关技术研究来阐述叙词本体演化的内容。

5.1 叙词本体演化概述

5.1.1 演化的基本概念

自 W3C 主席 Tim Berners-Lee 首先提出“语义 Web”（Semantic Web）的概念后，它正在成为当前计算机信息处理领域研究的热点之一。语义 Web 是对当前 WWW 的扩展，在语义 Web 中所有信息都具有语义，且能被计算机理解和处理。这样，人和计算机之间的交互与合作就变得更加便捷。

随着数据语义的明确表示和领域理论的应用，Web 将提供一种全新质量的服务：以机器处理的方式将人类知识编织成一个巨大的网络。而各种自动化服务将帮助用户以计算机可理解的格式提供和访问信息。因此，计算机自动化处理过程和 Web 信息集成变得更为方便。

为了定义 Web 上用于描述和表示领域知识的术语，本体（ontology）应运而生，它是共享概念模型的明确的形式化规范说明。而实现语义 Web 的关键是本体，这就使得本体的规模和数量大大增加。众所周知，万维网是一个动态发展的环境，在其中任何人都可随时发送和更新信息。为此，用户必须能像发布其他信息一样方便地发布 Web 本体，并且能对这些本体进行订正修改。由此衍生了所谓的"本体演化"（ontology evolution）的问题。

20 世纪 90 年代以来，有关基于本体的系统研究非常活跃，围绕本体召开了许多的专题研讨会。但是，从笔者检索文献的情况来看，讨论本体演化方面的研究还比较少。目前大多数本体库系统（ontology library systems）并没有对本体演化的问题加以考虑，而这些系统通常是用于研究的系统原型，相互之间的关联性并不明显。对集中式系统来说，本体的某一变化与其相关信息的变化同步，所以就没有变更管理的问题。例如，在 Ontolingua 系统中，干脆忽略了对本体旧版本的管理。国外学者 Helfin 指出 Web 上的本体需要不断演化，并提出一种基于 Web 的知识表示语言 SHOE 以支持本体的多个版本。其他研究领域的研究成果对该工作也有一定的借鉴作用，如关系数据库的模式演化和模式版本控制。当然，因为知识模型和应用方式不同，两者有很大的差别。另外，Natalya F. Noy 也提出了一种比较本体版本的不动点算法 PromptDIFF。随着研究探索的不断深入，本体演化的研究也逐渐从纯理论走向实践，而且逐渐细化到本体演化过程中的各种算法。

虽然学术界对本体演化的研究已有多年，但对于本体演化的定义还不是很完善、详尽，至今没有一个统一的定义，综合国内外一些对本体演化概念的研究，引用某国内著名学者的定义得出本体演化是指本体根据出现的变化和由这些变化引起的本体一致性问题的自适应变更。从这个定义中，我们可以看出本体演化的特点：一是变化，二是自适应。现在国内对本体演化有一定研究，研究成果中出现的"本体学习"、"本体进化"都是与本体演化紧密联系的一些概念，从这些概念的变化也可以看出，本体演化采用了一些人工智能的方法，使得其自动化程度更高了，这也是本体演化的目标之一。

5.1.2 演化的原因

事实上，有许多原因会导致本体的演化。根据 Gruber 的定义，本体是指某一领域共享概念模型的明确表示和描述。据此，刘柏崇和高济认为，引起本体变化的原因包括如下几个方面：

①领域的变化。领域的改变非常普遍，它们的影响与数据库模式的影响基本类似。Ventrone 总结了几种现实世界的变化（领域演化）带来数据库模式的更新。例如：当两个具有不同管理机构的大学里的系进行合并时，描述该领域的本体需要变更以反映这种变化。

②共享概念模型的变化。概念模型的改变是由领域视图或使用角度的改变引起的，即上下文语义（Context Semantic）的变化。当本体应用于新的任务或新的领域时，概念化的表示也要相应地变化。例如，某一本体中“Class”用于表示“开设的课程”，如“Class（alg-Fall-2002）”，当变成表示“一堂课”时，如“C1ass（Databases）”时，就会发生错误。

③表示的变化。表示（Representation）的变化是指一种转换，当本体由一种知识表示语言翻译成另一种表示语言时，就会产生显式定义的改变。这些语言不仅语法各异，更重要的是语义和表达也各不相同。因此，在转换过程中保持本体的语义一致并非易事。

5.1.3 演化的特点

本体的演化是一个琐细的过程，由于变化的多样性，它不能由本体构造者手工完成，而且这些变化会引起很多其他相关的改变，因此需要建立一个相应的系统来维护本体的一致性。相应地，本体的演化具有如下特点：

①复杂性：本体模型有很多种，每一个本体都有它最原始的结构。本体演化过程中，每种变化都会导致一种新情况出现，即使某些变化是很微小的，但所有微小变化累积起来所产生的效果就可能

变得很复杂。同时，引起本体演化的原因也很多，这使得本体的演化变得更加复杂。

②分散性：本体的演化是一个分散和协作过程，因此，相互依赖的本体之间物理上的分布必须考虑在内，同时为了更好地了解演化的整个情况，掌握更多的演化信息，本体演化还需要追踪每个本体的改变及其引起的一系列相关变化。

③依赖性：一个本体可以重用并扩展另外一个本体，所以，如果被重用的本体发生变化时，在它基础上派生出来的别的本体也会相应地发生变化。因此，相互依赖的本体之间的变化是互相关联的，本体演化也就具有了依赖性。

5.1.4 演化的目的

为了实现不同版本的本体表示和知识之间的互操作，有必要在本体版本之间建立连接，实施本体演化管理。根据本体工程和本体应用的实践，本体演化所要达到的目的如下：

①它应能处理本体演化过程中所引起的变化问题，同时保证底层本体和所有相关本体的一致性；

②由于不同的用户可能自行修改相同的本体，所以需要经常集成本体的不同版本，它应能将同一本体的不同版本再次集成；

③它应能为用户提供关于本体反复精化的建议；

④它应能让用户更方便地管理和监控本体演化过程中的一系列变化。

5.2 叙词本体演化的过程

本体演化从本质上来说是对变化的自适应变更。对具体的演化过程没有一个严格的界定，只要能维护本体对变化的自适应变更，则都是可行的演化管理方案。

系统开发之前，首先对系统进行需求分析，即确定系统要实现的目标。其中一种典型的需求分析就是确定系统的应有行为。这种行为可以表示成系统的任务、服务或功能。当然，对一个系统来说，它除了需要拥有实现其应有行为的必要能力外，还应包含为实现必要能力而所需的次要功能或者说附加功能和关于用户使用的辅助功能等。因此，可从必要需求和辅助需求两个方面对系统进行需求分析。

一个本体演化系统，它可以包含如下的需求：

①必要需求

功能需求——本体演化系统必须能够处理给定的本体变化，同时确保底层本体和所有相关本体的一致性。

②辅助需求

导航需求——本体演化系统应该可以让用户容易地管理本体变化；精化需求——它应该为用户提供本体反复精化的建议。

功能需求是一个本体演化系统中最重要的部分：在一个一致的本体上进行一些变化后，该本体仍然能够保持一致的状态。导航需求通过给本体工程师提供控制信息来辅助功能需求。由于它能够估价变化管理行为的效力（例如识别出哪些变化是不必要的），所以它能为工程师做出适当决定提供帮助。精化需求可以从本体数据和用户的行为分析中半自动化地发现潜在变化从而改善本体。

功能需求是必需的，后两个是补充演化系统的功能与工程师的需求之间的桥梁。事实上，辅助需求能够明显地改善演化系统的可用性。另一方面，功能需求定义了演化系统的可用范围。基于以上需求，本体的演化过程模型一般可分为以下六个部分：变化的捕获、变化的表示、语义的变化、变化的传播、变化的实现、变化的确认（见图 5-1）。

（1）变化的捕获

本体演化过程从变化开始，这些变化有些是外在需求的变化，有些则是已有数据的变化。外在的需求变化主要有本体工程师根据变化修改本体以满足新的需求；终端用户对使用的本体实体提供外在的反馈信息。我们称这种外在的需求变化为由顶向下（top-down）的变化，称内在的需求变化为由底向上（bottom-up）的变

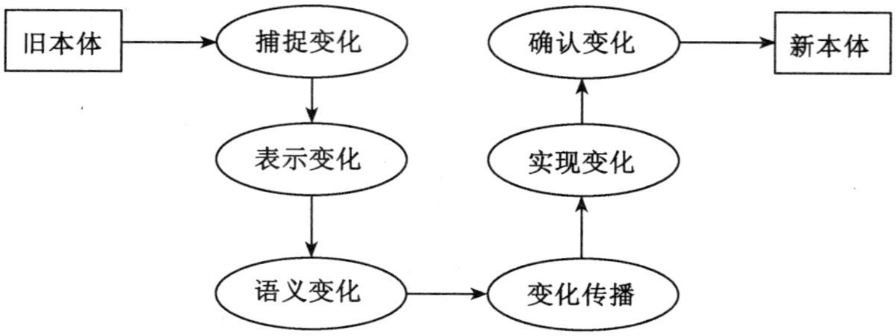

图 5-1　本体演化图示

化。它由系统中可通过分析被发现的行为表现出来。定义三种类型的发现机制实现对变化的捕获：结构驱动、数据驱动、使用驱动。结构驱动的变化可以从本体自身的结构中推断出来。数据驱动的变化通过修改数据集产生，例如，文本文档或者数据库，本体表示的知识模型等。使用驱动的变化是创建使用模式时引起的。

（2）变化的表示

为了处理这些变化，首先必须用合适的格式表示这些变化，即变化的表示需要被定义成给定的本体模型。用各种等级的粒度来表示变化，例如普通的变化和复杂的变化。通常的做法是对给定本体模型中本体的变化分门别类。

（3）语义的变化

语义的变化由本体自身引起，尤其是变化之后的本体一致性的检查和维护。本体一致性的含义十分依赖内在的本体模型。例如它可以通过像 KAON 本体模型中的约束集来定义，或者通过一个给定的模型理论来定义。

（4）变化的传播

本体经常被重用或者在本体之间进行扩展，一个本体的更新（映射，集成等）可能会导致依赖于该本体的其他本体发生变化。因此，本体演化过程中变化传播的任务是当本体发生变化更新时，保持各个相互依赖的本体之间的一致性，包括本体，实例等。

（5）变化的执行

本体演化过程中执行变化的任务是：首先告诉本体工程师所有

的变更请求；然后执行这些变更或者请求；最后跟踪这些执行后的变更。

（6）变化的确认

很多情况下，需要确认对变化做出的一些操作。例如本体工程师理解有误，那么他所做出的变更操作将被取消，不能完成。还有一些变更操作是用来做测试或是实验数据用的，也不能被确认，这样会导致本体的改变。另外，在一个本体协作系统中，对于本体的变更，不同的本体设计者可能有不同的想法。因此很有必要对本体变更操作进行确认。

上述六个阶段中，中间四个阶段负责实现本体演化管理系统中最重要的功能需求，包括两个关键：能够处理变化；保持系统一致性。

从图 5-1 中可以看出，变化的表示直接影响后续阶段对变化的处理：首先需要经过变化的表示阶段将变化的请求表示为演化系统可处理的形式，这样后面阶段的处理才能够进行，而变化请求的表示形式也直接关系到对其进行处理的复杂度及准确性。

不同的变化表示形式所对应的变化操作对本体有不同的影响，会产生不同的不一致情况，变化的语义阶段则分析这些不一致情况所产生附加的变化使本体回到一致的状态。这个阶段是一个本体演化处理的核心。

变化传播阶段则处理变化本体对其外部影响所产生的不一致。对于依赖变化本体的其他本体，只要得到本体变化的信息，就可以进行与本体内部演化处理同样的过程；而对于依赖变化本体的程序等需要根据变化信息进行自己的适应性变更。

为了提供变化信息，一个主要的方法就是记录发生的变化，它是变化的实现阶段的任务之一。变化的实现阶段还需要进行变化结果的确认和变化的执行。经过管理者的确认之后，变化才可以执行，同时记录变化的执行过程。根据所记录的变化，本体自身可以退回到变化执行前的某一状态，且依赖该本体的本体或程序也可以使用所记录的信息进行更新。显然，变化的记录过程与变化的表示息息相关。

变化的捕获阶段实现本体系统的精化需求，能够不断地对本体进行改进和完善。引发本体演化的本体变化可以分为两类：自顶向下的变化和自底向上的变化，前者是由工程师或用户提出的显式变化，而后者是在系统中反应的隐式变化，它的产生就是变化的捕获阶段的任务。例如，如果某个概念在很长一段时间内都没有被访问，那么可以认为不再需要它，可进行删除操作，可通过分析以下信息来捕获潜在的变化：

a. 本体的结构；

b. 本体的实例；

c. 用户使用模式的信息。

变化的确认阶段实现本体系统的导航需求，主要实现用户对变化的管理。它提供的功能如下：

①撤销变化使本体回到演化前的状态。本体一部分的变化将影响到其他部分及依赖它的元素。尽管变化的语义阶段能够有指导性地处理变化的影响，减少不必要的本体变化，但是，在很多情况下，我们还是需要撤销本体变化，例如下面的情况，变化的确认阶段的主要任务之一就是撤销这类情况中执行的变化：

a. 当未正确理解变化的实际影响而执行了不应该执行的变化；

b. 当只是以实验的目的改变本体；

c. 当以协作的方式管理本体，对于本体如何变化，不同的工程师可能有不同的想法。

②提供变化的说明，帮助工程师确定是否正确地改变本体。这些说明包括怎样、为什么改变本体以及发生改变的是什么等；

③确保工程师知道他能够做什么、下一步怎么做以及做了之后会发生什么；

④确保完成一个请求的变化序列尽可能简单；

⑤尽量使显示的信息易于理解；

⑥当请求无法实现的时候，提供良好的反馈信息；

⑦提供良好的用户交互功能，帮助用户解决出现的问题。

5.3 叙词本体演化的基本方法

本体学习是为了解决领域本体的匮乏对本体理论研究与实际应用所造成的困扰而产生的。本体学习作为本体演化的主要手段，它能够以自动或半自动化的机器学习方式从多种不同的数据源中获取本体。按照本体学习的内容来分，主要包括概念的学习和关系的学习。如果进一步细分，还能从概念和关系的学习中进一步来分析。下面，我们来分析从文本中自动半自动化获取领域概念、继承关系、其他领域关系和公理的主要方法。

5.3.1 本体概念的抽取方法

大多数的本体学习方法和本体学习系统直接将术语识别为概念。大体上可将术语的获取方法分为三类：基于语言学的方法、基于统计的方法和混合的方法。

基于语言学的方法的基本思想是采用浅层解析技术（Shallow Parsing Technique）或模板方法获取术语。浅层解析技术是在已进行词性标记的文本中，探测句子中词语边界、发现词语间语法关系（如主谓、动宾关系）的技术。在 Missikoff, M. 的 *Integrated Approach for Web Ontology Learning and Engineering* 一文中提到了采用浅层解析技术获取术语。国外著名学者 Bourigault 认为术语单元有一个固定的词法形式，如名词短语，在他描述的 LEXTER 系统中，在“表面语法分析”基础上第一次抽取出了最大长度的名词短语。Justeson 等进一步扩充了术语的词法形式（即术语的构成模式）。此外，为消除术语的歧义性，Smeaton 开始了对语义知识的利用。模板方法则是从领域术语的特殊词法结构或模板出发，寻找和抽取结构符合这些特定模板的字符串。基于语言学知识的术语抽取方法在术语消歧、准确率上有着显著的优点，但大多数情况下，这种方法是与具体语言相关的，因此这类方法具有较高的语言依赖性。

基于统计的方法的基本思想是根据领域术语与普通词汇在语料中拥有不同的统计特征来鉴别领域术语。常用的统计方法有词频逆文献频率（TFIDF）、互信息（MI）、信息熵（Entropy）、术语相关频率（RTF）和 C 值/NC 值方法等。对于大规模文本的处理基于统计的方法十分适合，但是这类方法缺乏必要的语义逻辑基础。目前，基于统计的方法是国内外相关研究的热点。Salton 等提出通过简单地加权两个相邻的字来抽取术语。Damerau 使用互信息来测量两个字之间的联合强度。Cohen 利用对数似然参数来避免一些低频词的遗漏，从而较有效地弥补了互信息的不足。FrantziL 提出的 C/NC—Value 的方法，结合了语言学和统计学方法。Ellen 提出了一种基于语料库的方法提取给定类的词汇。Patrick 将互信息和对数似然两个参数相结合进行术语提取。基于统计的术语自动抽取方法，不考虑句法、语义上的信息，所以实现起来较简单，并且这种方法不局限于某一专门领域，也不依赖任何外部资源。

事实上，大多数本体学习系统往往采用语言学和统计方法相结合的混合方法来获取领域术语。在混合方法里，抽取候选术语主要用语言规则，抽取前或抽取后的过滤则主要用统计方法，从而更有效、更准确地得到领域术语。如在本体学习系统 Text-To-Onto 和 OntoLearn 中均采用了浅层解析技术从文本中获取候选词语，然后再采用统计方法对术语进行过滤。对中文领域概念的自动抽取研究起步较晚。2003 年，东北大学的陈文亮等人提出利用 Bootstrapping 的机器学习技术，从大规模无标注真实语料中自动获取领域词汇。梁健等研究基于种子概念的术语获取方法。华南理工大学的方卫东等人采用统计分析与自然语言规则相结合的方法实现了术语抽取。

此外，在概念的抽取中，还要注意以下两点：概念的领域性判断和同义词消歧。这两方面在国内外的研究情况在傅魁、聂规划的《面向文本的本体学习方法综述》中如下所述：

概念的领域性判断。抽取术语可能是领域内概念，也可能不是领域内概念，因此需要对术语的领域性作判断，这一工作被称为领域术语的过滤。一般而言，领域术语的过滤可以通过分析术语在领域相关文档集中和普通文档集中的统计特征来实现。Paola 等提出了术语的领域相关度和领域一致度的概念用于判断术语的领域性。领域相关度是术语与特定领域的相关程度的度量，它可以通过计算术语在特定领域文本集中出现的概率值与其在不同领域文本集中出现的概率值总和的比值来计算。领域一致度是术语在其特定领域的所有文档中分布的一致性的度量，它可以通过术语在特定领域文档中的分布使用的熵值来计算。在领域文档集和对比文档集质量较高的情况下能够较为准确地判断术语的领域性，实现领域术语的过滤。

同义词消歧。术语并不等同于概念，概念是语义层面的处理单位，而术语只是语法层面的处理单位，因此在大多数本体学习系统中直接将抽取的术语作为概念并不完全恰当。多个不同的术语可以表达同一个概念语义，这些术语之间构成了同义词关系，如术语"电脑"和"计算机"实际上表达是同一个概念，它们互为同义词。同义词的实现可以通过基于术语相似度的方法、基于语义解析的方法、基于语境的方法或基于统计的方法。基于术语相似度的方法首先计算术语之间的相似度，相似度越高，则术语之间构成同义词的可能性越大。术语相似度的计算方法有字面相似度计算、词素相似度计算或基于词典的语义相似度计算，如 WordNet、HowNet、同义词词林。OntoLearn 系统借助 WordNet 对获取的术语进行语义解释，构造概念森林，较好地解决术语和概念间关系，OntoLearn 是少数能够区分术语与概念的本体学习系统之一。除了可以使用基于术语相似度的方法、基于语义解析和基于语境的方法识别同义词外，还可通过潜在语义分析（Latent Semantic Analysis，LSA）方法、逐点互信息的信息检索法和术语相关熵等统计方法进行识别术语之间的同义词关系。

5.3.2 本体概念关系的抽取方法

（1）概念间继承关系的获取

概念间继承关系的获取在傅魁、聂规划的《面向文本的本体学习方法综述》中如下所述：

概念间继承关系，又称为分类关系或上下位关系，它是领域概念之间的一种最基本的重要关系，它和领域概念一起构成了领域本体的骨干。继承关系也是本体学习中研究的最为广泛的一种概念关系，常见的继承关系获取方法可分为：基于语境的方法、基于语言学的方法、基于统计的方法、基于词典的方法和混合方法。

基于语境的方法。基于语境方法的基本思想是通过分析领域相关文本，总结出一些频繁出现的语言模式作为规则，然后判断文本中词的序列是否匹配某个模式——如果匹配，则可以识别出相应的关系。Hearst 利用手工构造了“such NP as{NP,} *{(Or | and)} NP”,“NP{,NP} *{,} or other NP”等 6 个,上下位关系的词汇句法语境从百科全书的英文语料中提取了 152 个概念间上下位关系。基于语境的方法的缺点是准确度较低,因为大量无用的概念往往也会匹配这些模式,另外语境的完备性对于获取效果影响较大。很多研究人员从不同的角度,如附加语境、采用提问语料、基于 Web 的语境匹配、精度及覆盖度的改进、语境学习等,对 Hearst 的方法做了扩展以概念间获取继承关系。国内的研究人员方卫东等人作了类似研究,通过语境“<某些>NO<如>N1[N2,……,<及 | 或>Ni<等>]”来提取概念间的显式的 is-a 关系。方卫东等人还使用了分布语义假设来发现概念间潜在的继承关系，其基本假定是：两个在语义上相近的概念，与它们共同出现的词的规律（主题签名）和它们所处的上下文（上下文签名）也必定相似，分布语义模型可被看做一种基于统计的方法。

基于语言学的方法。基于语言学的方法通过语形分析、句法分析、依存结构分析以及语义分析等来获取概念间继承关系，其特点是抽取概念间继承关系准确率高，但不够强壮和效率低。本体学习系统 OntoLT、OntoLeam 及 Text2Onto 中均用到了基于语言学的方法。OntoLT 系统的研究人员 Buitelaar 等人对语料进行语言学分析与标注，然后通过定义的映射规则将标注得到的语言学实体映射成概念和关系，其中规则“HeadNounToClass—ModToSubClass”能够将标注实体中的主要名词映射为类（对应上位概念），将主要名词及其修饰词的组合映射为子类（对应下位概念），该规则的基本思想是修饰词限定了被修饰名词的意义。例如“国际信用卡”是一个被标注实体，标注主要名词“信用卡”，修饰词位“国际”，由此可得到 is-a（“国际信用卡”、“信用卡”）。OntoLeam 系统中应用语言学启发式方法来获取概念间的继承关系，通过解析概念术语定义的句法词性规则抽取 is-a 关系。该系统中语言学方法是由 Missikoff 和 Navigli 等人提出的，他们提出利用机器学习技术基于已有的通用本体对抽取出来的术语进行语义解释，即为这些术语关联上明确的概念标识符；然后，基于这些语义解释来确定概念之间的继承和相似关系，生成一个领域概念森林。与其他方法相比，该方法的主要特点是对术语进行语义解释，然后使用这些语义解释来获取除继承关系以外的其他概念间的关系，而其他方法都是将术语等同于领域概念。

基于统计的方法。基于统计方法的共同的主要思想是词语的语义特性由它在不同上下文的分布来反映，因此词语的含义可以通过共现词语及共现频率来描述。目前研究较多的概念聚类方法和关联规则方法本质上都是属于统计方法的范畴。

基于概念聚类的统计方法就是通过概念间的相似度或其他准则对概念进行聚类，同一类族中的概念具有相近似的关系，它可用来发现概念间的继承关系和其他关系，当使用层次聚类方法进行概念聚类时得到的结果就是概念间继承关系。概念间相似度可以有多种度量，比如余弦距离、几何距离、相对信息熵、互信息、语义距离等，相似度的度量一般是通过统计信息计算而来的。通过概念层次聚类方法获取概念间继承关系的研究有很多，例如，Fisher 提出的一种基于矢量的聚类方法；Erode 等人提出的基于 FOL 的聚类方法。The MoK workbench 采用无监督机器学习的聚类方法从文本中获得概念层次。这些方法不足之处是只能得到概念间严格的层次关系，然而在本体中一个概念却可以有多个父概念。Faure 等人采用宽度优先的方法对概念进行逐层聚类，该方法的特点在于它在进行每层聚类的时候都要考虑除当前族的父族外的所有族，而不管这些族所在的层次，能够较好地解决一个概念有多个父概念的问题。形式概念分析（Formal Concept Analysis，FCA）是应用数学的一个分支，它建立在概念和概念层次的数学化基础之上。FCA 使用二元关系来表达领域中的形式背景（Formal Context），从中提取概念层次结构，即概念格，从数据集中生成概念格的过程实际上是一种概念聚类的过程。Cimiano 等人提出了基于形式概念分析的概念聚类算法，并与层次合并聚类算法和二分 K 均值聚类算法做了比较，在给定的数据集上实验结果，要优于后两种算法。

基于关联规则的统计方法的基本思想是：如果两个概念经常出现在同一文档中，则这两个概念之间必定存在关系。Text-To-Onto 中采用关联规则学习算法来发现概念之间的非分类关系。Stephens 首先采用一种词汇关联度的方法来提取含有潜在关系的基因对，然后利用同义词词典来给出基因对之间的关系。

此外，Sanderson 等人提出了术语包含的概率统计方法，基本思想是：对于两个术语 t_1 和 t_2，如果 t_2 出现的文档集合是 t_1 出现的文档集合的子集，那么 t_1 包含 t_2，然后利用这种包含关系来获取术语间的继承关系。Fotzo 等人作了更进一步的扩展，认为如果两个术语 t_1 和 t_2 满足以下条件：$P(t_1 | t_2) > \Theta$ 且 $P(t_2 | t_1) < P(t_1 | t_2)$，其中 Θ 为阈值，$P(t_1 | t_2)$ 和 $P(t_2 | t_1)$ 可以根据条件概率和极大似然估计法，利用术语在文档中出现的频率进行计算，进而抽取术语间的泛化/特化关系（即概念间继承关系）。

总体而言，基于统计的方法具有语言依赖性低、普适性强等特点，是目前研究的主流，但最大的缺点就是容易产生数据稀疏现象。

除了上面介绍的三种基于语境、基于语言学和基于统计的方法外，还可以采用基于词典的方法获取概念间的继承关系，它往往从一些现有的词汇词典中定义的同义词、近义词和反义词等知识来获取本体中概念间的关系。例如，Nakaya 等人使用 WordNet 来获取概念间的继承关系。混合方法往往是上述若干种方法的综合使用，以期得到更好的结果。

（2）概念间一般关系的获取

概念间一般关系的获取在傅魁、聂规划的《面向文本的本体学习方法综述》中如下所述：

在领域本体中除了存在继承关系外，还存在其他一般性关系，例如属性关系、部分整体关系、因果关系及其他领域关系等。与继承关系获取研究相比，概念间一般关系获取研究则要少得多。

属性关系获取。概念内涵是属于这个概念的所有对象所共有的属性集，因此属性关系对于概念理解至关重要。Guarino 认为属性分为两类：关系型属性和非关系型属性。关系型属性包括性质（如颜色、位置等）和关系社会角色（如儿子、配偶等）。非关系型属性包括部件（如车轮和发动机等）。Pustejovsky 在通用词法理论中也对属性作了分类，认为属性分为四类：外观角色、构成角色、目的角色和施事角色。外观角色指明对象是什么类型，以书为例，书有属性、形状和颜色等。构成角色对象的由什么材料或部件构成，如纸张、章节是书的构成角色属性。角色对象的目的，如读是书的目的角色属性。施事角色指明该对象如何被创建，如写是书的施事角色属性。

目前，国内外关于属性关系学习的相关研究并不多见，从公开可查阅的文献中，仅有英国 Essex 大学的 Poesio 和 Al-muhareb 对属性学习做了研究。他们首先采用基于模板的方法从 Web 网页中抽取含有候选属性的实验数据。结合上面两种属性分类知识，认为实验数据分为六类：性质、部件、相关对象、活动、施事者和非属性，并使用语形信息、属性模型、问题模型和属性使用模型四类信息构造了分类器，对实验数据进行自动分类。总体而言，Poesio 和 Almuhareb 在英文属性学习的研究中取得了一定的成果。但是其不足之处在于上述关于属性分类是广义上的，其范畴大于本体中关于属性的理解，因此不能完全满足属性关系学习的需要。

部分整体关系获取。部分整体关系的获取主要采用模式匹配方法。Charniak 等描述了在大量语料中发现部分与整体关系的模式。Text2Onto 系统中开发的 JAPE 模式，通过计算部分与整体关系的模式共现率指示概念术语之间部分与整体关系的概率。有些学者也对概念间的部分整体关系做了研究。另外可借助通用本体如 WordNet 中的语义关系推理概念术语间的部分与整体关系。董振东先生设计的中文知识库——CNKI 知网中，也包含有大量的部分整体关系。

其他关系获取。其他领域关系一般是专门存在于特定领域中的关系。例如在商品销售中的购买者与商家之间的购买关系，在新闻报道中的原因事件关系等。其他领域关系可通过语言结构分析法、关联规则的方法获取。例如在 OntoLearn 系统中定义 SubjToClass-PredToSlot-DobjToRange 的规则发现领域关系，其思想是将主语映像为类，谓语映像为该类的相应属性，直接宾语映像为属性的范围值。Text-To-Onto 系统中通过次范畴框架获取的方式发现领域关系，比如由“爱（男人，女人）”、“爱（小孩，母亲）”、“爱（小孩，父亲）”可推导出人与人之间存在爱的关系，即“爱（人，人）”。国内的方卫东等利用关联规则方法获取领域关系。

5.4 本体学习工具

目前，国外对本体学习的研究很活跃，已经尝试将各种自动化技术和数学方法融合到一个系统工具中，以完成对不同结构化程度数据源的充分而准确的本体学习，并且已经取得了一定进展，出现了如 Text-To-Onto、OntoLearn、Hasti、OntoBuilder、OntoLiFY 等具有一定实用价值的本体学习工具；在中文本体学习研究中，也出现了 GOLF 等实验性系统工具。张囡囡等在《主要本体学习工具的比较分析》中对这些工具进行了一一介绍及比较。

5.4.1 OntoLearn

OntoLearn 是 University of Rome 开发的一个基于文本的本体学习工具。为构建本体得到合适的概念及概念间的关系，它利用自然语言分析和机器学习技术从文本中提取相关领域的术语，系统学习分三个过程：①系统从应用领域中可利用的文本中提取领域术语，然后用自然语言处理技术和统计分析技术过滤，并通过在不同领域和不同文集中对比分析来鉴定主要领域的术语。②系统选用 WordNet 和 SemCor 词汇知识库，对获取的术语进行语义解释，然后根据分类学和语义关系将相关的概念生成一个领域概念森林，使用WordNet和诱导的学习方法提取概念间的关系。③利用WordNet生成的领域概念森林创建一个经过净化的领域本体。

OntoLearn是在本体获取中对术语应用了语义解释，从而确定术语的分类和其他关系。它的工作是基于WordNet，虽然WordNet并不提供语义Web的本体标准，但它是使用最广泛的通用在线词汇数据库和英语词汇资源领域的标准，因此某个领域本体和WordNet之间的明确关系可以用于支持不同领域本体之间的互操作性和一致性。

5.4.2 OntoBuilder

OntoBuilder是Mississippi State University开发的一个从半结构化数据中获取本体的工具。它分两个阶段来构建本体：初始阶段和完善阶段。在初始阶段，建立一个初始的领域本体；在完善阶段，使用者浏览了包含相关领域信息的其他网站，使用辞典从每一个网站中抽取候选本体并与初始本体合并。

系统主要由使用者交互模块、观测模块和本体模型模块组成。使用者通过使用者交互模块与系统交互，访问一系列感兴趣的网站并将信息反馈给系统。在观测模块中，收集了使用者交互阶段的信息，这些信息提供给本体模块，为创建目标本体或将一个候选本体完善成目标本体，该模块应用了词频统计和模式匹配方法执行它的功能。该系统也有使用者的编辑词典，一旦本体被创建，这个词典将随着信息自动更新。

OntoBuilder提供了一个较容易创建本体的环境，并提供了方便使用者的交互界面。它最大的优点就是在解析过程中表现的自动性，语义的异构，包括同义字和设计者的错误，都能突出地显示出来，而且在确定正确的映射情况下能够选择最佳结构。OntoBuilder是从半结构化数据中获取本体，它支持的数据源只有XML和HTML，且在整个学习过程中都需要人工帮助，而且在实际中，它并不能适用于所有的网站（例如带有scripting的网页）。

5.4.3 Text-To-Onto

Text-To-Onto 是 University of Karlsruhe 开发的一个整合的本体学习工具，从初始的核心本体中建立领域本体，它从语言资源中使用知识获取技术和机器学习技术发现概念的结构。开发了各种语言层次间的相互约束来发现新概念和确定概念之间的关系，通过学习和发现概念结构来防止知识获取的瓶颈。

Text-To-Onto 支持半自动化的本体开发，其中定义的本体是基于某个组织内部的相关文档，这种方法的好处是本体创建和使用与文档生成和使用之间有可选的反馈。系统包含四个主要的组成部分：

①本体管理组件。本体工程师使用本体管理组件来手工处理本体。

②资源处理组件。这个组件包含用于发现、输入、分析和转换相关输入数据的广泛技术，它的任务是生成一系列的预处理数据，作为算法库组件的输入。

③算法库组件。这个组件是整个框架的算法骨架，提供了一些算法，用于抽取和维护本体模型中的本体部分。为了能够组合不同学习算法得到的抽取结果，必须将输出规范化，必须使用统一的输出结构。因此它提供了所有学习算法的公共结果结构。

④协调组件。本体工程师使用协调组件与本体学习组件交互以便于处理资源和使用算法库。

Text-To-Onto 可以从多种数据源中获取本体，如自由文本、半结构化数据、词典等，还支持英语和德语的数据源。它能够发现分类和非分类关系，使用基于概念层次聚类法获取分类关系，基于关联规则法获取非分类关系。本系统的核心是使用平衡协作模式的范例（balanced cooperative modeling paradigm）来支持知识工程，有利于本体知识发现。

5.4.4 Hasti

Hasti 是 Amir Kabir University of Technology 开发的基于波斯文本一个本体学习工具。系统从一个小的本体内核出发，通过文本理解来自动构建本体。Hasti 是一个用于实现和测试自动本体构造方法的项目，它从波斯语文本中抽取词汇和本体知识，输入的是波斯文本而输出的是可扩展的词典和本体。

Hasti 的词典起初几乎是空的，是通过学习新单词逐渐增多的。初始的本体是一个小的核心本体，它包括了概念、分类和非分类的概念关系及公理。Hasti 从文本中学习新的本体元素，在现存的核心本体的基础上建立它的本体。在 Hasti 中，输入的文本转化成本体和词典需要经过：形态学分析和语法分析，提取新单词的特征；建立句子的结构；提取概念—关系知识（初始概念）；将初始的概念增加到本体中；本体重组。

Hasti 的结构主要由六部分组成：①自然语言处理器；②工作存储管理器；③知识抽取器；④知识库；⑤词典管理器；⑥本体管理器。

Hasti 将多种本体学习方法应用到不同的组成部分。逻辑方法应用在知识抽取器的推理引擎中，它通过执行一些知识库上的逻辑推理推导出新知识（概念之间的新关系和新定理），还可以通过关系的某些属性发现相关的单词；基于语言学的方法应用在自然语言处理器中，它执行语素的构造分析，处理输入的文本并抽取案例角色；基于模板的方法应用在句子结构和本体元素生成器中；语义分析方法应用到知识抽取器和本体管理器中。学习方法中还使用了启发式学习来减少假设空间，消除不确定性。因此 Hasti 使用的是一种启发式、混合的本体学习方法。

5.4.5 GOLF

GOLF 是浙江大学刘柏嵩博士开发的一个基于分层循环技术的

通用多策略的实验性本体学习系统。其基本思想是：针对 Web 中存在的半结构化数据（包括 HTML 和 XML 文档），基于“术语-概念和实例-概念分类体系-概念间非分类语义关系-规则和公理”的分层学习技术路线，采用模式匹配、关联规则、层次聚类等技术，自动构建本体。

GOLF 系统的体系结构主要分为 4 个部分：

①通用本体学习模块：包括文档的收集和预处理、领域术语及概念抽取、语义关系获取及优化、构建分类层次体系等子模块及相关的算法库和词典库；

②通用本体库：存放本体的基本概念及其分类关系和非分类语义关系；

③本体修剪和评价模块：在本体工程师和领域专家的参与下，评价本体学习算法的性能，推断系统对本体构建的作用，并通过与标准本体的比较评定基于 GOLF 获得的本体的领域覆盖度；

④本体的形式化表示模块：将本体概念及其关系以 OWL 形式加以描述。

在与 Text-to-Onto 的比较中，GOLF 系统呈现出较好的实验结果。

5.4.6 各种工具的比较

以上仅介绍了五种具有代表性的工具，还有其他许多特色的本体学习工具。目前对本体学习工具仍没有统一的评价标准。针对以上本体学习工具的介绍，现将这五种工具进行如下总结，几种本体学习工具都有自己的特点：

①从工具的目标和范围来看：OntoLearn 利用概念和关系来丰富领域本体；OntoBuilder 建议在现有本体的基础上，将新生成的概念增加到本体上；Text-To-Onto 能够获取分类关系和非分类关系；Hasti 主要特点是能够获取本体的公理，目前对获取公理的工具比较少。

②从学习的技术和方法来看：这五种工具使用了不同的学习方法，但使用的学习技术也是互相关联的，并且这些学习技术也是今

后本体学习研究的核心。

③ 从支持的数据源来看：OntoLear 和 Hasti 只支持纯文本的数据源，OntoBuilder 只支持半结构化的数据源（仅 XML 和 HTML），Text-To-Onto 支持的数据源较多。但目前没有一个工具能支持所有数据源，这也是本体学习研究的一个重点。

④从支持的语言来看：OntoLearn、OntoBuilder 和 Text-To-Onto 都支持英语，其中 Text-To-Onto 还支持德语，Hasti 支持的是波斯语。

⑤从开发工具的研究地点来看：国外在本体学习技术的研究比较热，而国内仅仅处于起步阶段，目前还没有能支持中文的本体学习工具。

除了上述具有代表性的系统外，国内外其他多种实用性或实验性的本体学习系统还包括基于文本的 LTG、ASIUM E、MoK Workbench、Welkin、HOLA、OntoGen、OntoLancs 等；基于词典的 SEISD、DODDLE 等；面向中文的有 OntoSphere、SOAT 等。

到目前为止，还没有一个本体学习工具能完全自动地获取本体。有些工具是在使用者的帮助下从预处理的文本中获取概念和关系，有些工具主要是获取语义的词汇知识，但对于获取公理的研究还不是很多，并且没有一个工具能比较使用不同学习技术所获得的结果及准确地评价学习方法。因此，本体学习工具仍需要不断地加以完善。

总之，本体学习技术是实现语义网的关键技术，也是今后构建本体的核心技术。国外现已有许多本体学习方法，并开发了相关的本体学习工具，但在国内本体学习的研究才刚刚起步，很多问题有待探索研究。因此，根据中文语言的特点，开发支持中文的本体学习工具显得尤为重要和迫切。

5.5 叙词本体演化框架 KAON 介绍

王兴在《本体演化方法与机制研究及应用中》为我们介绍了 KAON，具体如下：

KAON（The Karlsruhe Ontology and Semantic Web Framework）是一个开放源代码的软件项目，其开发和维护是由 Karlsruhe 大学的 FZI 和 AIFB 研究中心支持的。KAON 项目的目的是提供一个开源的本体管理基础框架，以促进语义驱动的商业应用软件的发展。它包括一系列使本体的管理和应用变得更为容易的工具组件，包括本体的创建、存储、检索、维护和应用等，KAON 着眼于传统的本体管理和应用技术与典型的商业应用集成。如图 5-2 所示为 KAON 的一些工具组件和 KAON 的体系结构图。

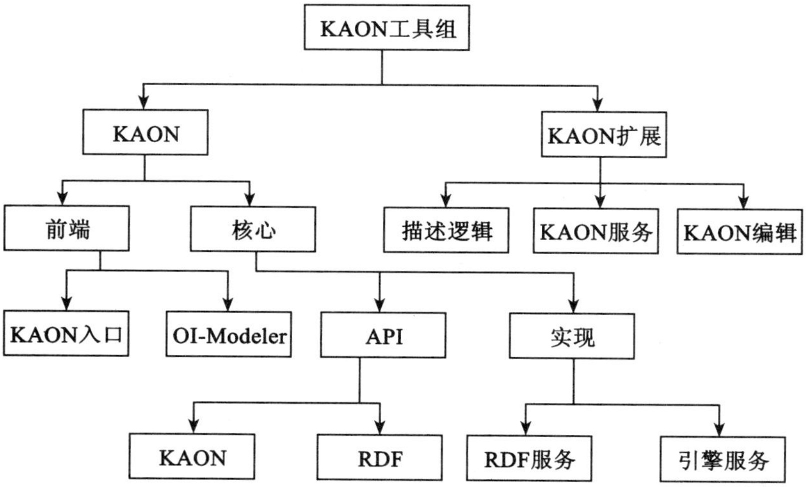

图 5-2　KAON 工具组件图

KAON 的三层体系结构图如图 5-3 和图 5-4 所示。

该体系结构大致分为三层：

应用和服务层（Applications and Services Layer）：利用 KAON API 开发了为各种智能代理提供的多种应用接口。

中间层（Middle Ware）：KAON API 内嵌在 KAON 的三层体系结构中，它负责典型的和业务相关的需求，如持久性、可靠性、事务和并发支持。

数据和远程服务层（Data and Remote Services）：该层实现数据

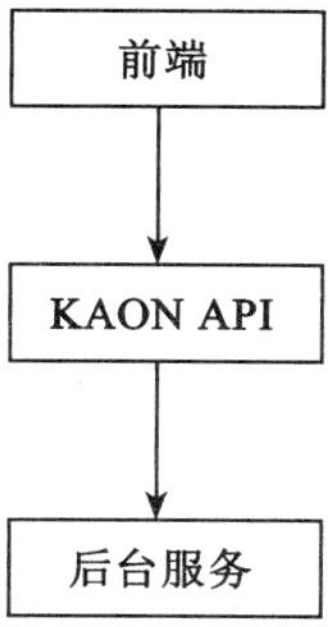

图 5-3　体系结构图

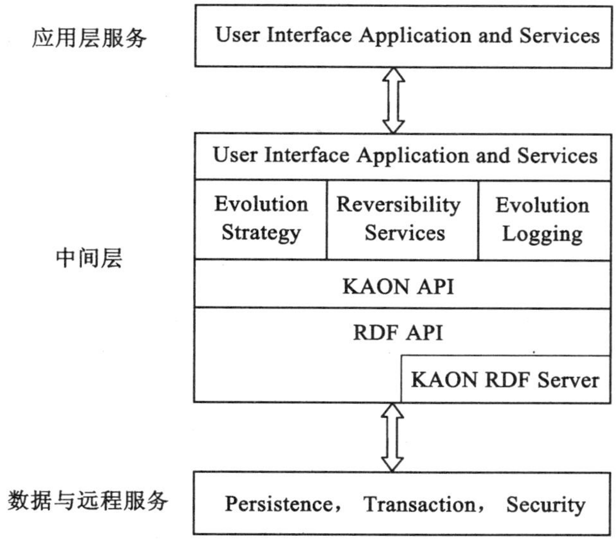

图 5-4　KAON 支持本

的存储，同时提供原子事务的并发控制与更新。

OI-Modeler：它是本体构建和维护的一种工具，该工具可用于编辑大型本体及现有本体合并等。它还支持多人同时构建同一本体，其后台支持是 KAON API 和 RDF API，提供了方便的添加概念、属性、实例和词间关系的方法。它以图形方式直观地表示信息，可以输出标准的 RDF 数据格式，使得其数据可被其他标准软件重用和共享。

KAON API：KAON 最核心的模块是 KAON API，它内嵌在KAON的三层概念体系结构中，包括 RDF API 和 KAON API，它提供了许多对本体进行创建和管理的模块。例如，接口 Eoneept、Property 和 Instance，它们分别包含访问本体概念、属性和实例的方法。提供了本体的编辑和存储机制，支持本体演化、本体访问和处理程序，存储机制包括 RDF 模型或关系数据库模型。

RDF API 提供了使用 RDF 模型的程序。包括模块化、RDF 解析器（Parser）、RDF 串行器（Serializer）等加工处理程序。RDF API 允许使用 RDF 知识库，它为 KAON API 提供了最初的记忆储藏机制，而且被 RDFServer 连接使用，从而实现多用户对 RDF 知识库的加工和使用。RDF API 还包含一个 RDF 解析器，其符合 RDF 标准，RDF API 的串行器可以编写 RDF 模型。

另外，这套 API 中还包括其他一些用于本体管理和演化的重要元素：演化策略（evolution strategy）负责维护本体状态的一致性，禁止不合法的变更操作。

变化可逆性（change reversibility）在演化日志中记录本体的变化，以便在必要的时候按照使用者的要求取消这些变化，使其恢复到以前的状态。演化日志的核心是一个演化本体，它记录了发生什么变化，为什么变化，何时变化，由谁改变，以及怎么变化等内容。

并发冲突检测（concurrency conflict detection）负责检测和解决由不同使用者并发的更新操作所引起的冲突。例如，一个使用者更新了本体，必须通知其他使用者本体以及改变，相应地，如果一个使用者试图用陈旧的信息更新本体，则必须检测到由此引起的冲突。为了实现原子性（atomicity），所有的更新操作都在一个事务内完成。

优化装载（optimized loading）指在一次请求中读取，或者向客户端传输几个本体实体，这极大地提高了系统的性能。

查询回复（query answering）指按照给定的标准定位元素，这是实现可变系统的关键。

演化日志（evolution logging）记录了本体发生的一系列变更，以便于根据用户的请求来做恢复操作，同时，它也可以用在分布式环境中的本体演化。

KAON API 在实现上有几种形式，每种都用到了不同信息存储机制。其中的一种实现形式是基于 RDF API 的，允许访问 RDF 资源库。虽然它也提供了访问远端 RDF 库的能力，如 RDF Server，但它主要用于管理保存在文件中的本地 RDF 本体。

6 叙词本体信息源获取

为了更好地研究叙词本体演化，首先就是要有效地获取本体的信息来源。在本章我们将讨论网络信息源获取相关方面的问题。主要从信息检索的角度介绍网络爬虫原理，比较两个国外经典的开源网络爬虫项目 Nutch 和 Heritrix。在本章的后半部分，我们用 Java 语言编写了一个针对 CNKI 数据库的下载器，为后面的本体概念抽取和关系抽取做好准备。

6.1 网络爬虫原理

进入 21 世纪以来，科技的进步特别是互联网技术飞速发展，使我们的生活更加便利。网络已经成为我们生活中不可或缺的重要工具。但与此同时，海量的无序信息使我们获取有用信息更加困难。我们怎样才能高效地利用网络获取信息满足我们的需求呢？随着信息检索技术不断进步，特别是一些优秀的搜索引擎的出现，给用户带来了许多方便。对信息检索以及相关技术，如情感挖掘、语义消歧、垂直检索、语义网等技术的研究与实践都不断深入。用户有了更加多元的方法进行信息检索。尽管技术发展日新月异，但各大搜索引擎都需要网络爬虫这一关键技术来获取信息源。下面我们将介绍网络爬虫技术。

6.1.1 网络爬虫定义

网络爬虫（WebCrawler）是一个计算机程序或脚本。它的主要工作就是从互联网上有序地、自动地采集信息。根据不同人的习惯，WebCrawler 还有一些别称，如 ants、automatic indexers、bots、worms 和 Web spider。

WebCrawler 是按照特定策略自动执行的程序或脚本，可以实现对互联网的遍历和信息采集。采集的过程称为 Web Crawling。许多网站，特别是一些搜索引擎如 Yahoo、Google 等，就是利用这个信息采集过程来获取最新的数据。采集通常从一个初始的 URL 集合开始，通过 HTTP、HTTPS 等 Web 协议，依次访问链接指向的页面，并自动提取 Web 页面上的链接，将它们放到待采集的队列中，实现从一个网页向另一个网页的爬取，直到实现采集器定义的停止策略才停止爬取。

6.1.2 网络爬虫基本原理

网络爬虫现在已经广泛地应用到各大搜索引擎网站，尽管主流搜索引擎如 Baidu、Google 等在搜索策略中参数的设置有些差异，导致对同一关键词进行检索得到的结果排序有所不同，但是他们所利用的网络爬虫的基本原理是一致的。

一个典型的网络蜘蛛工作的方式为：查看一个网页，并从中找到相关信息，然后它再从该页面的所有连接中出发，继续寻找相关的信息，以此类推。网络蜘蛛在搜索引擎中的位置如图 6-1 所示。

初始化时，网络蜘蛛一般指向一个 URL（Uniform Resource Locator）池。在遍历 World Wide Web 的过程中，按照深度优先、广度优先或其他启发式算法从 URL 池中取出若干 URL 进行处理，同时将没有被访问过的 URL 放入 URL 池中，这样处理直到 URL 池为空为止。对 Web 文档的索引则根据文档的标题、首段落甚至整个页面内容进行，这取决于搜索服务的数据收集策略。网络蜘蛛在爬行过程中，根据页面的标题、头、链接等生成摘要放在索引数据库中。如果是全文搜索，还需要将整个页面的内容保存到本地数据库。

为了能够快速浏览整个互联网，通常网络蜘蛛采用抢先式多线

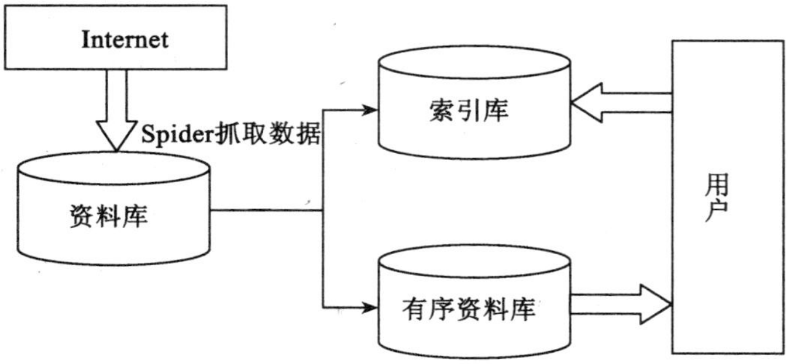

图 6-1　网络蜘蛛在搜索引擎中的位置

程技术实现网络信息的搜索。通过抢先式多线程的使用，就能索引基于 URL 链接的 Web 页面。启动一个新的线程，网络蜘蛛就可以追踪一个新的 URL 链接。当然在服务器上所开的线程也不能无限膨胀，需要在服务器的正常运转和快速收集页面之间找到一个平衡点。

6.1.3　网络爬虫搜索策略

目前，网络有几个主要特点使得我们搜索数据非常困难。

（1）超大数据容量；

（2）数据更新迅速；

（3）动态页面生成。

由于网络数据容量巨大，网络爬虫在有限的时间内只能下载所浏览过的页面的一部分。这使得网络爬虫必须采取有优先次序的下载方式。由于网络数据更新十分迅速，网络爬虫目前正在下载的某一网站的最新数据，很可能已经有更新的数据添加到此网站，或者这个网页已经更新或者被删去。

服务器端软件生成新页面的数量多，网络爬虫很难避免检索重复的内容。在近似无穷多的 HTTP GET（基于 URL 的）参数组合中，只有很少一部分能返回唯一的内容。例如，一个简单的在线相册可能由 HTTP GET 参数在 URL 里指定给用户提供 3 种选择。如果有四种方式分类这些图像，3 种缩略图选择，2 种文件格式和一种取消用户提供的内容的选择，相同的内容集可能被 48 种不同的 URL 链接到，而这些链接可能都链到这一网站。

网络爬虫在抓取网页时，有两种最基本的搜索策略：深度优先搜索策略和广度优先搜索策略。为了更好地解释网络爬虫的搜索策略，我们把互联网看作一个有向图，将每个网页看作图的节点，将页面中的超链接看作图的有向边，这样，网络爬虫就仿佛是使用有向图遍历法对网页进行遍历（见图 6-2）。

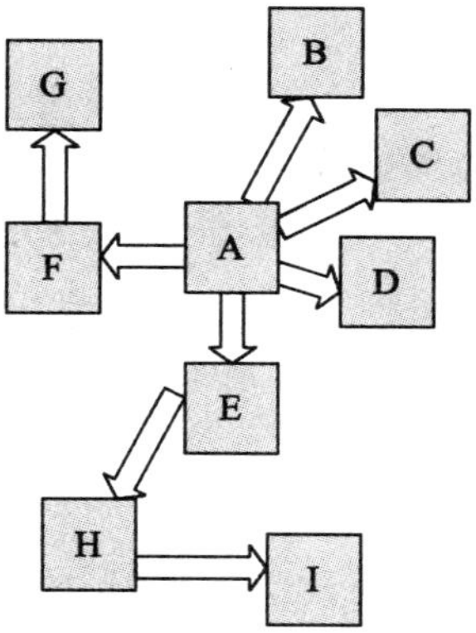

图 6-2　遍历图

6.1.3.1　深度优先搜索策略

深度优先搜索是一种早期的网络爬虫使用较多的搜索策略，是指网络爬虫从起始页开始，一个链接接一个链接地跟踪下去，处理完一条线路之后再转入下一个起始页，继续跟踪链接。当不再有可选的超链时，说明搜索已经结束。例如，在上面的图中，A 为起始网页，然后搜索到 A 的下一个链接 F，然后蜘蛛继续搜索 F 的下一个链接 G，直到 G 没有下一链接；蜘蛛转到 A 的下一个链接 E，然后是 H 和 I；到达 I 之后没有链接了，蜘蛛转到 A 的其他链接继续搜索 BCD，最后完成图的遍历。这种方法的优点是网络蜘蛛在设计的时候比较容易，而且能遍历一个 Web 站点或深层嵌套的文档集合；缺点是因为 Web 结构相当深，有可能造成一旦进去，再也出不来的情况发生。

6.1.3.2 广度优先搜索策略

广度优先是指网络蜘蛛会先抓取起始网页中链接的所有网页，然后再选择其中的一个链接网页，继续抓取在此网页中链接的所有网页。例如，在图 6-2 中 A 为起始网页，然后蜘蛛遍历 A 的所有下层链接 BCDEF；然后搜索这一层网页的所有下层链接作为下一次的抓取对象，这样下去，直到完成所有层的抓取。这也是搜索引擎最常用的方式，因为这个方法可以让网络蜘蛛并行处理，既提高了抓取速度，也保证了对浅层的首先处理。当遇到一个无穷尽的深层分支时，不会导致陷进 WWW 中的深层文档中出不来的情况发生。广度优先搜索策略还有一个优点，即它能在两个 HTML 文件之间找到最短路径。广度优先搜索策略通常是实现 Crawler 的最佳策略，因为它容易实现，而且具备大多数期望的功能。但是如果要遍历一个指定的站点或者深层嵌套的 HTML 文件集，用广度优先搜索策略则需要花费比较长的时间才能到达深层的 HTML 文件。

除了以上两种最基本的搜索策略，现在的主流搜索引擎大多根据链接价值评价的不同方法，采用了基于回报价值的搜索策略。而基于回报价值的搜索策略又可分为两大类：基于立即回报的搜索策略和基于未来回报价值的搜索策略。前者评价链接价值的依据主要是在搜索过程中“在线”获得的信息，如已访问页面中的文本信息、链接周围的文本信息和页面之间的结构信息等，它又可分为基于内容评价的搜索策略和基于链接结构评价的搜索策略；后者评价链接价值时，主要依据经预先训练而获得的某些“经验信息”，用于对远期回报的预测。

6.1.4 网络爬虫基本结构

在了解网络爬虫的基本原理之后，本节将着重介绍其基本结构。由于在搜索引擎中占有很重要地位，网络爬虫的结构和实现的细节均为各大搜索引擎的商业秘密，我们参照 WikiPedia 中关于网络爬虫的解释和整体架构图（见图 6-3），将网络爬虫程序分为：调度器、URL 管理器、多线程下载器、URL 提取器等。

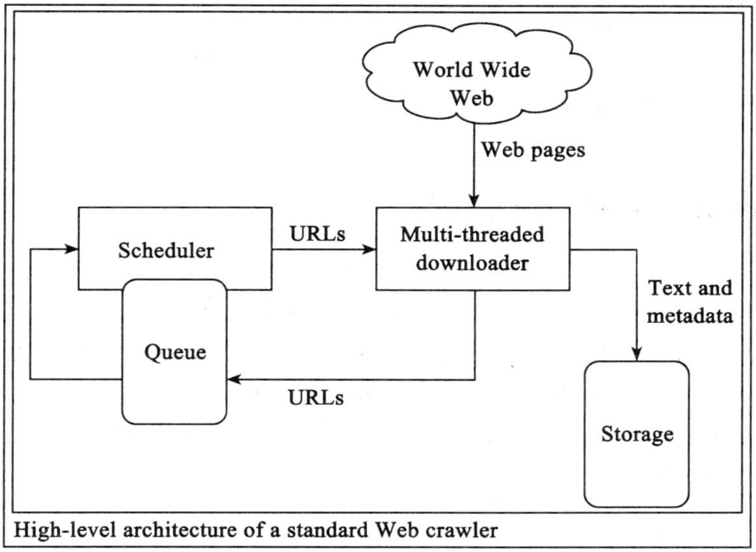

图 6-3　网络蜘蛛程序的基本框架结构

其中调度器负责整个网络蜘蛛的管理，是程序的中枢，包括链接管理器的管理、多线程的管理、链接提取器的管理等。

链接管理器主要负责 URL 队列的管理。网络蜘蛛共使用了四个链接队列对所有链接加以管理。分别是：等待队列，即等待被处理的 URL 队列，链接提取器中提取的 URL 判断未被访问之后被加入这个队列；处理队列，即正在被处理的 URL 列表队列；完成队列，URL 被正常处理后，被移送到完成队列；错误队列，处理错误的 URL 将被放入该队列。同一时间一个 URL 只能在一个队列中，这也被称为 URL 的状态。

多线程下载器和链接提取器主要负责网页的下载和解析，两者关联十分紧密。下载器下载了网页文件之后，便要对其进行链接提取，链接的形式主要分为文字链接和图片热区链接，可以用相关的HTML解析器完成，亦可自己构建规则表达式匹配。

通过对网络蜘蛛程序的分析，发现其瓶颈在于发送请求和接受网页的网络传输过程的等待时间，可以使用多线程来提高效率，消除瓶颈。多线程在优化程序的性能时，也带来了另外的线程同步和多线程管理的问题，因此网络蜘蛛还需要设立多线程管理器，负责多个线程的整体监控和调度。

6.2 开源项目分析

目前已经有了不少开源的网络爬虫项目，如 Heritrix、SpiderPy、WebSPHINX、Nutch 等，它们都有各自的特点。本节我们从介绍 Lucene 工具包开始选取 Nutch 和 Heritrix 两个开源项目进行介绍、分析和比较，目的是为了更好地学习优秀开源项目的设计思想，设计自己的网络信息抓取程序。

6.2.1 Lucene 概述

Lucene 是 Apache 软件基金会 Jakarta 项目组的一个子项目，它是一个高性能的、可扩展的信息检索工具库。你可以把它融入应用程序中以增加索引和搜索功能。Lucene 是一个纯 Java 实现的成熟、自由、开源的软件项目；它是备受程序员欢迎的开源组织 Apache Jakarta 的成员项目，基于 Apache 软件许可协议的授权。因此，近年来，Lucene 已经成为最受推崇和青睐的 Java 开源信息检索工具库。

Lucene 提供了一套简单却十分强大的核心 API，而使用它们时并不需要用户对全文索引和搜索的机制有很深的理解。若要把 Lucene 集成到应用程序中，用户只需掌握 Lucene 中少数的几个类。Lucene 能够为文本类型的数据建立索引，如果使用 Lucene 对自己的文档进行索引和搜索，你只需把要索引的文档格式转化为文本格式。比如你要对 HTML 文档、PDF 文档或者 Word 文档进行索引，首先要把 HTML 文档、PDF 文档或者 Word 文档转化成文本格式，这样 Lucene 就可以对文本格式的文档进行索引，然后把创建好的索引文件保存到磁盘或者内存中，最后根据用户输入的查询条件在索引文件上进行查询。若不指定要索引的文档格式，Lucene 几乎能够适用于所有的搜索应用程序。图 6-4 反映的是搜索应用程序和 Lucene 之间的关系，也反映了利用 Lucene 构建搜索应用程序的流程。

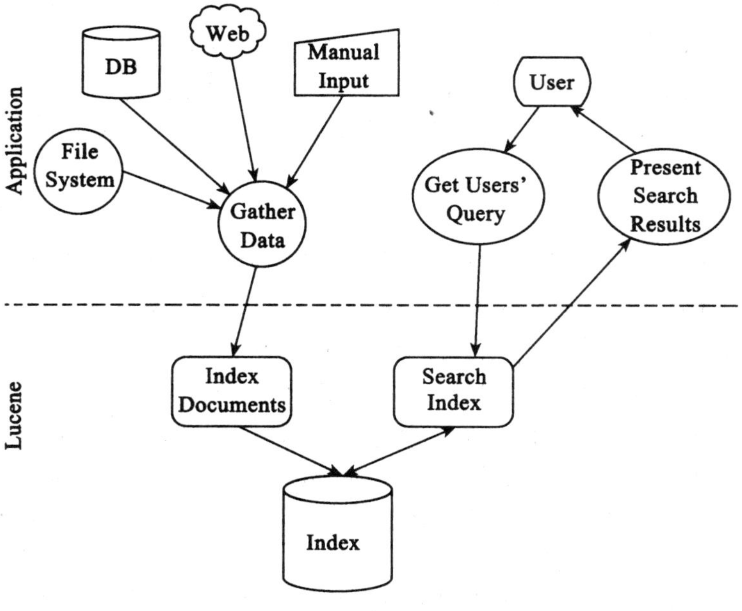

图 6-4　搜索应用程序和 Lucene 之间的关系

6.2.2　Nutch 概述

Nutch 是一个开放源代码的 Web 搜索引擎，是以 Lucene 为基础实现的搜索引擎应用程序，Lucene 为 Nutch 提供了文本索引和查询服务的API，而Nutch在Lucene的基础上实现了网页收集，它提供了我们运行自己的搜索引擎所需的全部功能。Nutch致力于让每个人能很容易地只花费不多的时间就可以配置世界一流的Web搜索引擎。Nutch的功能相当地强大，Nutch可以每个月抓取几十亿网页；为这些网页维护一个索引；对索引文件进行每天上千次的搜索；提供高质量的搜索结果；还能以最小的成本运作。

Nutch的作者是Doug Cutting。他是一位资深全文索引/检索专家，曾经是V-Twin搜索引擎（Apple的Copland操作系统的成就之一）的主要开发者，Lucene也是他的作品，后在Excite担任高级系统架构师，目前从事一些Internet底层架构的研究。他贡献出Lucene的目标是为各种中小型应用程序加入全文检索功能。

Nutch的安装分为3个层次：基于本地文件系统，基于局域网，或者基于Internet。不同的安装方式具有不同的特点。之所以受到全世界众多信息检索开发者的青睐，主要是因为Nutch具有3大特点：

（1）透明度高

Nutch是开放源代码的，所以任何人都可以查看它的排序算法是如何工作的。而商业搜索引擎的排序算法是商业秘密，是保密的。某些商业搜索引擎网站为了获取更多的利益，采用竞价排名，这样使得索引结果并不是和站点的内容相关的。用户检索信息的效率受到了一定的影响。而Nutch具有完全的透明度，是Nutch成为学术搜索和政府类站点检索的一个很好选择。因为对学术研究者来说一个公平的排序结果是十分重要的。

（2）扩展性好

如果不喜欢其他搜索引擎提供的搜索结果，我们完全可以自己动手用Nutch建设自己的搜索引擎。Nutch是非常灵活的，它的扩展性不错。Nutch可以很好地被用户定制并集成到用户自己的应用程序中。使用Nutch的插件机制，Nutch可以作为一个搜索不同信息载体的搜索平台。

（3）理解搜索引擎的模板

Nutch的源代码是开放的，作为搜索引擎的研究者与开发者，我们可以将 Nutch 作为学习搜索引擎不错的模板。通过研究 Nutch，可以了解一个大型分布式的搜索引擎是如何工作的。Nutch 的魅力还在于它吸引了许多研究者去尝试开发新的搜索算法。

6.2.3 Nutch 的基本结构

根据苏晓珂等学者的研究，Nutch 的系统结构如图 6-5 所示，总体上 Nutch 可以分为两个部分：抓取部分和搜索部分。抓取程序抓取页面并把抓取回来的数据做成倒排索引，Nutch 采用了 Lucene 进行全文索引，同时，Nutch 采用了 pagerank 算法对网页进行排序（进行局域网爬行的时候 Nutch 自动省略了这一操作）。搜索程序则对倒排索引搜索回答用户的请求。抓取程序和搜索程序的接口是索引。两者都使用索引中的字段，实际上搜索程序和抓取程序可以分别位于不同的机器上。

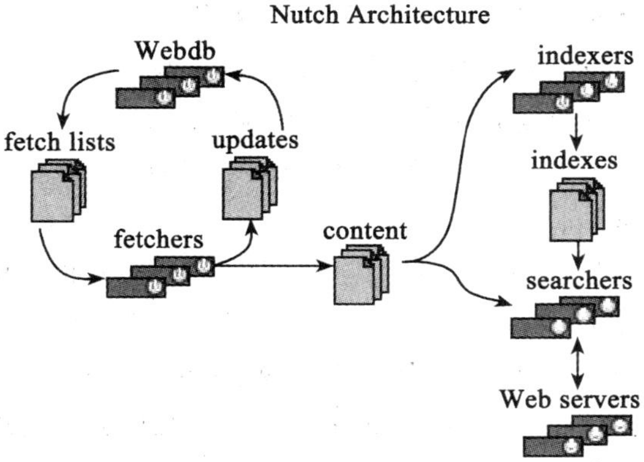

图 6-5　Nutch 架构示意图

我们重点分析 Nutch 的抓取部分，它是由 Nutch 的抓取工具驱动的。这组工具用来建立和维护几个不同的数据结构：Webdb，segment，index。

（1）Webdb

Webdb 是一个用来存储页面和链接两种实体的数据结构，保存被抓取网站数据的结构和属性，只被抓取程序使用。页面实体表示网络上的一个网页，这个网页的 URL 作为标识被索引，同时建立一个对网页内容的 MD5 哈希签名，跟网页相关的其他内容也被存储，主要包括：页面中的链接数量（外链接）、页面抓取信息（在页面被重复抓取的情况下）、表示页面级别的分数 Score。链接表示从一个网页的链接到其他网页的链接。因此 Webdb 可以说是一个网络图，页面作为节点，链接是边。

Webdb 由以下数据组成：

①爬行数据库（crawdb）：包括所有 Nutch 已知的 URL，以及关于此 URL 的信息，如这个 URL 是否被爬过，如果被爬过，被爬的时间会被记录在数据库中。

②链接数据库（linkdb）：这里面包含的信息是每个 URL 已知的链接信息。

Webdb 里有 4 个文件，在物理视图上是文件夹：

pagesByURL：按 URL 排序的 page 对象数组

pagesByMD5：按 MD5 排序的 page 对象数组

linksByURL：按 URL 排序的 Link 对象数组

linksByMD5：按 MD5 排序的 Link 对象数组

（2） segment

segment 是被索引的网页集合。每个 segment 由 fetchlist、fetcher、content、parse_data 和 parse_text 五个文件夹组成，如果建立了索引就是 6 个文件夹，其中每个文件夹是一个 ArrayFile 对象。fetchlist 文件夹保存的是从 Webdb 中生成的抓取程序使用的 URL 列表。fetcher 文件夹保存的是抓取状态信息，输出数据是从 fetchlist 中抓取到的网页。fetcher 的输出数据先被索引，索引后的结果存储在 segment 中。content 文件夹保存抓取回来的网页内容，包括 http 头信息和其他元信息。搜索时，如果选查看缓存页面，就从此处读数据。parse_data 文件夹保存的是从网页中解析出来的一些数据，例如元数据。parse_text 文件夹保存从网页中解析出来的文本数据。segment 的生命周期是有限制的（默认的重新抓取间隔是 30 天），当下一轮抓取开始后它就没有用了。因此可以删除超过这个时间期限的 segment，而且也可以节省不少磁盘空间。segment 的命名是日期加时间，因此很直观地可以看出他们的存活周期。

(3) index

索引系统中所有被抓取的页面，它并不直接从页面产生，而是合并很多小的 segment 的索引。Nutch 使用 Lucene 来建立索引，但 Lucene 和 Nutch 的 segment 概念是完全不同的。简单来说 Lucene 的 segment 是 Lucene 索引库的一部分，而 Nutch 的 segment 是 Webdb 中被抓取和索引的一部分。

抓取是一个循环的过程：抓取工具从 Webdb 中生成一个 fetchlist 集合，根据 fetchlist 从 Web 上下载网页内容，若抽取工具发现有新链接就更新 Webdb，然后再生成新的 fetchlist，周而复始。这个抓取循环又被称为：generate/feteh/update 循环。

通常同一域名下的 URL 链接会被合成到同一个 fetchlist。当同时使用多个工具抓取的时候，这样做就不会产生重复抓取的现象。Nutch 遵循 RobotsExClusion 协议，可以用 robots. txt 定义保护私有网页数据不被抓去。

此抓取工具的组合是 Nutch 最外层的，也可以直接使用更底层的工具。上述过程分别详述如下：

①创建一个新的 Webdb。

②把开始抓取的根 URL 放入 Webdb。

③从 Webdb 的新 segment 中生成 fetchlist。

④根据 fetchlist 列表抓取网页的内容。

⑤根据抓取回来的网页链接 URL 更新 Webdb。

⑥重复上面步骤③~⑤直到达到指定的抓取层数。

⑦用计算出来的网页 URL 权重 scores 更新 segments。

⑧对抓取回来的网页建立索引。

⑨在索引中消除重复的内容和重复的 URL。

⑩合并多个索引到一个大索引，为搜索提供索引库。

图 6-6 是 Nutch 的工作流程图。

在创建了一个新的 Webdb 后，抓取循环 generate/fetch/update

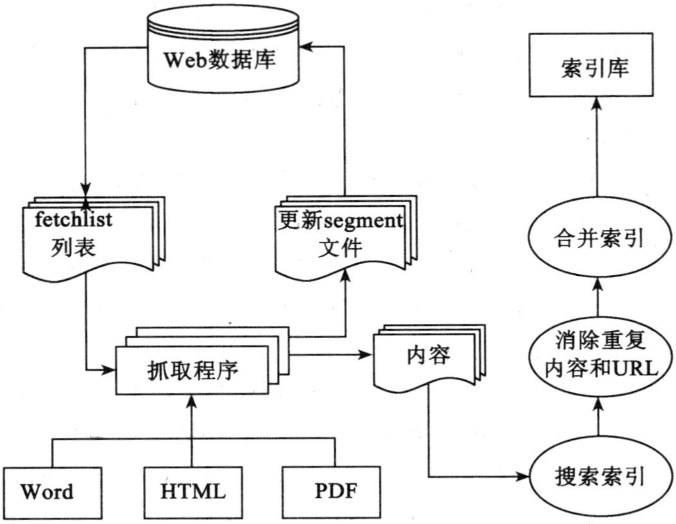

图 6-6 Nutch 工作流程图

就根据第二步指定的根 URL 在一定周期下自动循环了。抓取循环结束后，生成一个最终的索引（第⑦步到第⑩步）。第⑧步中每个 segment 的索引都是单独建立的，之后才消重（第⑨步）。第⑩步就大功告成，合并单独的索引到一个大索引库。

Dedup 工具可以从 segment 的索引中去除重复的 URL。因为 Webdb 中不允许重复的 URL，也就是说 fetehlist 中不会有重复的 URL，所以不需要对 fetchlist 执行 dedup 操作。默认的抓取周期是 30 天，如果已经生成的旧 fetch 没有删除，而又生成了新的 fetch，还是会出现重复的 URL 的。当只有一个抓取程序运行的时候是不会发生上述情况的。

在爬虫中，抓取是最主要的操作，其作用就是抓取网页，但抓取的单位不是单个网页，而是同属于一个 segment 的网页集合。下面我们仔细分析下 fetcher 类。

Run（）函数逐个实例化抓取线程 FetcherThread 类，然后触发各个线程的 start（）函数，在其初始化 threadCount 个线程并等待线程结束后或者出现大的异常后，此函数调用 close（）结束输入输出流。

FetcherThread 是 fetcher 类的一个内部类，它继承于 Java. lang, Thread 类，只有一个实体方法 run（）和三个静态函数：handleFetch（），handleNoFetch（），logError（）。

FetcherThread. run（）将实例化一个名为“fle”新的 FetchListEntry 实例，然后执行以下循环：

①如果出现错误，记录并退出循环。

②从 fetchList 中取得下一个 URL 集，如果取得结果为空，退出循环。

③从 FetchListEntry 解析出 URL。

④如果 FetchListEntry 没有被标记为“fetch”（未抓取此 URL 的网页），调用 this. handleNoFetch（）函数，设置 status = 1。然后逐步执行：

取得此 URL 的 MDS 摘要；

建立 FetcherOutput（fle，hash，status）；

建立空的 Content、ParseText 和 ParseData 对象；

利用这些对象调用 Fetcher. outputPage（）函数。

⑤如果标记为“fetch”（已抓取此 URL 的网页），调用 ProtoeolFactory 并取得符合此 URL 的协议和内容对象。

⑥调用 this. handleFetch（url，fle，content），然后逐步执行：

调用符合此内容类型的 ParserFactory. getParser（）；

执行 parser. getParse（content）；

利用新建立的 FetcherOutput 和 URL 的 MD5 摘要，产生的内容对象和已解析的 ParseText 调用 Fetcher. outputPage（）函数。

⑦循环 100 次，在 log 中记录。

⑧捕捉各种小的异常以及记录写入 log 文件。

6. 2. 4 Heritrix 概述

Heritrix 是一个由 Java 开发的开源 Web 网络爬虫，用户可以使用它从网络中抓取需要的资源。可扩展性是 Heritrix 最大的特色，开发者可以根据自己的抓取逻辑扩展 Heritrix 的各个组件。如此一来，Heritrix 的可用性大大增强。这也是 Heritrix 受到广大开发爱好者青睐的重要原因。具体地讲，Heritrix 的可扩展性表现在以下四个可扩展点：

（1）定制自己的 Extractor 处理器

Extractor 用来解析各种 URL 的返回内容，分析提取新的 URL 加入到候选队列中。

（2）扩展 FrontierScheduler

FrontierScheduler 是用来决定最终哪些类型的 URL 将被滤掉，哪些将被保留下来。

（3）定制链接制造器 BdbFrontier 的 URL 散列算法

由于 BdbFrontier 链接制造器的数据存储是基于近似哈希 Key/Value 方式保存的，它在构造 BdbMultipleWorkQueues 时会将一连串链接放在一起形成队列，并赋予一个 Key。该 Key 值的计算在默认 Heritrix 配置中是选择用 HostName 或 IP 生成策略的，因而在聚焦于个别网站抓取时，会产生只有一个线程工作的情况。因为每个线程从一个很长的队列中取出头部链接后，该队列进入阻塞状态，要直到此链接处理完后才恢复。所以，实际运用时，需求继承 QueueAssignmentPolicy 抽象类，实现一个有效的散列算法策略类，并配置到 heritrix. properties 中去。

（4）robots. txt 对个别 Processor 的影响

遵循 robots. txt 附加协议的聚焦爬虫不但牺牲了抓取速度，而且可能受到抓取目标站点的限制，因此在实际应用中，根据实际情况把相关的 Processor 中对 robots 的处理注释掉。

6. 2. 5 Heritrix 框架

为了更好地分析 Heritrix，我们从其框架入手进行详细分析。按照刘运佳等学者的研究，Heritrix 的框架如图 6-7 所示。

图 6-7 中的主要组件有：

Web Administrative Console：Web 控制台

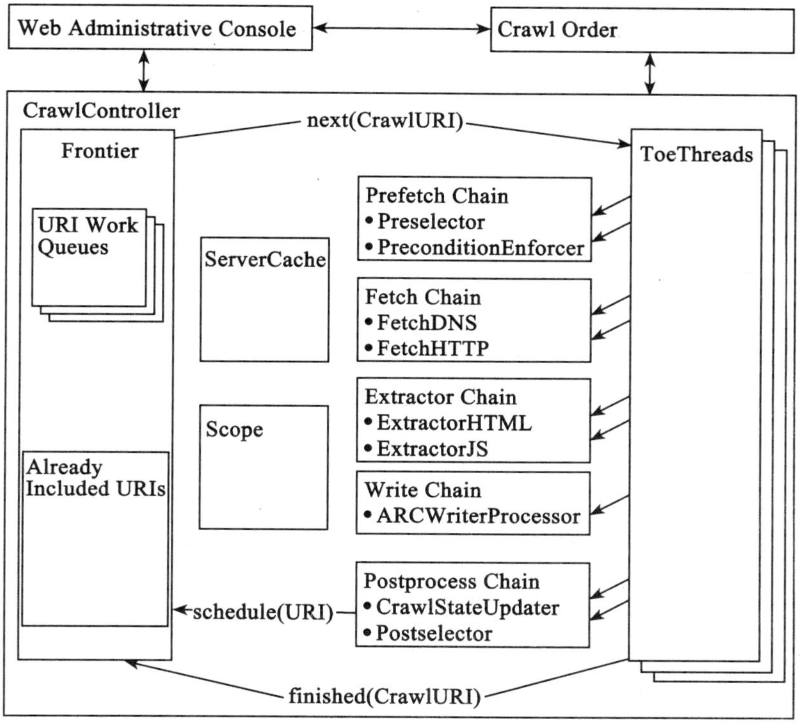

图 6-7　Heritrix 框架

CrawlOrder：抓取任务控制器

CrawlController：中央控制器

Frontier：链接制造工厂

CrawlURI：抓取的 URI

URI Work Queues：URI 工作队列

Already Included URIs：已抓取的 URI

Prefetch Chain：网络传输协议预解析链

Fetch Chain：网络传输协议解析链

Extractor Chain：内容解析链

Writer Chain：内容记录器链

Postprocess Chain：结束处理器链

6.2.5.1 抓取任务 CrawlOrder

CrawlOrder 类是整个抓取工作的起点，一次抓取任务包括许多的属性，建立一个任务的方式有很多种，最简单的一种就是根据默认的 order. xml 来配置。在内存中，order 使用 CrawlOrder 这个类来进行表示。在其 API 文档中 CrawlOrder 的继承关系如下：

```
Class CrawlOrder
java.lang.Object
    --javax.management.Attribute
      --org.archive.crawler.settings.Type
        --org.archive.crawler.settings.ComplexType
          --org.archive.crawler.settings.ModuleType
            --org.archive.crawler.datamodel.CrawlOrder
```

由以上继承关系可知，CrawlOrder 继承自一系列与属性设置相关的基类。它的最顶层基类是一个 JMX 中的类：javax. management. Attribute，这个类可以动态反映出 Java 容器内某个 Bean 的属性变化情况。

在 Heritrix 的 org. archive. crawler. settings 包下有一个 XMLSettingsHandler 类，很好地支持了对 order. xml 的读取。

```
public XMLSettingsHandler (File orderFile) throws
InvalidAttributeValueException
```

在 XMLSettingsHandler 的构造函数中，其所传入的参数 orderFile 是一个经过对象封装的 order. xml 的 File。这样，就可以创建一个读取 order. xml 的 XMLSettingsHandle 实例。当一个 XMLSettingsHandler 的实例被创建后，可以通过 getOrder（）方法来获取 CrawlOrder 的实例，这样也就可以进行下一步的工作了。

6.2.5.2 中央控制器 CrawlController

中央控制器是一次抓取任务中的核心组件，决定整个抓取任务的开始和结束。CrawlController 位于 org. archive. crawler. framework

中，通过它的 Field 声明，可以看出，它定义了以下几个组件：

CrawlOrder：它保存了对该次抓取任务中，order. xml 的属性配置。

CrawlScope：这是决定当前的抓取范围的一个组件。

ProcessorChainList：从名称上很明显就能看出，它表示了处理器链。

Frontier：一次抓取任务需要设定一个 Frontier，以此来不断为其每个线程提供 URI。

ToePool：这是一个线程池，它管理了所有该抓取任务所创建的子线程。

ServerCache：这是一个缓存，它保存了所有在当前任务中，抓取过的 Host 名称和 Server 名称。

以上组件应该是完成一次正常的抓取过程中所必需的几项，它们各自的任务独立，分工明确，但在后台运行过程中，它们之间相互联系、相辅相成，彼此互相作为构造函数或初始化的参数传入。

我们可以通过 CrawlController 中的构造函数来构造一个 CrawlController 实例。在构造实例并进行抓取任务时，其步骤如下：

①构造一个 XMLSettingHandler 对象，将 order. xml 内的属性信息装入。

②调用 CrawlController 的构造函数，构造一个 CrawlController 实例。

③调用 CrawlController 的 intialize（SettingHandler）方法，初始化 CrawlController 实例，将第一步构造的 XMLSettingHandler 实例作为参数传入。

④开始运行，调用 CrawlController 的 requestCrawlStart（）方法，就可以启动线程池和 Frontier，然后就开始不断地抓取网页。

上述过程如图 6-8 表示。

在 CrawlController 的 initialize（）方法中，Heritrix 主要做了以下几件事：

①从 XMLSettingsHandler 中取出 Order。

②检查了用户设定的 UserAgent 等信息，看是否符合格式。

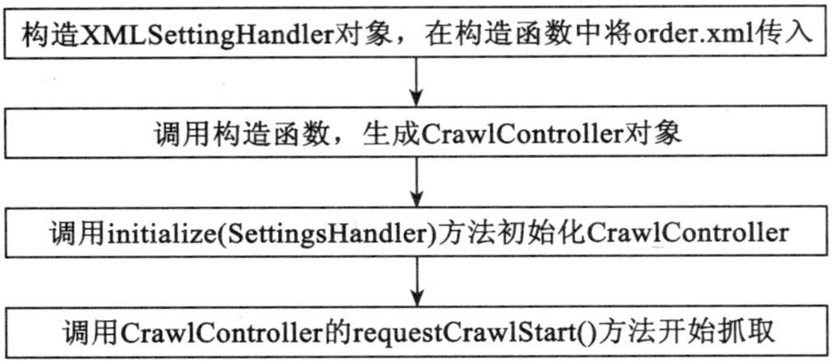

图 6-8　构造 CrawlContronller 实例并启动抓取任务

③设定了开始抓取后保存文件信息的目录结构。

④初始化了日志信息的记录工具。

⑤初始化了使用 Berkley DB 的一些工具。

⑥初始化了 Scope、Frontier 以及 ProcessorChain。

⑦最后实例化了线程池。

在正常情况下，CrawlController 的初始化执行顺序不能随意改动，因为后一项功能的初始化很有可能需要前几项功能初始化的结果。

6.2.5.3　Frontier 链接制造工厂

Frontier 表示一种为线程提供链接的工具，它通过一些特定的算法来决定哪个链接被送入处理器链中，并负责一定的日志和状态报告功能。Frontier 的部分源代码如下：

```
……
List pendingURIs = new ArrayList( );
List prerequisites = new ArrayList( );
Map alreadyIncluded = new HashMap( );
CrawlController controller;
boolean uriInProcess = false;
……
public synchronized void schedule( CandidateURI caURI) {
        if ( ! alreadyIncluded. containsKey ( caURI. getURIString
( ) ) ) {
```

```
        if(caURI.needsImmediateScheduling()){
            prerequisites.add(cdURI);
        }else{
            pendingURIs.add(caURI);
        }
        AlreadyIncluded.put(caURI.getURIString(),caURI);
    }
}
……
```

首先,Frontier 使用了两个 ArrayList 来保存链接,第一个 pendingURIs 保存的是等待处理的链接,第二个 prerequisites 中保存的是优先级高于 pendingURIs 里的链接。通常,在 prerequisites 中保存的都是如 DNS 之类的链接,只有当这些链接被首先解析后,其后续的链接才能够被解析。

除了这两个 ArrayList 外,在 Frontier 中还有一个名称为 alreadyIncluded 的 HashMap。它用于记录已经被处理过的链接。当调用 Frontier 的 schedule()方法来加入一个新的链接时,Frontier 先检查这个链接是不是已经被处理过。同时,在 schedule()方法中还加入了一些逻辑,用于判断当前要进入队列的链接是否属于需要优先处理的,如果是,则置入 prerequisites 队列中,否则,就简单地加入 pendingURIs 中即可。

Frontier 中还有两个由抓取的线程来完成的方法,next()和 finished()。Next()方法是从等待队列中取出一个链接并返回,然后抓取线程会在它自己的 run()方法中完成对这个链接的处理。而 finished()方法则是把整个处理过程中解析出的新的链接加入队列中,并且在处理完当前链接后,将之加入 alreadyIncluded 这个 HashMap 中去。

6.2.5.4 多线程 ToeThread 和 ToePool

Heritrix 提供了一个标准的线程池 ToePool,它用于管理所有的抓取线程。ToePool 和 ToeThread 都位于 org.archive.crwaler.framework 包中。ToePool 是在 CrawlController 的 initialize()方法中完成初始化

的，以下是这段代码及其解析。

```
//构造函数
toePool=new ToePool(this);
//根据 order.xml 配置，实例化并启动进程
toePool.setSize(order.getMaxToes());
//ToePool 的构造函数
public ToePool(CrawlController c){
      super("ToeThreads");
      this.controller=c;
}
```

通过调用父类 java.lang.ThreadGroup 的构造函数，同时将 CrawlController 赋给类变量。建立一个线程池的实例后，通过调用 setSize (int) 方法建立工作线程。

```
public void setSize(int newsize){
      targetSize=newsize;
      int difference=newsize.getToeCount();
      if(difference>0){
         for(int i=1;i<=difference;i++){
               startNewThread();
         }
      }else{
         int retainedToes=targetSize;
         Thread[]toes=this.getToes();
         for(int i=0;i<toes.length;i++){
               if(!(toes[i] instanceof ToeThread)){
                     continue;
               }
         retainedToes--;
         if(retainedToes>=0){
               continue;
               }
```

```
                ToeThread tt = (ToeThread) toes[i];
                tt.retire();
            }
        }
    }
    private Thread[] getToes(){
        Thread[]toes = new Thread[activeCount()+10];
        This.enumerate(toes);
        Return toes;
    }
    private synchronized void startNewThread(){
        ToeThread newThread = new ToeThread(this,nextSerialNumber
++);
        newThread.setPriority(DEFAULT_TOE_PRIORITY);
        newThread.start();
    }
```

我们可以看出，线程池在创建的时候，并没有任何活动的线程实例，只有当它的 setSize 方法被调用时，才有可能创建新线程；如果当 setSize 方法被调用多次而传入不同的参数时，线程池会根据参数里所设定的值的大小，来决定池中所管理线程数量的增减。

当线程被启动后，执行 run（）方法来处理从 Frontier 中获得的链接，其代码如下：

```
public void run(){
    Sting name = controller.getOrder().getCracwlOrderName();
    Logger.fine(getName() +" started for order" +" name+");
    try{
      while(run)
      {
        ContinueCheck();
        setStep(STEP_ABOUT_TO_GET_URI);
        CrawlURI curi = controller.getFrontier().next();
```

```
            synchronized(this) {
                continueCheck();
                setCurrentCuri(curi);
            }
            processCrawlUri();
            setStep(STEP_ABOUT_TO_RETURN_URI);
            continueCheck();
            Synchronized(this) {
                Controller. getFrontier(). finished(currentCuri);
                SetCurrentCuri(null);
            }
            setStep(STEP_FINISHING_PROCESS);
            lastFinishTime = System. currentTimeMillis();
            Controller. releaseContinuePermission();
            if(shouldRetire) {
                    break;
                }
            }
        } catch(EndedException e) {
        } catch(Exception e) {
                logger. log(Level. SEVERE," Fatal exception in" + get-
Name(),e);
        } catch(OutOfMenoryError err) {
                seriousError(err);
        } finally {
                controller. releaseContinuePermission();
        }
        setCurrentCuri(null);
        this. httpRecorder. closeRecorders();
        this. httpRecorder = null;
        localProcessors = null;
```

```
        logger.fine(getName()+"finished for order"+"name+");
        setStep(STEP_FINISHED);
        controller.toeEnded();
        controller=null;
    }
```

通过以上方法，工作线程就从 Frontier 中取得下一个待处理链接并对其进行处理，然后调用 Frontier 的 finished 方法完成收尾工作，如释放链接、清理缓存等，同时生成了一些日志来记录每次抓取的不同状态。

6.2.5.5 处理链和 Processor

Heritrix 的处理链有：PreProcessor、Fetcher、Extractor、Writer、PostProcessor。Heritrix 为了表示清楚整个处理器链的逻辑结构，设计了几个类来表示这种逻辑结构。

org.archive.crawler.framework.Processor

org.archive.crawler.framework.ProcessorChain

org.archive.crawler.framework.ProcessorChainList

Processor 类代表单个的处理器，所有其他的处理器都是它的子类。在 Processor 类中有一个 final 类型的 Process（）方法，它不能被它的子类所覆盖。该方法首先检查是否允许这个处理器处理该链接，如果允许，则检查当前处理器所自带的过滤器是否能够接受这个链接。当过滤器的检查也通过后，则调用 innerProcess（curi）方法来处理，如果过滤器的检查没有通过，就使用 inflerRejectProcess（curi）方法处理。

其中 innerProcess（curi）和 innerRejectProcess（curi）方法都是 Protected 类型的，且本身没有实现任何内容。很明显它们是留在子类中，实现具体的处理逻辑。不过大部分的子类都不会重写 innerRejectProcess（curi）方法，这是因为如果一个链接已经被当前处理器拒绝处理了，就不用再有什么逻辑了，直接跳到下一个处理器继续处理就行了。

ProcessorChain 类表示一个队列，里面包括同类型的几个 Processor。在一个 ProcessorChain 中，有 3 个私有类型的类变量：

```
private final MapType ProcessorMap;
private ProcessorChain nextChain;
private Processor firstProcessor;
```

其中，ProcessorMap 中存放的是当前这个 ProcessorChain 中所有的 Processor。nextChain 的类型是 ProcessorChain，它表示指向下一个处理器链的指针。而 firstProcessor 类是指向当前队列中的第一个处理器的指针。

ProcessorChainList 类保存了 Heritrix 一次抓取任务中所设定的所有处理器链，形成一个列表。一个 ProcessorChainList 中，一般包括 5 个 ProcessorChain，即 PreProcessor 链、Fetcher 链、Extractor 链、Writer 链和 PostProcessor 链，而每个链中都包含多个 Processor。如此一来，整个处理器就很好的被表示出来。

6.2.6　Nutch 与 Heritrix 比较

在前面两小节我们详细分析了 Nutch 和 Heritrix 的基本结构与重要组件、工作流程及特点。为了更好地比较这两个网络爬虫系统，下面将分别运用 Nutch 和 Heritrix 完成一次网络信息的爬取过程，然后再分析比较它们的共同点和差异，为我们构建自己的资源下载器获取灵感。

6.2.6.1　Nutch 实践

要运行 Nutch，首先要在 Windows 平台上用 Eclipse 调试 Nutch。我们需要以下五个软件：JDK，Eclipse，Nutch，Cygwin，Tomcat。在完成解压 Nutch 的 tar 包和安装 Cygwin 之后，我们将 Nutch 的文件夹放到 Cygwin 的目录下，然后需要修改 Nutch 目录下 conf 子目录下的两个文件。第一个文件是 nutch-site. xml 文件，在 configuration 下增加一个 http. agent. name 节点。

```
<configuration>
```

```
    <property>
        <name>http. agent. name</name>
        <value>HD nutch agent</value>
    </property>
    <property>
        <name>http. agent. version</name>
        <value>1. 0</value>
    </property>
</configuration>
```

第二个文件是 crawl-urlfilter. txt 文件，在+^http：//（［a-z0-9］＊\.）＊后加上需要爬行的网站，我们就加 whu. edu. cn。然后在 nutch 根目录下新建 seeds 目录，再在里面建一个文本文件：seed. txt，在 seed. txt 中输入需要抓取的网址，必须是完整的网址，如图 6-9 所示。我们输入的网址是：http：//www. whu. edu. cn/。

图 6-9　seed. txt

然后，打开 Cygwin，执行命令行：cd /nutch-0. 9/bin 并回车，即进入 nutch-0. 9/bin 的路径下，再输入命令：sh nutch crawl seeds -dir mycrawl -depth 3 -topN 50，如图 6-10 所示。

其中，Crawl 命令是通知 nutch. jar，执行 Crawl 的 main 方法，seeds 中存放了我们已经定义的需要爬行的 seeds. txt 文件的目录，-dir mycrawl使爬行后文件保存在指定的位置，即 nutch-0. 9/bin 文件夹下的 mycrawl 文件夹中。-depth 4 指爬行次数，或者是深度，-topN 50 指一个网站保存的最大页面数。当我们按下 Enter 键，执

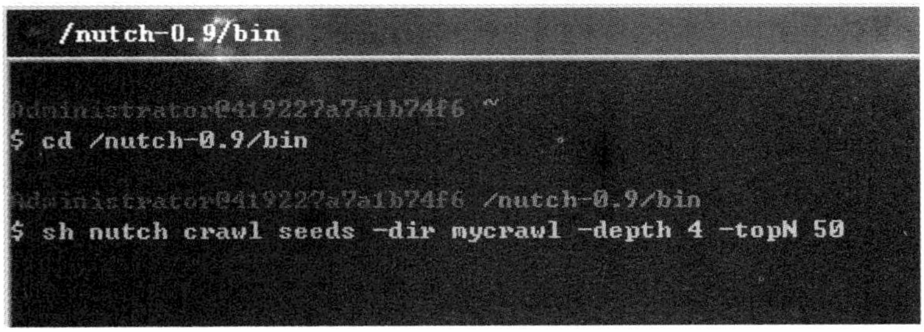

图 6-10 执行抓取

行以上命令，Nutch 就开始工作，不断地爬取网页，并下载到本地，如图 6-11 所示。我们清楚地看到 Nutch 正在抓取的网页的 url。

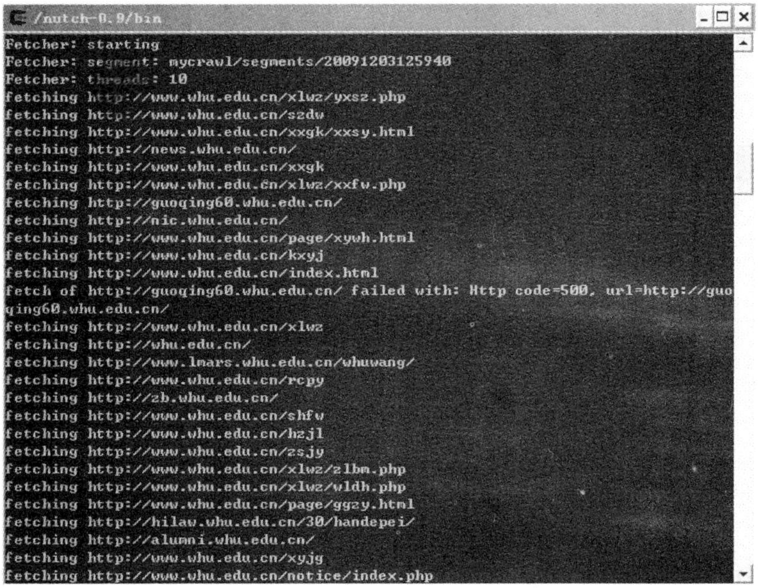

图 6-11 fetch

当爬行完成之后，我们需要查询爬行的结果。我们使用 tomcat 搜索 nutch 抓取的结果。首先，打开 tomcat 的根目录，将 nutch-

0. 9. war 文件复制进入 tomcat \ webapps 下，如果 tomcat 处于启动状态就会生成一个新的项目文件夹 nutch-0. 9，如图 6-12 所示。

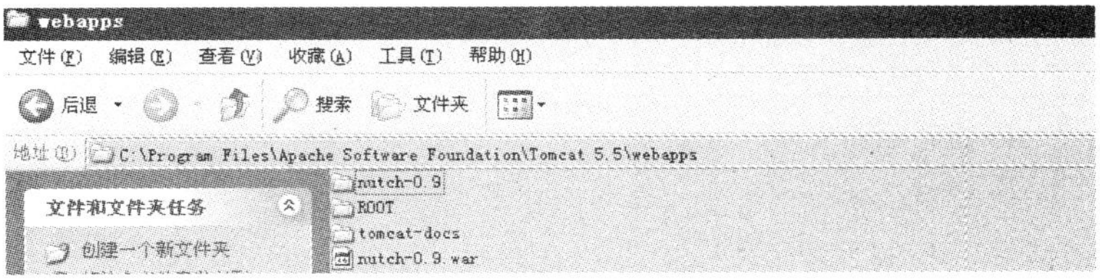

图 6-12 nutch-0. 9. war

然后修改 webapps/nutch/WEB-INF/classes/nutch-site. xml 文件内容如下：

<property>

<name>searcher. dir</name>

<value>C:\\cygwin\\nutch-0. 9\\bin\\mycrawl</value>

</property>

其中 value 值是我的项目文件夹 mycrawl 的路径。

配置完之后，在浏览器中查看 nutch 搜索的结果，如图 6-13 所示。

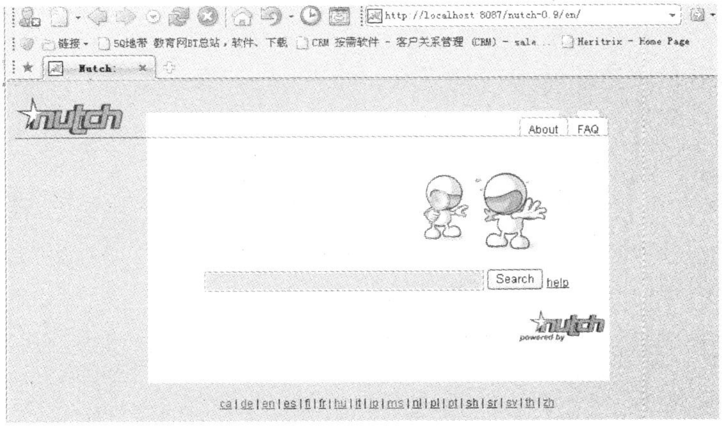

图 6-13 Nutch 界面

Nutch 为我们提供了多语种的界面选择，我们选择英文界面（中文界面有时出错）。我们现在查询结果，在输入框中输入关键字，以“news”为例，点击“search”，出现搜索结果，如图 6-14 所示。这样我们利用 Nutch 进行抓取和查询过程就完成了。

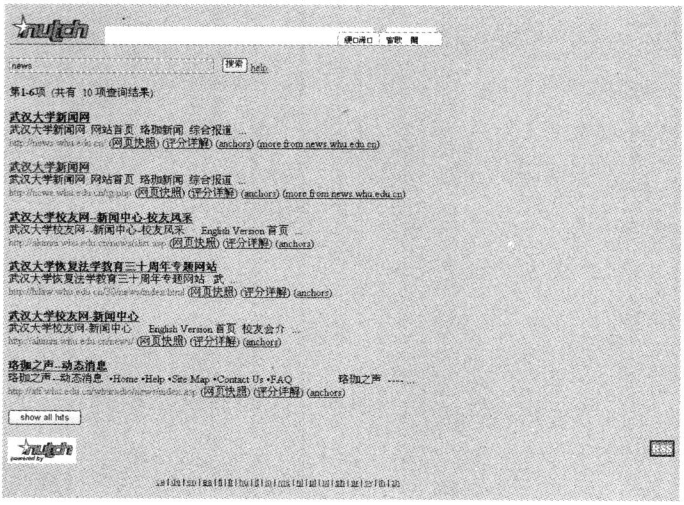

图 6-14 搜索结果

6.2.6.2 Heritrix 实践

上一小节，我们详细地展示了 Nutch 的整个安装和使用过程，下面我们将进行 Heritrix 的实践。打开 tomcat 服务器，在 Eclipse 中配置完成后，我们就能方便地使用 Heritrix 了。

首先，在 Eclipse 中运行“heritrix-src-org. archive. crawler”下的 Heritrix. java 文件，如图 6-15 所示。

当我们运行 Heritrix. java 文件后，在 Eclipse 的控制台中，我们可以看到以下信息，如图 6-16 所示。

在图 6-17 中，我们看到控制台信息的第二行中显示的是，Heritrix 的 WebUI 的登录地址，即 127. 0. 0. 1：8080。其中 127. 0. 0. 1 是本机地址，8080 是端口号。于是，我们打开浏览器，输入此地址 http：//127. 0. 0. 1：8080/login. jsp，进入 Heritrix 的登

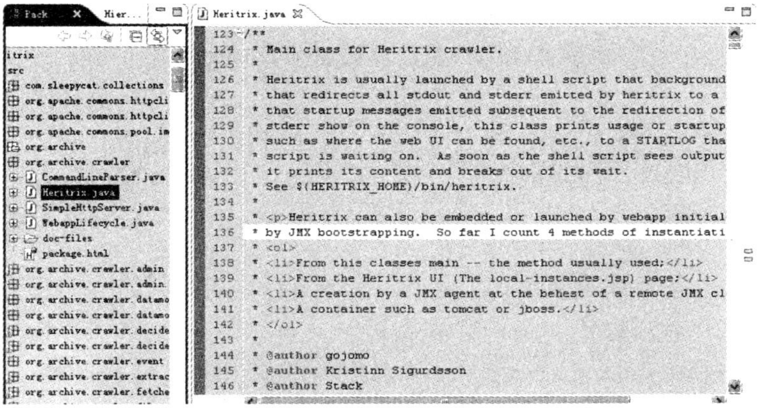

图 6-15 Heritrix. java 文件

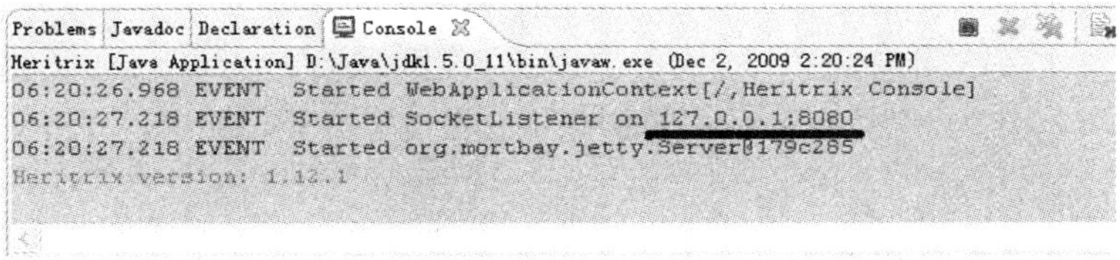

图 6-16 Eclipse 的控制台

录界面，如图 6-17 所示。

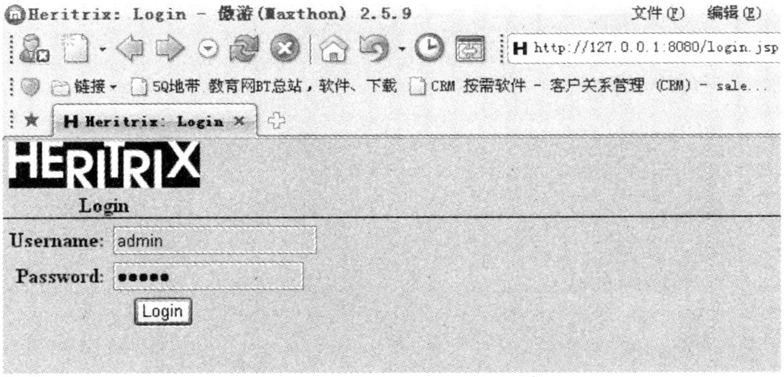

图 6-17 Heritrix 登录界面

然后在输入框中，分别输入用户名和密码，点击 Login 按钮，我们就能成功登录 WebUI，初始界面如图 6-18 所示。

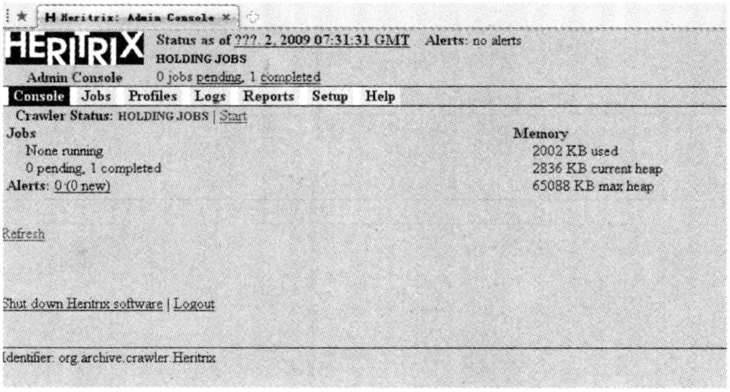

图 6-18　Heritrix 登录后界面

在图 6-18 中，我们看到 Heritrix 的控制台的显示是比较完备的，有当前任务的运行和完成情况，内存使用情况的重要信息。我们要新建一个爬虫任务，我们需要点击第一排导航条中的“Jobs”链接，开始建立一个抓取任务，如图 6-19 所示。

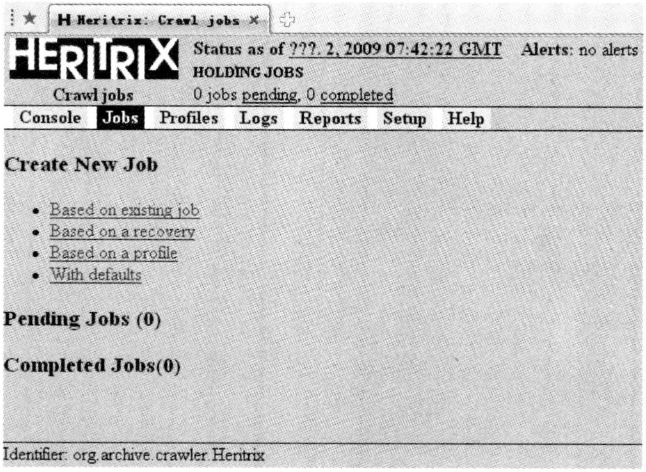

图 6-19　Create New Job 界面

在图 6-19 中，我们可以看出创建一个新的任务，有四种选择。它们分别是：Based on existing job、Based on a recovery、Based on a profile 和 With defaults。我们选中第三种 "Based on a profile" 链接，如图 6-20 所示。

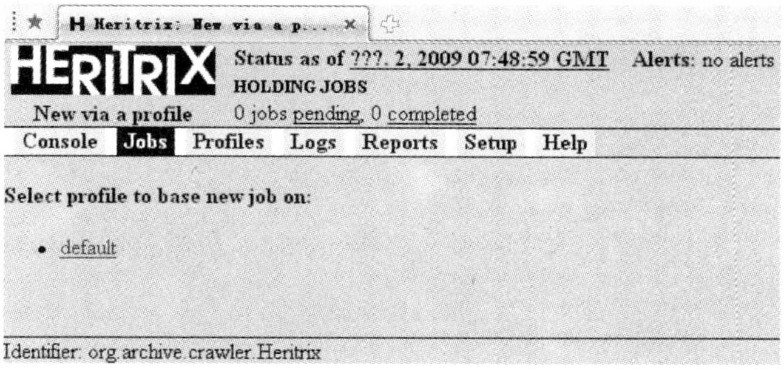

图 6-20　Based on a profile 界面

点击图 6-20 所示的 default 链接，此时，我们才真正地开始配置新的一个新建的抓取任务，如图 6-21 所示。

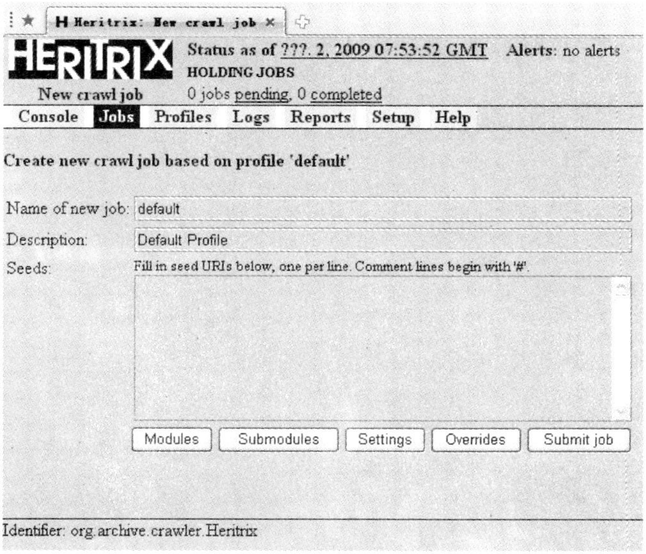

图 6-21　default

在图 6-21 中，在“Name of a new job”中，需要填写此任务的名称，这个名称可以任意选取，我们把名称定为 WHUCrawl；Description 是关于这个 Job 的描述，用来为以后抓取提供参考；Seeds 是指要抓取的网站的种子页面，以该 Seeds 为起始抓取点，在这里至少填写一个 URL，也可以填写多个，如果填写多个 URL 的话，要保证每个 URL 在一行。我们只填写一个 URL，即 http：//www. whu. edu. cn。如图 6-22 所示。

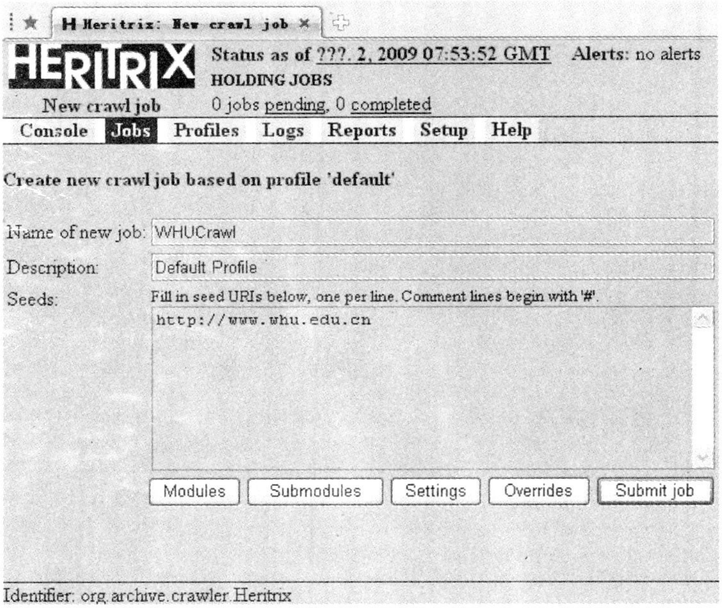

图 6-22　WHUCrawl

然后，可点击“Modules”按钮，可对本次抓取任务的处理链进行，打开页面如图 6-23 所示。

我们使用的 Heritrix-1. 12. 1 版本，在新建一个抓取任务时，设置处理链页面已默认给定了一种配置，可以根据具体需求进行详细配置，如果没有特殊需要，也可以不进行调整，直接点击“Settings”链接。配置抓取任务的处理链，可以配置如下几项：

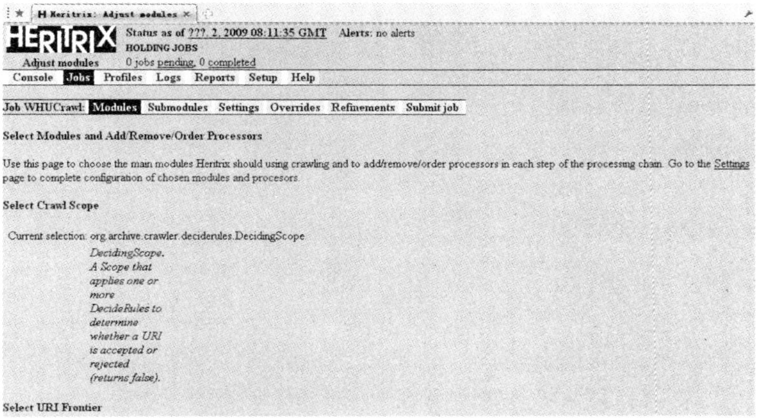

图 6-23 Modules

Select Crawl Scope

Select URI Frontier

Select Pre Processors

Select Fetchers

Select Extractors

Select Writers

Select Post Processors

Select Statistics Tracking

在我们的项目中没有特殊的配置需求，所以我们直接点击“Settings”链接，进入配置运行时参数页面如图 6-24 所示。

图 6-24 中显示的只是参数设置的一部分，虽然需要设置的参数项很多，但是大部分参数有了默认值，我们可以不必修改。其中，我们需要填写的最重要的一项是 http-header 选项，其默认配置如图 6-25 所示。

点击左侧的“?”查看该项的提示信息。这里我要需要根据自己的具体情况进行配置。

User-agent 主要是指运行 Heritrix 的用户的配置，即使用者的机器配置。首先是选择浏览器，这里可以使用 Mozilla/5.0，也可以使

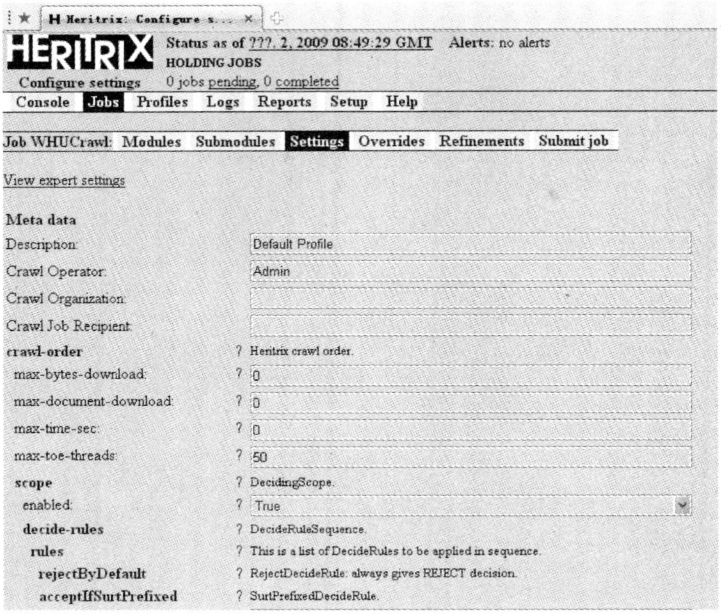

图 6-24　Settings

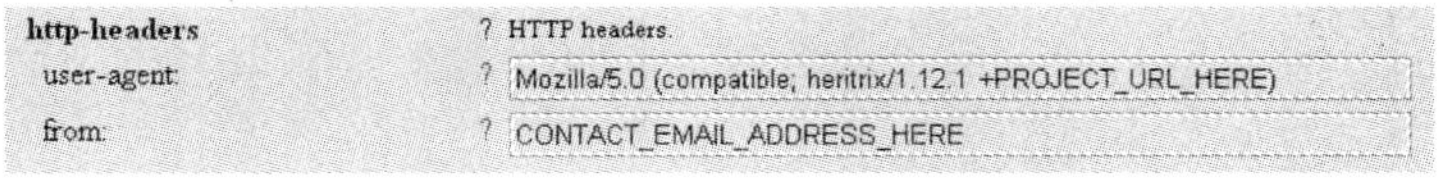

图 6-25　http-headers

用 IE/7.0。后面的数字指的是浏览器的版本。我们使用默认设置。括号中的“compatible; heritrix/1.12.1”作为默认设置，不必更改。但是“PROJECT_ URL_ HERE”是指本机地址，需要根据实际情况更改。

from 是指一个 Email 联系方式，在这里必须填入正规的 Email 地址。当我们填写完这个设置之后，可以点击此页面最底下的导航条中的“Submit job”链接，如图 6-26 所示。

当我们提交一个抓取任务之后，页面会跳转到如图 6-27 所示页面。

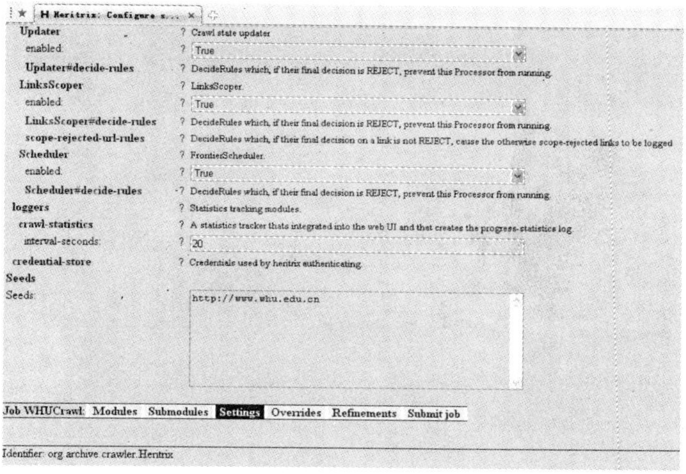

图 6-26　Submit Job

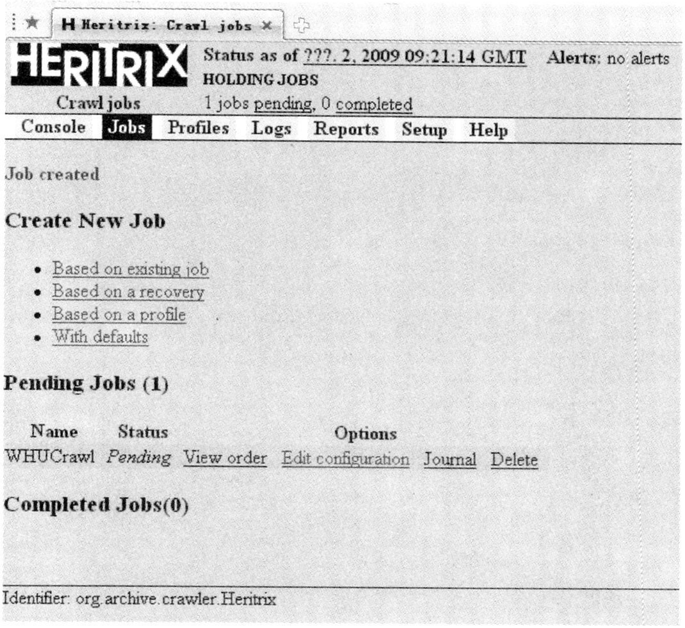

图 6-27　Job create

在图 6-27 中，我们可以看到图的上方的粗体的 “Job create” 提示信息，在 “Pending Jobs” 下，显示的就是待处理的任务的信息，在此处仍可以对已创建的任务进行修改、删除的操作。这时，我们的抓取任务已经创建成功，但还没启动任务。

接下来，我们要启动这个名为 WHUCrawl 的抓取任务。点击导航条中的 “Console” 链接，回到 WebUI 控制台，如图 6-28 所示。

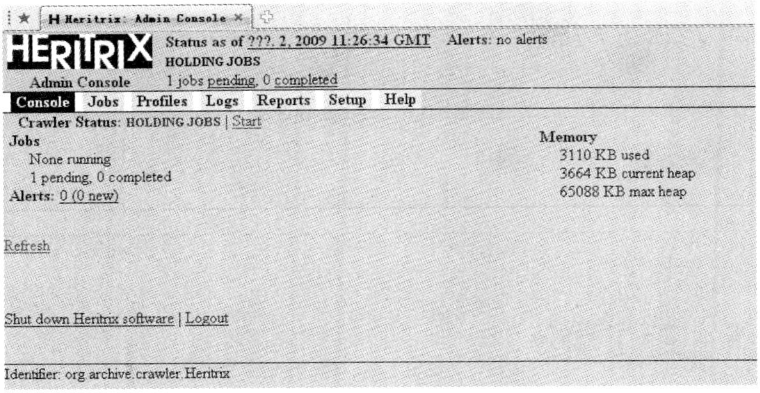

图 6-28　Holding Jobs

从图 6-28 中，我们看到该页面显示当前 Heritrix 抓取器的状态：Holding Jobs，即挂起状态。同时还显示了 Jobs、Memory、A-lert 等信息。我们点击 “Start” 链接，抓取任务就启动了。页面如图 6-29 所示。

我们可以点击 “Refresh” 链接看此次任务实时抓取的信息。如图 6-29 所示，这些信息包括 Rates（速率）、Load（加载）、Time（时间）、Total（总进度）等。需要注意的是，这里的实时进度的显示并不完全准确，它是一个近似的百分比。由于大部分设置都是默认值，所以我们抓取的范围是比较广的，所以对指定的一个种子页面，抓取的数据量可能会比较大，速度也较慢。特别是，当我们选择的种子页面是一个很宽泛的种子页面时，如 http://www.baidu.com，抓取后该种子页面的子页面和相关联的页面非常

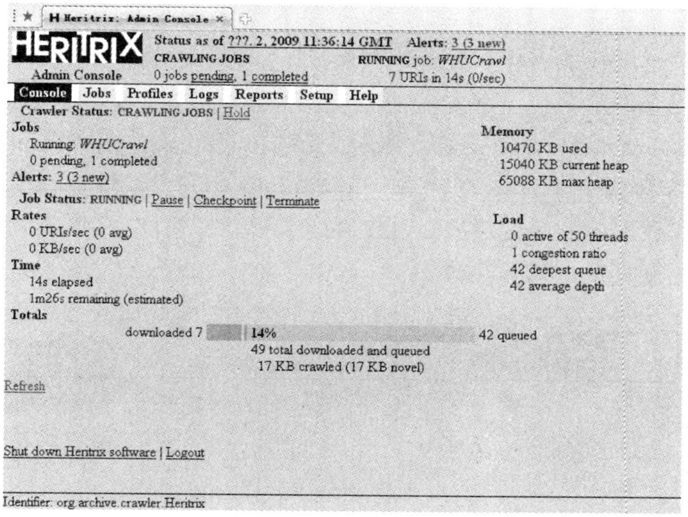

图 6-29　Running

多，这样我们进行抓取任务的时间会很长。所以，我们在过一段时间后，需要再点击“Refresh”链接可以看某一时刻的抓取进度，如图 6-30 所示。

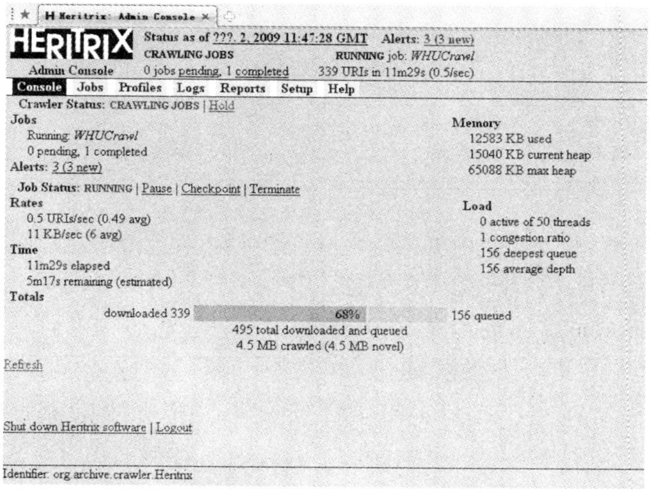

图 6-30　Refresh

在重新点击“Refresh”之后，我们看到抓取任务接近完成了68%，已下载了339个页面到本地，还需请求下载156个。

当我们启动一个抓取任务后，可以在Heritrix的工作目录D:\workspace\heritrix下面看到有一个Jobs文件夹，打开Jobs文件夹可以看到一个新的文件夹：WHUCrawl-20091202113525593，这个就是我们的那个创建的抓取任务的名称。打开该目录，可以看到一些配置文件，如图6-31所示。

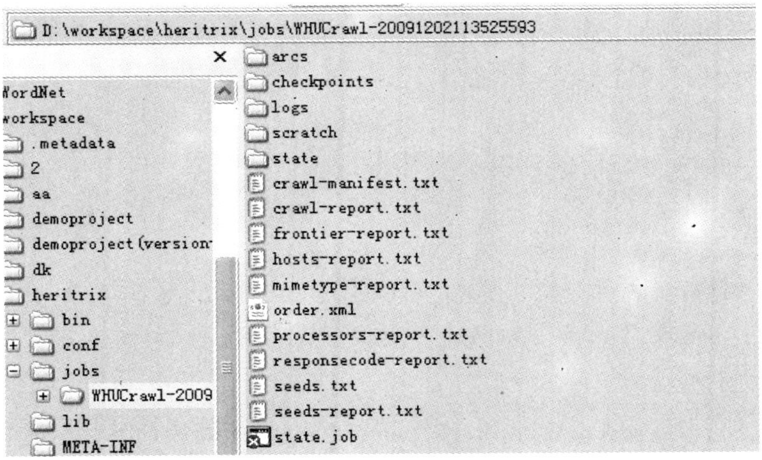

图6-31　Jobs文件夹

当一次抓取任务完成之后，我们将看到如图6-32所示的控制台界面。

图6-32显示：0 pending，1 completed，即目前没有等待任务，一个任务已经完成。需注意的是，若一个任务出错，同样会出现图6-19所示界面，不同的是，Alert后的数字会增加。我们再点击导航条中的“Jobs”链接，如图6-33所示。

在图6-33中，Completed Jobs下显示的是刚才完成的抓取任务，这个人的UID是20091202113525593，名称是WHUCrawl，状态是Finished，后面还有一些选项，这些选项信息有助于我们更好

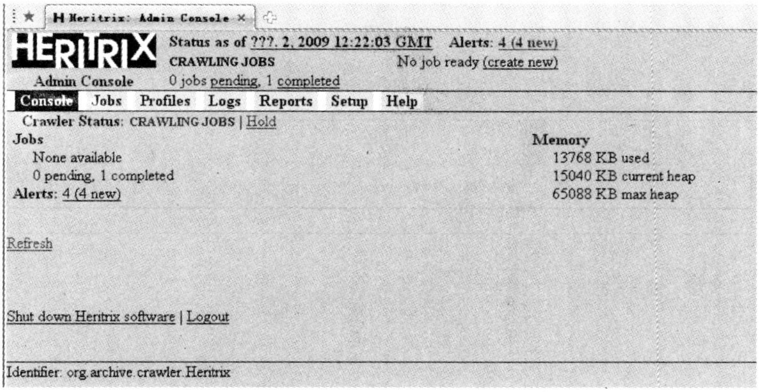

图 6-32　Completed

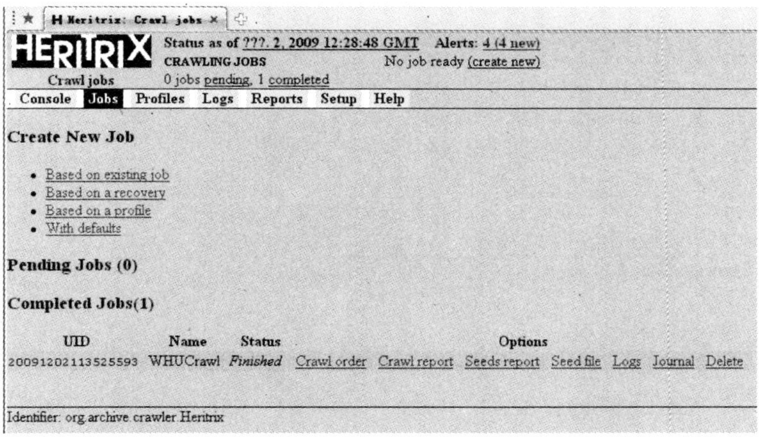

图 6-33　Completed Jobs

地分析抓取的结果。点击“Crawl report”链接，我们将看到 Heritrix 对我们的抓取结果的分析，如图 6-34 所示。

这些报告有利于我们对整个抓取结果进行详细分析，如 HTTP 报告中显示：一共爬过 563 个链接，有 519 个，约 92.2% 正常，其余的链接因为 3 种不同原因出错。同时，这份报告对爬过的链接类型进行分析，我们清晰地看到在我们下载的文件中，image/jpeg、

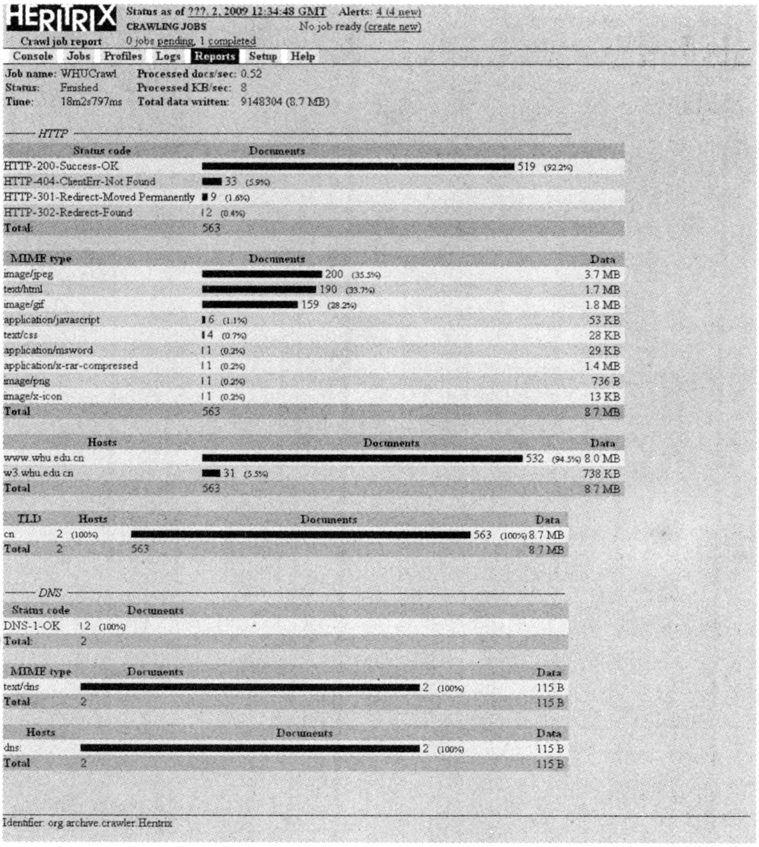

图 6-34　Crawl reports

text/html 和 image/gif 占绝大多数。当然，报告中还包含对 Host 及 DNS 相关信息的分析。

如果点击“Logs”链接，我们可以看到此次抓取任务的日志文件，如图 6-35 所示。

在日志文件中，我们清楚了看到此次抓取任务爬取网页的全过程，包括抓取网页的时间和路径。

以上就是一次利用 Heritrix 完成抓取任务并获得分析结果的全过程。

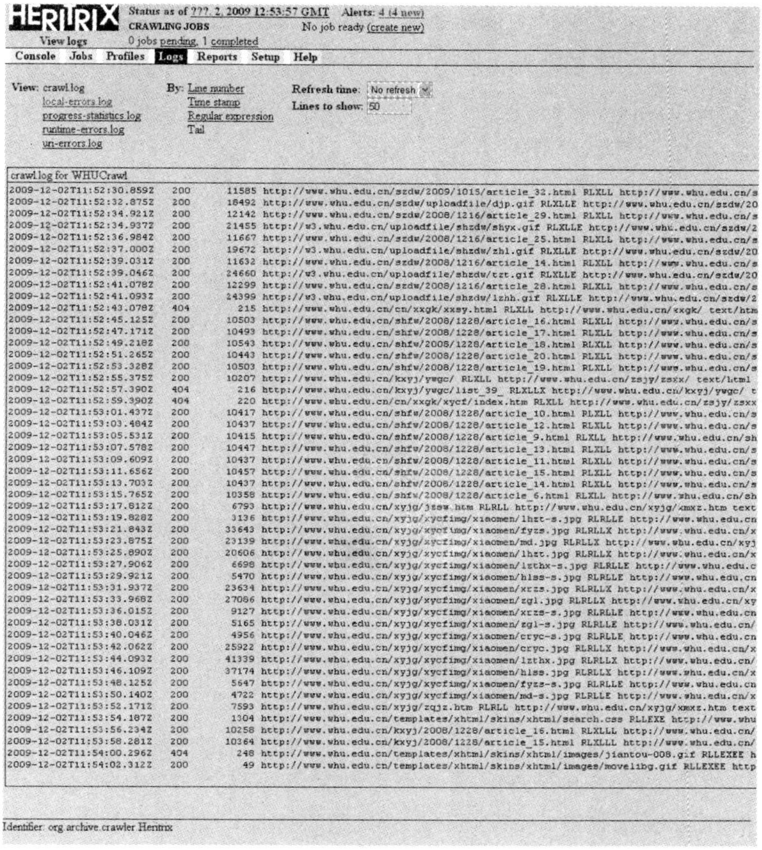

图 6-35　Logs

6.2.6.3　比较分析

通过前面详细的介绍和实践，可以发现无论是 Nutch 还是 Heritrix 具备强大的抓取功能。但是它们还是有不少区别的。

Nutch 不仅包含了抓取网页等信息，还包含了对内容进行索引；而 Heritrix 则只是对网页进行抓取，并力求保存页面的原貌；为了更高效的对网页进行索引，因此 Nutch 可以修剪内容，或者对内容格式进行转换；Nutch 保存内容为数据库优化格式便于以后的索引，刷新并替换旧的内容，而 Heritrix 不会替换旧的内容，而是在旧的内容后追加新的内容；Nutch 的运行和控制一般是通过命令行来执行，要在 Windows 系统中运行，还需要其他的插件，而 Heritrix有 Web 控制管理界面；Nutch 是一个成型的搜索引擎，因此其定制能力不够强，而 Heritrix 的可控制参数较多。因此对于垂直搜索来说，Heritrix 为更好的选择。

6.3 资源下载器设计

前面我们已经详细地介绍了网络爬虫技术，以及 Nutch 和 Heritrix的工作原理。这对我们研究设计自己的爬虫工具，甚至是信息检索系统有十分积极的作用。下面我们将针对叙词本体演化实验的需要，设计自己的网络信息源下载程序，并利用此程序获取特定的信息源为后续工作做好准备。

6.3.1 数据源的筛选

由于叙词本体是用于文献或者网络资源的标引，因此需要更新的概念必须为规范化的。基于《中国图书馆分类主题词表》的某个特定领域的叙词，我们构建了基础本体。中国期刊全文数据库文献总量十分丰富，文献类型多样，包括：学术期刊、博士学位论文、优秀硕士学位论文、工具书、重要会议论文、年鉴、专著、报纸、专利、标准、科技成果、知识元、哈佛商业评论数据库、古籍等，还可以与德国 Springer 公司期刊库等外文资源统一检索。因此我们选择中国期刊全文数据库中该领域相关文献作为我们叙词本体演化的网络资源。用于标引的叙词是最能够表达文献主题的词汇，然而这类词汇就集中在文献的标题、关键词以及摘要中，并且这些信息就呈现在中国期刊网的网页上，因此在整个过程中我们可以不用提取整个 PDF 文档。

我们已经分析过中国期刊网的文献描述页面对于提取新词汇以及新关系是一种极其重要的资源，因此我们的爬虫系统主要是要爬取中国期刊网中描述文献的网页。

通过分析中国期刊网的网址，我们发现针对不同的期刊杂志以及不同的日期，网址有不同的参数 filename 以及 dbname。如《图书馆建设》2008 年 8 月第 33 篇文章，其网址为 http://epub.cnki.net/grid2008/detail.aspx? filename = TSGJ 200808033 &dbname = CJFDT2008。因此，我们只需要对特定网页进行抓取即可，而无需通过网页的超级链接再进行深度的爬取。图 6-36 为爬虫系统的流程图。

如流程图 6-36 所示，爬虫系统中有两次循环，一个是对中国期刊网中所有需要爬取的期刊进行循环，另一个是对每一种期刊还要对每一篇文章进行循环。对于哪些期刊需要抓取，则需要工作人员根据需要更新的领域以及该领域所存在的期刊进行界定，同时也需要对期刊的期数进行界定。如果系统需要每个月对叙词本体更新，那么只需要抓取最近一个月的文献即可，而如果系统是每两个月或者更长时间对叙词本体进行更新，那么则需要对期数也进行一次循环（图中没有画出）。为了减少工作人员的工作的复杂度，我们建议每个月抓取中国期刊网上的文献描述网页。以上这些关键参数的设置在本书第 10 章系统实现中将会详细地介绍。

6.3.2 代码解析

根据上节中介绍的爬虫程序设计思路，我们将对设计出来的源代码进行详细的解析。

```
package org.webpagedownloader;
import java.net.URL;
import java.net.URLConnection;
import java.util.Scanner;
import java.io.FileOutputStream;
import java.io.IOException;
```

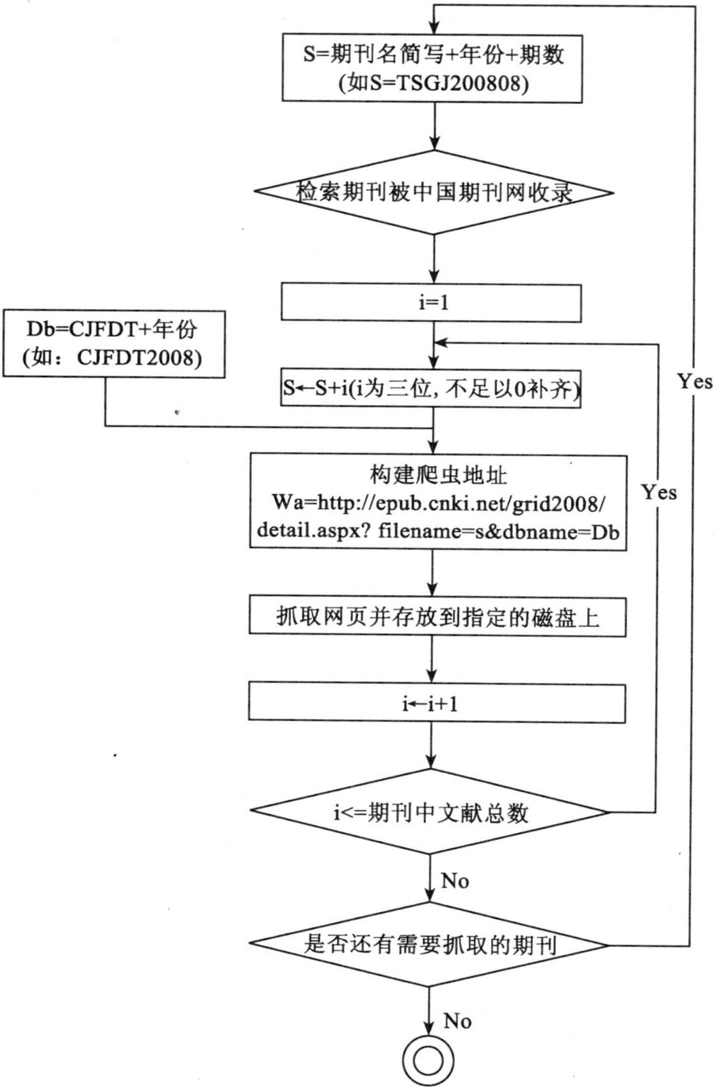

图 6-36　爬虫程序的流程图

```
import java.io.InputStream;
import java.io.OutputStreamWriter;
```

```
public class MyDownload {
    public static void main(String[ ] args){
        download dl = new download( ) ;
        dl. start( ) ;
    }
}
/ * *
 * 类 download
 * 功能描述:用于下载 CNKI 学术期刊网上指定 URL 范围的文献描述页面,并将页面保存至指定文件夹。
 * 结构描述:
 * 类 download 继承 Thread 类,重写 Thread 类的 run( )方法,在 run( )方法中实现网页的下载和保存。
 * 具有下载和保存网页信息资源所需要的私有属性以及对这些属性进行基本的读写操作的 * getXX( )和 setXX( )方法。
 * 使用方法:实例化类 download,调用方法 start( )即可实现网页信息资源下载的功能。
 * /
class download extends Thread{
    / * *
     * 声明类的私有属性,包括网页下载所需的参数和下载过程涉及的对象。
     * 网页下载所需参数:
     * (1)h,类型为 int,表示文献描述页面 URL 的初始变动部分,对该初始值进行递增后
     * 与 URL 固定部分组成新的 URL 即是另一文献资源的描述页面的 URL。
     * (2)charset,类型为 String,表示下载的 HTML 页面的编码字符集,如设置为"UTF-8"或"GBK"等则可识别中文字符。
     * (3)pageHtmlCode,类型为 String,用于保存爬取到的网页信息资源的 HTML 代码。
```

* (4) urlString,类型为 String,用来表示目标文献描述页面的 URL。

* 下载过程涉及的对象:

* (1) ism,属于 InputStream 对象,用于获取目标文献描述页面的网页输入流。

* (2) url,属于 URL 对象,利用目标文献页面的 URL 实例 URL 对象,该对象可创建 URLConnection 对象,通过 URLConnection 对象实现网页输入流的捕获。

* (3) connection,属于 URLConnection 对象,用于捕获网页输入流。

* (4) in,属于 Scanner 对象,对输入流以特定字符集扫描。

```
        */
      //文献描述页面 URL 变动部分的初始值为 828101
    private int h = 828101;
    private String pageHtmlCode = "";
    //规定下载的描述文献的 HTML 页面的编码字符集为 UTF-8
    private String charset = "utf-8";
    private String urlString = "";
    private InputStream ism;
    private URL url;
    private URLConnection connection;
    private Scanner in;
    private int state = 0;
    public void run() {
        download dl1 = new download();
        System.out.println("========================
==============");
        /**
            * 使用循环为程序分配路径,选定下载的杂志名称
        后,路径的变化规律可以从 filename 看出来。
```

```
* 使用 for 循环指定杂志名称,年份,期数就可以了。
dbname 是一年一个库。
* */
//爬取变动部分为 828101 到 830200 的 URL 所指向
的文献描述页面
for(int u=h;u<=830200;u++){
    try {
        if(dl1.getStat()==1){
            System.out.println("U 的值是不断变化的"+
u+"状态值为"+dl1.getStat());
            u--;
            System.out.println("U 的值是不断变化的"+u);
        }
        if(dl1.getStat()==2){
            System.out.println("U 的值是不断变化的"+u+"
状态值为"+dl1.getStat());
            u--;
            System.out.println("U 的值是不断变化的"+u);
        }
    //所要下载的文献描述页面的 URL
    //urlString="http://epub.cnki.net/grid2008/detail.aspx?
    filename=KJQB200"+u+"&dbname=CJFD2008";
    //读取 URL
    url=new URL(urlString);
    System.out.println("读取 url: "+url);
    //以 URL 创建 connection 对象
    connection=url.openConnection();
    //链接 URL
    connection.connect();
    //获得 URL 指向的网页输入流
    ism=connection.getInputStream();
```

```
//以设定的编码字符集扫描这个页面
in = new Scanner(ism,charset);
//dl1. setH(u);
for(int i=1;in. hasNextLine();i++){
    //一行一行的将扫描的数据保存在 pageHtmlCode 变量中
    pageHtmlCode+=in. nextLine();
}
//计算出保存的 HTML 文件的字符//串长度
int phc = pageHtmlCode. length();
System. out. println(phc);
/**
 * URL 过滤,根据 CNKI 网页数据判断当取得的字符(用
* pageHtmlCode 变量保存)串长度 phc=95 时,
 * 上述 url 指向的路径不存在;phc=110 时,服务器拒绝下载请求,程序进入 5 分钟休眠
 * 5 分钟后重新提交下载请求;phc>1000 时,链接有效,并进行下载,CNKI
 *返回的有效链接一般都在 2.5K 以上。
 * */
if(phc == 95){
    System. out. println("此链接无效,跳过!");
}
if(phc == 110){
    System. out. println("服务器拒绝下载,线程休眠300 秒!");
    dl1. setStat(2);
    try{
        Thread. sleep(5 * 60 * 1000);
        System. out. println("线程被唤醒!");
    }catch (InterruptedException el){
```

```
                el. printStackTrace( );
            }
        }
        if( phc > 1000) {
            System. out. println( "有效链接,网页下载中!" );
            //重命名爬取到的文献描述页面
            String filename = "科技情报开发与经济" +u;
            //创建文件输出流对象,以实现网页信息资源的保存。存储网页的文件夹及网页名称,“科技情报开发与经济”文件夹必须事先创建好。
            FileOutputStream fos = new FileOutputStream ( "E:\\科技情报开发与经济\\" +filename+". html" ,true);
            //创建 OutputStreamWriter 对象,并以设定的编码字符集扫描输出流。
            OutputStreamWriter osr=new OutputStreamWriter( fos,charset);
              //将网页数据写进文件中
                  osr. write( pageHtmlCode);
                  System. out. println( "下载完毕" );
              }
          pageHtmlCode = "";
        } catch( IOException e) {
          System. out. println( "503 错误!" );
          try {
            System. out. println( "线程进入 300 秒休眠" );
            dl1. setStat( 1 );
            Thread. sleep( 5 * 60 * 1000);
            System. out. println( "线程被唤醒!" );
          } catch( InterruptedException el) {
              el. printStackTrace( );
          }
```

```
        }
    }
}
/ * *
 * 线程休眠之后避免程序又从 h 指定的初始值开始下载
 * * /
public void setH(int h){
    this. h=h;
}
public int getH(){
return h;
}
//设置下载状态
public void setStat(int state){
    this. state = state;
}
//获取状态
public int getStat(){
    return state;
  }
}
```

7　叙词本体概念获取

计算机应用和网络技术的飞速发展，使得知识获取的来源、数量和形式也随之发生了根本性的变化，一些传统的知识处理和知识组织方式面对新的应用遇到了前所未有的困难和挑战，如传统知识库的构建方法已经很难适用于大型知识库的构建。越来越多的研究者开始构建基于本体的知识库。本体是关于某一领域的、关系明确的规范说明，或者说是一种能在语义和知识层次上描述系统的概念模型，其目的在于以一种通用的方式来获取领域中的知识，从而实现知识在不同的应用程序和组织之间的共享和重用。本体越来越广泛地应用到很多领域，如信息检索、机器翻译、知识组织、知识管理、电子商务、智能教学和信息集成等。但是，本体的建立、维护和修改是一项费时、耗力又易错的工作。

本体由一个概念术语集和这些概念间的关系构成，其中概念的获取是自动构建本体的重要部分。

7.1　叙词本体中的概念词

7.1.1　概念词的定义

知识中的概念是用词语表示的，概念是没有歧义的，它能够唯一地、准确地指向现实世界中的实体或对象。概念获取其实就是从词汇到概念的映射过程，本质上是能代表概念的词汇的获取，尤其是新词语和未释义词的获取。

同时，概念词和术语、新词语等是既有区别又有联系的。术语是在特定的专业领域中使用的，是一种具有很强的领域特征的词语，因而术语抽取的处理对象是大量的领域文本，而概念获取并不限定某个具体的领域，所以概念获取的处理对象是开放的文本语料；新词语识别的目标是那些没有收录在词典中的新词，包括专有名称、复合词、派生词和数字型的复合词，对词典包含的已知词并不十分关注。而概念词既包括已知词，也包括一部分诸如命名实体之类的未知词，但不处理诸如时间、货币、数量等数字型的复合词。

7.1.2 概念词的模式特征

概念获取从本质上来说是能承载概念的词汇的获取，对于中文概念词而言，由于汉语的特殊性，其获取的困难在于：对于一些在语料库中出现频度低的概念词，很难识别；由于要获取的概念词不是某个专业领域的，也不是属于某个类型的新词语（如地名等），因此概念词边界很难确定；某些词或短语本身具有多种含义，要在一定的上下文中才能判断它所代表的含义。

因此，国内外学者普遍认为，为了更加准确地获取中文概念词，我们要综合利用概念词的 3 个模式上的特征：

（1）上下文模式特征

利用上下文模式，在第一次句型匹配得到的候选串的基础上，抽取里面含有的多个候选概念词，或者剥离概念词两边的附着成分。此外，候选串的上下文特征也可以用于概念词验证。

（2）词形-句法模式特征

利用概念的词形-句法模式特征（概念词构成规则），可以提取出概念词并给出一定意义上的概念词可信度。

（3）概念词构件统计特征

概念词内部存在着一些概念词构件，在大语料中它表现了一种比较好的统计特征，我们利用统计的方法获取了这些类似新词语的成分，然后利用词典里已有的词和这些概念词构件来进行概念词抽取。

7.2 HTML解析

从网络上抽取出的网页，并不是所有的信息都是我们所需要的。因此获取我们最需要的信息，需要对网页的信息进行过滤，尽可能获取所需要的信息。

而所抓取的有用的网页是关于某篇文献的详细介绍的网页，如图 7-1 所示。

图 7-1　抓取的文献信息页面

该网页中提供了我们所查看文献的引文数据：中英文篇名、作者的中英文名、作者单位、文献出处、关键词、英文关键词、摘要、英文摘要以及文献分类号等信息。其中对我们项目最有价值的信息应该是篇名、关键词、摘要以及学科导航。篇名中出现的专业词汇以及关键词可以很好地反映文献的主题，因此抽取出的篇名和关键词的词汇如果是新词并且达到一定的使用频率，就可以提出来以便专家评审，从而更新叙词。摘要是对本篇文献的一个简介，从而我们可以利用摘要分析出词汇的关系，对更新叙词本体的叙词关系很有帮助。学科导航也具有非常重要的意义，它已经从一定程度上界定了新叙词的一种学科分类关系，从而为我们确定新叙词的上下位关系提供了有效的途径。因此，我们需要利用 HTML 解析工具对网页进行解析，抽取出对我们所需要的篇名、关键词、摘要以及学科导航信息。

● 提取反映文献主题的内容

爬虫系统所抓取到的网页只是比较粗糙的网页，内容繁杂，并不是所有内容都是我们所需要的。因此，需要提取里面最有价值的内容。我们需要提取标题、关键词、摘要以及学科导航信息。

分析网页的源文件：

```
<tr ...><td...>【篇名】</td>
<td ...>...云环境下的信息服务等级协议研究...</td>
</tr>
<tr><td>【关键词】</td>
<td width="" ...>
<a ...>云环境</a>;
<a ...>服务等级协议</a>;
<a ...>SLA 模型</a>;
</td>
</tr>
```

所有关于标识为篇名、关键词、摘要、学科导航的内容都不是以 HTML 元素属性的形式呈现，因此按照元素属性来提取信息不可行。只有先解析出所有的文本节点内容，才能够在此基础上提取出所需内容。利用 HTMLParse 源代码解析出文本节点，然后根据解析出的内容特征，提取出重要的信息。

解析部分代码如下：

```
package edu.whu.sim.thOntology.htmlParse;
import edu.whu.sim.thOntology.com.HtmlDataGet;
import    org.htmlparser.parserapplications.StringExtractor;
import    java.io.BufferedReader;
import    java.io.File;
import    java.io.FileInputStream;
import    java.io.InputStreamReader;
import    org.htmlparser.Node;
```

```
import org.htmlparser.NodeFilter;
import org.htmlparser.Parser;
import org.htmlparser.filters.NodeClassFilter;
import org.htmlparser.filters.OrFilter;
import org.htmlparser.nodes.TextNode;
import org.htmlparser.parserapplications.StringExtractor;
import org.htmlparser.tags.LinkTag;
import org.htmlparser.tags.TableTag;
import org.htmlparser.util.NodeList;
import org.htmlparser.util.ParserException;
import org.htmlparser.visitors.HtmlPage;
import org.htmlparser.visitors.TextExtractingVisitor;
public class ParseHtml {
    private static ParseResult parseResult;
    public static ParseResult extractor(String file) throws Excep-
tion {
        String content = readTextFile(file,"UTF-8");
        StringExtractor se;
        se = new StringExtractor(file);
        return (test2(content));
    }
    public static ParseResult test2(String content) throws Parser-
Exception {
        Parser myParser;
        NodeList nodeList = null;
        myParser = Parser.createParser(content,"GBK");
        NodeFilter textFilter = new NodeClassFilter(TextNode.
class);
        OrFilter lastFilter = new OrFilter();
        lastFilter.setPredicates(new NodeFilter[] {textFilter});
        nodeList = myParser.parse(lastFilter);
```

```
            Node[ ] nodes = nodeList. toNodeArray( ) ;
            int titleIndex = -1 ;
            String title = " " ;
            title = HtmlDataGet. getTitle( content) ;
            int keywordsStartIndex = -1 ;
            int keywordsEndIndex = -1 ;
            String keywords = " " ;
            int abstractIndex = -1 ;
            String abs = " " ;
            int navigationStartIndex = -1 ;
            boolean firstLine = true;
            int navigationEndIndex = -1 ;
            String navigation = " " ;
            for (int i = 0; i < nodes. length; i++) {
                Node anode = (Node) nodes[i] ;
                String line = " " ;
                if (anode instanceof TextNode) {
                    TextNode textnode = (TextNode) anode;
                    line = textnode. toPlainTextString( ). trim( ) ;
                }
if( isTrimEmpty( line) )
    continue;
// System. out. println( line) ;
//if( titleIndex ! = -1) {
//title = title + line; // 抽取篇名
//}
//else
//{
//title = HtmlDataGet. getTitle( content) ;
//}
//titleIndex = ( line. indexOf ( "【篇名】") ! = -1 ) ?
```

```
(line. indexOf("【篇名】"))
                                    //: (line. indexOf("【题名】"));
                        keywordsEndIndex = (line. indexOf("【英文关键
词】") ! = -1) ? (line
                                    . indexOf("【英文关键词】")) : (line.
indexOf("【摘要】"));
                        if (keywordsStartIndex ! = -1 && keywordsEndIn-
dex == -1) {
                            keywords = keywords + line; // 抽取关键词
                        } else {
                            if(line. indexOf("【中文关键词】") ! = -1)
                            {
                                keywordsStartIndex = line. indexOf("【中
文关键词】");
                            }
                            else
                            keywordsStartI ndex = line. indexOf("【关键
词】");
                        }
                        if (abstractIndex ! = -1) {
                            abs = abs + line; // 抽取摘要
                        }
                        abstractIndex = (line. indexOf("【摘要】") ! = -1) ?
(line
                            . indexOf("【摘要】")) : (line. indexOf("【中
文摘要】"));
                        if (navigationStartIndex ! = -1) { // 抽取导航
分类
                            navigationEndIndex = line. indexOf(" 
 ");
                        }
```

```
                    if (navigationStartIndex ! = -1 && firstLine) {
                        firstLine = false;
                    } else if (navigationEndIndex = = -1 && naviga-
tionStartIndex ! = -1
                            && ! firstLine) {
                        if (isTrimEmpty(line))
                            line = "--->";
                        navigation = navigation + line;
                    } else if (navigationEndIndex ! = -1) {
                        navigationStartIndex = -1;
                    } else if (navigationEndIndex = = -1 && naviga-
tionStartIndex = = -1
                        && firstLine) {
                        navigationStartIndex = line.indexOf("【文献
分类导航】");
                    }
                }
                // System.out.println(needContent);
                parseResult = new ParseResult(title,keywords,abs,navi-
gation);
                return parseResult;
        }
        /**
            * 读取一个文件到字符串里.
            *
            * @param sFileName
            *               文件名
            * @param sEncode
            *               String
            * @return 文件内容
            */
```

```
    public static String readTextFile(String sFileName,String sEncode)
{
        StringBuffer sbStr = new StringBuffer();
        try {
            File ff = new File(sFileName);
            InputStreamReader read = new InputStreamReader(new
FileInputStream(
                ff),sEncode);
            BufferedReader ins = new BufferedReader(read);
            String dataLine = "";
            while (null != (dataLine = ins.readLine())) {
                sbStr.append(dataLine);
                sbStr.append("\r\n");
            }
            ins.close();
        } catch (Exception e) {
            // LogMan.error("read Text File Error",e);
        }
        return sbStr.toString();
    }
    /**
     * 去掉左右空格后字符串是否为空
     *
     * @param astr
     *            String
     * @return boolean
     */
    public static boolean isTrimEmpty(String astr) {
        if ((null == astr) || (astr.length() == 0)) {
            return true;
        }
```

```
        if (isBlank(astr.trim())) {
            return true;
        }
        return false;
    }
    /**
     * 字符串是否为空:null 或者长度为 0.
     *
     * @param astr
     *                  源字符串.
     * @return boolean
     */
    public static boolean isBlank(String astr) {
            if ((null == astr) || (astr.length() == 0)) {
                return true;
            } else {
                return false;
            }
        }
    }
```

利用该解析代码所提取的结果如下所示:

title:“云环境下的信息服务等级协议研究”。

keyword:“云环境下服务等级协议 SLA 模型”。

abtract:“云环境是一个极具发展前景的网络环境。随着云技术的发展及相关标准的成熟，在可以预见的未来里，云将像当年的互联网一样，从根本上改变我们的生活方式”。

navigation:“文化、科学、教育、体育→科学、科学研究→情报学、情报工作→情报学”

这样的结果基本上满足了我们的要求，然后我们将针对这些信息进行后续的研究。

7.3 概念获取的流程

7.3.1 已有概念词的获取

我们利用两种模式从文本中获取候选概念词，首先是在大语料库中进行模式匹配，利用上下文模式从文本中获取一个候选串，然后把候选串中可能含有的多个候选概念按照某种方式提取出来，并对这个候选概念词进行多层次的概念验证。概念获取的基本流程如下：

（1）模式匹配

从获取模式库中选取模式，在语料库中以句子为单位进行匹配，找到符合模式的句子，进行模式标记，然后从模式匹配句子中抽取出可能蕴含概念的部分，作为候选串，用于下一步的概念抽取验证。候选串有可能利用了概念左边界或右边界信息也可能同时利用了这两种信息。由于最终程序利用的匹配句型（上下文模式）只有一个，匹配得到的词串往往还不准确。

（2）概念词界定

概念词界定的主要任务是用分割词或分割符把候选串分隔成句块。我们对候选串分词后的词语查找分割词词典，目的是防止某些单字分割词是词语的一部分。具体步骤是：首先对候选串进行分词，并作简单的标注；在分词的基础上，对每一个词查找分割词词典；把这个候选串按照分割词词典分隔为若干句块。

（3）概念词抽取

在上一步，我们把候选串用一些分割词和分割符号分隔成了多个句块，这样每个句块中含有的概念个数一般都不会超过一个。所以接下来的任务就是从句块中把概念抽取出来并对概念做出评价。

具体的方法是，利用学习器获取的概念词构成规则（主要是词性规则）在句块中抽取匹配的概念词，并对概念词做出评价。

（4）概念词验证

有时通过一个概念的内部构词特征并不能确定某些候选概念是否是概念，或者本身一个短语就存在歧义，这时就需要结合概念的上下文信息和词间的关联度来对候选概念进行验证。如果某些语言单位经常出现在概念词的上下文环境中，那么这些语言单位可以作为概念词的左右边界，为上下文中概念词的鉴定提供依据。借助于大规模语料库和概念词库，可以获得围绕概念词各方面的统计特征，从而为概念词的判定与鉴别提供依据。

7.3.2 专业新术语识别

我们项目中的新术语可能存在两种情况，第一种情况是新涌现的专业术语，它在其他领域里也没有出现过，即是完完全全的新术语；第二种情况是在本领域属于新的专业术语，而在其他领域里面出现过。例如本体之前并不属于情报学甚至计算机科学领域的概念，而是属于哲学领域的概念，是后来才引进到计算机科学以及情报学领域的。对于计算机科学和情报学领域来说，本体就应该是一个新的术语。因此我们需要对这两种情况进行分别的处理。

- 对于第一种情况

未登录词大致包含两大类：①新涌现的通用词或专业术语等；②专有名词，如中国人名、地名、机构名（泛指机关、团体和其他企事业单位）等。我们项目中的新术语即是第一种未登录词中的专业术语。虽然这种未登录词理论上是可预期的，能够人工预先添加到词表中，但这也只是理想状态，在真实环境下并不易做到。而且对于本项目来说这种方法是不现实的，因为就人为来说，我们也不知道有这样的专业术语。因此不能通过人工预先添加到词表来解决问题。

由于学术论文比较严谨，一般不会使用新涌现的通用词汇。因此对于专业新术语的第一种情况我们可以认为是未登录词的第一种情况。所以可以采用解决未登录词的第一种情况来解决专业新术语的识别。

识别专业术语的登录词的方法一般是在大规模语料库的支持下，先由机器根据某种算法自动生成一张候选词表（无监督的机器学习策略），再人工筛选出其中的新词并补充到词表中。鉴于经过精加工的千万字，甚至亿字级的汉语分词语料库目前还是水月镜花，所以在这个方面现有的研究无一不以极大规模生语料库中提炼出的 n 元汉字串之分布（n = 2）为基础。Sproat R. 和 Shih C. L.（1993）借用信息论中的“互信息”定量描述任意两个汉字之间的结合力。Sun M. S. 和 Shen D. Y. , et al.（1998）沿这个思路前进了一步，提出了汉字间 t-测试差的概念作为互信息的有意补充。黄萱菁、吴立德等（1996）则引入经典统计论中的“四分联立表”及检验联立表独立性的皮尔逊 x［2］-统计量，对长度分别为 2 字、3 字和 4 字的任意汉字串做内部关联性分析，继而获得候选词表。Nie J. Y. and Jin W. Y. , et al.（1994），刘挺、吴岩等（1998）的工作利用了相对简单的字串频信息。这里提到的几个统计量（互信息、t-测试差、x［2］-统计量、字串频）都是依赖于极大规模语料库的，孙茂松、邹嘉彦（1995）故而称之为全局统计量。这一步在分词系统中可以得到解决。

- 对于第二种情况

已经分好的词包括通用词和专业词汇，首先将分好的词汇与通用词表进行比较，剔除通用词汇。剩下的为专业词汇，再与本专业领域的专业词表（这里是已存在的叙词本体）进行比较，专业词表中没有的术语即为新术语。对于这种情况在分词系统中不会得到解决。因此，需要将另外添加模块来识别专业新术语。

综合上述考虑，可以将具有识别未登录词的分词系统和识别专业新术语模块结合起来，既能很好地完成分词，又能很好地识别出新术语。

7.3.3 专业新术语规范性统计

叙词本体中的叙词是规范的，是能够表征文献主题的术语。因此识别出的专业新术语，并不意味着可以直接将该术语添加到叙词本体中。它必须是能够达到一定使用频度，并且通过专家评审之后才能作为叙词增加到叙词本体中。因此对专业新术语的频度统计是不可缺少的一步。

由于文献的标题、关键词以及摘要都是反映文献主题的重要特征信息。因此对标题、关键词以及摘要可以很好地揭示文献主题，出现在这三种信息里面的术语也能很好地反映文献的内容。但是这三种信息表示主题的程度不一样，标题是最能够表现文献主题的，其次是关键词，再次是摘要。因此，需要对出现在这三种信息中的术语赋予不同的权重。我们初步假定在标题中出现过 5 次或者在关键词中出现过 10 次或者在摘要中出现过 15 次的新术语可以将其候选新叙词。因此如果在标题和摘要中都出现的新术语，就应该按照这种比例折算，即标题：关键词：摘要 = 1：2：3，也就是说在关键词中出现过两次相当于在标题中出现 1 次，在摘要中出现 3 次，相当于在标题中出现 1 次。在整个统计的过程中，我们以标题为基准进行统计。

7.4 中文分词算法

现有的分词算法大致可以分为三大类：基于字符串匹配的算法，基于理解的算法和基于统计的算法。

7.4.1 基于字符串匹配的算法

这种方法又做作机械分词方法、基于词典的分词方法，通过构造一个常用词的词典来对文本中的句子进行切分，按照词典中的词条匹配文本中的单词。这种分词算法目前在所有的分词方式中准确性是最高的，词典中的词条都是经过验证，并被确定为语言中具有语义的基本单位。

若在词典中找到某个字符串，则匹配成功（识别出一个词）。该方法有三个要素，即分词词典、文本扫描顺序和匹配原则。文本的扫描顺序有正向扫描、逆向扫描和双向扫描。匹配原则主要有最大匹配、最小匹配和逐词匹配等。

在用词典分词法来匹配文本中的单词的时候，有一些常用的思想，如最大（小）向前匹配、最大（小）向后匹配，一般来说会综合运用这四种思想来达到最佳的分词效果。

假如一个词典中有5个词条：AB　ABC　ABCD　BCD　CD，现在要用这个词典来进行词典分词，当需要处理的语句为"ASDF-GABCDHJKL"时，就可以考虑上述的四种分词方法，采用最大向前匹配当切到AB时发现它是一个词，此时还要看ABC是不是一个词，如果是，还要看ABCD是不是，最后将最长的ABCD切分出来。如果采用最小向前匹配当遇到第一个词满足时即将它切分出来，所以切出的将是AB。向后匹配则是从后开始，原理是一样的。

①最大匹配法（MM）。基本思想是：假设自动分词词典中的最长词条所含汉字的个数为i，则取被处理材料当前字符串序列中的前i个字符作为匹配字段，查找分词词典，若词典中有这样一个i字词，则匹配成功，匹配字段作为一个词被切分出来：若词典中找不到这样的一个i字词，则匹配失败，匹配字段去掉最后一个汉字，剩下的字符作为新的匹配字段，再进行匹配，如此进行下去，直到匹配成功为止。统计结果表明，该方法的错误率为1/169。

②逆向最大匹配法（RMM）。该方法的分词过程与MM法相同，不同的是从句子（或文章）末尾开始处理，每次匹配不成功时去掉的是前面的一个汉字。统计结果表明，该方法的错误率为1/245。

③逐词遍历法。把词典中的词按照由长到短递减的顺序逐字搜索整个待处理的材料，一直到把全部的词切分出来为止。不论分词词典多大，被处理的材料多么小，都得把这个分词词典匹配一遍。

由以上的叙述，可以简单归纳出基于字符串匹配的算法的一些特点：

优点是简单，易于实现。缺点是匹配速度慢；存在交集型和组合型歧义切分问题；词本身没有一个标准的定义，没有统一标准的词集；不同词典产生的歧义也不同：缺乏自学习的智能性。

该方法中除了匹配算法以外，一个最重要的因素就是词典的质量，构建一个好的分词词典需要经过反复的实验修正。中科院的分词系统是目前公认的世界上最好的中文分词系统，它将一年的《人民日报》作为语料，对其进行人工切分和词性标注，最后构成一个具有词性标注的词库。

7.4.2 基于理解的算法

该算法的基本思想，就是在分词的同时进行句法、语义分析，利用句法信息和语义信息来处理歧义现象。它通常包括三个部分：分词子系统、句法语义子系统和总控部分。在总控部分的协调下，分词子系统可以获得有关词、句子等的句法和语义信息来对分词歧义进行判断，即它模拟了人对句子的理解过程。由于汉语语言知识的笼统、复杂性，难以将各种语言信息组织成机器可直接读取的形式，因此目前基于理解算法的分词系统还处在试验阶段。

目前基于理解的算法主要有专家系统分词法和神经网络分词法等。

①专家系统分词法。从专家系统角度把分词的知识（包括常识性分词知识与消除歧义切分的启发性知识即歧义切分规则）从实现分词过程的推理机中独立出来，使知识库的维护与推理机的实现互不干扰，从而使知识库易于维护和管理。它还具有发现交集歧义字段和多义组合歧义字段的能力以及一定的自学习功能。

②神经网络分词法。该方法是模拟人脑并行，分布处理和建立数值计算模型工作的。它将分词知识所分散隐式的方法存入神经网络内部，通过自学习和训练修改内部权值，以达到正确的分词结果，最后给出神经网络自动分词结果。

③神经网络专家系统集成式分词法。该方法首先启动神经网络进行分词，当神经网络对新出现的词不能给出准确切分时，激活专家系统进行分析判断，依据知识库进行推理，得出初步分析，并启动学习机制对神经网络进行训练。该方法可以较充分发挥神经网络与专家系统两者优势，进一步提高分词效率。

7.4.3 基于统计的分词方法

该方法的主要思想：词是稳定的组合，因此在上下文中，相邻的字同时出现的次数越多，就越有可能构成一个词。因此字与字相邻出现的概率或频率能较好反映成词的可信度。可以对训练文本中相邻出现的各个字的组合的频度进行统计，计算它们之间的互现信息。互现信息体现了汉字之间结合关系的紧密程度。当紧密程度高于某一个阈值时，便可以认为此字组可能构成了一个词。该方法又称为无字典分词。

7.5 中文分词系统介绍

7.5.1 分词系统的评价标准

分词系统的最主要的工作是进行分词。对于分词而言，不仅要求所研制的软件在分词的正确率和速度方面满足一定的要求，而且要像开发大型传统软件那样，在各个阶段不断地进行评价，其目的主要是检查它的准确性和实用性，分词系统的评价主要有以下几个方面：

（1）分词正确率

书面汉语的文本可以看成是字符序列，分词的正确率直接影响更高一级的处理。现有的分词系统切分错误主要集中在歧义字段和专有名词（如人名、地名、机构名和未登录词等）。为了获得更高的切分正确率，应该进行整体测试、歧义测试和专业词测试，最终结果应为三种测试的加权值。

（2）切分速度

切分速度是指单位时间内所处理的汉字个数。在分词正确率基本满足要求的情况下，切分速度是另一个很重要的指标，特别对于算法不单一、使用辅助手段，诸如联想，基于规则，神经网络，专家系统等方法更应注意这一点。通常中文信息处理的文本数量是相当大的，因此必须考虑方法是否能使系统总开销合理。在人机交互方式下处理歧义问题的策略和人机接口的设计，有时会严重地影响切分速度，这也是应该考虑的因素。

（3）功能完备性

自动分词方法除了完成分词功能外，还应具备词库增删、修改、查询和批处理等功能。

（4）易扩充和可维护性

这是提供数据存储和计算功能扩充要求的软件属性，包括词库的存储结构，输入/输出形式的变化等方面的扩展和完善。这项指标与系统清晰性、模块性、简单性、结构性、完备性以及自描述性等软件质量准则有直接的联系，对于研究实验性质的软件是非常重要的，因为这类软件需要不断提高与改进，使之适应中文信息处理的各种应用。

（5）可移植性

可移植性是指方法能从一个计算机系统或环境转移到另一个计算机系统或环境的容易程度。一个好的分词方法不应该只能在一个环境下运行，而应该稍作修改便可在另一种环境下运行，使它更便于推广。

另外，对于中文分词系统而言，由于汉语的复杂性和特殊性，中文分词系统还存在两个指标性的能力评价标准：歧义切分能力和未登录词的识别能力。

由于可能存在歧义，分词并不是一个简单地从输入串中发现合法词的过程。一个句子经常对应几个合法词序列，因此，汉语分词中的一个重要问题就是在所有这些可能的序列中选出一个正确的结果。歧义切分是自动分词中不可避免的现象，是自动分词中一个比较棘手的问题。对歧义切分字段的处理能力，严重影响到汉语自动分词系统的精度。实践表明，只用机械匹配进行分词，其精度不可能高，虽然有时也能满足一些标准不高的需要，但不能满足中文信息处理高标准的要求。

未登录词辨别，未登录词包括中外人名、中国地名、机构组织名、事件名、货币名、缩略语、派生词、各种专业术语以及不断发展和约定俗成的一些新词语。它是种类繁多，形态组合各异，规模宏大的一个领域。对这些词语的自动辨识，是一件非常困难的事。

7.5.2 各中文分词系统概述

目前使用较广泛的中文分词系统有中国科学院开发的 ICTCLAS，哈尔滨工业大学开发的哈工大分词系统，北京航空航天大学开发的汉语自动分词使用系统 CASS（Chinese Automatic Segmenting System），清华大学开发的 SEG-SEGTAG，复旦大学开发的复旦分词系统，杭州大学改进 MM 算法开发的 MM 系统，北京大学计算语言研究所开发的北大分词系统，以及 Microsoft Research 汉语句法分析器中的自动分词系统。

中科院 ICTCLAS（Institute of Computing Technology, Chinese Lexical Analysis System）是一个基于多层隐马尔可夫模型的汉语词法分析系统。该系统的功能有：中文分词；词性标注；命名实体识别；新词识别；同时支持用户词典。分词正确率高达 97.58%（最近的 973 专家组评测结果），基于角色标注的未登录词识别能取得高于 90% 召回率，其中中国人名的识别召回率接近 98%，分词和词性标注处理速度为 31.5KB/s。

哈工大统计分词系统能够利用上下文识别大部分生词，解决一部分切分歧义。经测试，此系统的分词错误率为 1.5%，速度为 236 字/秒。

CASS 系统由总控程序、自动分词程序、设施管理程序、分词词典和知识库等五大部分组成。自动分词算法程序选用正向增字最大匹配法 ASM（+1，+1，+1）实现，该算法的嵌套调用，可以识别出各种多义切分字段，包括任意多重的交集型多义字段。这个算法经过相应的运行控制，可以实现其他各种分词算法。其机械分词速度为 200 字/秒以上，知识库分词速度 150 字/秒（没有完全实现）。

清华大学SEG分词系统提供了带回溯的正向、反向、双向最大匹配法和全切分-评价切分算法，由用户来选择合适的切分算法。其特点则是带修剪的全切分-评价算法。经过封闭试验，在多遍切分之后，全切分-评价算法的精度可以达到99%左右。清华大学SEGTAG系统着眼于将各种各类的信息进行综合，以便最大限度地利用这些信息提高切分精度。系统使用有向图来集成各种各样的信息。通过实验，该系统的切分精度也可达到99%左右，能够处理未登录词比较密集的文本，切分速度约为30字/秒。

复旦分词系统FDASCT由四个模块构成。预处理模块，利用特殊的标记将输入的文本分割成较短的汉字串，这些标记包括标点符号、数字、字母等非汉字符，还包括文本中常见的一些字体、字号等排版信息。歧义识别模块，使用正向最小匹配和逆向最大匹配对文本进行双向扫描，如果两种扫描结果相同，则认为切分正确，否则就判别其为歧义字段，需要进行歧义处理；歧义字段处理模块，此模块使用构词规则和词频统计信息来进行排歧。最后，此系统还包括一个未登录词识别模块，实验过程中，对中文姓氏的自动辨别达到了70%的准确率。系统对文本中的地名和领域专有词汇也进行了一定的识别。

杭州大学改进的MM分词系统的词典采用一级首字索引结构，词条中包括了“非连续词”（形如C1…*Cn）。系统精度的实验结果为95%，低于理论值99.73%，但高于通常的MM，RMM，DMM方法。

北京大学研究所分词系统由北京大学计算语言学研究所研制开发，术语分词和词类标注相结合的分词系统。系统的分词连同标注的速度在Pentium 133Hz/16MB内存机器上的达到了每秒3千词以上，而在Pentium II/64MB内存机器上速度高达每秒5千词。

微软研究院的自然语言研究所从20世纪90年代开始开发了一个通用型的多国语言处理平台NLPWin，据报道，NLPWin的语法分析部分使用的是一种双向的Chart Parsing，使用了语法规则并以概率模型做导向，并且将语法和分析器独立开。实验结果表明，系统可以正确处理85%的歧义切分字段，在Pentium 400PC上的速度为 900～1200 字/秒。

7.5.3 中科院分词系统 ICTCLAS

7.5.3.1 系统介绍

中文分词系统 ICTCLAS（Institute of Computing Technology, Chinese Lexical Analysis System）是中科院计算所的张华平、刘群开发的，系统采用 C++语言开发。它是一套获得广泛好评的分词系统，其主要功能包括中文分词、词性标注、命名实体识别、新词识别等，同时支持用户词典，也就是说用户可以通过自定义一个词表来扩充 ICTCLAS 的原有词库。该组件先后经过五年的精心打造，内核升级 6 次，目前已经升级到了 ICTCLAS3.0。ICTCLAS3.0 分词速度单机 996KB/s，分词精度 98.45%，API 不超过 200KB，各种词典数据压缩后不到 3M，是当前世界上最好的汉语词法分析器。

该分词系统的主要思想是先通过层叠形马尔可夫模型 CHMM（Cascaded Hidden Markov Model）进行分词，通过分层，既增加了分词的准确性，又保证了分词的效率，共分五层，如图 7-2 所示。

分词的流程大概是：先进行原子切分，然后在此基础上进行 N 最短路径粗切分，找出前 N 个最符合的切分结果，生成二元分词表，然后生成分词结果，接着进行词性标注并完成主要分词步骤。各部分说明如下：

——原始字符串：分词的基本单元，常常是指一个句子。它在文章中由各种标点符号拆分，得到基本分词单元；

——原子切分：将原始字符串打散为单个汉字等不可再拆分的单元；按照上面所提到的汉字为单个的字，数值为连续的数字，英文为连续的英文字符，其他的标点符号为单独的一个字符的思路来实现的。

——N 最短路径粗切分：是最短路径和最大路径的折中，保留前 N 个最优路径，获得最优的前 N 个切分结果，既能达到一个比较理想的分词效果，又能保证分词的速度。

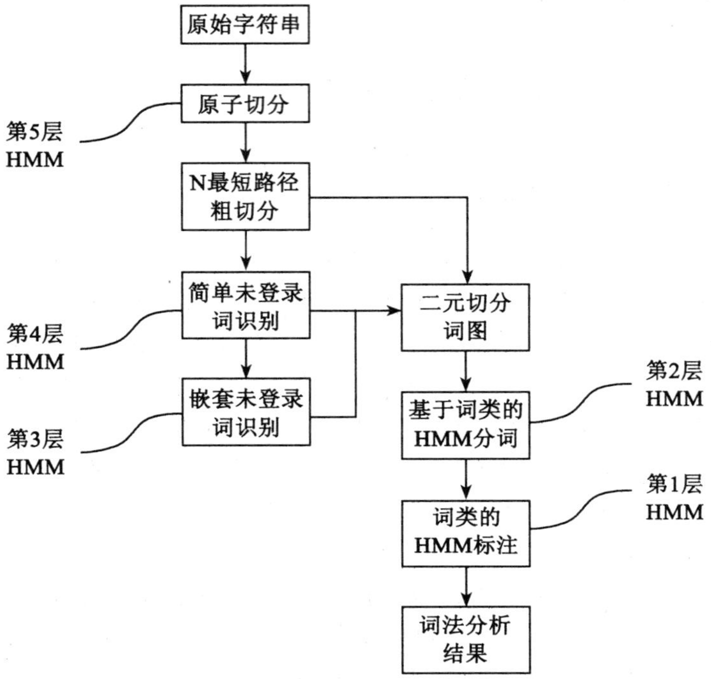

图 7-2　基于 CHMM 的汉语词法分析框架

——简单未登录词识别：通过简单的人名、地名等未登录词的识别，优化粗分结果，得到修正的前 N 个最优切分结果；

——嵌套未登录词识别：通过复杂的地名、机构名识别，再次优化 N 个粗分的结果；

——基于词类的 HMM 分词：基于 HMM 模型，通过词类信息，优化粗分结果；

——词类的 HMM 标注：基于 HMM 模型，标注词性，得到最终的词法分析结果。

7.5.3.2　ICTCLAS 分词实验

下面我们使用 ICTCLAS 系统进行一个简单的分词实验，并对结果进行分析。

（1）安装相应软件，配置好环境变量，在网站上获取 ICTCLAS3.0。

在 http：//www.i3s.ac.cn 下载 ICTCLAS3.0 分词组件，其中 ICTCLAS30.dll 就是所需要的动态链接库文件，将它复制到新建的 eclipse 工程项目的根目录下。将 data 文件夹也一并复制到项目根目录，data 文件夹是 ICTCLAS 的概率数据文件，程序将利用它来进行辅助分词。在下载的组件中有一个 Licenses 文件夹，运行里面的 exe 程序注册，获得注册码，然后将 Licenses 文件夹中的 user.lic 文件、组件文件夹中的 Configure.xml 文件一并复制到工程的根目录下，同时将组件包中的/api/JNI 下的文件也复制到工程中。配置好的 Eclipse 工程的目录结构如图 7-3 所示。

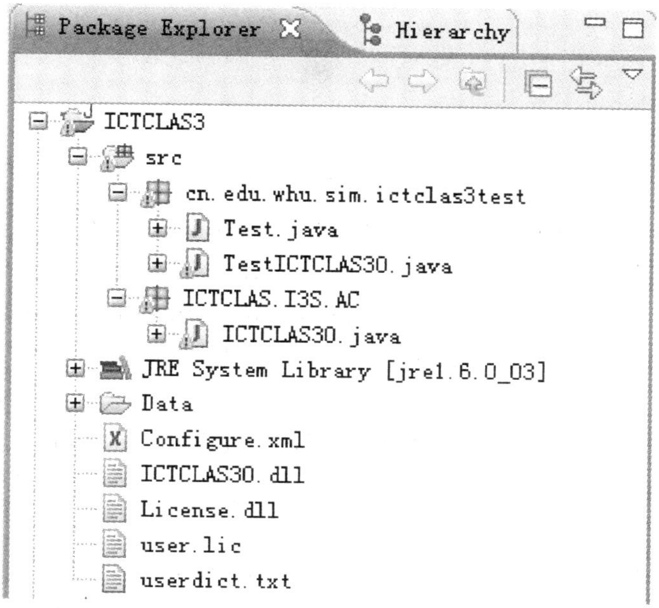

图 7-3　ICTCLAS3 的工程目录

Userdict.txt 是用户的自定义词典文件，用户可以在该文件中加入 ICTCLAS 词典中没有的新词来满足具体的需求。

ICTCLAS 是用 C/C++编写的，因而其编译后是动态链接库文件，在 Java 中调用时要在静态初始化阶段加载它。在 ICTCLAS 的最新 3.0 版中，提供了 JNI 调用的 API，但是要注册申请后只能试用一个月，之后如果再需要使用就要购买。因此使用 ICTCLAS 有一定的限制，在分词实验方面还可以使用一些其他的分词组件，如 JE 分词组件，IKAnalyzer 等组件。

（2）编写程序利用 JNI 调用 ICTCLAS 对一段中文文字进行切分

ICTCLAS3.0 采用词库的方式来进行分词，每个被切分出来的词都会被标以词性。示例步骤及程序见参考示例。

（3）参考示例

在 eclipse 中配置好相关环境，其中中科院提供的 ICTCLAS30 类的代码如下：

```
package ICTCLAS.I3S.AC;
import java.io.*;
public class ICTCLAS30{
  /* ICTCLAS30.dll 中的函数接口 */
  public native  boolean ICTCLAS_Init(byte[] sPath);
  public native  boolean ICTCLAS_Exit();
  public native  int ICTCLAS_ImportUserDict(byte[] sPath);
  public native  byte[] ICTCLAS_ParagraphProcess(byte[]
sSrc);
  public native  boolean ICTCLAS_FileProcess(byte[] sSrc-
Filename,
     byte[] sDestFilename);
  public native  float ICTCLAS_GetUniProb(byte[] sWord);
  public native  boolean ICTCLAS_IsWord(byte[] sWord);
  public native byte[] nativeProcAPara(byte[] src);

  /* 静态加载 ICTCLAS30.dll */
  static{
```

```
        System. loadLibrary( "ICTCLAS30" );
    }
}
```

然后再建一个测试类 TestICTCLAS30. java:

```
package cn. edu. whu. sim. ictclas3test;
import ICTCLAS. I3S. AC. ICTCLAS30;
public class TestICTCLAS30{
  public static void main( String[ ] args) throws Exception{
    /* 实例化一个 ICTCLAS30 对象 */
    ICTCLAS30 testICTCLAS30 = new ICTCLAS30( );
    String argu = "";
  /* 如发现 user. lic 文件不合法,初始化将失败,这里需要注
册获得使用许可 */
    if( testICTCLAS30. ICTCLAS_Init( argu. getBytes( "GB2312" ))
= = false) {
      System. out. println( "Init Fail!" );
      return ;
    }
    System. out. println( "Init Success!" );
    String str = "金穗贷记卡网络服务全新升级改版,点击查
看更多精彩!";
  byte nativeBytes[ ] =
    testICTCLAS30. ICTCLAS_ParagraphProcess( str. getBytes
( "GB2312" ));
    String nativeStr = new String( nativeBytes,0,nativeBytes.
length, "GB2312" );
    System. out. println( "导入用户词典前: " + nativeStr);
    String userdict = "userdict. txt";
    /* ICTCLAS_ImportUserDict 方法导入用户自定义的词典,
返回词典中词条的数目 */
```

```
        int Count =
                testICTCLAS30. ICTCLAS _ ImportUserDict ( user-
dict. getBytes( "GB2312" ) ) ;
        System. out. println( "用户词典词条数：" + Count) ;
    nativeBytes =
        testICTCLAS30. ICTCLAS_ParagraphProcess( str. getBytes
( "GB2312" ) ) ;
        nativeStr = new String ( nativeBytes, 0 , nativeBytes. length,
"GB2312" ) ;
        System. out. println( "导入用户词典后：" + nativeStr) ;
      }
    }
```

程序的运行结果为：

```
Init Success!
导入用户词典前：金/b 穗/b 贷/v 记/v 卡/n 网络/n 服务/v 全新/b 升级/vi
改版/vi ,/wd 点/qt 击/vg 查看/v 更/d 多/a 精彩/a ! /wt _
用户词典词条数：3
导入用户词典后：金穗/n 贷记卡/n 网络/n 服务/v 全新/b 升级/vi 改版/vi
,/wd 点击/v 查看/v 更/d 多/a 精彩/a ! /wt _
```

上述程序对一段中文进行了切分和词性标注，实现了中文的分词。根据以上步骤，就可以构建用户词典对相关中文文本文件进行分词实验并查看其效果。

（4）结果分析

在用 ICTCLAS3.0 分词的程序中，在 ICTCLAS30 类中加载了 DLL，然后在 Test 测试类中实例化一个 ICTCLAS30 对象，对一段中文进行分词。这里分为两种情况来分词，第一种方法就是默认使用 ICTCLAS 自带的词典进行分词，结果显示像“贷记卡”、“点击”这样的词没有当作整体切分出来。第二种方法中加载了一个自定义的用户词典，包含金穗 n、点击 v、贷记卡 n 这 3 行自定义的词条和词性，结果显示加载用户词典后这些词被成功切分出来。

除 ICTCLAS 的分词组件外，Java 方面还有很多开源的分词组件，但是中科院的 ICTCLAS 无疑是中文分词方面的权威，它经过不断的修订和内核升级在速度和精度上得到了很大的提升，它独特的词性标注在一定程度上提高了分词的准确率。

8　概念关系抽取

8.1 关系抽取研究

8.1.1　关系抽取的发展

关系抽取是信息抽取领域的一项基础性研究，是指从文本中自动识别两个命名实体之间的关联。在信息抽取系统中，我们称从文本中抽取出的基本信息元素为实体（Entity），命名实体则是指现实世界中具体或抽象的实体。在 1995 年第六届信息理解会议（the Sixth Message Understanding Conferences，MUC-6）上首次提出“关系抽取”这个概念，随后在命名实体关系抽取方面学术界展开了大量的研究工作。大多数情况下，人们将关系抽取问题转化为一个分类问题，即首先列出一个句子中所有的实体对，然后使用一个分类器决定哪些是我们真正需要的关系。到目前为止，知识工程和机器学习是针对文本的经典关系抽取方法。

知识工程的方法：知识工程是用来描述从人类专家吸取特定问题域知识的过程，它需要对熟悉所在领域的知识工程师参与。该方法在各个领域都有所应用，如 C. Aone，M. Ramos-Santacruz 使用 Relation 和 Event 两个本体库的方法；Hamish Cunningham 等所设计的 GATE 等。

机器学习的方法：该方法主要依靠机器学习中的统计方法来完成任务，它不需要知识工程师的大量参与，但是需要大量的训练语料才能达到很好的性能。应用此方法的系统有 David Fisher 开发的 CRYSTAL 系统和 Ellen Riloff 开发的 AutoSlug 系统，典型算法有 MarkCraven 进行 Web 信息抽取的新算法，Brin 采用少量种子关系逐步扩展的抽取方法以及 Agichtein 在 Brin 方法基础之上标注实体类型的算法，把关系抽取转化成分类问题、构造特征向量的基于 SVM 和 Winnow 的分类算法，基于计算两个字符串对象之间的 Kernel 相似度函数等。

这两种方法各有特点，知识工程方法的缺点是需要由专家构建规模比较大的知识库，从而增加了人力负担；机器学习的方法克服了知识工程方法的缺点，训练数据同时使用各种学习方法转化成分类问题，通常是构造特征向量，而后来的 Kernel 方法直接使用原始的字符串对象，但是 Kernel 训练的速度比较慢。

上述方法都已经成功地应用在信息处理的各个领域，如自动问答系统、文本深层挖掘、知识工程、数字图书馆、信息检索、生物信息学等领域，还应用在许多日常生活的领域，如电子商务、电子学习、商务智能、企业管理、信息监控、报刊编辑、民意调查等。但是，由于当前系统性能和可移植能力的限制，作为信息抽取的重要基础，关系抽取的发展还没达到能够广泛应用的目的。近几年来，随着机器学习、人工智能、模式识别和数据挖掘等领域中传统方法的不断发展以及语义 Web 等新兴领域各种新技术和新方法地不断涌现，关系抽取方法得到了长足的发展。

8.1.2 语义关系的抽取

近年来，随着语义 Web（Semantic Web）的发展，研究与之相应的本体工程方法也成为学术界和工业界的新方向。通过对概念、术语及其相互关系的规范化描述，本体刻画出某一领域的基本知识体系和描述语言，在公众共享范围内对这些概念和关系给出唯一的、明确的、公认的定义。而本体学习技术（ontology learning）就是利用机器学习和统计等技术，自动或半自动地从已有的数据资源中获取期望的本体的技术。在本体学习工程中也有类似传统关系抽取的改进算法，但是本体学习中的关系抽取方法并不局限于利用传统的信息抽取领域的研究成果，由于本体学习中的关系抽取具有比较丰富的语义性，出现了许多创新性的工作，不仅仅如此，许多研究工作利用本体的语义结构进行关系抽取，并取得了令人满意的效果。

近十几年来，随着语义关系抽取技术的不断发展，研究人员提出了许多不同的方法实现实体间语义关系的抽取，根据对语料的不同需求大致可分成三大类：指导性学习方法、弱指导学习方法和无指导学习方法。根据训练文本是否经过人工标注，机器学习方法又可分为有指导的机器学习方法（Supervised Machine Learning，SML）和无指导的机器学习方法（Unsupervised Machine Learning）。其中有指导的机器学习方法的研究起步较早。经过十几年的研究和发展，目前国外已经利用这种方法开发出不少实用的信息抽取系统。这三种方法在黄晨的《语义关系抽取发展现状及抽取方法的研究》一文中叙述如下：

（1）有指导的机器学习方法（Supervised Machine Learning）

有指导的机器学习方法主要有：基于特征向量的机器学习方法和基于 Kernel 的机器学习方法。基于特征向量的方法将信息抽取问题转换为一个分类问题。首先将训练语料和测试语料都转换为特征向量，通过给定的训练数据构造一个分类函数，使得这个分类函数能够对新数据进行正确分类，以实现信息抽取。

常用的基于特征向量的机器学习方法有支持向量机（SVM）和 Winnow 等。这类方法中的特征选择是启发式的，需要大量的人力，并且当前使用的特征已经覆盖了大多数可以利用的语言特征，因此该类方法的性能提升较为困难。另外，基于平面特征的方法在挖掘丰富的语法结构或依赖信息方面能力有限，而这些结构信息对关系抽取任务的重要性是显而易见的。

Kernel 的机器学习方法在充分挖掘语法或依赖信息上具有一定的潜力，通过构造核函数计算两个具有结构（比如语法树结构）的对象的相似性，基于核的方法以一种简捷的方式将语法或依赖等结构特征应用到了关系抽取上。有指导的语义关系抽取目前取得了较好的性能。但是它们需要大规模的人工标注关系实例作为训练数据，由于其较强依赖人工标注语料库，因此通用性不强。

（2）弱指导性学习方法（Weakly Supervised Learning）

虽然指导性语义关系抽取取得了较好的性能，但是由于其需要大规模的人工标注关系实例作为训练数据且极其依赖人工标注语料库，因此其通用性不强；另一方面，无指导语义关系抽取不需要事先定义关系类别和人工标注数据，但是性能较差，同时在学习过程中无法确定每个实例所属类别。为了解决以上不足，人们引入了弱指导的学习方法，与指导性学习方法相比，这种学习方法能够最大限度地减少对人工标注语料库的依赖，它只需要提供少量的标注实例作为初始训练集合，从少量种子集开始，不断从未标注语料库中抽取出可靠性较高的关系实例来增强训练集，最终期望通过有效利用大规模未标注的语料来获得较好的性能。使用弱指导学习来进行语义关系抽取任务主要有三种代表性的方法：自举方法（Bootstrapping）、标注传播算法（Label propagation）和协同训练方法（Co-training）。

弱指导学习方法在语义关系抽取方面具有很大的发展空间，它最大的好处是可以大大减少学习过程中所需要的标注语料库的规模，其主要问题是初始种子的选择比较困难，对最终的性能影响较大。

（3）无指导性学习方法（Unsupervised Machine Learning）

无指导方法在语言信息处理的其他领域都有成功的应用，该方法在信息处理的过程中不需要任何的人工指导或干预，因而可以全自动地对信息进行抽取。不过在信息抽取这一领域，利用无指导的方法进行语义关系的抽取还刚刚起步。2004 年，Hasegawa 等人在 ACL 会议上提出了一种无指导的命名实体关系抽取方法。Hasegawa 等首先识别出文本中的命名实体及其类型，当实体对的共现频率超过一定阈值时，把它们作为一个潜在的语义关系，并通过计算实体对之间的词汇相似度的方法进行聚类，然后给每个发现的语义关系赋予一个合适的类别名称。在 1995 年纽约时报语料上的测试表明，用该方法发现公司实体对（COM-COM）之间的语义关系，F 指数可达到75。无指导学习方法为关系抽取指出了一个新的研究方向，因为不需要人工标注的数据，可以节省大量的时间和人力。其缺点是相对于有指导和弱指导的学习方法效率较低。

8.1.3 中文语义关系抽取方法

黄晨在《语义关系抽取发展现状及抽取方法的研究》中对中文语义关系抽取方法的论述如下：

信息抽取现在发展的比较成熟，在国内外相关研究领域都是一个研究热点，在MUC（Message Understanding for Conference）和ACE（Automatic Content Extraction）两大权威会议的积极推动下，各个参评的单位为使自己的系统性能达到最优，动足了脑筋，于是许多新的设想、新的模型和新的系统层出不穷。目前MUC英文信息抽取的各项指标基本上都达到了相当高的水平：实体识别90%左右，属性识别80%左右，事实识别70%左右和事件识别60%左右。

相比较英文信息抽取，中文信息抽取的研究起步较晚、成果也十分有限。现在的研究工作还主要集中在中文命名实体的识别方面，其中“台湾大学”和新加坡肯特岗数字实验室参加了MUC-7中文命名实体识别任务的评测。国内从事这方面研究的主要是北京大学计算语言所和中科院计算所。

虽然从理论上讲，在中文语义关系的抽取上可以参照采用英文语义关系抽取的方法和原理，但是由于中文和英文在语法结构上的诸多不同。另一方面，我国从事这方面研究的人员也不是很多，起步也非常晚，可以借鉴的内容也比较少，因此中文语义关系抽取方法基本上主要集中于指导性的统计机器学习方法，包括基于特征的方法和基于核函数的方法两大类。对于基于特征的中文语义关系抽取而言，其关键问题仍然是如何选择有效的词汇、句法和语义等特征。在基于核的中文语义关系抽取方法中，目前应用的核函数都是基于比较中文词串的相似度，并在比较过程中考虑了一定的词汇语义相似度。在这些关系抽取中，有指导的方法占主导地位，而无指导的中文语义关系抽取目前尚无比较系统、完善的方法。我国的中文语义关系抽取水平还比较低，也是将来研究的一大热点，对我国信息处理技术的发展将起到巨大的作用。

8.2 概念关系抽取的方法

本体包括概念、属性和实例，而属性的主要作用就是表示概念间关系，完备的概念间关系体系和对概念间关系的清晰的表达方式将使本体包含的知识更为丰富，更好地表达这个领域的内容。概念间的语义关系是本体的一个重要元素。缺少关系描述的领域概念集合只是一个领域辞典，充其量也只能算做一个轻量级本体。

概念间关系是进行知识推理的基石，也是使得叙词本体优于术语表、传统叙词表的地方。本体学习的重点和难点是发现概念之间的关系。本体概念间关系的获取，常用的方法有：基于模板的方法，基于概念聚类的方法，基于关联规则的方法，基于词典的方法或者这些方法的混合。下面将对这些方法进行逐一的介绍和分析。

8.2.1 基于模板的方法

定义 1（模板）所谓模板，就是当用自然语言表述某个特定领域信息时，表现形式中相对固定的那部分内容，或者称为描述特定领域信息的自然语言框架固定或静态的模板和动态或变化的知识数据是对应的，二者的统一构成完整的领域信息的自然语言描述。

在本体学习中常采用模板匹配的方法抽取概念间的语义关系，特别是分类关系，基于模板匹配的方法对一定规模的领域相关文本（训练语料）进行统计分析或机器学习。根据一些频繁出现的语法规则来构建概念关系模板库，然后再根据模板库中定义的语法规则，从语料文本中提取满足条件的词序列，从中识别概念之间的关系。

例如，Hearst 最先采用模板匹配方法从原始语料中抽取概念间的上下位关系。首先总结了六种满足概念间“属种”（is-a）关系的词法模板，从英文文本中识别和获取概念间关系；然后提出了一个自举（bootstrapping）算法模型，通过迭代的实例学习，半自动地获得概念关系模板。

Berland 和 Charniak 借鉴 Hearst 的方法，提出了一个针对简单术语的“整体-部分”（part-of）关系抽取系统，根据用户给定的种子名词（seeds），使用五种满足“整体-部分”关系的句式，在 LDC 北美新闻语料库中寻找候选“部件”名词，然后再使用语法过滤器滤除其中可能表示实体属性的词，并通过统计的方法来衡量候选词作为种子名词的“部件”名词的可能性。

Girju 等学者使用 WordNet 和 C4.5 决策树算法来获取概念间的“部分-整体”（part-whole）关系通用模板，并通过这些模板抽取出所有满足“部分和整体”关系的概念对。由于该方法是有监督的学习，需要根据 WordNet 对训练语料（53 944 个满足句式要求的名词短语）进行手工的语义标注，因此前期的训练准备工作非常繁重。

Pantel 等人提出了一种基于最小编辑距离的概念关系模板学习算法，从 Terascale 规模的语料中，自动地学习所有满足“属种”（is-a）关系的词形-词性（lexico-POS）关系模板，用于概念关系的抽取；对该算法和基于聚类的方法进行了对比实验，结果显示，基于模板匹配的方法时间复杂度较低，能够对各种规模的语料库进行处理；而且对数据稀疏问题的适应性较好，只要多个概念之间满足关系模板库中定义的语法规则，模板匹配方法就能将其准确地识别出来。

基于模板的解决方案思想简单直观，很容易理解，算法实现相对其他方法也简单。这类方法的主要缺点是准确度低，因为大量无用的概念对也往往匹配这些模板，而且模板的获取是否完备对于获取效果影响较大。另外，易受到语法规则的自动学习、泛化和维护等因素制约，移植性较差；而语法规则的获取是否完备、多个语法规则之间的冲突，对于概念关系获取的效果影响也较大。由于模板的模式不具有通用性，因此算法的实现要局限于特定的领域，模板的定制也需要水平较高的领域专家参与。

8.2.2 基于概念聚类的方法

定义 2（聚类）聚类，即给定一数据样本集 $X\{X_1, X_2, \ldots, X_n\}$，根据各个样本之间的相似度将数据集合分成 k 个族：$\{C_1, C_2, \ldots, C_k\}$，使得相似样本在同一族中，相异样本在不同族中，其中 $C_i = \{X_i\}$，$C_i \cup C_j = \Phi$，$i \neq j$。

关于同一族中的样本比来自不同族的样本更相似的判断问题主要涉及以下两个方面：①怎样度量样本之间的相似性；②怎样衡量对样本集某种划分的好坏。相似度通常用描述对象的属性值来计算。

基于概念聚类方法的指导思想是 Harris 的“分布假设”（Distributional Hypothesis），这种方法又叫做基于同现的方法，使用词的语法同现统计方法来估计词的语义相似性，然后以其为依据使用各种聚类算法对词进行概念聚类，使得同一类族中的概念具有语义近似的关系。

例如，Hindle 提出了一种基于谓词一论元结构的名词分类方法，根据大规模英语文本语料库中的“主语-谓词-宾语”分布情况来计算名词之间的相似性。在 Hindle 研究工作的基础上 Lin 定义了一个依存三元组（w，r，w’）来描述词语 w 和 w’ 的各种语法依存关系 r，提出了一种新的词语相似度计算方法，从大规模语料库中发现相似词语并自动构建辞典。

Hindle 和 Lin 等人研究的基于聚类的方法输出结果是给定词和其相似词语列表，但无法区分多义词的各个词义之间的差别。为此，Pantel 提出了一种 CBC（Clustering by Committee）聚类算法，此算法流程主要包括三个步骤：首先，在特征空间内为每个词 w 找到 k 个最近邻词，组成词 w 的相似空间；然后，利用递归的方法寻找 w 相似空间内的紧凑类，即委员会（committee）；最后，将委员会成员的中心看作族的特征向量，将 w 分配给它最近的族。

针对多义词存在多个语义的情况，CBC 最后一个步骤是一个软分类过程，即 w 可以属于多个语义族，每个族都代表 w 的一个词义。为了便于发现词义，CBC 将 w 分配给当前最近的族 c 后，就会把 w 和 c 的交叉特征从 w 的特征向量中移去，以保证在发现 w 的生僻语义的同时，避免重复语义的发现。

此外，还有很多用于概念关系发现的聚类算法，如层次方法、基于模型的方法中的概念聚类方法等。例如，Fisher 提出的 COBWEB 就是一种简单增量概念聚类算法，它以分类树的形式创建层次聚类，使得树中的每个节点对应一个概念；并在节点内存储该概念的一个概率描述，用来概括被分在该节点下的对象的特征。由于 COBWEB 方法的时间和空间复杂度不仅仅取决于属性的数量，还依赖于每个属性的值的数量，因此，COBWEB 不适用于处理大规模语料库的概念聚类。

大多数基于聚类的概念关系获取方法所得到的概念关系大多数是“匿名”关系，只能判断出两个概念之间是否存在关系。为此，Caraballo 利用名词的连接词、同位语等特征来标识名词间的“一般和特殊”（is-a）关系，建立与 WordNet 类似的名词层级体系。Pantel 的研究工作考察了名词的所有语法依存关系对名词间上下位关系的标识贡献，采用自顶而下的策略来建立名词的层级体系。基于聚类的方法是在“分布假设”基础上进行的，要求语法结构中的词分布必须具有较强的语法约束，而且其性能在很大程度上依赖于文本语料库的规模以及句法关系标注技术。

对于各等级聚类算法的性能，有学者指出，虽然每种聚类算法各有其优缺点，但不存在最优的聚类算法，现有算法只能证明它对某个应用是最优的。所以，在实际操作中才能确定哪种算法才是最合适的。

8.2.3 基于关联规则的方法

关联规则挖掘问题可形式化描述为：设 $I=\{i_1, i_2, i_3, \ldots, i_m\}$ 是 m 个项目的集合。$T=\{t_1, t_2, t_3, \ldots, t_n\}$ 是 n 个事务的

集合，每个事务 T 是包含于 I 的项目的集合，可以用唯一的标识符 TID 来标识。如果对于 I 中的一个子集 $X \subseteq T$，我们就说一个事务 T 支持 X。如果 X 中含有的项目数为 k，则称之为 k-项集。关联规则就是一个形如 $X \geqslant Y$ 的蕴涵式。其中 $X \subset I$，$Y \subset I$，而且 $X \cap Y = \Phi$，其意义在于一个事务中某些项的出现，可推导出另一些项在同一事务中也出现。事务集 D 中的规则 $X \geqslant Y$ 是由支持度 sup（support）和置信度 conf（confidence）来约束的。

基于关联规则的方法常用于概念间非层级关系的获取，即提取出相关的概念对，其基本思想是：如果两个概念经常出现在同一篇章片段（如全文、章、节、段落或句子）中，那么，这两个概念之间必定存在某种语义关系，并可以通过关联规则的相关算法来获得。但抽取出的相关概念对之间的具体关系还需进一步确定。Maedche 等首先描述了在浅层文本分析的基础上使用关联规则挖掘概念间关系的具体过程，随后将其置入本体学习系统 Text-To-Onto 中，在给定类层次结构作为背景知识的基础上探讨句法结构上相关概念的非分类语义关系。

8.2.4 基于词典的方法

基于词典的方法往往根据一些现有的词汇词典中定义的同义词、近义词和反义词等知识来获取本体中概念间的关系。现有的大多数机器可读词典（如 WordNet、FrameNet 等）都是由经验丰富的语言学家或领域专家通过手工方式编撰得到，因此可以作为一种可靠的领域知识源，用于领域概念及其关系的抽取。而利用 MRD（Machine Readable Dictionary）中定义的同义词、近义词和反义词等知识来提取概念间的层级关系，就是基于 MRD 的方法。例如，Rigau 等人提出一种首先识别定义中的类属特征，然后再对这些词条进行语义消歧的非监督学习方法。这种方法可以从任意一部 MRD（如 WordNet）中自动获取词条之间的层级关系，获得单语种或多语种词汇知识。

Nakaya 等人在 DODDLEII 中利用 WordNet 来获取概念间的层级关系。首先使用字符匹配方法从 WordNet 中找到特定领域术语（概念）的对应节点，获得从这些节点到根节点之间的所有节点，组成一个初始化概念层次结构集合，然后再使用删剪模块去除其中的无用节点，最后获得特定领域概念间的层级关系。

基于词典的方法具有简单易实现的优点，但是很多 MRD 资源却不易获得，因此制约了这种方法的应用。

8.2.5 混合方法

混合方法往往是同时使用上述若干方法，以期获得更好的结果。其中比较特殊的方法是 Missikoff 等人和 Navigli 等人提出的，他们提出利用机器学习技术基于已有的通用本体对抽取出来的术语进行语义解释，即为这些术语关联上明确的概念标识符；然后，基于这些语义解释来确定概念之间的分类和相似关系，生成一个领域概念森林。与其他方法相比，该方法的主要特点是对术语进行语义解释，然后使用这些语义解释来获取除分类关系以外的其他概念间的关系，而其他方法都是将术语等同于领域概念。这种做法的好处是可以确定复杂术语的正确含义及其概念间的关系。对于一个复杂术语，该方法首先确定与该术语的各个组成成分相对应的概念，然后根据这些概念间的语义关系来构造相应的复杂概念。该步骤的结构是得到一个领域概念森林，它表示了这些复杂概念间的分类关系和其他关系。2005 年，Kavalec 等人提出使用扩展的关联规则挖掘方法为文本中概念间的非分类关系赋予语义标签。其基本思想是：如果两个概念间存在非分类关系，那么该关系能够用经常出现在这两个词附近的某个动词来表示。所以，可以通过计算某个动词和某两个概念一起出现的条件概率决定这两个概念之间的关系是否可以用该动词来表示。Kavalec 等人的方法是对解决该问题的一个初步尝试，但它仅考虑了词频，没有考虑句子结构等其他因素，所以结果并不十分理想。

8.3 概念关系的抽取过程

叙词本体有两类关系 HC 与 RI，HC 在构建叙词本体时已经被定义，演化过程中更改的几率非常小，因此在此我们不作考虑。而根据前面的定义，RI = {Y，D，S，F，C，Z}，因此在叙词本体演化过程中，我们需要获取的关系可以限定为以上这六种关系。其中用（Y）和代（D）属于等同关系，并且二者是可逆的。属（S），分（F）以及族（Z）术语属于等级关系，属与分是可逆的，族可以通过叙词本体的公理推理得到，参（C）为相关关系。

8.3.1 概念关系的分类

8.3.1.1 等同关系

等同关系是指叙词和非叙词之间语义相同或相近，是可以互相替代的语词之间的关系，亦称同一关系、代用关系。因此一个概念的语义含义可以通过不同的语词形式表达。如果一个术语 I_1 被作为另一个术语 I_2 的另一种表达形式（非规范表达），那么就可以定义 Y（I_1，I_2）以及 D（I_2，I_1），理解为 I_1 用 I_2 规范表示，用 I_1 代 I_2 非规范表示。

在 8.2 节中有介绍到本体概念关系抽取的几种基本方法。叙词表对同义词控制的目的在于把表达同一主题概念的文献集中在同一标识下。从等同关系查找和发现的角度来看，基于模板匹配的方法利用了汉语行文特点识别同义词，不需要深入探究句子的语义，也能提取正文中的同义词，是一种简单易行的方法。

● 基于模板匹配的等同关系获取

基于模板的方法，主要是根据等同关系的概念，对易于在同一篇文献、同一个段落或者同一个句子中出现的词设计模板进行抽签。这种方法利用语义相似或相同概念对共现的特点来获取等同关系，是等同关系抽取的一个有效方式。这种方法通过运用语言学知识，在执行抽取任务之前，构造出若干基于语义的模板集合并储存起来。当进行关系抽取时，将经过预处理的语言片段和模板库中的模式进行匹配，一旦匹配成功，则可以认为语句中的相应概念与模板的关系属性相类似。

（1）模式定义

对汉语词汇释义时通常使用同义词、准同义词以及上下位词进行描述。因此可以从定义中分析和提取同义词定义模式。如“亦称”，“也称……”，“简称……”，“……的简称”，“俗称……”等，可以从中提取常用模式定义。

例如：给定规则1：NP_0亦称｛NP_1，NP_2…（and｜or)｝NP_n，则对于所有的NP_i，$1\leqslant i\leqslant n$，存在D（NP_0，NP_i）以及Y（NP_i，NP_0）。

对于文献中的句子“等同关系指可以互相替代的语词之间的关系，亦称同一关系、代用关系”，根据规则（1）可以得到以下关系：D（“等同关系”，“同一关系”），D（“等同关系”，“代用关系”）以及Y（“同一关系”，“等同关系”），Y（“代用关系”，“等同关系”）。读者可能会注意到，为什么我们提取出的关系是D（“等同关系”，“同一关系”）而非D（“同一关系”，“等同关系”）呢？这是因为在学术论文中，放在句首加以强调的术语一般为规范化的词语。因此，我们这里将“等同关系”作为叙词，而“同一关系”与“代用关系”作为非叙词。由于叙词本体在关系获取时，必须区分和判定叙词和非叙词来确定相应的关系，因此我们在抽取算法和规则中则需要作相应的处理。

Marti A. Hearst 总结了等同关系的英语语句模板。我们发现汉语也有相似之处，因此在此基础上进行了部分修改，下面将给出我们通过人工方式总结出的模式列表。

规则2：NP_0｛又｜俗｜也｜或｝称｛NP_1，NP_2，…（and｜or)｝NP_n

则D（NP_0，NP_i），Y（NP_i，NP_0）（$i\in$｛1，2，…，n｝）；

规则3：NP_0｛又｜亦｜也｜或｝叫｛NP_1，NP_2，…（and｜

or)} NPn

则 D（NP_0，NP_i），Y（NP_i,NP_0）（$i \in \{1, 2, \ldots, n\}$）；

规则 4：NP_0是{NP_1，NP_2…（and | or)} NPn 的另一种{规范 | 严格}{表达方式 | 称谓 | 称呼}

则 D（NP_0，NP_i），Y（NP_i，NP_0）（$i \in \{1, 2, \ldots, n\}$）；

规则 5：{NP_1，NP_2…（and | or)} NPn 是 NP_0的{另一种 | 其他}{表达方式 | 称谓 | 称呼}

则 D（NP_i，NP_0），Y（NP_0，NP_i）（$i \in \{1, 2, \ldots, n\}$）；

规则 6：NP_0，即{ | 是}{NP_1，NP_2，…（and | or)} NPn，

则 D（NP_0，NP_i），Y（NP_i，NP_0）（$i \in \{1, 2, \ldots, n\}$）。

（2）模式获取

①人工获取方法：人工获取方式依靠的是专家的知识和技能。专家既要熟悉特定领域相关的知识，也要知晓计算机系统内部对模式规则书写格式的要求，还能对规则的计算复杂性有初步的估计。专家需要审阅一定量的待处理文本文档（这里指的一定量的文本文档通常是训练集），然后用他的知识和经验归纳出相关同义词出现的模式，按照一定的格式要求书写规则。

人类专家掌握相关领域知识的水平和技能是一个很关键的因素，直接影响到系统的性能和结果。除了需要借助于人类专家，这种方式的另一个问题是系统开发量较大。利用人工获取的方法构建一个高性能的系统往往要有多次迭代的过程。在生成初始的模式规则集合之后，需要在测试集中检验其有效性，根据测试结果做出相应的修改，然后再测试，直到取得最佳的效果，因此，这样的方式需要大量的开发劳动。

②机器获取方法：机器学习的方式也需要一定的人工参与。但是与人工获取方式不同的是，机器学习方法中不需要具备对系统的知识，也不需要知道编写规则应该用什么格式。这个专家只需要充分地了解指定领域中的知识，并能够在训练集合文档中用适当的方式标注出相关信息的出现（这里主要是指同义词的出现）。机器在经过标注的训练数据上进行主动学习，自动获取模式规则信息。从研究的角度看，如果开发条件允许的话，机器学习的方法更具有吸

引力，因为与人工获取方式对比，其本身有下列优势：

a. 开发的成本较低。采用机器学习方法，专家不需要具备对系统本身的知识，只要对目标领域有充分的知识以便于在训练集文档中标注出相关信息就可以了，而人工获取的方式中，专家还必须对系统本身有足够的了解才能写出系统需要的规则模式。用机器学习的方法，还能大大缩短获取模式规则的时间。因此在开发时间和所需的专家的知识、劳动这两个方面，机器学习的方法能降低开发的成本。

b. 系统的适应性强。系统的结构框架相对所要处理的领域来说是独立的部分，领域不同只是意味着系统处理所需要的知识和数据不同。自动学习模块一经构建，理论上就可以在不同的领域多次使用，达到学习不同领域相关的知识和数据。手工获取方式则须重复相同的工作，其弱点是显而易见的。

尽管机器学习有这些知识理论上的优势，但是到目前为止，机器学习的能力终究比不过人，机器学习出来的规则相比于人类专家归纳出的规则在其可靠性、有效性等方面还是有所不如。

利用基于模板的方法来抽取概念关系的显著特点是有相对较高的准确率，它所获取的关系质量较高。但是这些方法由于汉语的复杂性，所以很难将所有的规则都枚举出来，并且预先定义的模板样例有限，它的查全率很低。

8.3.1.2 等级关系

等级关系，指上位概念叙词和下位概念叙词之间的一种关系，亦称属分关系。

如果一个术语（I_1）可以作为另一个术语（I_2）的一种类型，一个部分或者一个个体，那么就可以定义 S（I_1，I_2）以及 F（I_2，I_1），理解为 I_1属 I_2，I_2分 I_1。

叙词本体概念间的等级关系自顶向下也体现了其分类体系的构建。叙词表通过揭示词汇之间的等级关系达到有效组织叙词，调节标引和专指度，实现族性检索和特性检索的目的。采用单一的概念关系抽取方法很难识别出所有层次关系，所以可以几种抽取方法结合起来获取等级关系。

(1) 基于模板匹配的等级关系获取

在8.3.1.1小节中，我们有介绍利用基于模板匹配的方法抽取概念间的等同关系，该方法在等级关系获取中同样有效。通过定义一组表示等级关系的句法模式，然后用这些模式抽取语料库中的等级关系。

例如：给定规则（8）NP_0，比如{NP_1，NP_2，…，（and | or)} NP_n，则对于所有的NP_i，$1 \leq i \leq n$，存在S（NP_i，NP_0）以及F（NP_0，NP_i）。

对于语句“而今的交通工具，比如汽车、火车、飞机，给人们的出行带来了极大的便利。”可以认为S（“汽车”，“交通工具”）以及F（“交通工具”，“汽车”）。可以理解为“汽车”属于“交通工具”的一种，“交通工具”可以分成“汽车”，“火车”和“飞机”等多种。

Marti A. Hearst总结了类属关系的英语语句模板。我们发现汉语也有相似之处，因此在此基础上进行了一点的修改，得出以下几条规则。

规则7：像{NP_1，NP_2…（and | or)} NP_n这样的NP_0

则S（NP_i，NP_0），F（NP_0，NP_i），($i \in \{1, 2, \ldots, n\}$)；

规则8：{NP_1，NP_2，…（and | or)} NPn，{或者 | 以及 | 或 | 和 | 及} 其他的NP_0

则S（NP_i，NP_0），F（NP_0，NP_i），($i \in \{1, 2, \ldots, n\}$)；

规则9：NP_0，{包括 | 包含} {NP_1，NP_2，…（and | or)} NP_n

则S（NP_i，NP_0），F（NP_0，NP_i），($i \in \{1, 2, \ldots, n\}$)；

规则10：NP_0，尤其是 {NP_1，NP_2，…（and | or)} NP_n

则S（NP_i，NP_0），F（NP_0，NP_i），($i \in \{1, 2, \ldots, n\}$)。

除此之外，在一些定义或者解释型的语句中，也会得出术语之间的等级关系。例如“叙词表是一种将标引人员或用户使用的自然语言转换为规范化的系统语言的术语控制工具”，S（“叙词表”，“术语控制工具”），F（“术语控制工具”，“叙词表”）。通过对汉语的观察，我们还总结出以下几条规则。

规则 11：{NP_1，NP_2，… (and | or)} NP_n是 {一种?} * NP_0

则 S (NP_i, NP_0)，F (NP_0，NP_i)，($i \in$ {1，2，…，n})；

规则 12：{NP_1} {是指 | 指的是 | 指} * NP_0

则 S (NP_1，NP_0)，F (NP_0，NP_1)；

规则 13：NP_0 {分为 | 划分为 | 分割成 | 分成 | 划分成} {NP_1，NP_2，…，(and | or)} NP_0

则 S (NP_i，NP_0)，F (NP_0，NP_i)，($i \in$ {1，2，…，n})；

规则 14：{NP_1，NP_2，… (and | or)} NP_n {属于 | 隶属于} NP_0

则 S (NP_i，NP_0)，F (NP_0，NP_i)，($i \in$ {1，2，…n})；

规则 15：NP_0有 {NP_1，NP_2，… (and | or)} NP_n几种类型

则 S (NP_i，NP_0)，F (NP_0，NP_i)，($i \in$ {1，2，…，n})。

由于汉语的复杂性，所以很难将所有的规则都枚举出来。通过已有规则自学习新规则，可以弥补手工定制规则的缺陷。关于模板获取方法在 8.3.1.1 节有详细介绍，可参看该小节内容。

(2) 基于中文复合词结构的等级关系获取

利用模板的方法来获取等级关系，相比较等同关系来说，其查全率更低一些，因为受到模板库中模式集的大小，等级关系句法表示的多变化等多种因素的影响。为了更有效地获取叙词本体中的等级关系，我们也提出了一种基于中文复合词结构的分类关系获取方法。

中文领域叙词本体中的概念通常是由多个相互独立的词和短语构成的，大部分的领域概念不存在于目前已有的通用词典如 HowNet 中，因此无法直接应用 HowNet 中的语义关系。中文的复合词结构虽然比较复杂，但是从词的内部形式和语义内容来讲，又有着一定的规律性，即复合词具有组成其各个部分的基本词的元特征。例如，“管理信息系统”是一种信息系统，因此是“信息系统”的下位概念，“信息系统”又是一种系统，因此是“系统”的下位概念。从语言学角度来讲，这种概念间的关系提取的共性是上位概念是其下位概念的子串，并且子串的位置通常是在下位概念的首部或尾部。因此，在叙词本体概念等级关系的获取中，充分利用汉语的这个特点，应用下面的规则对获取的领域概念进行层次分类。

规则 16：对于一个概念 C，如果有另一个概念 C′能够分解为 S +C 或 C+S 的形式，其中 S 表示任意长度的字符串，那么概念 C’可以作为概念 C 的下位概念。

通过规则 16，可以从文本中学习到更多的概念层次关系，同时也可以利用得到的概念对学习更多的句法关系模式，从而学习到更多的上下位语义关系。

（3）基于相似度矩阵的词聚类方法

为了达到尽量全面识别等级关系词汇的目的，还可辅以基于相似度矩阵的词聚类方法。利用基于相似度矩阵的词聚类算法，来聚类同一主题相关的词汇，形成概念的等级体系。

具有等级关系的词汇在语义上是相似的，在实施词聚类算法之前，首先要计算词汇之间的语义相似度。未知词汇的含义常常能从它的上下文推导得出，语义相似的概念和术语经常出现在相同的上下文中。基于此假设条件，利用相似度矩阵词聚类算法来抽取等级关系。具体流程如图 8-1 所示。

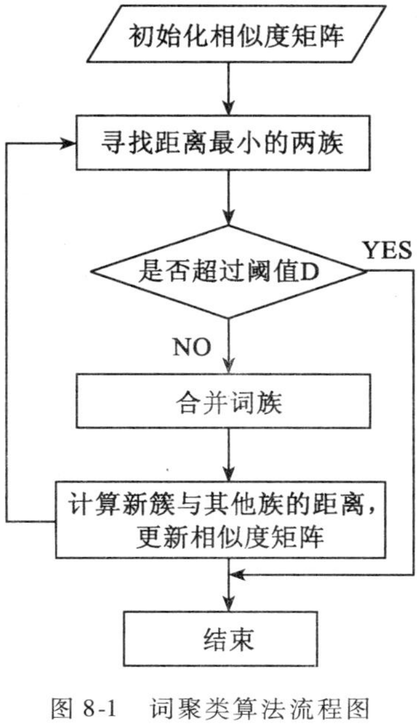

图 8-1　词聚类算法流程图

步骤 1：初始化相似度矩阵（即距离矩阵，在聚类过程中通常把“相似度”称为“距离”，相似度越大，距离越小）。首先采用 Dice 测度方法计算词汇之间的关联度，生成关联概念空间。从关联概念空间中提取与词汇 T 关联度最高的前 K 个词汇作为词 T 的特征向量。把词表中的每个词作为一个单独的族，通过余弦相似度系数计算族与族之间的距离，生成相似度矩阵。

步骤 2：找出距离最短的两个族。

步骤 3：判断最小距离是否小于阈值，是则结束程序，否则转到步骤 4。

步骤 4：合并距离最小的两个族，生成一个新词族。

步骤 5：计算新族与其他族之间的距离，更新相似度矩阵，转到步骤 2。

聚类过程中，计算所生成的新族与其他族之间距离时可借鉴等级聚类算法中关于单连通、全连通和平均连通的定义。另外，阈值 D 的取值决定了两个族是否足够相似并进一步聚为新族，并最终决定聚类过程何时停止能得到较好的聚类效果，需要经过反复试验才能确定。

8.3.1.3 相关关系

相关关系是不同于等同关系和等级关系的一种比较密切的类缘关系。叙词表对相关关系进行揭示，有利于用户检索时查找相关信息，扩大检索范围，增加检索途径。叙词表的相关关系涉及范围广、种类多、灵活性大，很难严格界定。叙词之间的近义关系、反对或矛盾关系、交叉关系、因果关系等情况都可认作是相关关系。因此利用上述的模板方法很难将所有的相关关系都提取出来。而分析汉语的语句特征，可以发现具有相关关系的叙词通常会同时出现在一个句子中，或者相邻的几个句子中。因此采用关联规则挖掘算法来处理叙词本体的相关关系抽取，是一个合理的方案。

关联规则挖掘算法的基本思想是如果两个概念经常出现在同一文档（或段落，或句子）中，则这两个概念之间必定存在关系。

关联规则常用于数据仓库的数据挖掘，本文中，关联规则算法可以描述为：给定一组文档集合 T：= $\{T_i \mid i=1, \ldots, n\}$，其中每个文档包含一系列的术语 T_i：= $\{a_i, j \mid j=1, \ldots, m, a_i, j \in C\}$，每个术语 a_i，j 都是概念集 C 中的术语。算法计算关联规则 $X_k => Y_k$（X_k，$Y_k \in C$，$X_k \cap Y_k = \{\}$）的支持度和信任度是否超过用户定义的阈值。

关联规则支持度是指文档中包含 $X_k \cup Y_k$ 作为子集的百分比，更通俗讲，就是 X_k 与 Y_k 在文档所有术语中共现的概率。

关联规则信任度是指在文档中，当 X_k 出现时，Y_k 也出现的百分比。

如果计算出的关联规则（$X_k => Y_k$）支持度和信任度超过了用户定义的阈值，那么就说明 X_k 与 Y_k 在用户认知的范围内是相关的。但是这里的相关关系也会包括前面一节讲到的等同关系与等级关系，因此在抽取相关关系时，一定要排除掉等同关系和等级关系的可能性。如果抽取出的关系既不是等同关系，也不是等级关系，那么就可以把它归为相关关系。

例如，“检全率”与“查准率”通常会在一篇文档中同时出现，通过计算两者的支持度和信任度，认为两者是相关的。但是两者既不是等同关系，也不是等级关系，那么这两者一定是叙词表中的相关关系，用 C 来关联。

综合利用以上两种或两种以上的方法，可以从指定的网络资源中抽取出叙词本体术语之间的六种关系，从而完成叙词本体演化过程关系抽取工作。

8.3.2 抽取关系

实验系统中，我们主要采取分布的概率统计方法和基于模板方法获取概念之间上述语义关系。其基本思想是：统计方法利用词语上下文信息，根据一些经典的统计分布假设，计算词语间相关性。这种方法从某种程度上来表达了词语之间一种宽泛的关系。它不能精确地定义词语之间具体的语义关系，只是提供两者具有某种关系的佐证。基于模式的方法，根据人工总结的关系抽取模板，抽取出所有可能的关系对，通过发现词语同时出现的固定模式，用这种模式来直接表示某种固定的语义关系。实际实验中，模式匹配的方法找到的上下位关系和整体部分关系等的精确度更高。但是模式在文本中出现的频率较低，因此需要更多包含目标词语对的句子，以找到包含此种模式的实例。而统计的方法能够对语料中包含目标词语对的句子极尽其用，因此同样适合于非大规模语料。

由于提取关系时需要涉及两个或者两个以上的词语之间的关系。不管是模板方法还是关联规则方法，都需要一对词语同时出现。因此两种方法都需要首先统计词语共现的概率。只有当一对词语同时出现在摘要里面的概率达到了一定程度，才能够确定其具有相关关系。在确定了相关关系的基础之上，再根据模板方法进行模板匹配，从而确定其为等同关系（用、代）还是等级关系（属、分、族）。

8.3.2.1 相关关系的抽取

提取出的关系不仅是指新术语之间的关系，还包括新术语与已有术语之间的关系。因此在完成术语提取的过程中，不仅要记录下新术语，同时也需要记录下已有的术语。相关关系抽取的流程如图8-2所示。

在图8-2中，数据表1是指提取出的新词数据库表，数据库表的存储在上一阶段新术语的提取中已经完成。数据表包含的信息包括新词所在的所有文献编号，总共已经出现的频次。从这张数据表中可以查询到新词所在的所有文献编号。

数据表2是指标题、关键词以及摘要中出现的词汇以及这些词语所在的文献编号，出现的频次，包括新词汇和旧词汇。根据上一步骤查得的所有文献编号，可以查到这些文献中同时存在其他的词汇，并统计共同出现在同一篇文献的次数，记录这些共现词汇对，共现所在的文献编号以及共现频次。比较这些频次，如果其频次达到了指定的标准，那么我们认为这些词汇对之间存在着相关关系。

但是这种关系中也可能包含等级关系与等同关系，因此必须将等级关系和等同关系排除掉才可以将这些词汇对作为候选相关关系

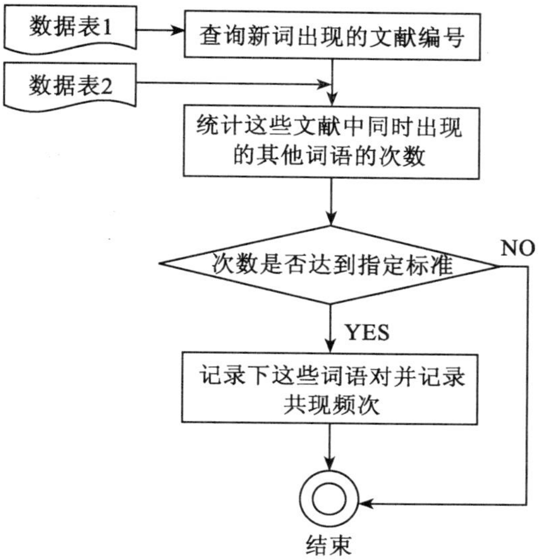

图 8-2　相关关系提取流程图

提供给专家进行评审。我们所采取的方法是先将所有的词汇对都以“参”的关系存储到数据库中，在完成等级关系与等同关系的判定后，将属于等级关系和等同关系的词汇对关系修改成“属或分或族”以及“用或代”。

8.3.2.2　等级关系与等同关系的抽取

在完成“参”的关系的基础上，只需要对这些关系进行等级关系及等同关系匹配即可。

根据前面的理论，我们对等级关系与等同关系采取模板方法，即利用模式匹配的方法来解决。可以采用正则表达式的方法来实现匹配。因此我们需要两个模式文档，其保存的内容为转化后的模板正则表达式。如，等同关系的一种就可以表示为 .*NP*.*［亦称|又称|或称|俗称|也称|又叫|也叫|亦叫|或叫］NP*，其中*表示任意字符，NP*表示需要抽取其关系的术语，.*NP*.*表示术语前面和后面都可以出现任意字符即任意文字对其进行修饰补

充或者解释说明。[亦称 | 又称 | 或称 | 俗称 | 也称 | 又叫 | 也叫 | 亦叫 | 或叫] 表示为亦称与又称，或称，俗称，也称，又叫，也叫，亦叫，或叫为或的关系，只要出现了 [ ] 中的任意一个词语，那么给定的两个术语满足这个正则表达式，就可以说明这两个术语是等同关系。图 8-3 为判定术语等级关系与等同关系的流程图。

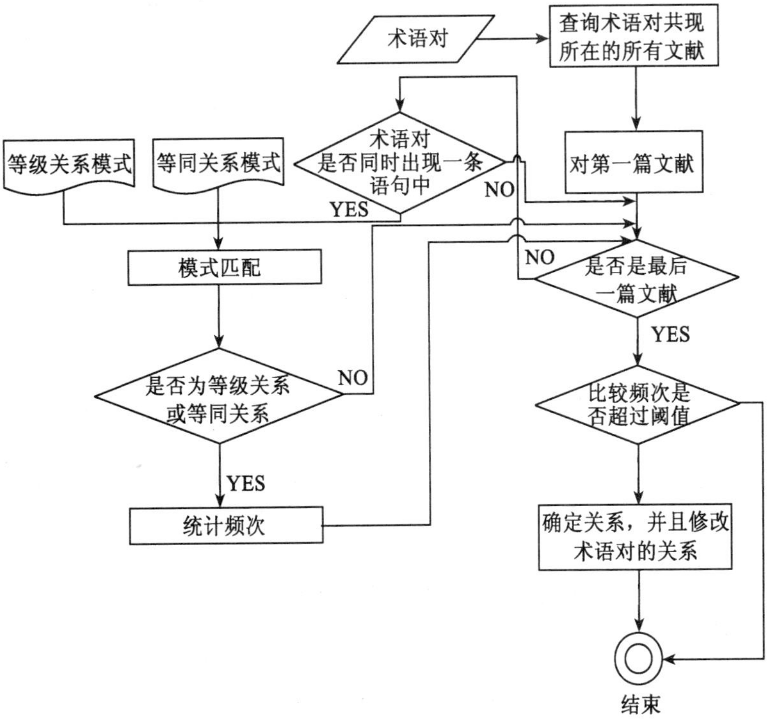

图 8-3　等级关系与等同关系提取流程图

从图 8-3 中可以看到，需要等级关系模式与等同关系模式两种文档，而文档中的模板则是一条一条语句的正则表达式，因此需要找到术语对共现的文献，如果术语对恰好同时出现在同一条语句中，那么就可以将这条语句分别与这个文档中的所有模板进行匹配，如果满足两个文档中的任意一个模板，那么就说明该术语对很有可能是所属模板的关系。对于这些可能术语等级关系及等同关系的可能性进行统计，当这些频次超过了指定的阈值，那么就可以确定该术语对是等级关系或者等同关系，并将数据库中的关系改成“属或分或族”或者“代或用”。如果频次未超过指定的阈值，那么不能将术语对确定为等级关系或者等同关系，只能确定为相关关系。如果对于术语对所在的所有语句都无法满足文档的模板，那么也只能认定该术语对就是相关关系，而非等级关系和等同关系。如果对于所有的术语对同现文献，术语对并没有同时出现在同一条语句中，同样只能认定该术语对就是相关关系，而非等级关系和等同关系。

从目前相关研究看，叙词本体关系的抽取仍然停留在实验阶段，实际应用存在着许多困难。如本体学习效率不高，获取的概念关系对比较少；自动化程度比较低；某些抽取方法需要借助词典获取概念关系，而许多领域并不存在专业词典等。另外，抽取关系中存在的复杂关系和规则仍然是难以解决的问题，尤其是在中文文本方面。因此，叙词本体关系的抽取质量的提高，也有待于语义抽取技术的进一步发展。

9　专家评审机制

在前面的 7 ~ 8 章中，我们介绍了叙词本体演化的一些基本方法，如何从网上获取新的概念，抽取网上的概念之间的关系，但是对于如何控制抽取出来的概念以及概念之间的关系和维护叙词本体的规范性并没有说明。在对这些变化进行控制和管理过程中，会用到一些技术管理机制和人为管理机制，在本章主要介绍叙词本体演化中的管理机制——专家评审机制。

9.1　叙词本体演化的管理

本节是通过一个实际的例子来说明叙词本体演化的原因带来的一系列的问题，首先，分析说明对叙词本体演化过程进行管理的必要性。其次，通过对演化进行管理的几种方式的阐述，说明在目前的研究条件下的几种管理机制。本文结合实际需要，提出了专家评审管理机制。

9.1.1　本体演化实例分析

9.1.1.1　本体变化原因

首先简单分析一个本体演化的实例。如图 9-1、图 9-2 所示。

图 9-1、图 9-2 描述了一组地理信息本体的变化过程，其中节点代表省市级地区，带箭头的边线代表所属关系。在 1992 年之前，湖北政府将汉阳县由武汉市区迁至汉阳县蔡甸镇，属于孝感专区，

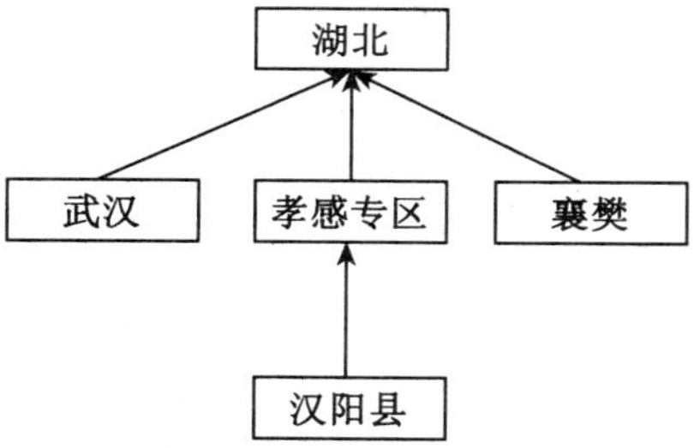

图 9-1 1992 年之前

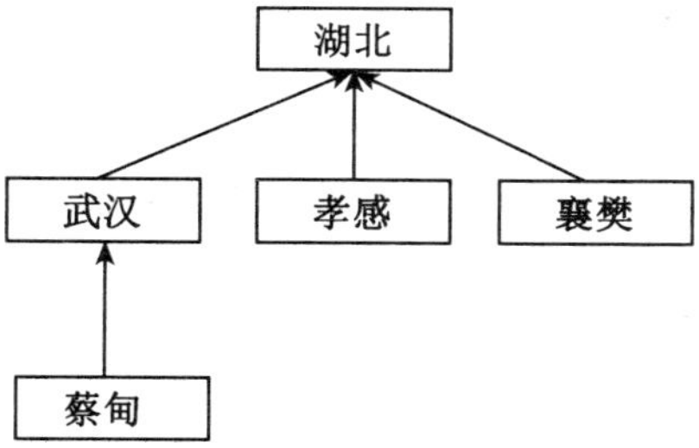

图 9-2 1992 年之后

在 1959 年时，湖北政府撤销了孝感专区，将汉阳县划归武汉市管辖。从 1992 年开始，撤销了汉阳县，设立武汉市蔡甸区，区人民政府驻地蔡甸镇，即现今的蔡甸街。在这个过程中，主要有两类变化：一个是地理本体的名称发生变化，比如汉阳县后来更名为蔡甸，同时孝感专区撤销，改为孝感；二是地理信息本体之间的所属关系发生变化，例如，汉阳县之前属于孝感专区，后改名为蔡甸就划归武汉市管辖。这也就是说，1992 年之前，很多有关蔡甸地区的人口、政策、经贸等信息，都收归孝感政府所有，而且是以“汉阳县”命名的文档。如果我们在 1992 年之后，所有文档移交武汉政府所有之后，想要查找蔡甸之前的信息，必须在归档为“汉阳县”的文件夹下进行查找，否则就会丢失很多有用信息。这与本体应用于信息检索时所带来的影响相似。

该实例是叙词本体根据时间的变化而发生了演化，而叙词本体总是随着各种条件和环境发生着演变，一般从大的方面来讲，叙词本体的演化发生在如下几个方面：

（1）领域的变化

这种类型的变化经常发生，例如，每所大学的部门设置并不是完全一样的，某天，当把其中两所大学合并在一起时，这些部门就必须进行重组，而这些描述部门的本体就发生了演变。

（2）共享概念模型的变化

概念模型的改变是由于领域视图或使用角度的改变引起的，即上下文语义的变化。当本体应用于新的任务或新的领域时，则概念化的表示也要相应地变化。

（3）表示的变化

表示的变化是指一种转换，当本体由一种知识表示语言翻译成另一种语言表示时，就会产生显式定义的改变。这些语言不仅语法各异，而且更为重要的是语义和表达也各不相同。

9.1.1.2 变化引起的后果

叙词本体的演化会导致叙词本体的概念，词间关系以及某些公理发生相应的变化，这就要求系统在进行本体维护时，必须能够对所引起的变化进行一定的处理，如，对使用的词汇进行删减，对词间关系、语义关系进行重新修订和增补等。具体的变化可因数据源、自身结构以及应用的不同而不同，主要分为以下几方面：

①在语义 Web 中，Web 页中的内容是用本体库中的术语来标注的，当本体发生变化时，本体库中的概念术语也会发生变化，那么这些 Web 页中的数据就会出现各种不同的解释或者没有合适的术语来解释。

②对于某些从源本体派生来本体，当源本体发生改变时，如果被新的本体所取代，则派生出的本体也会受到影响。

③当本体发生变化，相应的应用也会受到影响。理想的情况下，应用中的概念模型随本体的变化而动态变化，但是实际中却是本体发生了变化而概念模型没有变化，这将会导致本体与概念模型的不兼容。

9.1.2 管理机制的应用

叙词本体，从前文的定义来看，是将本体的技术应用到叙词表的构建上，实现叙词表的电子化，同时达到词汇的丰富和语义的扩展这一目标。从这一定义上出发，再对比叙词本体和本体的构建过程，我们可以知道叙词本体的演化过程其实跟本体的演化十分相似。即叙词本体在一定程度上是基于本体的演化技术来推动叙词本体的演化。所以对于叙词本体的演化而言，我们可以根据本体演化的控制和管理机制，在思路上做一定的拓展和创新，使叙词本体的演化机制更加完善，可操作性更强。

目前，国内外关于本体演化的研究并不多，而且大多集中体现在技术层面，研究的内容主要集中在如何通过信息技术和人工智能的方法实现自动化的本体维护和管理。国外的研究具有一定的完整性。系统性和前瞻性，不仅从演化的整体上去研究如何控制，而且对本体演化的整个过程逐步细分，研究了本体演化中词汇控制，词汇关系控制及变化带来的一致性问题。相比较而言，由于国内对本体研究的滞后以及中文自身的复杂性，国内的研究则停留在宏观层面，更侧重于在整体上对本题演化加以控制和管理。

从目前国内的研究来看，他们更侧重于研究本体的描述、构建、映射方面的研究，但是对于本体演化研究的并不多，已有的研究成果中，提出过两种方法对本体演化进行管理，一个是邱振青在《一个结合版本和日志技术的本体演化框架》中提出的结合版本和日志技术的本体演化的管理框架，另外一个是王兴在《本体演化及本体的版本管理机制研究》中给出的版本控制管理机制。以下分别对这两种机制进行说明。

第一种方案是通过版本和日志技术的有机结合，保留了本体的历史变化信息，能够重现本体演化的每一个历史阶段。这种方案是希望有机地结合本体版本和日志文件，以提高性能，使系统有更好地灵活性和可解释性，同时使用户能够更好地了解本体演化的过程，并能够找到演化的原因。

本体的版本管理机制是指一些用来存储和标识同一个本体的不同版本，以及建立这些不同版本之间的差异和关联的方法。具体而言，这种机制允许通过不同的本体实例来访问数据，除了管理独立本体的版本外，管理不同版本之间的派生关系也是很重要的。这些派生关系允许定义版本之间兼容的概念，版本之间的映射关系，同时也可以定义各个版本之间相应的数据转换。这种管理机制必须考虑同两个本体的前后版本的关联以及相关的本体间的关联。根据这个思想，一个完善的本体的版本机制管理框架中必须能够提供这些基本的功能。到目前为止，许多本体编辑工具支持本体的版本机制，但各自支持的程度不一样。

对比这两个管理方案，我们发现两者之间有些相似之处，都是采用版本的控制机制，在保留原始版本，添加新版本的基础上，实现各个历史版本之间的互操作。这两者唯一的差别就是在保留其历史版本时，所采用的选词方式不同。归根结底，这两者在根本思想上是一样的，都是对演化之后词表中的词进行维护。

纵观国外对本体演化的研究，我们也能看出，很大程度上凸显了机器的自动和半自动演化的实现，如如何发挥机器的自主学习在本体演化中的作用，基于文本的机器自主学习功能的挖掘，面向Web的本体进化研究等。

虽然从国内外研究策略中，我们可以对本体的演化有一个较为全面的认识和了解。但是，就其控制和管理的效果而言，还不尽如人意。在这些管理和控制策略，在动态领域本体的变化检测以及本体模型演化和传播的问题上，仍然没有提出一种较好的思路和方法来予以解决，从而在一定程度上限制了领域本体应用上的灵活性和时效性。同时，我们可以看到，国内外的研究策略中，考虑最多的仍然是人工智能技术和信息技术在本体演化中发挥的重要作用，并没有将人的控制这一因素提升到一个突出的位置。

随着信息技术和人工智能的发展和进步，在叙词本体演化中逐步实现了半自动化的管理方式，但是从长远的角度来看，这些技术只是暂时满足了部分叙词本体演化的需求，减轻和取代了部分机械化的手工劳动，距离实现全自动的叙词本体的演化还有一定的距离。因为叙词本体演化过程中的复杂性、动态性、困难性，对于机器而言，难以完全胜任演化工作。另一方面，考虑到词本体自身的权威性、规范性的维护与叙词本体的选词不同，本体选词可以是规范性的叙词或是其他词表的词，还可以是半自然语言甚至是自然语言，所以并不需要特别严格的控制机制对本体库进行维护。但是叙词本体本质上是一个电子化的叙词表，必须遵循叙词表的规范性，才能维持这个词表自身的权威性，这就需要较大程度的人为方式来进行协调。

考虑到成本效益问题，我们需要指明的是，要将本体技术融合到叙词表中一个核心问题是：如何增强叙词表中现有概念和关系的精确性。将一个在语义上有歧义、缺乏表述力的叙词表，转换到一个语义上富有表达力且无歧义的叙词本体库的过程中，经过大量的人工干预和控制，这就需要花费大量的成本，那么这是否符合成本效益原则呢，另外，支持转换的工具和语言显然也在不断更新的。

在本体演化中，对于人员的投入，也只有具备一定专业领域知识的行家才是最佳人选，这些人就称为专家。这也就是本章所要讨论的专家评审机制。

9.2 专家评审机制的必要性

9.2.1 专家评审机制概述

专家评审也叫德尔菲法，德尔菲（Delphi）是古希腊的一座城市，位于费西斯境内，帕尔那索斯山南坡，是“神场灵验”的阿波罗（希腊神话中的太阳神）神殿所在地，相传阿波罗神有很高的预见未来的能力。后人就以德尔菲比喻神的高超预见能力，故将其引用。

德尔菲法是在专家个人判断和专家会议调查的基础上发展起来的。专家个人判断法仅仅依靠专家个人的分析和判断进行预测，容易受到专家个人的经历、知识面、时间和所占有的资料的限制，因此片面性和误差较大；专家会议调查法在某种程度上弥补了专家个人判断的不足，但仍存在如下缺陷：召集的会议代表缺乏代表性；专家发表个人意见时易受心理因素的影响（如屈服于“权威”、受会议“气氛”和“潮流”的影响）；由于自尊心的影响而不愿公开修正已发表的意见；缺乏足够的时间和资料来考虑和佐证自己的发言，等等。德尔菲法针对这些缺陷作了重大改进，它是一种技术规定程序向专家进行调查的方法，能够比较精确地反映出专家的主观判断能力。

德尔菲法本质上是建立在诸多专家的专业知识、经验和主观判断能力的基础上的，因而特别适用于缺少信息资料和历史数据，而又较多地受到社会的、政治的、人为的因素影响的信息分析与预测课题。实践证明，采用德尔菲法进行信息分析与预测，可以较好地揭示出研究对象本身所固有的规律，并可据以对研究对象的未来发展做出概率估计。

归纳起来，德尔菲法主要有以下五个方面的用途：

① 对达到某一目标的条件、途径、手段及它们的相对重要程度做出估计；

② 对未来事件实现的时间做出概率估计；

③ 对某一方案（技术、产品等）在总体方案中所占的最佳比重做出概率估计；

④ 对研究对象的动向和在未来某个时间所能达到的状况、性能等做出估计；

⑤ 对方案（技术、产品等）做出评价。或对若干个备选方案（技术、产品等）评价出相对名次，选出最优者。

根据叙词本体演化自身的特点和存在的问题，专家评审方案的应用恰恰能够很好地满足其要求。叙词本体是随着领域、时间、应用环境等的变化而不断发生着变化和演变。叙词增删改，词间参照关系修改校对是必不可少的基本工作，然而叙词本体的词汇本身具有很大的不确定性，对于选择作为叙词的词汇又因人而异，具有一定的随机性和主观性，对于词间的关系，越发复杂，更是变幻不定。专家评审方法以上五个方面的用途，对这一问题的解决提供了较好的思路。

具体的来说，在叙词本体的演化过程中，不同的叙词本体之间动态的互相共享和交换信息，同一叙词本体在演化过程中会出现各种版本，如果不能有效地解决这些动态变化所带来的本体的一致性和兼容性问题，这些用叙词本体所表示的信息将会出现错误或者失效，将无法实现本体的继续共享和重用。因此，如何有效的表达这些本体的动态变化，描述不同的本体版本之间的差异，建立同一本体的不同版本之间的关联等将是非常重要的一些问题。这些有关演化的问题之中，一个重要的问题是叙词本体作为规范性的词表，它自身的词汇、词间关系、词语的描述等都必须具有权威性。因此，对于发现的新词汇，必须经过专家的评审之后，才可以添加到叙词本体之中。叙词本体演化过程中专家评审主要包括专家评审在演化过程中所处的环节、评审专家的组成、专家评审的程序及评审结果的表达这几部分的内容。

9.2.2 保持叙词表本身的规范性

叙词表可分为专业叙词表、多学科叙词表和综合性叙词表。不论是何种类型的叙词表，都必须遵循一定的规范性。叙词的规范化处理包括词义规范，即对同义词、近义词、学名和俗名、不同译名、简称与全称、不同写法等进行选择，对多义词、同形异义词进行限定说明；词类规范，即确定词类的范围，能用作叙词的词类一般要求控制在具有实质意义的名词或动名词的范围之内；词形规范，即对词的繁简体、词序、字母符号等的规定。在叙词表中，所有的叙词都采用了全面的、严格的规划措施，以达到一个叙词与一个概念严格对应的要求，保证叙词作为一种概念标签的高质量。

叙词本体除了本身作为一个叙词表之外，而且利用了本体的技术对叙词表的内容进行扩充和丰富。所以叙词本体在演化时，不仅会涉及叙词的增加、删除、修改这一系列的工作，还会遇到运用技术上去实现叙词本体的过程中遇到的一系列问题，不过这些技术在处理叙词本体进化工作时，归根结底，也是对叙词的增删改的工作，因而，我们可以看到，叙词本体的演化本身就是一个对叙词表进行维护的过程，不仅仅是维护叙词本身，同时也是对技术实现的一种控制过程。

叙词本体演化时，各种词汇及关系的演变，主要是靠爬虫技术自动抓取的，具有很大的随机性，如果对这一过程不加以控制，添加进去的词汇或是关系可能不符合叙词表本身的规范，会带来一系列的问题，最突出的问题是叙词表自身的规范性会不会遭到破坏。这点是毋庸置疑的，语词之间复杂的语义关系，语词的多指向性导致语义的不确定性，语词的复杂性等，在目前的计算机水平下，这些复杂的问题都是人工编制的算法所不能完全考虑或是覆盖到的，因而机器在处理这些问题上不能完全胜任，自然会使得叙词表的规范性受到严厉的冲击。

同时，对于叙词表本身的维护工作，如果是仅仅依靠图书情报领域专家、编辑人员、熟悉计算机操作的人员来完成，这项工作的最终效果可能不会令人满意。尽管这些专家和编辑操作人员会尽量保证词表的质量，比如说为了达到实现这一目标，图书情报领域专家会通过一定数据对词表进行控制，包括标引频率、检索频率以及词表有关数据（如等同率、关联比、参照度等）。无疑这些数据对于词表的维护工作是至关重要的，但叙词表是某一领域或是所有领域的一个专业性较强的词表，对一些专业词汇的增补，如果缺乏专业领域专家的指导意见，可能会犯一些常识性的错误，这对于叙词表的规范性而言，称得上是致命的打击，所以在叙词表的维护中，还应注意征求相应主题领域专家的意见。

虽然我们不能简单地将规范性的控制作为叙词表的全部，不过规范性无疑是一个叙词表灵魂，如果连规范性都不能保证的叙词表，我们无法称其为一个叙词表。从以上两点，我们可以看出，专家评审机制对于叙词表规范性的控制起着很大的作用，在叙词本体演化中占据着重要的位置。

9.2.3 变更需求的确定

任何一种叙词表，都要随着事物本身的发展变化以及人们对客观事物认识的步步深入而不断修订，以自然语言的词汇为基础的，以语词直接表达文献主题概念的叙词系统。更有必要不断补充新词和删除某些多余无用的词，以及调整叙词之间的语义关系，以适应这种变化。此外，叙词表之所以必须不断修订，还因为它不可能一经编成，就成为一个完整无缺的体系，而需要有一个在使用中不断完善的过程。所以，对叙词表不断地进行修订，是使叙词表保持高度质量的重要措施。

在叙词表进行演化中，确定叙词表的变更需求是第一个环节，也是至关重要的一个步骤。变更需求的表达，我们可以将其分为对叙词本体增、删、改三个方面的需求。

在增补新的叙词本体时，必须对其实用价位进行审查，考虑这个词目前应用的广泛性、热点程度、是否规范、是否该作为叙词、有没有可替代词汇等，这些不确定性因素，自然为添补新的叙词本体带来了不少的麻烦，为此，最好在试用一段时间之后再作决定。

删除叙词表中原有叙词，一般只限于在标引中从未被使用过并已查明确属无用的词，对于要删除叙词的确定也是比较麻烦的事情，需要考虑该词汇是否随着时代的变迁和发展，逐步被某种形式所替代，渐渐弃之不用，只有当这个词汇对于标引工作已经完全没有价值的情况下，才能考虑将这个叙词删除，同时还得做好记录存档工作，如果出现误删，也能及时恢复。

修改叙词表中的原有叙词，可以是合并已被使用过但频率过低或重复多余的叙词，可以是订正已被使用过的叙词的字面意思，可以是修正词与词之间的参照关系，不过无论是哪种情况，都得考虑做这些修订的前提，也就是为什么要做这些修订，这些工作的完成既得考虑叙词本体的使用情况，也得考虑叙词语义的变化情况。

我们从变更需求确定的三项内容中，可以看出一个共同点：变更需求的确定，是依赖于外部条件变化的。而对于这些外部变化条件的把握，离不开相关领域的专家的支持，无论是叙词本体增删改的哪种工作，都是在真正把握叙词本体的使用情况和叙词本体语义及其变化情况的基础上，做出的变更决定，学科领域专家对该领域知识的透彻了解和把握，正好弥补了这一缺陷，无疑可以作为管理叙词本体演化的中坚力量。同时，我们也可以看到，在计算机上，通过编制一定的程序，加上高效的算法，程序可以自行发现新的叙词本体，统计词表中叙词本体使用情况，从而找出已经弃之不用的旧词，不过这些都是在变更需求确定之后由计算机来执行的任务，主要目的是为了减轻人为发现新词和旧词的工作量，而对于变更需求的确定，却显得无能为力。因而，对于变更需求的确定，少不了具备该领域丰富知识的学科领域专家的参与，也极力需要他们的参与。

9.2.4 保持一致性

前文已经提到，叙词本体演化的目的是根据变更需求执行相应的变更操作，同时保证演化前后叙词本体的一致性。通常，一致性是指某种论断符合历史的结论，也满足当前的事实，而不一致性指的是历史的结论与当前的事实相互矛盾。从本体论意义上说，一致性指术语之间关系逻辑上应一致；不一致性是指本体的一部分与其他部分冲突，如将粮食作物和经济作物作为作物类中两个不相交的分类，如果出现小麦既是粮食作物，又是经济作物，那么就产生知识不一致。

借鉴本体论的一致性定义，我们说叙词本体的一致性，包括本体定义和基于框架的知识性定义一致性，是指用其他的定义和公理不能推出相矛盾的知识。一般来讲，知识库中的知识是否具有一致性，应该看叙词本体以及其词表是否准备以下条件：

①定义内涵一致性。即形式化后的定义应该与非形式化前含义一致。如，概念狗，形式化后的狗定义与猫定义一致，这就导致前后不一致性。

②定义外延一致性。无论从形式化还是非形式化上说，定义通

过解释（包括推理）后不存在与当前冲突。如，猫会捉老鼠，但不能有老鼠会捉猫解释。

③公理一致性。它是指公理系统不会推出相互排斥的论断。

从知识利用角度来看，知识库中的知识能否正确地指导用户做出正确的决策，保证知识利用过程中不会出现混淆的结论。总之，一致性是评价一个基于本体的知识库重要标准，知识不一致导致提供服务是不可靠的，从而知识正确性受到了威胁。所以维系叙词本体的一致性是本体演化过程中要解决好的一项重要工作。

在叙词本体演化的过程中，捕捉到变化的叙词本体之后，必须确定为了保证本体一致性而产生的额外变化，同时要形式化和显式地表示本体的变化，在任何的变化之后，会有一个变化传递的过程，这一系列的叙词本体演化过程，都会使叙词本体一致性发生变化。

虽然对于其中的某些动态变化的一致性控制可以通过编制相应的程序得到一定的控制，但是，在动态领域本体的变化检测以及本体模型演化和传播问题的一致性控制机制上，仍然没有能够提出一种较好的思路和方法来给予解决，从而在一定程度上限制了领域本体应用上的灵活性和时效性。这一过程需要较大程度的人为方式来进行协调，特别是熟知某学科领域的专家参与到叙词本体演化中来，只有领域专家才具有特定领域的丰富知识，对于叙词本体的概念模型以及其中蕴涵的公理更为了解，他们所具备的这些能力正好与叙词本体一致性控制的需求相匹配，因而，叙词演化中叙词的一致性控制也亟待引入专家评审机制。

9.2.5 控制影响范围

在第 4 章，我们在分析了目前流行的本体编辑工具特点上，如 Protégé、Ontoedit、OilEd、KAON 等，选用 Protégé 作为我们的叙词本体项目构建的一个编辑工具，这个工具本身提供执行本体变更的能力，解决了部分本体演化的功能。文献 *Ontology Evolution within Ontology Editors* 对大部分本体编辑工具进行了分析，其中包括

Protégé，文中指出它们所提供的变更执行能力还较为薄弱。这些本体编辑工具的变更执行策略通常较为简单，它们一般会为每一个支持的变更类型预定义一个执行策略，而且这个执行策略追求的往往只是逻辑上的简单性。这意味着变更在执行时不会考虑造成的影响等复杂因素，使得得到的结果往往并非是最优的。例如我们对一些概念类做些变更，绝大多数本体编辑工具都会选择删除所有子概念来保证变更后本体的一致性。这种解决方案虽然实现简单，但它通常意味着无法得到最好的结果。根据前文关于本体演化的分析，可以看出将这个概念类的所有子概念变为其祖先的子概念就可以有效减轻变更造成的影响，从而得到更好的变更结果。

显然这些编辑工具的自动变更功能并不能妥善的解决本体演变时带来的影响，如果在每一个变更之前，将这个变更的影响列表通过一定的方式提交给学科领域专家。学科领域专家凭借自身扎实的专业知识，再加上丰富的经验，在理解了这个列表的含义之后，确定是执行或是取消这个变更。这种方式能够非常有效的解决叙词本体在演化过程中带来的影响问题，特别是当本体规模较大时，在整个叙词本体及其组成元素间的关系复杂多变的情况下，更是少不了特定学科领域专家的支持。同样，对于一些跨学科的叙词本体词条的引进，机器本身并不能有效地识别这类词条的正确归属，词条之间的多变的语义关系也显得无能为力，不同领域专家拥有着不同的知识背景和不同的认识，他们可以在相互协商讨论的基础上，得出一套最优解决方案。对于变更的影响，学科领域专家可以更好的识别各类影响的大小，正确的对这些影响进行归类，这些工作对于未来采用一定的机器算法来控制叙词本体演化的影响也能提供一定的指导。

9.3 专家评审机制

从叙词本体演化的定义和叙词本体演化的过程可以看出，对于叙词本体变化的处理和叙词本体一致性的维护是本体演化的两大基本任务。专家评审也正是基于这两大基本任务而发生作用，其主要内容包括以下几个方面：专家的选取，专家评审程序，专家评审内容与规则以及专家评审结果的表达。由于专家评审内容与规则内容能够自成体系，结构完整，故在9.4节和9.5节中详细阐述。

9.3.1 专家的选取

专家评审法可以作为一种评价方法，是多人多目标多准则的，如果要提高评审的准确度，在选择相关领域的专家时应该考虑以下几点：

①增加专家数，可以有效地减小专家个人偏好对评价结果的影响，但是对专家人数的增加限额需要有控制机制，如果专家人数太多，会导致评估占用过多的时间，与提高本项目本体系统的及时性相违背。

②选择专家时应该兼顾各个专业，可以是一些跨领域的专家，对于这个项目而言，可以是学科领域的专家，信息情报领域专家以及一些计算机领域内的专家等。

③对每个专家应根据专家的知识和能力水平给其评价结果赋予不同的权值，这样可以更准确地进行评价。

④为了提高评价的可信度，如果条件允许，还应该将各指标对准则的贡献的权重也进行评价。

综合以上几点进行考虑，可在一定程度上有效地进行多人多目标多准则的评价。在本体演化过程中，专家的任务是对演化的内容提出正确的意见和有价值的判断，对于专家该如何选取，除了应用以上基本指导原则，我们还要考虑专家评审方法存在的不足之处，在此基础上，提出来的几点改进的准则，比如说专家要有时间和一定的耐心；专家的人数也应该有所控制等。结合本课题研究，对专家的选取事宜，我们会将这些原则考虑进去，以领域为主体对专家进行筛选，主要包括以下几类专家：

学科专家。精通本学科知识体系的构成，理论基础雄厚，充分了解本学科前沿动态及热点问题，熟知本学科专业概念与术语，对什么是“具有一定学术价值”的信息资源最有发言权。

图书情报专家。精通信息资源组织的原理、途径和方法，能够随着用户逻辑思维习惯和外部检索环境的变化对信息资源组织与检索方法进行相应的修正。在“按照一定的资源选择和评价标准，规范的资源描述和知识组织体系，对具有一定学术价值的信息资源进行搜集、选择、描述和组织，并提供浏览、检索、导航等增值服务”的过程中扮演着具体实施的角色。

在叙词本体演化过程中，图书情报专家负责叙词本体整体的架构组织，而学科专家则是负责提供规范的语词和词间关系，以及词间所蕴含的公理。只有这两类专家的通力合作，才能更好地管理叙词本体的演化工作。不过在专家评审时，学科专家所提供的意见更为宝贵，将他们的有价值的判断提供给图书情报专家，由他们对信息做进一步的处理和优化。

9.3.2 专家评审程序

9.3.2.1 准备工作

在专家评审工作开展之前，还有一些相应的准备工作需要落实，主要有三个重要事项需要事先完成：

成立一个领导小组。这个小组的主要任务是对专家评审工作进行组织和指导，包括选择参加评审的专家；对各轮回收的专家意见进行汇总整理；统计分析与判断；编写和提交收敛意见表；协调好学科专家与图书情报专家的沟通交流。该小组的成员可以由叙词本体研究领域的一些机构的主要研究人员构成。

确定传递评审和回收评审内容的方式。为了顺利的传递评审信息，主要可以采用座谈法；邮寄方式；E-mail 方式；电话连线；建设相应叙词本体系统，给专家带有一定权限的账号，直接登录系统获取信息等方式。综合考虑时间、效率、成本、便捷性这几个因素，本文最后选择 E-mail 方式来完成相关工作，如有必要，辅以其他方式。

明确评审目标。在专家评审之前，首先得明确需要这些专家提供哪些方面的意见，明确评审目标，此项工作的主要任务是选择和规划好评审目的，明确相关的评审内容，让专家熟知他们存在的意义。

9.3.2.2 评审程序流程

专家评审程序如图 9-3 所示。

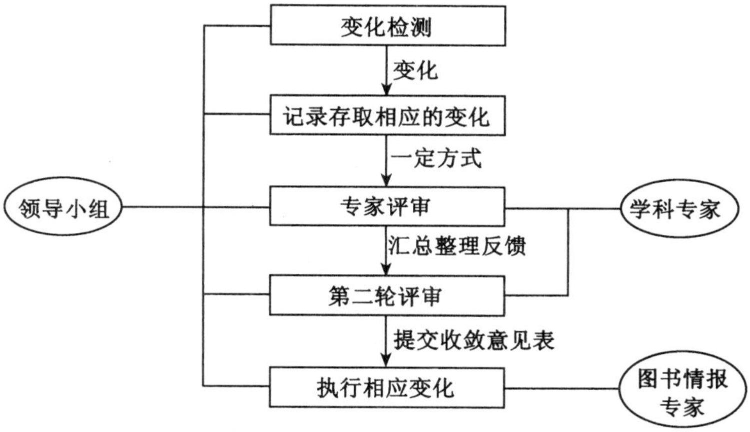

图 9-3 专家评审程序

（1）变化检测

在叙词本体随着时间的迁移而发生变更时，由系统探测出相应的变化，自动俘获与该演化有关的本体概念、实例以及应用。

（2）记录存取相应的变化

在捕获了某些变化之后，通过一定的方式将这些变化按照分类的方式记录和存取下来，比如说词类的变化可以直接存入数据库之中，词间关系的变化则以一定的数据结构存入数据库之中，并且使得这些关系能够按照一定的方式呈现出来。这一存取机制，不仅可以为专家评审提供评审内容，而且这种新旧本体之间的版本存储，可以防止各种意外而导致的演化取消。

（3）学科领域专家评审

通过邮寄的方式直接将各类变化的叙词本体及其词间关系传递给专家，专家在接收到相应的评审内容之后给予回复，在规定的时间之内，专家可以以各种形式对相应的内容进行评审，提交审核内容。

（4）第二轮评审

将第一轮评审的结果回收之后，进行汇总整理，归并相同的意见，同时剔除一些次要的、分散的建议，并且用准确的语言描述第一轮专家的汇总意见，同时将这一意见汇总表反馈给各位专家，各位专家可再次修订自己的意见，并陈述一定的理由。

（5）执行相应的变化

在第二轮的专家评审意见收集之后，由收集人员再次进行汇总整理、分析统计，并且寻找出收敛程度较高的专家意见，递交给图书情报领域专家，由他们来执行相应的变更。

9.4 专家评审内容与规则

前文已经提到，叙词本体演化的主要工作是确定变更需求，执行相应的变更，并且保持演化前后叙词本体的一致性。专家评审工作的开展就是围绕这几项内容来进行的，不过对每项工作进行具体考察后发现，类似于词频统计、新词发现、关系抽取这种机械性的工作都由电脑程序自动完成，专家评审只需要做好两大类工作，主要包括对叙词的增删改和叙词本体一致性的评审工作。考虑到这两类工作自身性质、特点以及工作内容的不同，我们将分开对这两项工作的评审内容与规则进行阐述。

9.4.1 专家的任务目标

在叙词本体演化时，为了确保叙词本体的规范性与权威性，叙词本体演化工作必须在一定的目标驱使下开展，其基本目标包括两点：

（1）减少叙词本体演化过程中叙词变更出现的错误。在叙词本体演化进程中，我们必须考虑到，虽然机器的分词技术已经为机械化的人工操作带来了大大的便利，但是从根本上来讲，还不足以达到完美的程度，由于各种叙词抽取技术自身总会有或多或少的缺陷，这个叙词本体演化带来了一系列的问题，比如叙词本体新词发现错误，关系抽取错误，实例添加错误，甚至是变化之后带来叙词本体自身结构变动问题，这些问题在叙词本体演化中必须要加以控制和解决的。

（2）减少叙词本体演化中因为认为关系带来的主观性太强的问题。即使有专家对叙词本体的演化进程进行控制和管理，但是由于各个专家的自身经历不同，领域知识积淀也存在差异，可能还会因为各种利益出现一些违规的操作，这些导致专家在对某些叙词本体概念及关系进行评判时或多或少带有一些主观性质，不能够很好的指导叙词本体演化工作的进行，为了更高效的实现叙词本体自身的功用，必须减少在叙词本体演化过程中这一隐患。

为了完成以上两个基本目标，同时，考虑到前文提到的叙词本体演化的基本任务，专家在叙词本体的增删改工作中的评审任务就十分明确了，主要包括以下几点：a. 叙词语词评审，对于计算机以自动或半自动化方式从 Web 资源中获取期望的本体的叙词集合进行人工审核；b. 叙词间关系评审，主要是对计算机以自动或半自动化方式从 Web 资源中获取概念之间的继承关系集合的评审工作；c. 属性关系评审，主要是对计算机以自动或半自动化方式从 Web 资源中获取概念之间的属性——宿主关系集合的评审工作；d. 实例获取的评审，计算机以自动或半自动化方式从 Web 资源中获取实例集合以及实例和概念之间的实例关系集合之后，专家对此进行评审；e. 叙词一致性评审，由于语词概念的加入，新的关系的变动带来叙词一致性变化的问题，需要领域专家的配合。对于词与词间关系的评审工作，如果专家能够做好以上 5 点，就能够保证叙词本体演化的顺利进行。不过总体来讲，可以将专家评审内容分为两大部分：第一部分是对叙词的增删改工作的评审，这些评审内容主要包括叙词与叙词词间关系的增删改工作的评审，至于属性关系与实例的评审，不需要专家给予过多的重视，虽然叙词表的构建采用本体技术，但却并未涉及过多的属性与实例。第二部分是对叙词一致性的评估，这部分内容评估的是叙词内在的稳定性与完整性问题，是为了保证叙词表结构的完整性而进行的一项工作。

9.4.2 叙词的增删改

增删改的评审规则，是叙词本体演化的基本工作，开始考虑将叙词的增删改与叙词间关系的增删改分开进行考虑，这样分析进行一段时间后，发现这一方法存在严重的缺陷，因为叙词本体自身本来就是叙词的属性和叙词间关系的一个结合体，叙词的增删改与叙词间关系是密不可分的一个整体，如果将其完全割裂开，会给叙词本体的演化工作带来严重影响，因此，对于增删改工作的进行必须是要将叙词作为一个整体来进行研究。

当然，对于叙词的增删改规则的制定，仅仅是针对叙词演化中的一个整体的规则探究，这里要指出的是，针对特定的叙词本体演化的方法，采取的演化框架与学习算法各异，所以必须考虑到采用本体演化技术之后，叙词本体的自动演化机制所基于的机器学习算法，到底是基于语境的方法、基于语言学的方法，抑或是基于统计学的方法，各种方法都会有自己的特点，因而也不免带来不同的问题。针对这些不同的机器学习方法，专家必须要考虑到这些方法自身的缺陷，然后在评审叙词时给予这些方面更多的关注。同时，对于叙词的抽取方式与叙词间关系的抽取规则也是完全不一致，因而，专家评审规则的制定也必须因情况而定，所以尽管我们必须对叙词的增删改作为一个整体来研究，但是为了读者能够更清晰透彻的理解专家评审规则，我们将会分别对词和词间关系的专家评审规则加以叙述，然后对二者做一融合。下面我们就结合前文所提出的词的抽取以及关系抽取的两种演化方式对增删改的内容进行详细说明，同时最后会给出一个基于词抽取的专家评审的几点讨论。

9.4.2.1 词抽取中的专家评审

叙词的抽取是基于Web信息源对CNKI上的专业信息的采集方式，主要的方法有三种：基于语言学的方法，基于统计学的方法以及混合方法。这三种方法前文已经提到，在此不过多叙述，因为本文最后的试验系统是采用基于统计的方式抽取各种新的叙词，所以结合这种方式提出专家评审的规则。

在计算机根据叙词本体变更需求在网上采集一定的信息后，会采用中文分词技术将采集到的信息加以规整，并且按词性分类存取，专家在评审的过程中，应该遵守以下规则，以确保采集到叙词的完整性与规范性。

①明确叙词变更需求，确认采集到的词是所需要的叙词。

②确保满足叙词变更需求之后，必须选取正确的词汇作为叙词或是选择放弃采集到的词。一般的，采集来的词汇可能有两种情形，一种是采集到关于某一热门领域的词汇比较少，或是采集到的都是一些已经被弃之不用的叙词，对于这一类的词汇，采取的措施就是放弃这类词汇；另外一种可能的情况是，采集来的关于同一概念的词汇较多，而且又都是较新的概念，这时，专家就需要根据自己的经验选择一个能够为大家普遍接受的词汇作为叙词。

③确定添加的新叙词，必须确保添加到正确的位置，同时也不能破坏叙词表自身的完整性和规范性。由计算机根据特定的算法确定如何将该叙词添加进叙词表之中，专家需要注意的是这个新添加的叙词在叙词表中位置是否合理，上下位关系是否完整，是否需要调整一些关系或是实例等。

④对于新增加的叙词，关键是看其应用是否有效，如果发现在与用户交互的过程中，这些叙词被使用率并不高，就应该考虑是否该替换一个其他的非叙词作为正式叙词了。

这样的一个闭环的评审规则，虽然较为复杂，但对于确保叙词本体演化的高准确性有了更好的保障。

9.4.2.2 词间关系中的专家评审

叙词间的关系分为三种：等同关系，等级关系和相关关系。在前文中提到，对词间关系进行抽取时，由于各种关系的复杂程度与自身特性不同，分别采用不同的方式对叙词词间关系进行抽取。采用模板的方法抽取等同关系与等级关系，而采用模板与关联规则的方法抽取相关关系，尽管两种方法之间不同，但是在抽取关系之后，提交专家进行评审的过程中需要遵守一些共同的规则，这些也是专家在评审的过程中需要留心和注意的，其主要目的是解决这类方法由于自身弊端带来的隐患。

①确保叙词本体词间关系的正确性。在词间关系的抽取中，由于计算机算法存在的一些弊端，因此抽取的关系并非绝对符合要求。专家在接收到评审请求时需首先关注抽取关系的正确性。模板方法虽然简便，但是过于刻板，由于自然语言的复杂性和多边形，可能有很多意想不到的抽取结果。虽然抽取结果准确率并不是特别高，但这些结果有部分还是可取的，这就需要专家的细心甄别和评审。同样，关联规则挖掘方法仅仅根据两个词在同一篇文章中同时出现次数的多少来判断二者之间是否存在语义关系，这有一定的科学性，不过当确定有语义关系时，会通过该规则的一些算法推测出二者的语义关系，这些未免有些武断，因为即便是具有灵活头脑的人类，在没有给出特定语境的情形下，也是很难分辨给出的一段话中的词间关系的。

②保证叙词关系加入叙词表之中的合理性。确定了词间关系的正确性，提交给计算机，计算机会根据演化的相关算法，将词汇添加到叙词表中相应的位置，这个过程，同样离不开专家的评审工作，专家需要确保词间关系加入位置的准确合理性，主要包括三个方面：加入叙词表中的词间关系位置正确，叙词表的变动调整影响范围最小，调整变动的准确性与完整性确定。

9.4.2.3 基于叙词专家评审实例讨论

在本书最后，我们将要构建一个信息检索领域的小本体库，原有的语料库是根据《中国分类主题词表》中信息检索领域构建，以此为基础的叙词本体表，在此基础上进行扩充，专家需要参与的工作主要有以下几点讨论：

(1) 基于新的语料对叙词本体表进行修订

针对信息检索领域的本体叙词表，进行两项工作：一是信息检索领域专家对从各种数据源上搜集和加工之后的信息进行整理，人工选择与信息检索相关的术语；二是在语料库中统计词频，根据词频，对选择的术语进行排序，将词频低的术语淘汰掉，具体比例大小取决于构建该叙词本体表的目的，以及该叙词表的规模。选词过程是手工的，可以看做一种搜集术语的方式，词频统计可以是计算机自动查询次数后进行统计。

经过对信息检索语料库的信息检索相关术语词频统计之后，选择一些正确的词汇，并按词频大小进行了排序，通过查询，检查在已经合并的叙词本体表中是否存在这些词，并且分析其语义关系，将词频比较高，而叙词本体表中没有的词汇加入叙词本体表中。本文将词频大于一定阈值的词进行了查重，如果叙词本体表中没有，则将其加入，同时设计其与现有词汇的语义相关关系，并且在叙词本体表中对其关系进行重构。具体选择多大比例的词频比较合适，决定于构建叙词本体表的目的，以及领域专家从专业角度考虑其重要性。

60 篇信息检索相关的网络信息，合到一起成为一个文件后，共 10 万字左右，用于选择和验证信息检索术语的出现频次。从语料中通过专家进行检词时，可以总结一些实践经验。在中文中，一些概念是混淆的，或模糊的，或不同人有不同的理解。如有的文章用“信息检索”，有的文章是“情报检索”，还有的文章是“文献检索”。这正是中文信息检索的特点，可用“信息检索”作为一个总的“概念”，其下分两个下位概念，一个是“文献检索”，偏重于纸质或是电子版文献信息的检索，多为图书馆学专业去研究的；一个是“情报检索”，偏重于网络信息资源方面的内容，多为信息学领域关注的问题。其实，在英语中，前者用“document retrieve”，后者用“information retrieve”是两个词，而中文中则只用一个词，只有看了文章才可知道属于哪一类。

叙词本体采用了本体的相关技术，通过领域专家挑词，对于概念的问题处理的还是较合理的。另一个比较明显的例证如“微内容”是否对“信息组织”造成威胁，对此问题目前还没有明确的结论。故在语义和词频方面，只能说与“信息组织”有关，而无法定义肯定或否定的语义关系，相信随着时间的推移，在此领域还会出现一些新的术语词汇，并且可能会增加新的语义。这就从具体实例中得到答案，即叙词本体需要不断地进行修订、补充新词、增加语义等服务，这是一个长期的过程。

对于专家评审选择词汇，有一点要重点强调，就是可以选择尽量多的同义词，相当于传统叙词表中的用代关系的词汇，将这些词汇作为同义词，放在同一本体论节点内，从而增加入口词汇，利于信息的搜索。

（2）基于词频选择叙词的讨论

基于语料库的词汇选择标准，有两点须明确把握。第一是必须选择词频出现多的专业概念词汇，以概念含义为标准吸收这些词汇，其中的专业性质由领域专家把关。并不是所有计算机检出的高频词汇，都可以作为吸收词汇，如与信息检索关系不大，则不必选择。例如一些从语言角度出发的连词、代词等，例如“而且”、“和”等词汇，一些相关汉语软件，有此类词汇的收集，这些可以通过构建词表，通过计算机程序自动剔除。另一些词汇虽然也为高频专业词汇，但与食物安全专业领域关系不明显，也不必收录。例如语料库中词汇“科技”一词，在语料库中出现了100多次，词频是很高，但这个概念太泛了，科技的概念或范围可以包罗万象，所以不选作叙词本体在信息检索领域的术语。

第二，根据词汇的词频高低，判断词的重要性，前提条件是组成语料库的所有文献，每表达一个主题，使用的词汇量是相同的。体现到在网上选择的每篇文献的篇幅，基本上是几千字的文献、消息或评论。由于限定了每个主题使用相同数量的词汇去表达，或者可以理解为每篇文献使用相同数量的词汇表达一个主题。具体到某一个词汇，在不同文献中出现的次数越多，则词频会越高，如果这些文献都与信息检索有关，则这些词应该是候选词。这种假定是比较理想的状况，实质上，各个文献所用的文法不尽相同，个别文章中，某一专业术语重复多次，即虽然出现的频次高，但集中在少数文献中；而一些词汇，虽然词频不算太高，但在多篇文献中出现，对于这种现象，在选词是也应综合考虑，不能把词频作为唯一的依据。比如词汇 A 只在一篇文献中出现了 8 次，而词汇 B 在语料库中虽然只出现 4 次，但却是分别在 4 篇文献中出现，这时仅凭词频决定词汇的重要性是不合适的，这种情况往往词汇 B 更重要。所以词频可以是参考项之一，具体词汇的选择应该通过领域专家的评审，按照词汇在专业领域中的重要性、语义相关等决定选用具体的词汇代表某一概念。

经过以上工作，专家评审需要做的就是定期的维护和修订，这些工作是基于叙词本体自动演化的基础之上的。其实对于维护工作，在一定思路上是重复构建本体论的原过程，鉴于叙词本体将来可用于网络搜索引擎，而网络信息的最大特点之一就是更新快、信息新，所以叙词本体表的维护应该是随时的、经常性的工作。

9.4.3 叙词一致性的维护

由于构建基于信息检索的叙词本体表的过程中，各人认识差异，在多人合作构建的知识库会导致概念理解的差异，导致不一致问题存在，另外在主观上，在知识形式化过程中，还存在由于认知能力的个人倾向性错误与编辑错误等。同时，由于知识量大而广，文本知识本身也可能存在不正确性，导致知识体系中的不一致性。除此之外，从哲学观点来看，随着时间的推移，知识正确性也会受到动摇。最重要的是，在叙词本体演化之中，带来新的词汇与关系，虽然能极大丰富叙词本体表的语义关系，但是难免带来叙词本体结构上的变化，带来一致性的问题。可以想象，知识不一致可能会带来什么后果。如果在军事上，知识的不一致可导致导弹无法正确发送、战机无法正确作战等；在农业上，可能提供的信息让农民无法正确把握施肥的时间、得不到可靠的市场信息等。因而，对于一致性的维护是专家评审必须要解决的重要难题。

对于叙词本体而言，因为借鉴本体技术，在很大程度上与本体具有相似性，因而我们可以借鉴本体的一致性检测的专业知识作为叙词本体的一致性检测的指标，这点是有理论依据的，根据一些较为流行的一致性检测的理论知识，笔者认为专家评审在对一致性进行维护时要做到以下几点：

叙词本体的类定义应该是正确、词汇简略和语义明确。很自然，类的定义不一致，也会导致获取的实例产生歧义，导致实例知识不一致。因此，在进行知识获取之前，我们必须保证我们类的定义是一致的、完整的。特别是在由多个知识领域专家合作的情况下，可能导致对同一概念会有不同的专业术语来表示，造成类定义冗余。同样，叙词本体在演化的过程中，由于网上的信息量大而且较为复杂，鱼目混珠，存在大量错误的误导信息，这样给基于Web的概念抽取与关系抽取带来了极大的挑战，很有可能抽取的概念是一种错误的定义，或是抽取的语义仅仅是一个侧面的说明，并不足以作为一个概念的完整说明，诸如此类的情况等。因此必须对概念进行明确的定义，确保一个在本体中，一个概念只有一种术语名称，但允许定义多个同义词。另外一种情况是同一术语可能表示多个概念，这也是由于术语没有明确定义而造成的。这一情况也会体现在概念中关系、属性和侧面的定义上。

在信息检索叙词本体中，最重要和最基本的语义关系就是继承关系，由此关系构成的信息检索叙词本体可以看做描述信息检索领域的一个层次模型，也可以看做一种信息分类体系。因此，检查分类错误是最基本的要求。分类错误包括以下几种类型：

①循环错误。循环错误一般由于概念之间的关系循环造成的。最典型循环错误是分类结构循环，当一个叙词本体类定义除了描述自身知识外，也可能对自身知识的概括，这样通过继承关系就形成图9-4，如果分类一致，该图形应该是一个有向无环图，我们称为知识分类图。造成定义循环主要是由于对一个概念体系认知不清或概念层次过多导致的。针对知识分类图，我们可以从图中得知：C_1 和 C_2 之间构成一条边表示 C_1 是 C_n 的父类。另外，C_{n-1}是 C_1 的

父类，而 C_n 却又是 C_{n-1} 的父类，这样，就出现了矛盾，不可能一个类既是另一个类的父类，也是它的子类。在一般的继承关系图中，如果我们假设不存在环，那么需要证明图中没有回路。

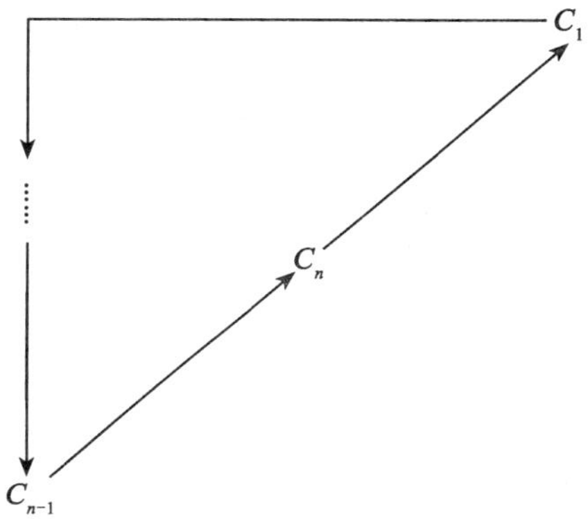

图 9-4　继承循环

②类划分错误。对一个概念进行分类时，一般将划分的子类构成该概念的一个划分。但是这虽然满足了概念定义的完整性，但是子类分类错误也会经常出现，我们称为类归属矛盾，如图 9-5 所示。假设 A 可以完整划分成任意一个互不相交的下属类 P_1，P_2，…，P_n，任意 P_i、$P_j \in A$，同时已知 P_i 可以划分为 P_{i1}，P_{i2}，P_{i3}这三个下属类，如果 B 是属于 P_j 类，B 同时又是另一个类 P_{i2}的下属类，则类归属矛盾就出现了。

（3）公理不一致。叙词本体中同样会存在一些简单的公理，这些公理用于约束类之间、属性之间及关系之间的联系，从而保证框架知识的一致性，另外，公理重要的一个方面就是用于推理，能帮助系统提供一些智能判断。公理一致性是指公理规定条件下经过推理永远会得出一致的结论，而不一致性则相反。任何一个公理系统都要满足无矛盾性，否则用它建立的几何体系将是一个有矛盾的体系，这样的公理系统是没有任何价值的。从形式上，我们可以将叙词本体的公理系统看作一阶逻辑组成的逻辑系统，从这个意义

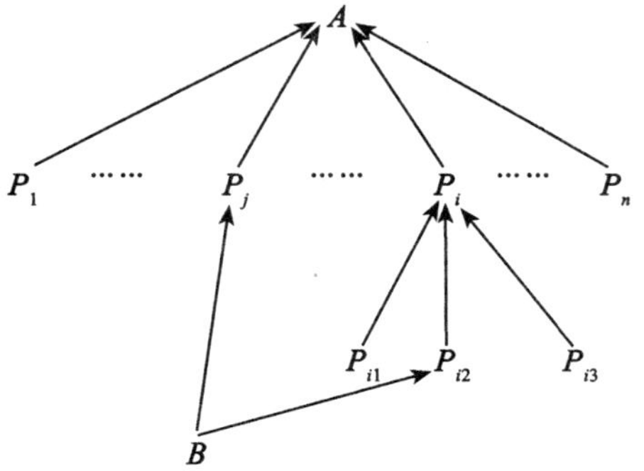

图 9-5　类归属矛盾

上，公理不一致，就是说在逻辑系统中出现了“是=否”这样的公理，如公理 P、Q，很明显公理 P 与 Q 相互矛盾。

公理 P：所有（x：儿童）（（年龄）大于（婴儿年龄））。

公理 Q：所有（x：儿童）（（年龄）小于（婴儿年龄））。

从形式上，我们在本体中定义的公理可以看作一阶逻辑，因此，我们检查公理一致性就可以转化为一阶逻辑运算问题。

总的来说，对于叙词本体一致性的维护需要专家尽职尽责，不过当本体数量达到一定程度时，单凭人工评审的方式很难完成对叙词本体一致性的评审工作，因为其中的关系是非常复杂多变的。随着计算机技术的发展，相信通过编制一系列的算法，将很多人工劳动转换成机器的自动工作，这样将大大减轻专家的工作，不过在这之中，同样离不开专家去挖掘，制定有效的一致性评审规则与规范。

9.4.4　专家评审基本规则

专家评审一般分为讨论和投票两个阶段，投票表决应建立在充分讨论的基础上。在讨论中，按照叙词演化的类型进行细分为两类：

（1）对于叙词的选用和删除，专家评审需遵循的规则：

①专家对所呈交的叙词及其变化，进行一番评论之后，进行打分，采用10分制的方案，用打分来裁决该选用哪些叙词或是剔除掉那些旧有的叙词本体。

②无记名打分。其严格形式是秘密打分，每个专家有不受他人关注的私人投票空间。

③不得弃权。弃权票给多数票的确定带来一定困难。

（2）对于词间关系，专家评审须遵循的规则：

①选出该领域的两位权威度最高的专家，由他们为最终的叙词关系的确立进行表决，两位专家具有一票否决权，如果都不同意其他专家的看法，可以要求重新开始征集新的词间关系的意见。

②由学科领域的其他专家对提交的词间关系发表意见，让他们给出在叙词本体发生演变之后的词间关系演变的整体方案。

③无记名打分。其严格形式是将所有方案分发给各位专家，秘密的给每个所选打分，每个专家有不受他人关注的私人投票空间。

④不得弃权。

⑤由收集人员将所有的征集方案收集之后递交给两位专家，由他们进行评判，确定最终的叙词词间关系演化方案。

9.5 专家评审结果的表达

专家评审法的一项主要工作是在每轮调查之后对众多的专家意见进行分析和处理，指定性的预测结果量化。

对方案中相对重要的数据处理与表达是确定最终方案的决定性步骤，对于最终方案的确定可以按照专家意见的集中程度来衡量，对于可选方案评分值的算术平均值进行计算然后推导出结果。下面给出算术平均值的求导过程：

首先，将各位专家的对所有方案的评分值用表列出（见表9-1）。

表 9-1 方案相对重要性评分表

专家	方案					
	1	2	…	j	…	n
1	C_{11}	C_{12}	…	C_{1j}	…	C_{1n}
2	C_{21}	C_{22}	…	C_{2j}	…	C_{2n}
…	…	…	…	…	…	…
I	C_{i1}	C_{i2}	…	C_{ij}	…	C_{in}
…	…	…	…	…	…	…
M	C_{m1}	C_{m2}	…	C_{mj}	…	C_{mn}

由上表所示，各方案的算术平均值可按照下式求出：

$$M_i = 1/m_j \sum C_{ij}$$

式中，M_j为对j（$j=1, 2, \cdots, n$）方案全部评价的算术平均值；M_j为参加j方案评选的专家数；C_{ij}为第i（$i=1, 2, \cdots, m$）个专家对第j个方案的评分值。

9.6 总结

叙词本体综合了叙词表与本体的优势。对于普通用户，它仍是一个方便实用、规范的电子叙词表，而与普通的电子叙词表相比，它具备了自动演化的功能。这将是叙词表发展的一个里程碑，它极大地丰富了叙词表的词汇，扩充了其语义功能，能够帮助人们更好地标引文献更快地从网上获取所需要的知识。利用本体技术作为叙词本体演化的重要工具，改善目前叙词表修订整理中复杂的人工操作流程上存在的一些不足，使之朝着半自动化的方向发展，这中间自然会带来一系列影响叙词表规范性的问题，专家评审机制的引入为这一问题的解决提供了良好的方案，使叙词表能够更及时更快捷的发挥作用。

虽然专家评审具有上述优势，但是专家评审本身也有许多美中不足之处。比如如何选择评审专家尤其是交叉学科的专家？如何减少评价过程中的随机因素？如何降低评价结果中个人偏见和片面性等。另外，本文构建的专家评审机制应用到叙词本体演化之中仅仅是一个探索，具体的一些操作细则还有待进一步的完善。

10 系统设计与实现

叙词本体演化系统以 Protégé 作为本体（库）管理工具，构建、查阅和显示本体库。利用 Jena 包实现本体库的程序操作，如类的修改，类关系的修改等，以实现本体的自动处理与演化。

系统的开发采用 MDA（模型驱动架构，Model Driven Architecture）的方法，开发模式为 OO（面向对象，Object-Oriented），建模语言采用 UML（Unified Modeling Language）。MDA 的核心思想是希望通过对商业模型的领域研究，提炼出一个相对核心的领域模型，同时抽象出一个平台无关模型（Platform Independent Model，PIM），然后根据不同的开发平台（如 .net 或 J2EE）、应用平台（Windows 或 Unix）形成相应的平台相关模型（Platform Specific Model，PSM）。开发的过程就是模型自顶而下，逐步求精的过程。首先构建业务模型，然后将业务模型映射到平台无关的计算模型，最后将平台无关模型映射到平台相关模型。

10.1 系统总体结构

前几章探讨了叙词本体演化过程所涉及的关键技术和方法。依据这些方法和技术，可以建立叙词本体演化系统。

系统要实时检测网络数据的变化，下载指定资源，抽取所需信息，最后更新本体库，实现叙词表的自动更新。整个运行过程如图 10-1 所示，资源下载器下载指定数据源的资源信息，由分词器提取词汇，再通过概念获取器将收集的词与本体库中的词汇进行比较，提取新词，并分析概念，通过关系抽取器分析关系，最后由专家进行专家评审，并以评审结果更新本题库。

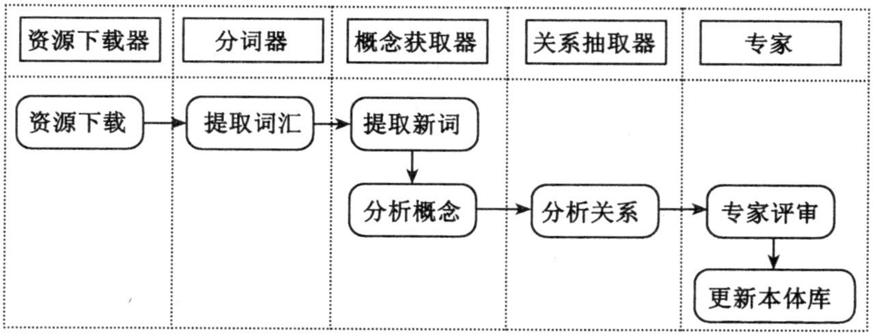

图 10-1　叙词本体总体过程

由系统运行过程可以分析出系统主要包括专家评审、信息抽取和查询三个模块。如图 10-2 所示，信息抽取模块又分为数据检测子系统、概念获取子系统和关系抽取子系统三个子系统。对各模块的简要说明如下：

查询模块：查询模块实现的功能包括根据概念范畴查询叙词，并同时展示与叙词有联系的所有其他的叙词，这里的有联系则是指叙词的用、代、属、分、参、族几种关系；也可以根据输入的叙词找到叙词的概念范畴，并显示与该叙词有关的其他的叙词。

信息抽取模块：这是本系统的核心模块，包括数据检测子系统、概念获取子系统和关系抽取子系统。数据检测子系统是用来检测网络上词汇的变化，利用爬虫技术抓取指定信息源的网络资源，为新词分析和关系分析作准备。概念获取子系统首先要对抓取到的网络信息资源进行处理，抽取出文献主题属性，并进行中文分词，筛选出其中不存在于本体库中的词作为新术语，交由专家评审模块进行专家评审。其中主要提取文献的主题属性，包括标题、关键词、摘要以及学科分类导航，而不同的特征，所代表的文献主题的权重也不一样。因此需要根据不同的特征确定不同的频度。因为标题最能够表达文献的主题，因此占最大的权重，其次是关键词，再则摘要。对于关系提取比术语提取更为复杂。按照叙词之间的不同关系，我们分别采用模板方法和关联规则的方法予以处理。对于用、代、属、分、族五种关系，我们采用模板方法。对于参这种关系，我们采用关联规则方法处理。同样，提取出来的关系达到一定的频度，才能作为候选关系交由专家进行评审。

专家评审模块：专家评审模块使人加入到这个人机协作系统中，主要为专家评定提供友好的平台，统计专家评审的结果，并确定将新叙词以及其关系添加到叙词本体中去，从而完成叙词本体演化的全过程。专家评审是由多位专家共同参与为自动提取出的新术语和新关系评分的过程，只要评定的结果达到指定的标准，就可以确认完成叙词本体的更新。

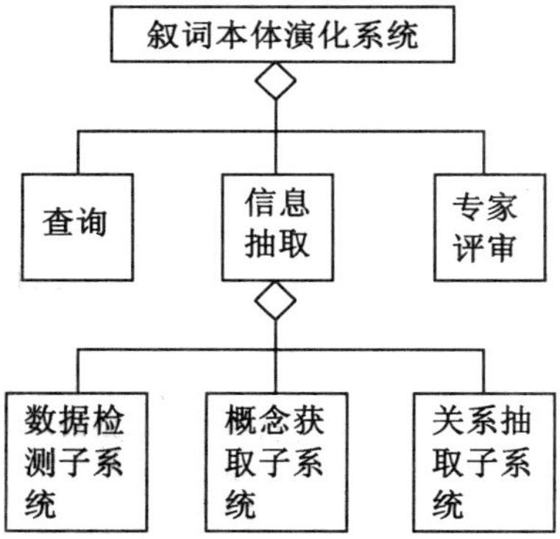

图 10-2　叙词本体总体结构图

由系统的功能及运行过程，可以分析出系统的支持数据以及数据流情况，如图 10-3 所示。信息抽取模块中的数据检测子系统抓取指定网络信息源的网络资源，概念获取子系统处理该资源，抽取出文献主题属性，将之保存至数据库，并依据中文分词文档实现中文分词，关系抽取模块利用关系模板文档识别术语关系，与数据库进行交互。专家评审模块完成数据库中术语与关系的评审，以评审结果更新本体库。

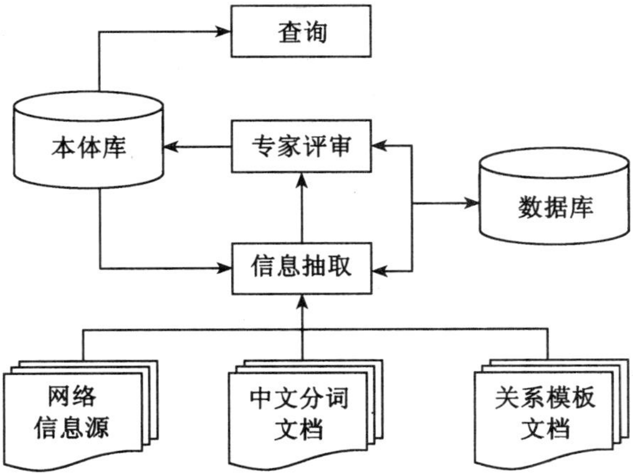

图 10-3 叙词本体数据流图

10.2 本体库构建

根据叙词本体的定义以及结构，我们可以以《中国图书馆分类主题词表》为蓝本来构建叙词本体。《中国图书馆分类主题词表》主表中的左部分是分类法，给出了学科分类，右部分则是对应于该分类的叙词。因此，我们可以用学科分类来构建叙词本体中的概念 C，用叙词来构建叙词本体中的术语 I。学科分类关系就是概念类属关系 HC，而叙词表中的叙词之间的“用、代、属、分、参、族”关系就是叙词本体中术语关系 RI。另外需要制定一些规则即公理 O，以便于之后演化过程需要的推理。

在本体库中，以类表示叙词。由于叙词与叙词之间的关系是多对多的关系，本体中类与类的关系也应是多对多的网状关系。如图 10-4 所示，图 10-4（1）和图 10-4（2）表示的是《中医药主题词表》中的几对叙词的“属”关系。图 10-4（1）中叙词“白睛病证”与叙词“眼科症状”都为叙词“白睛溢血”的上位词，而图 10-4（2）中显示叙词“眼科症状”仍然是叙词“胞睑肿胀”的上位词，叙词与叙词之间在“属”的关系上呈现多对多的关系。同样在“用”、“代”等其他关系上也是如此，叙词与叙词之间是多对多的关系。因此，本体中类与类之间为多对多的关系。如图10-4（2）所示，上位类与下位类在“属”的关系上为多对多的关系。类与类之间的关系通过类的对象属性来实现。在本体中定义“用”、“代”、“属”、“族”、“分”、“参”六个对象属性，用以表示类与类之间的关系。

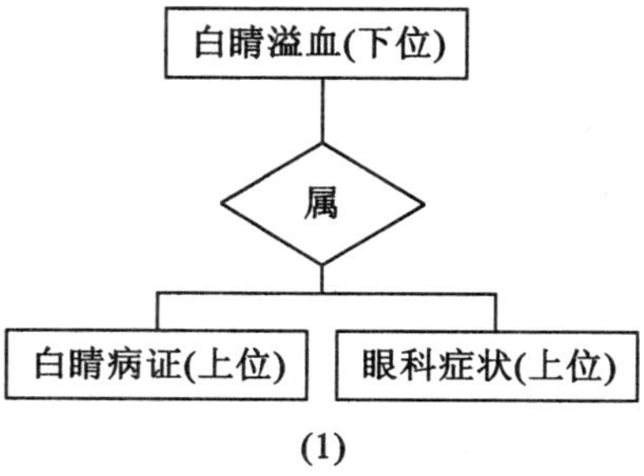

图 10-4　叙词的关系模型

按照本体中叙词和叙词关系的表示方式，我们利用本体构建工具 Protégé 手工构建情报学与情报工作领域的初始本体库，作为该领域叙词本体演化的原始版本。Protégé 工具构建出的本体是用本体描述语言 OWL 表示。其中，概念之间的定义方式如下：

<rdfs:Class rdf:about = " http://www. domain2. com#情报学与情报工作" >

<rdfs:subClassOf rdf:resource = " http://www. domain2. com#科学_科学研究" />

</rdfs:Class>

叙词概念之间的关系用、代、属、分、参、族作为概念间的关系定义：

<owl:ObjectProperty rdf:ID = " D" >

<owl:inverseOf>

<owl:ObjectProperty rdf:ID = " Y" />

```
          </owl:inverseOf>
          <rdfs:range rdf:resource="http://www.domain2.com#科学_科学研究"/>
          <rdfs:domain rdf:resource="http://www.domain2.com#科学_科学研究"/>
        </owl:ObjectProperty>
        <owl:ObjectProperty rdf:ID="Z">
          <rdfs:range rdf:resource="http://www.domain2.com#科学_科学研究"/>
          <rdfs:domain rdf:resource="http://www.domain2.com#科学_科学研究"/>
      </owl:ObjectProperty>
        <owl:ObjectProperty rdf:ID="S">
          <owl:inverseOf>
            <owl:ObjectProperty rdf:ID="F"/>
          </owl:inverseOf>
          <rdfs:range rdf:resource="http://www.domain2.com#科学_科学研究"/>
          <rdfs:domain rdf:resource="http://www.domain2.com#科学_科学研究"/>
      </owl:ObjectProperty>
        <owl:ObjectProperty rdf:about="#F">
          <owl:inverseOf rdf:resource="#S"/>
          <rdfs:range rdf:resource="http://www.domain2.com#科学_科学研究"/>
          <rdfs:domain rdf:resource="http://www.domain2.com#科学_科学研究"/>
        </owl:ObjectProperty>
        <owl:ObjectProperty rdf:about="#Y">
          <rdfs:domain rdf:resource="http://www.domain2.com#科
```

```
学_科学研究"/>
      <rdfs:range rdf:resource="http://www.domain2.com#科学_科学研究"/>
      <owl:inverseOf rdf:resource="#D"/>
    </owl:ObjectProperty>
    <owl:DatatypeProperty rdf:about="http://www.domain2.com#hasChineseTerm">
      <rdfs:range rdf:resource="http://www.w3.org/2001/XMLSchema#string"/>
      <rdfs:domain rdf:resource="http://www.domain2.com#科学_科学研究"/>
    </owl:DatatypeProperty>
    <owl:SymmetricProperty rdf:ID="C">
      <owl:inverseOf rdf:resource="#C"/>
      <rdf:type rdf:resource="http://www.w3.org/2002/07/owl#ObjectProperty"/>
      <rdfs:domain rdf:resource="http://www.domain2.com#科学_科学研究"/>
      <rdfs:range rdf:resource="http://www.domain2.com#科学_科学研究"/>
    </owl:SymmetricProperty>
```

用，代是可以逆转的，定义成逆反属性，而属、分也是可以逆转的，因此也定义成逆反属性，而参为对称的，因此定义成对称属性。而所有的对象属性的值域和定义域都是所有的概念，因此为最上位类的概念。

而隶属于某种概念的（叙词）术语在本体中则以概念实例的形式呈现，用 OWL 表示如下：

```
<thes:情报检索 rdf:about="http://www.domain2.com#查全率">
      <thes:hasChineseTerm rdf:datatype="http://www.w3.org/
```

2001/XMLSchema#striaqg" >查全率</thes:hasChineseTerm>

</thes:情报检索>

这表示查全率是情报检索的一个叙词，其中 thes：hasChineseTerm 是查全率的一个值属性，而<thes：hasChineseTerm></thes：hasChineseTerm>之间的查全率是属性值。这样做的好处是：可以增加更多的值属性来描述此叙词，比如用英语来描述这个术语，就可以增加一个值属性<thes：hasEnglishTerm>，用法和中文的用法一样。这样有助于构建多语种叙词本体。

10.3 数据检测子系统

数据检测子系统负责检测网络上词汇的变化，利用爬虫技术建立资源下载器抓取指定信息源的网络资源，为新词分析和关系分析作准备。在第 6 章已经分析过了中国期刊网的文献描述页面对于提取新词汇以及新关系是一种极其重要的资源。因此我们的系统主要是要爬取中国期刊网中描述文献的网页。

10.3.1 功能分析

通过分析中国期刊网的网址，我们发现针对不同的期刊以及不同的日期，网址有不同的参数 filename 以及 dbname。如图书馆建设 2008 年 8 月第 33 篇文章，其网址为 http：//epub. cnki. net/grid2008/detail. aspx? filename=TSGJ 200808033 &dbname=CJFDT2008。因此，我们只需要对特定网页进行抓取即可，而无需通过网页的超级链接再进行深度的爬取。图 10-5 为爬虫系统的流程图。

如流程图所示，爬虫系统中有两次循环，一是对中国期刊网中所有需要爬取的期刊进行循环，另一是每一种期刊还要对每一篇文章进行循环。对于哪些杂志需要抓取，则需要工作人员根据需要更新的领域以及该领域所存在的期刊进行界定，同时也需要对期刊的

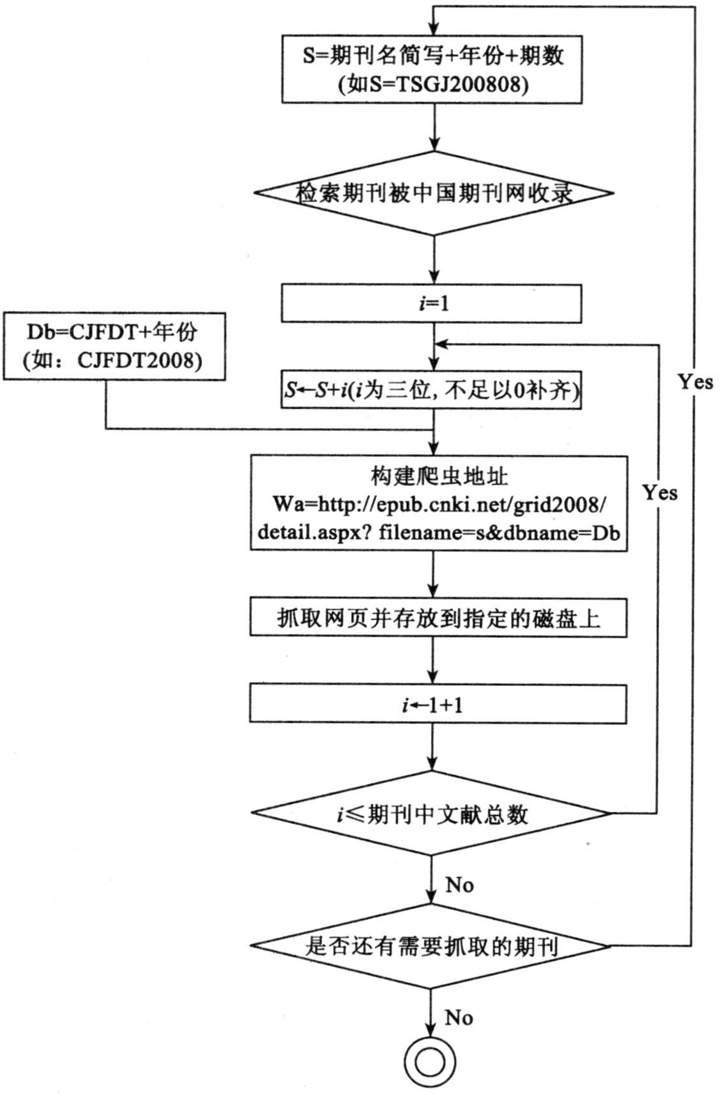

图 10-5　爬虫程序的流程图

期数进行界定。如果系统需要每个月对叙词本体更新，那么只需要抓取最近一个月的文献即可，而如果系统是每两个月或者更长时间对叙词本体进行更新，那么则需要对期数也进行一次循环（图中没有画出）。为了减少工作人员的工作的复杂度，我们建议每个月抓取中国期刊网上的文献描述网页。

10.3.2 问题域分析

采用用例驱动的分析方法分析需求的主要任务是识别出系统中的参与者和用例，并建立用例模型。对爬虫系统所具有的功能进行分析，可识别出参与者和用例。

1. 识别参与者

爬虫系统的核心部分是抓取网页并存放在指定的磁盘上。这部分是按照固定周期 T 执行。系统默认是一个月执行一次，抓取中国期刊网上本体所需更新的领域的期刊文献。但工作人员可根据具体需求对周期进行设置，对所需更新的领域和领域所存在的期刊进行界定，同时也需要对期刊的期数进行界定。并且系统存在一个监听器，用来监听时间，当前次爬取后等待的时间到达周期 T 时，要能使系统自动进行再次爬取。故 Staff（工作人员），Listener（监听器）是爬虫系统的参与者。

参与者的描述如下：

（1）Staff

描述：Staff 可以设置系统执行的周期，界定所需爬取资源的领域、领域所存在的期刊和期刊的期数。

（2）Listener

描述：Listener 可以用来监听时间，当前次爬取后等待的时间到达周期 T 时，要能使系统自动进行再次爬取。

2. 识别用例

通过对需求的分析，可识别出该系统的用例：setParameters（参数设置）和 crawl（爬取网页）。

（1）setParameters（参数设置）

设置系统执行的周期，界定所需爬取资源的领域、领域所存在的期刊和期刊的期数。

(2) crawl (爬取网页)

按照设置的周期执行。在中国期刊网上所界定的领域、领域所存在的期刊和期刊的期数内抓取网页文献资源，并存至指定的磁盘。

爬虫系统的用例图如图 10-6 所示，参与者“Staff”与用例“setParameters”交互。参与者“Listener”与用例“crawl”交互。

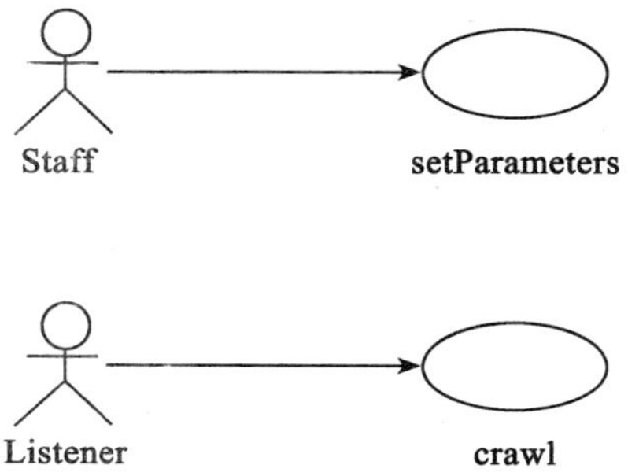

图 10-6 爬虫系统用例图

3. 用例的事件流描述

对用例的事件流的描述如下。

1. “setParameters”（参数设置） 1.1 简单描述 本用例描述了如何设置爬虫系统运行所需的参数。 1.2 前置条件（Pre-Conditions） 无。 1.3 后置条件（Post-Conditions） 如果用例成功，则爬虫系统运行所需的参数将得以保存。爬虫系统再次自动爬取信息资源时，将根据新设置的参数运行。 1.4 扩充点（Extension Points） 无。

1.5 事件流

1.5.1 基流（Basic Flow）

当用户想重新设置系统爬取的运行参数时，用例启动。

（1）系统提示用户按照固定格式输入各运行参数。

（2）用户按照要求输入各运行参数。

（3）系统验证各运行参数是否合法（E-1）。包括对各参数类型的验证；对数据源参数如领域、期刊、期数进行有效性验证；验证对应的数据源是否存在。

（4）将参数保存并覆盖原有参数。

1.5.2 替代流（Alternative Flow）

E-1：如果输入的参数非法或无效，系统提示错误信息，用户可重新输入。

该用例可以用如图 10-7 所示的活动图描述，首先系统提示用户输入相关的运行参数，然后 Staff 输入上述信息后提交，系统验证各参数的合法性和有效性。如果正确，则将相关参数保存并覆盖原有参数；否则，显示错误提示信息，并提示用户重新输入各参数。

2. “crawl”（爬取）

2.1 简单描述

本用例描述了爬虫系统如何获取爬取参数，从指定的网页范围中爬取网页，并将获取到的网络信息资源保存到特定的文件夹中。

2.2 前置条件（Pre-Conditions）

前次自动爬取到当前时间的时间间隔达到了为系统自动爬取所指定的周期 T，而监听器监听到了这一时间状态。

2.3 后置条件（Post-Conditions）

如果用例成功，则系统将会自动根据工作人员所设定的需要更新的领域以及该领域所存在的期刊进行爬取，并将爬取到的信息资源以 HTML 的形式保存至指定的文件夹。否则，系统状态不变，指定存放数据资源的文件夹得不到更新。

2.4 扩充点（Extension Points）

无。

2.5 事件流

2.5.1 基流（Basic Flow）

（1）当监听器监听到当前时间距离前次爬取的时间已到达工作人员指定的自动爬取周期 T 时，用例启动。

（2）获取数据源参数如领域、期刊、期数、数据库等。

（3）利用爬取算法对指定数据源的网页进行爬取（E-1）。

（4）将爬取到的网络信息资源以 HTML 的形式保存至指定的文件夹。

2.5.2 替代流（Alternative Flow）

E-1：如果指定的信息源不存在，则终止爬取。

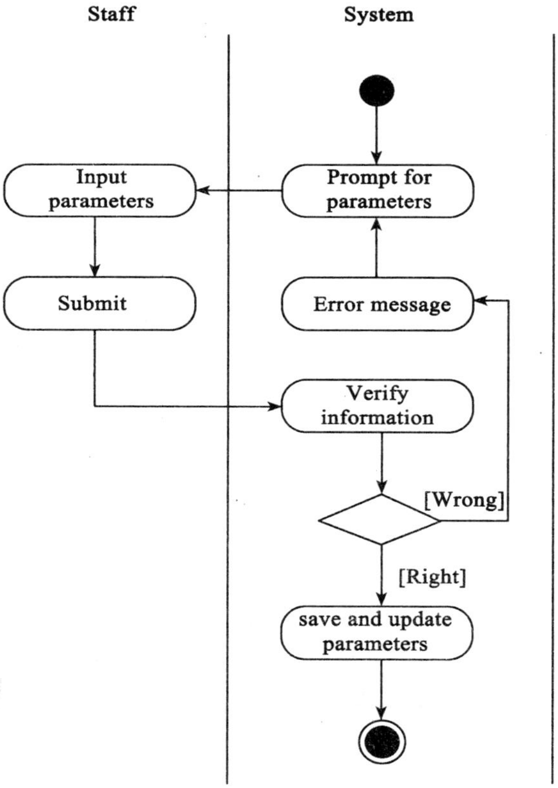

图 10-7 “setParameters”（设置参数）的活动图

该用例可以用如图 10-8 的活动图描述。首先获取工作人员设置的数据源参数，然后验证该指定的数据源是否存在。如果存在，则使用网页爬取算法抓取指定的信息资源，然后将其以 HTML 的形式保存至指定文件夹。如果不存在，则结束用例。

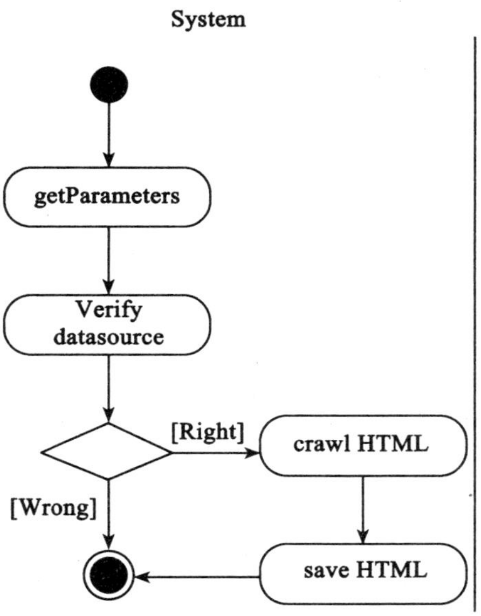

图 10-8 "crawl"（抓取信息资源）的活动图

10.3.3 静态结构模型

进一步分析系统需求，识别出类以及类之间的关系，确定它们的静态结构和动态行为。系统的静态结构模型主要用类图或对象图描述。

1. 定义系统对象类

爬虫系统主要参与者有 Staff（工作人员）和 Listener（监听器），主要的用例有 setParameters（设置参数）和 crawl（爬取网页信息资源）。Staff 在系统中不具有行为，但具有身份，故可以将其看成为类，具有一定的属性。Listener 用来监听时间，以保证系统按一定周期自动抓取信息资源。故 Listener 应具有 listen（监听），runCrawl（执行爬取）的行为，并需有 cycleTime（运行周期）的属性。setParameters 用来实现参数的设置，封装了各参数作为属性，并应包含 updateParameters（更新参数）的行为，故可从中识别出对象类 Parameters。Crawl 是描述抓取网页资源的用例。它涉及资源相关参数的获取、网络资源抓取和网络资源保存。可从中识别出类 Crawl，包括 getParameters（），WebPageDownload（）和 saveHtml（）三个行为，资源相关参数等属性。

（1）类 StaffClass

类 StaffClass 代表工作人员。类 Staff 应该具有下列私有属性：

staffCode：String

name：String

role：String

（2）类 ListenerClass

类 Listener 代表监听器。类 Listener 应该具有下列私有属性：

cycleTime：Number

类 Listener 应该具有下述方法：

listen（）

runCrawl（）

（3）类 Parameters

类 Parameters 代表相关参数。相关参数包括 runCircle（运行周期），area（信息源的所属领域）、databaseName（信息源的数据库名）。故类 Parameters 应该具有下列私有属性：

runCircle：Number

area：String

databaseName：String

类 Parameters 应该具有的方法有：

updateParameters（）

（4）类 Crawl

类 Crawl 代表对特定信息资源的抓取。包括 getParameters，WebPageDownload 和 saveHtml 三个过程和 area（信息源的所属领域）、databaseName（信息源的数据库名）两参数。故类 Crawl 的属性和方法如下：

area：String

databaseName：String

getParameters（）

WebPageDownload（）

saveHtml（）

上述各类为了设置和访问对象的私有属性值，类应具有相应的 setXX（）方法用来设置私有属性值，相应的 getXX（）方法用来访问私有属性值。

2. 定义用户界面类

用例 setParameters 的实现需有相应的界面提示用户输入需要设置的各参数，并需要相关的 ParametersServlet 类获取界面上输入的参数，实例化 Parameters 对象，实现参数设置的过程。而用例 crawl 是在后台自动运行，不需要相关的界面类。故用户界面类有：

（1）类 ParametersGUI

界面类 ParametersGUI 是用来设置参数所需的对话框，其界面如图 10-9 所示。当按下确定按钮，则对输入的各参数的格式进行验证，验证成功则提交到 ParametersServlet 类，由该类获取参数，执行设置参数的操作。

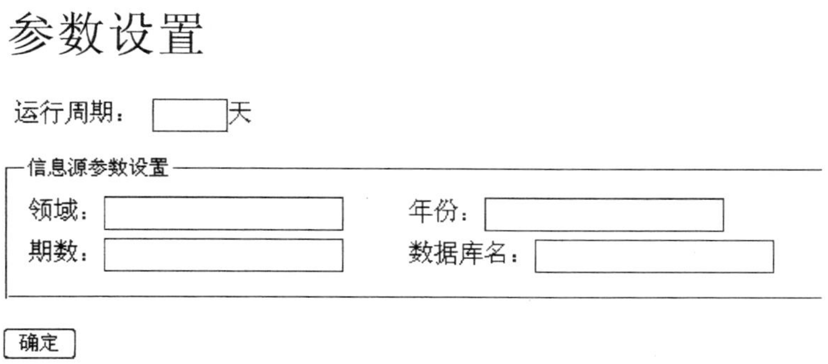

图 10-9 “setParameters”（设置参数）的界面图

1）私有属性。

待定。

2）公共方法。

newParametersGUI（）：void

创建参数设置界面。

submitParameters（）：void

提交参数。

（2）类 ParametersServlet

1）私有属性。

待定。

2）公共方法。

newParametersServlet：void

创建 newParametersServlet 对象。

doGet（request：HttpServletRequest，response：HttpServletResponse）：void

由 servlet 引擎调用处理一个 HTTP GET 请求

doPost（request：HttpServletRequest，response：HttpServletResponse）：void

由 servlet 引擎调用处理一个 HTTP POST 请求

3. 建立类图

识别出系统的类后，进一步识别出类的关系，建立类图如图 10-10 所示。类 ParametersServlet、类 ParametersGUI、类 ListenerClass、类 Crawl 与类 Parameters 之间是依赖关系。

10.3.4 动态行为模型

系统的动态行为模型可以用交互作用图、状态图和活动图来描述。在前面的小节中已使用活动图描述了用例的场景。活动图强调了从活动到活动的控制流，而交互作用图则强调从对象到对象的控制流，本节采用时序图来描述为完成某个特定功能发生在系统对象之间的信息交换。

描述用例场景的时序图如下：

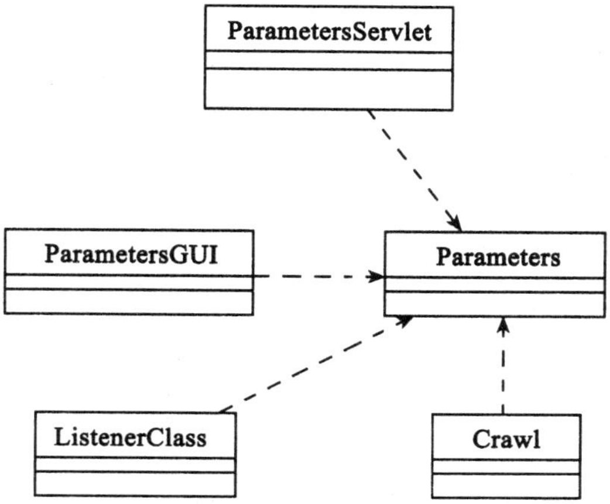

图 10-10 爬虫系统的类图

“setParameters”（设置参数）的顺序图如图 10-11 所示，Staff 启动系统，类 ParametersGUI 的方法 newParametersGUI（）被调用，

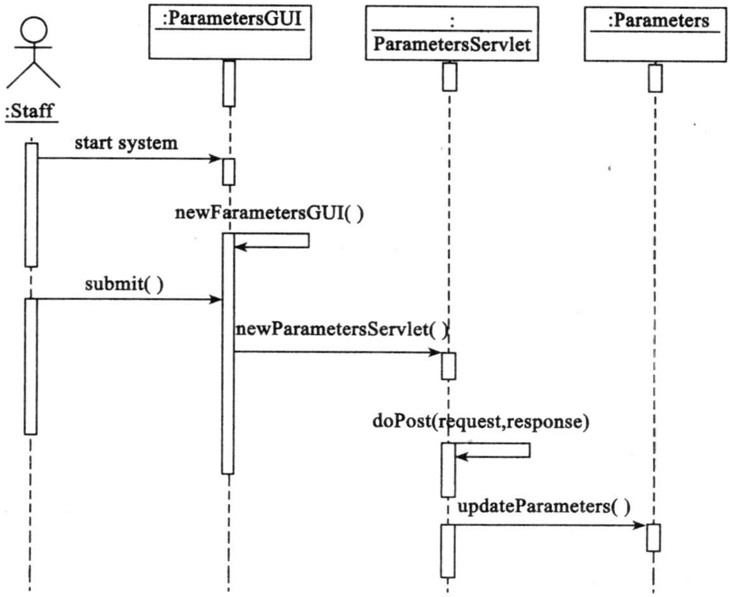

图 10-11 “setParameters”（设置参数）的时序图

创建用来填写参数的对话框。Staff 填写参数后，调用 submit（），将参数提交。由 servlet 引擎调用处理该 HTTP POST 请求，调用类 ParametersServlet 的方法 newParametersServlet（），创建对象，并将参数提交给创建的对象来处理。该对象调用 doPost（request，response）的方法，实现获取界面对象提交的参数信息，创建 Parameters 对象，并由 Parameters 对象调用 Parameters 的 updateParameters（）方法实现参数的设置。

"Crawl"（抓取信息资源）的时序图如图 10-12 所示，类 ListenerClass 调用 listen（）的方法实时监听时间的变化，判断是否开

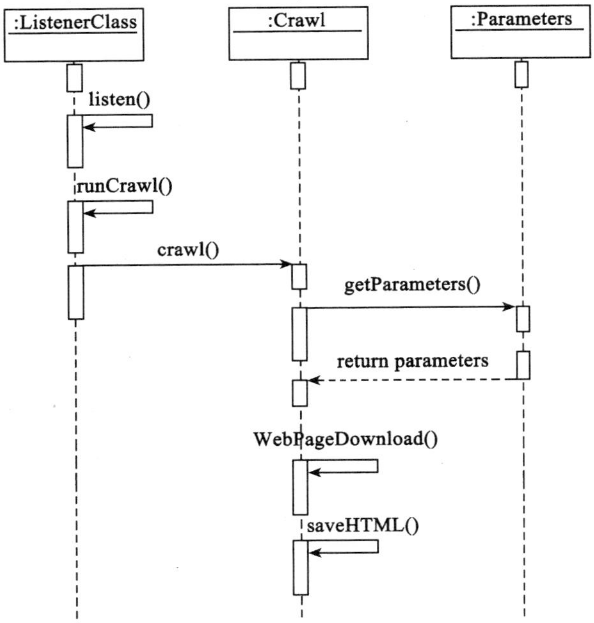

图 10-12 "Crawl"（抓取信息资源）的时序图

始运行信息资源抓取。如果当前的时间与前次开始执行时间的间隔达到了系统设置的运行参数的值，则开始执行信息资源抓取的运行。这时，runCrawl（）将被调用，同时类 Crawl 的 crawl（）将被调用。在 crawl（）中，调用类 Parameters 中的 getParameters（）

的方法获取信息源的相关参数信息，这样就为所需抓取的信息源指定了相关的参数信息。然后再调用 WebPageDownload（）将指定信息源的网页资源信息下载，调用 saveHtml（）将资源以 HTML 的形式保存至磁盘。

10.4 概念获取子系统

概念获取子系统首先要对抓取到的网络信息资源进行处理，抽取出文献主题属性，包括标题、关键词、摘要以及学科导航信息。然后进行中文分词，按照一定的标准抽取出新术语，交由专家评审模块进行专家评审。

10.4.1 功能分析

（1）提取文献的主题属性

爬虫系统所抓取到的网页只是比较粗糙的网页，内容繁杂。并不是所有内容都是我们所需要的。因此我们需要提取里面最有价值的内容。在第 7 章叙词本体概念获取中已详细分析了我们需要提取的是文献的主题属性，包括标题、关键词、摘要以及学科导航信息。

分析网页的源文件：

```
<tr …><td …>【篇名】</td>
<td …>…20 年可视化发展历程对情报学的影响…</td>
</tr>
<tr><td>【关键词】</td>
<td width="" …>
<a…>可视化</a>;
<a…>信息组织</a>;
<a…>信息检索</a>;
<a…>信息分析</a>;
```

<a…>信息服务</a>;

<a…>情报学</a>;

<a…>应用</a>;

</td>

</tr>

…

所有关于标识为篇名，关键词，摘要，学科导航的内容都不是以 HTML 元素属性的形式呈现，因此按照元素属性来提取信息不可行。只有先解析出所有的文本节点内容，才能够在此基础上提取出所需内容。利用 HTMLParse 源代码解析出文本节点，然后根据解析出的内容特征，提取出重要的信息。提取结果如图 10-13 所示。

title:20 年可视化发展历程对情报学的影响

keyword:可视化　信息组织　信息检索　信息分析　信息服务　情报学　应用

abtract:可视化是情报学研究中涌现出的一个新热点,本文通过对可视化发展 20 年历程的思考,从情报分析的角度,分析可视化的发展

navigation:文化、科学、教育、体育→科学、科学研究→情报学、情报工作→情报学

图 10-13　提取关键信息效果图

这样的结果基本上满足了我们的要求。然后我们将针对这些信息进行后续的研究。

(2)分词与新术语的判断

分析上一节所提取的信息,可以得知并不是每一项都需要分词。我们只需要对标题和摘要进行分词。我们利用中科院分词系统 ICTCLAS 的 Java 版本对标题和摘要进行分词。但是由于分词系统中所提供的词表都是已经得到广泛应用的词汇,因此并不能够很好地将一些新词汇识别出来。而有些文献所提出的新术语在关键词中已经有所提及。例如在上一例中,分词系统将标题分词的结果如下:

20/m 年/q 可/v 视/vg 化/v 发展/vn 历程/n 对/p 情报学/n 的/b 影响/n

其中,可视化在关键词中为一个完整的词,而在标题分词结果中

却分别是一个个的词素,并不是一个完整的词。虽然在文献量比较大的情况下,分词系统能够根据统计学意义将可视化分为一个完整的词。但是我们为减少统计学上的误差,所以采取首先处理关键词,找出叙词本体中不存在的术语(可视化),然后再将新词与标题匹配,如果标题中也存在这个词,则记录下该词的出现频率。同样,对摘要进行分析。整个处理过程可以用下面的流程图 10-14 来表示。

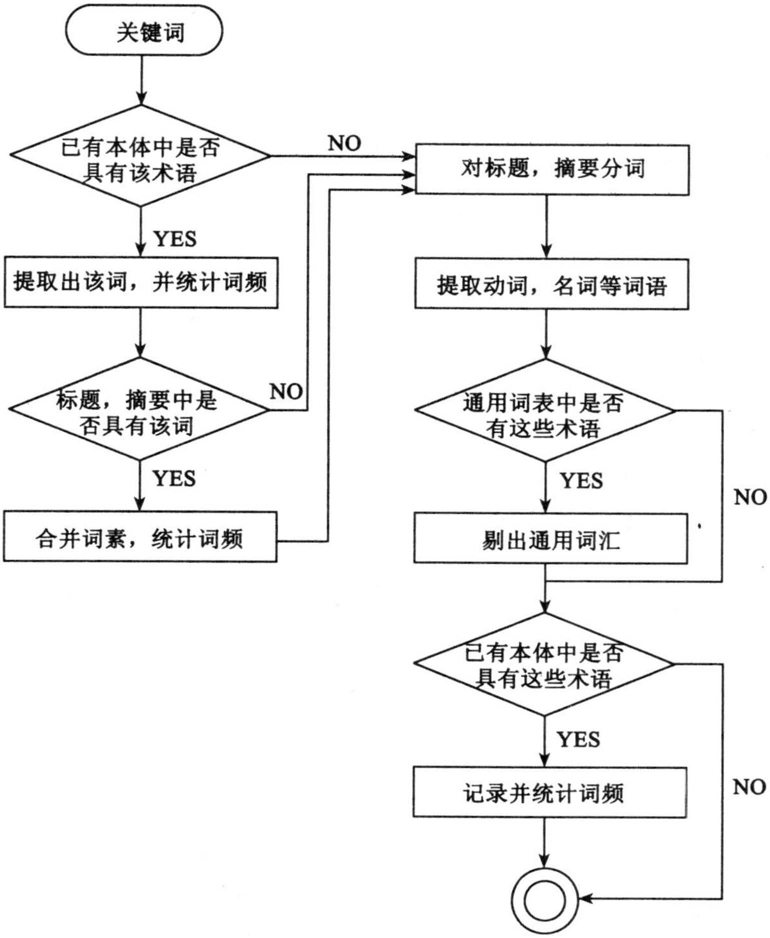

图 10-14　新术语提取流程图

通过关键词可以提取出一部分新的术语，但是标题和摘要中可能还会出现其他的一些新术语。所以对关键词中出现的新术语的提取并不等于整个新术语判断的结束，还需要继续对标题、摘要进行分词处理和研究。对标题，摘要分词后会得到处理好的词汇以及词汇的词性标注。由于专业词汇大多数为名词或者动词，因此我们应该将不相干的其他词性的词汇排除在外。而中文中其他的辅助词汇的种类远远多于名词和动词，因此我们直接提取的词性有名形词/an，名语素/Ng，名词/n，名动词/vn。其他的词性都可以排除在外。如上例中，将可视化提取后，再进行这一步的处理，剩下的词语就只剩下“发展/vn”，“历程/n”，“情报学/n”和“影响/n”。接着，将这些提取出的结果与通用词表进行比较，将通用的词汇排除在外，例如，上一例的“发展”，“历程”以及“影响”都是通用词，这里就应该将其排除掉，最后剩下“情报学/n”一词。再将剩下的词与现有本体进行对比，如果这些术语在本体中不存在，那么就说明该术语为新术语，将其记录在候选词表中，并记录下它出现的频率。注意这里的记录是指，先在候选词表中查找是否已经有该词。如果有，将原有频率加上新频率作为该词的出现频率；如果没有，则记录该词，并直接将此频率作为该词的出现频率。

将所有文献都处理之后，其结果就以候选词表呈现。统计候选词表中的词汇出现频率。按照前一章所提到的方法，如果频率超过5，则说明该词的使用比较广泛，可以将其提取出来分析其关系并递交专家评审。

10.4.2 问题域分析

通过功能分析可以得知，概念获取的过程主要经过了三个阶段：一是对爬虫系统抓取的网页信息资源进行 HTML 解析，提取出反映文献主题的标题、关键词、摘要和学术导航的内容，并将其保存起来。二是，将保存起来的反映文献主题的内容进行分词及相关的处理，剔除通用词汇，抽取出叙词本体中不存在的术语、出现术语的文章、术语出现的频率，并保存起来。三是对保存了的术语信息做出处理，筛选出出现频率超过阈值的术语信息，并将其保存。故概念获取应具有用例 conceptExtract（概念获取），包括三个子用例：parseHTML（HTML 解析）、extractItems（抽词）和 extractNewItems（抽取新词）。而概念获取的整个过程是系统按设定的周期自行执行的，它是在爬虫系统自动执行之后接着执行的，故 system（系统）是概念获取模块的参与者。关于系统如何实现按设定的周期自动执行，在爬虫系统构建一节已详细说明，这里就不赘述了。

1. 识别参与者

根据上面的分析，概念获取模块的参与者是 system，对其的描述如下：

system 描述：system 按照设定的运行周期自动执行概念获取的全过程。

2. 识别用例

通过分析，概念获取的用例如下：

（1） conceptExtract（概念获取）

对爬虫系统爬取到的网页信息资源进行一系列的分析处理，得到领域内的新词以及其相关信息以供专家评审。

（2） parseHTML（HTML 解析）

它是 conceptExtract（概念获取）的子用例，用来对爬虫系统爬取到的网页信息资源进行 HTML 解析，提取出反映文献主题的标题、关键词、摘要和学术导航信息，并将之保存。

（3） extractItems（抽词）

它是 conceptExtract（概念获取）的子用例，将保存起来的反映文献主题的内容进行分词及相关的处理，剔除通用词汇，抽取出叙词本体中不存在的术语、出现术语的文章、术语出现的频率，并保存起来。

（4） extractNewItems（抽取新词）

它是 conceptExtract（概念获取）的子用例，对保存了的术语信息做出处理，筛选出出现频率超过阈值且不存在于叙词本体中的术语信息，并将其保存。

概念获取模块的用例图如图 10-15 所示，系统与用例 conceptExtract（概念获取）交互，用例 conceptExtract（概念获取）包含了用例 parseHTML（HTML 解析）、extractItems（抽词）和 extractNewItems（抽取新词）。

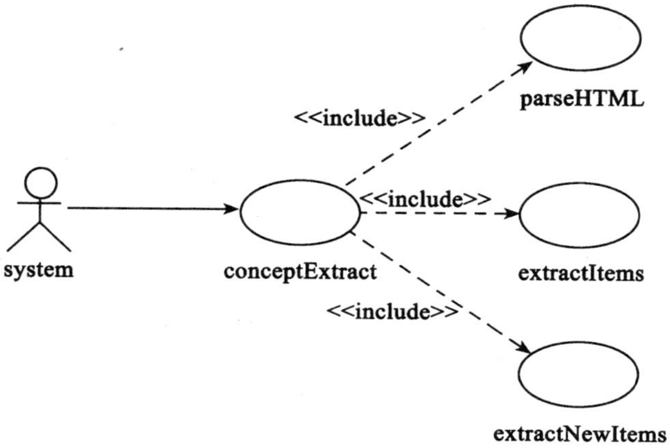

图 10-15　概念获取用例图

3. 用例的事件流描述

对用例的事件流的描述如下。

1. “conceptExtract”（概念获取） 1.1 简单描述 本用例描述了概念获取的全过程。 1.2 前置条件（Pre-Conditions） 爬虫系统的自动爬取运行完成。 1.3 后置条件（Post-Conditions） 如果用例成功，则完成对爬虫系统抓取到网络信息资源的处理和新词及相关信息的抽取。并将抽取的结果保存到数据库。 1.4 扩充点（Extension Points） 无。

1.5 事件流

1.5.1 基流（Basic Flow）

当爬虫系统爬取网页信息资源的过程结束后，用例启动。

（1）启动用例 parseHTML。对抓取到的网页信息资源进行 HTML 解析，提取出反映文献主题的标题、关键词、摘要和学术导航的内容，并保存提取结果。

（2）启动用例 extractItems。将上一过程提取到的反映文献主题的内容进行分词及相关的处理，剔除通用词汇，抽取出叙词本体中不存在的术语、出现术语的文章、术语出现的频率，并保存抽取结果。

（3）启动用例 extractNewItems。对上一过程抽取到的术语信息做出处理，筛选出出现频率超过阈值的术语信息，即为所需要的新术语及其相关信息，并保存抽取结果。

该用例可以用如图 10-16 所示的活动图描述，当爬虫系统爬取网页信息资源的过程结束后，开始启动 parseHTML，对抓取到的信

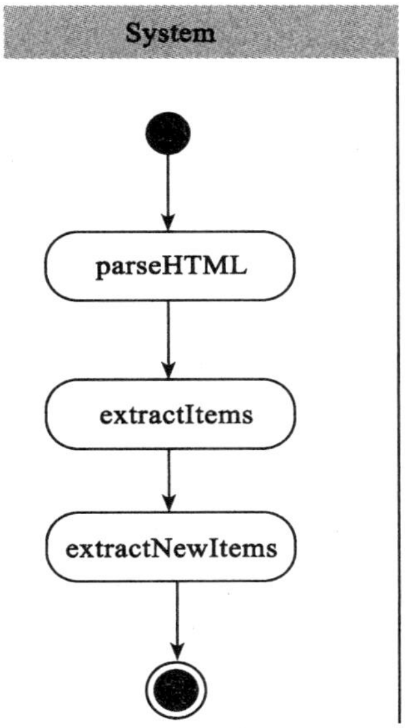

图 10-16 “conceptExtract”（概念获取）活动图

息资源进行 HTML 解析，提取出反映文献主题的标题、关键词、摘要和学术导航信息。当所有的网页资源处理完成后，则开始启动用例 extractItems，将上一过程提取到的反映文献主题的内容进行分词及相关的处理，剔除通用词汇，抽取出叙词本体中不存在的术语、出现术语的文章、术语出现的频率。处理结束后，就开始启动 extractNewItems。对抽取到的术语信息做出处理，筛选出出现频率超过阈值且不在叙词本体中的术语信息，即为所需要的新术语及其相关信息。

2. “parseHTML”（HTML 解析）

2.1 简单描述

本用例描述了如何对抓取到的网页信息资源进行 HTML 解析，提取出反映文献主题的标题、关键词、摘要和学术导航的内容。

2.2 前置条件（Pre-Conditions）

爬虫系统的自动抓取网页信息资源的过程完成。

2.3 后置条件（Post-Conditions）

如果用例成功，系统则将反映文献主题的标题、关键词、摘要和学术导航等信息存入数据库。

2.4 扩充点（Extension Points）

无。

2.5 事件流

2.5.1 基流（Basic Flow）

（1）当爬虫系统的自动抓取网页信息资源的过程完成时，用例启动。

（2）获取网页信息资源文件，并保存到集合中。

（3）遍历集合中的各个文件，并对各个 HTML 文件进行 HTML解析等相关处理，提取出反映文献主题的标题、关键词、摘要和学术导航。

（4）将结果保存至数据库中。

该用例可用如图 10-17 所示的活动图来描述，首先获取网页信息资源文件，并保存到集合中。然后循环遍历集合中的各个文件，并对各个 HTML 文件进行 HTML 解析等相关处理，提取出反映文献主题的标题、关键词、摘要和学术导航。最后将提取到的信息保存至数据库。

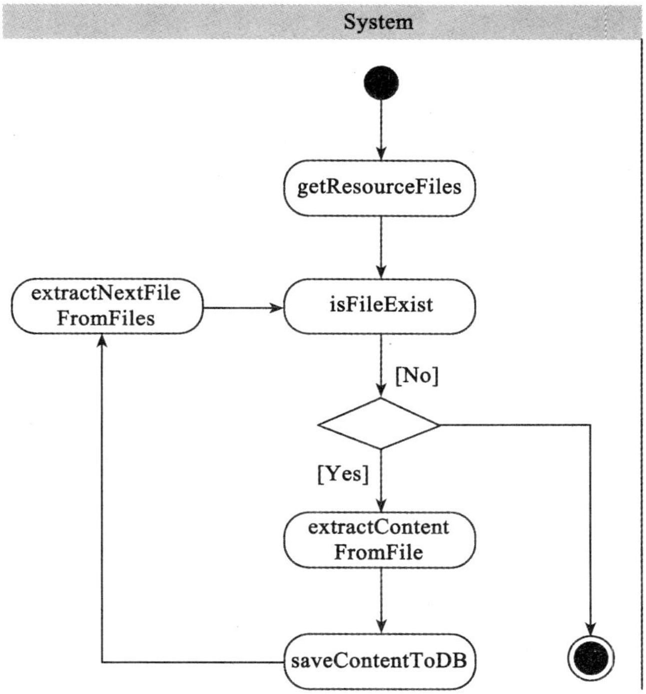

图 10-17 “parseHTML”（HTML 解析）活动图

3. “extractItems”（抽词）

3.1 简单描述

该用例描述了从反映文献主题的内容中抽取术语及其相关信息的过程。

3.2 前置条件（Pre-Conditions）

HTML 解析完成。

3.3 后置条件（Post-Conditions）

如果用例成功，系统将从反映文献主题的内容库里抽取到术语、出现术语的文章编号和术语出现在内容库中的频率。并将这些抽取到的信息保存在数据库中。

3.4 扩充点（Extension Points）

无。

3.5 事件流

3.5.1 基流（Basic Flow）

(1) 当用例 parseHTML（HTML 解析）完成时，用例启动。
(2) 获取 HTML 解析所产生的反映文献主题的信息的记录集。
(3) 从第一条记录开始对记录集进行遍历，处理每一条记录。
(4) 验证记录是否在记录集中（E-1），获取当前记录的关键词集。
(5) 从第一个关键词开始，对关键词集进行遍历，处理每个关键词。
(6) 验证当前关键词是否在关键词集中（E-2）。
(7) 判断关键词是否在叙词本体中（E-3）。
(8) 提取该词，并进行词频统计。
(9) 判断该词是否存在于当前记录的标题或摘要中（E-4）。
(10) 对该词进行词频统计。
(11) 开始处理关键词集中的下一个关键词。
(12) 当关键词集遍历完成后，对当前记录的标题和摘要分词，抽取出名词和动词。
(13) 判断获取出的词是否已存在于 commonwords（常用词表）中（E-5）。
(14) 如果该词属于常用词，则剔除。
(15) 判断该词是否存在于叙词本体中（E-6）。
(16) 记录该词，并进行词频统计。
(17) 将该词及词频等信息保存。
(18) 结束当前记录的处理，进入记录集中下一条记录的处理。

3.5.2 替代流（Alternative Flow）

E-1：如果当前记录已不在记录集中，表明记录集中的记录已遍历完成，则用例完成。

E-2：如果当前关键词已不在关键词集中，表明关键词集中的关键词已遍历完成，则开始基流中的第（12）步。
E-3：如果关键词不在叙词本体中，则开始基流中的第（11）步，开始下一个关键词的处理。
E-4：如果该词不在当前记录的标题或摘要中，则开始基流中的第（11）步，开始下一个关键词的处理。
E-5：如果获取出的词不存在于 commonwords（常用词表）中，则开始基流中的第（15）步，判断该词是否存在于叙词本体中。
E-6：如果该词不存在于叙词本体中，则结束该记录的处理，开始执行记录集中的下一条记录的处理。

该用例可由如图 10-18 所示的活动图加以描述。其实现过程即为上面用例描述的事件流所描述的过程。

4. “extractNewItems”（抽取新词）

4.1 简单描述

本用例描述了如何从抽取到的术语及其相关信息中抽取出领域内的新术语及其相关信息。

4.2 前置条件（Pre-Conditions）

“extractItems”（抽词）完成。

4.3 后置条件（Post-Conditions）

如果用例成功，系统将抽取到领域内的新术语及其相关信息，并保存到数据库中。完成概念获取的全过程。

4.4 扩充点（Extension Points）

无。

4.5 事件流

4.5.1 基流（Basic Flow）

（1）当“extractItems”（抽词）的过程完成时，用例启动。
（2）从数据库中取出 Items 集（用例 extractItems 在实现过程中抽取到的术语及其相关信息的记录集）。

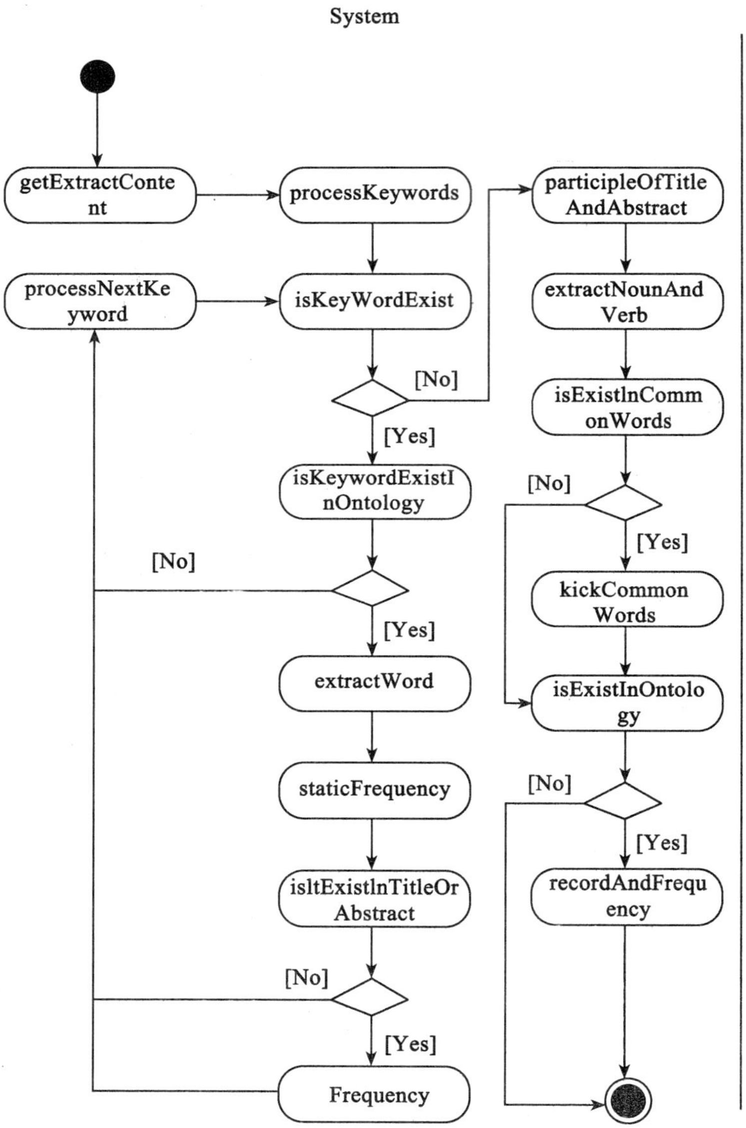

图 10-18 “extractItems”（抽词）活动图

(3) 从第一条 Item 开始依次遍历 Items 集中的 Item（Item 是指术语及其相关信息）。
(4) 获取叙词的出现频率 frequency。
(5) 判断该频率是否达到了工作人员所设置的阈值（E-1）。
(6) 如果该频率达到了工作人员所设置的阈值，则认为该术语属于领域内的新术语。并将该术语及相关信息加入到候选词表中。
(7) 结束当前术语的处理，开始处理术语集中的下一条术语。

4.5.2 替代流（Alternative Flow）

E-1：如果该频率没有达到工作人员所设置的阈值，则开始基流中的第（7）步，开始处理术语集中的下一条术语。

该用例可用如图 10-19 所示的活动图加以描述。首先从数据库中抽取出用例“ extractItems”（抽词）抽取到的术语及其相关信息的集合。然后遍历处理该集合中的每条术语信息记录，如果该术语的出现频率达到了工作人员设置的阈值，则认为该术语为领域内的新术语加入到候选词表中。

10.4.3 静态结构模型

1. 定义对象类

对象类可以从概念获取的整个过程中识别出来。通过上一节的分析，我们可以看出，HTML 解析首先是要获取爬虫系统爬取的网页信息资源，故需要抽象出一类实体 TreeInfo 用来表示这些 HTML 文件以及其路径；而 HTML 解析出的是反映文献主题的标题、摘要、关键词和学科导航，故需要用实体 ParseResult 来表示；而为实现对资源文件的获取，还需要一个动作类 Directory；为实现对资源文件的 HTML 解析，需要类 ParseHtml；为完成用例“parseHTML”（HTML 解析）的整个过程，需类 HTMLparse；抽词首先要获取 HT-

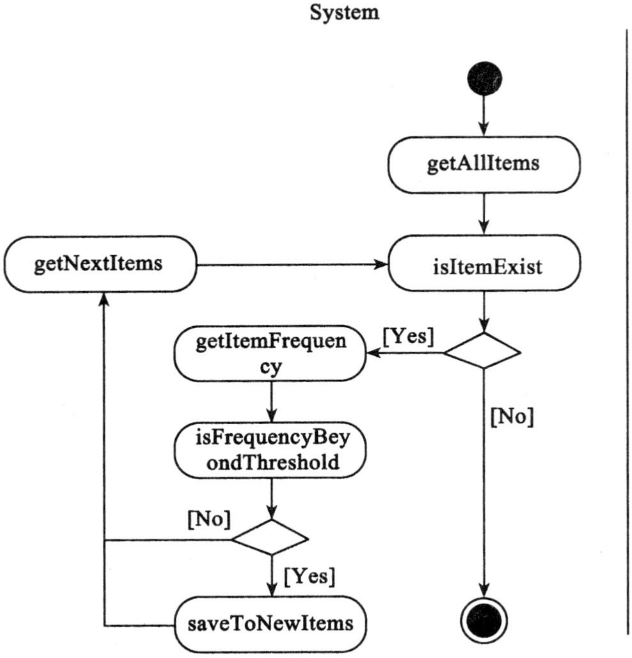

图 10-19 “extractNewItems（抽取新词）”活动图

ML解析所产生的反映文献主题的标题、摘要、关键词和学科导航，故需要用实体ExtractorContent来表示，而获取的过程涉及对数据库相应表的操作，故需要类ExtractorContentDao来实现与数据库的操作；抽词最后产生的是术语及其相关信息，故需要类Items来表示，而术语及其相关信息需要保存到数据库，故需要类ItemsDao来实现其与数据库的操作；而对反映文献主题的信息进行处理得到术语及相关信息的过程，需要类ItemProcess来实现；抽取新词的过程中，抽取到的新词需要用类NewItems来进行表示，其与数据库的操作需要类NewItemsDao来实现；抽取新词过程的实现需要类NewItemProcess；为实现用例conceptExtract（概念获取）的整个过程，需要类conceptExtract。故概念获取模块的类可以识别如下：

（1）类 TreeInfo

类 TreeInfo 用来表示爬虫系统爬取到的网络 HTML 资源文件以及其路径，其属性如下：

files：List<File>

dirs：List<File>

该类需要有存储和读出文件和路径的功能，故类 TreeInfo 应该有下述方法：

iterator（）：Iterator<File>

addAll（other：TreeInfo）

（2）类 ParseResult

类 ParseResult 是用来表示解析出的反映文献主题的标题、摘要、关键词和学科导航。其私有属性如下：

title：String

keywords：String

abstract：String

navigation：String

为实现对类的私有属性值的设置和读取，应具有相应的 setXX（）和 getXX（）方法。通过 HTML 解析抽取出的反映文献主题的标题、摘要、关键词和学科导航需要保存入数据库中，故类 ParseResult 还具有 saveToDB（）的方法。所以类 ParseResult 的方法如下：

saveToDB（）

setTitle（title：String）

setKeywords（keywords：String）

setAbstract（abstract：String）

setNavigation（navigation：String）

getTitle（）：String

getKeywords（）：String

getAbstract（）：String

getNavigation（）：String

（3）类 Directory

类 Directory 是用来实现对所要进行 HTML 解析的网页资源文件的获取。故它具有方法 walk（），实现资源获取的过程。所以类 Directory 的方法如下：

walk（start：String，regex：String）：TreeInfo

walk（start：File，regex：String）：TreeInfo

walk（start：File）：TreeInfo

walk（start：String）：TreeInfo

（4）类 ParseHtml

类 ParseHtml 是用来实现对所要进行 HTML 解析的网页资源文件的 HTML 解析过程。所以，类应具有 TreeInfo 类型的属性 treeInfo 以表示所需要解析的网页资源文件，应具有 ParseResult 类型的属性 parseResult 以表示解析后的结果，具有 extract（）方法以实现解析。故类的属性和方法如下：

treeInfo：TreeInfo

parseResult：ParseResult

extract（）：ParseResult

getTreeInfo（）：TreeInfo

setTreeInfo（treeInfo：TreeInfo）

getParseResult（）：ParseResult

setParseResult（parseResult：ParseResult）

（5）类 ExtractorContent

类 ExtractorContent 用来对抽词时所需要的反映文献主题的标题、摘要、关键词和学科导航进行表示。故类应具有的属性及方法如下：

title：String

keywords：String

abstract：String

navigation：String

setTitle（title：String）

setKeywords（keywords：String）

setAbstract （abstract：String）

setNavigation （navigation：String）

getTitle （）：String

getKeywords （）：String

getAbstract （）：String

getNavigation （）：String

（6）类 ExtractorContentDao

类 ExtractorContentDao 用来实现对数据库中的反映文献主题的标题、关键词、摘要、学科导航的读取操作。故 ExtratorContentDao 的方法如下：

getExtractorContentById （id：Int）：ResultSet

getExtractorContent （）：ResultSet

（7）类 Items

类 Items 用来表示抽词产生的术语、出现该词的文献、术语出现的频率。故类应具有属性 item，ecids，frequence 以及用来标志该条记录的属性 id。类具有的属性如下：

id：int

item：String

ecids：String

frequency：float

为实现对私有属性的基本读取和写入操作，类还具有以下方法：

getId （）：int

getItem （）：String

getEcids （）：String

getFrequency：float

setId （id：int）

setItem （items：String）

setEcids （ecids：String）

setFrequency （frequency：float）

（8）类 ItemsDao

类 ItemsDao 用来实现对数据库中存储的抽词产生的术语及相关信息的添加记录、更新记录、查询记录等操作。该类的属性如下：

sql：String

表示用以操作数据库中数据的 SQL 语句。

connectDB：ConnectionToDB

connectDB 是 ConnectionToDB 类的对象，具有实现对数据库中的数据进行增、删、改、查操作的方法。用在此类中用来辅助实现对 Items 的基本数据库操作。

items：Items

表示要执行数据库操作的 Items 对象。

因该类要实现对 Items 的增加、更新和查询操作，故类具有以下方法：

insertItems（items：Items）

updateItems（items：Items）

getItemsByItem（items：String）：ResultSet

getAllItems（）：ResultSet

getItemsByEcid（ecid：String）：ResultSet

（9）类 ItemProcess

类 ItemProcess 用来实现对 HTML 解析网页资源信息所获取的反映文献主题的信息进行处理，得到术语及相关信息。故类 ItemProcess 的方法有：

processItem（）

（10）类 NewItems

类 NewItems 用来表示抽取到的新词的术语名、出现该词的文献、术语出现的频率。故类应具有属性 item，ecids，frequence 以及用来标志该条记录的属性 id。类具有的属性如下：

id：int

item：String

ecids：String

frequency：float

为实现对私有属性的基本读取和写入操作，类还具有以下方法：

getId（）：int

getItem（）：String

getEcids（）：String

getFrequency：float

setId（id：int）

setItem（items：String）

setEcids（ecids：String）

setFrequency（frequency：float）

（11）类 NewItemsDao

类 NewItemsDao 用来实现对 NewItems 的数据库操作。包括 NewItems 记录的添加和 NewItems 的查询。故类的属性和方法如下：

sql：String

表示用以操作数据库中数据的 SQL 语句。

connectDB：ConnectionToDB

connectDB 是 ConnectionToDB 类的对象，具有实现对数据库中的数据进行增、删、改、查操作的方法。用在此类中用来辅助实现对 Items 的基本数据库操作。

insertNewItems（items：NewItems）

getAllNewItems（）

（12）类 NewItemProcess

该类实现从 Items 记录集中抽取 NewItems 的过程。故具有如下方法：

processNewItems（）

（13）类 HTMLparse

类 HTMLparse 是用来实现整个 HTML 解析的全过程。这个过程包括对存储在磁盘上的网页信息资源的获取和对获取到的文件的 HTML 解析。故该类应具有以下方法：

parseHTML（）

（14）类 conceptExtract

类 conceptExtract 用来实现概念获取的全过程，故应具有以下方法：

conceptExtract（）

2. 建立类图

识别出了类和类的结构后，通过进一步分析，可识别出类之间的关系，建立类图如图 10-20。各类之间具有依赖关系。

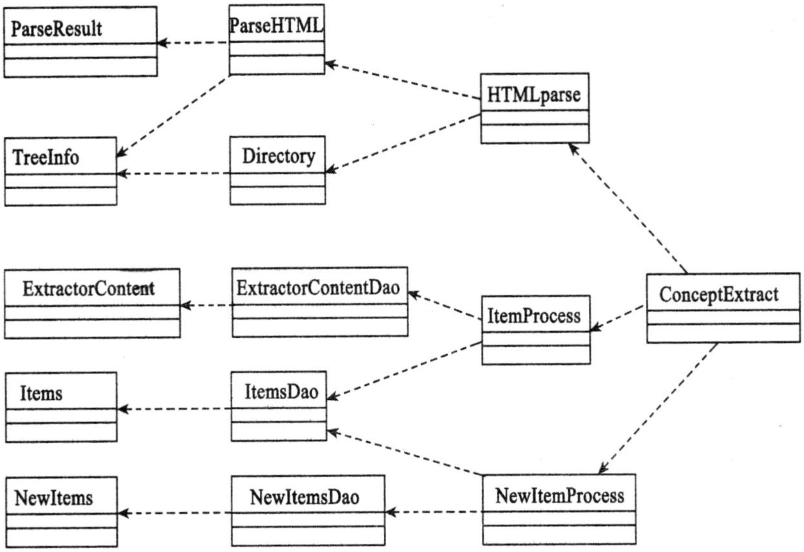

图 10-20　概念获取类图

3. 数据库设计

在概念获取整个过程中，对爬虫系统爬取的网页信息资源按要求进行 HTML 解析将产生反映文献主题的标题、摘要、关键字、学科导航的信息，而产生的信息应该保存到数据库中，故应建立表 extractorcontent 以保存信息；从保存了的反映文献主题的信息中按照一定处理流程抽取术语及其相关信息，这些信息也需要保存，故应建表 items 以保存相关信息，包括术语名、出现术语的文献、出现的频率；通过对抽取出的术语按照规定的处理过程进行处理，抽取出叙词本体中不存在的，出现频率超过阈值的术语，将之保存到临时词表，所以需要建表 newitems 以保存相关信息。所以概念获取涉及的表有：extractorcontent、items、newitems。

（1） extractorcontent（见表 10-1）

表 10-1 **表 extractorcontent**

字段名	主键	数据类型	长度	允许空	字段描述
Id	√	Int	11	N	
title		Varchar	200	Y	文献标题
keywords		Varchar	200	Y	文献关键字
abstract		Varchar	1000	Y	文献摘要
navigator		Varchar	200	Y	学科导航

（2） items（见表 10-2）

表 10-2 **表 items**

字段名	主键	数据类型	长度	允许空	字段描述
Id	√	Int	11	N	
item		Varchar	45	N	术语名
ecids		Varchar	1000	N	出现术语的文章
frequence		Float		N	术语出现的频率

（3） newitems（见表 10-3）

表 10-3 **表 newitems**

字段名	主键	数据类型	长度	允许空	字段描述
Id	√	Int	11	N	
item		Varchar	45	N	术语名
ecids		Varchar	1000	N	出现术语的文章
frequence		Float		N	术语出现的频率

10.4.4 动态行为模型

概念获取部分的用例有：conceptExtract（概念获取）、parse-HTML（HTML 解析）、extractItems（抽词）和 extractNewItems（抽取新词）。对用例实现的过程所涉及的对象及对象之间信息的传递可用顺序图描述如下：

对用例 conceptExtract（概念获取）的实现的描述如图 10-21。当爬虫系统爬取网页信息资源的过程完成后，用例启动。类 ConceptExtract 被实例化，并且方法 conceptExtract（）被调用。在方法体 conceptExtract（）中，首先实例化类 HTMLparse，并调用其方法 parseHTML（）完成对抽取到的信息资源的 HTML 解析，抽取出每篇文献中与文献主题相关的信息，包括标题、关键字、摘要和学科导航，并将信息保存至数据库。其次，在完成了所有信息资源的 HTML 解析之后，类 ItemProcess 被实例，调用方法 processItem（），

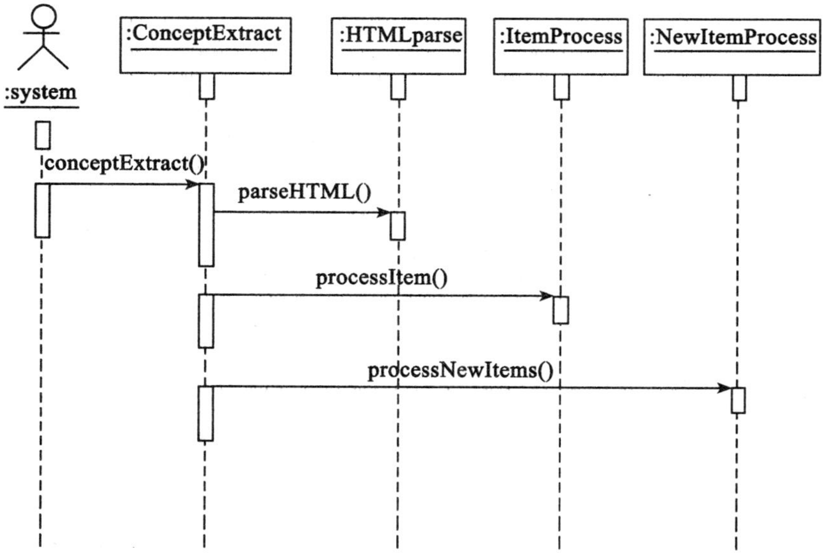

图 10-21　conceptExtract（概念获取）时序图

对抽取到的反映文献主题的信息进行处理，抽取出术语及其相关信息，并将信息保存在数据库中。最后，对所有文献信息的术语处理过程完成后，实例化类 NewItemProcess，调用方法 processNewItems ( )，对抽取出的术语及其相关信息进行筛选操作，抽取出其中不存在于叙词本体中并出现频率大于所设置的阈值的术语及其相关信息，作为新术语保存在临时词表中，有待专家评审。

对用例 parseHTML（HTML 解析）实现的描述如图 10-22。用例 parseHTML（HTML 解析）的实现是用例 conceptExtract（概念获取）实现的第一个步骤。当爬虫系统爬取网页信息资源的过程完成后，用例 conceptExtract（概念获取）启动，而实质上是用例 parse

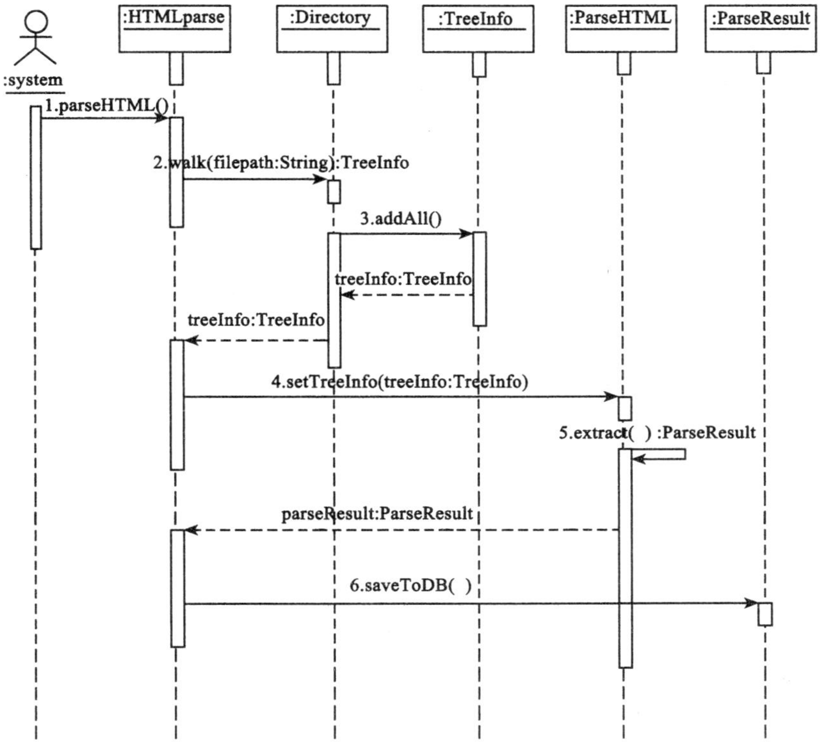

图 10-22　parseHTML（HTML 解析）时序图

HTML（HTML 解析）开始启动。用例启动后，首先实例化类 HTMLparse，调用方法 parseHTML（）实现 HTML 解析的过程。在 parseHTML（）的方法体中，首先实例化类 Directory，调用方法 walk（filePath：String）：TreeInfo，并在方法体中调用类 TreeInfo 的方法 addAll（），将爬取到的网页资源文件及其路径保存至 TreeInfo 对象，并返回。然后实例化类 ParseHtml，调用方法 setTreeInfo（treeInfo：TreeInfo）为 ParseHTML 的实例设置 treeInfo 属性的值，调用方法 extract（）实现对 treeInfo 中的资源文件的 HTML 解析，并创建 ParseResult 对象，以解析的结果初始化 ParseResult 对象，返回对象。最后实例化 ParseResult 对象，调用方法 saveToDB（）将上一步返回的 ParseResult 存入数据库。

对用例 extractItems（抽词）实现的描述如图 10-23。当用例 parseHTML（HTML 解析）执行完成时，用例启动。实例化类 ItemProcess，

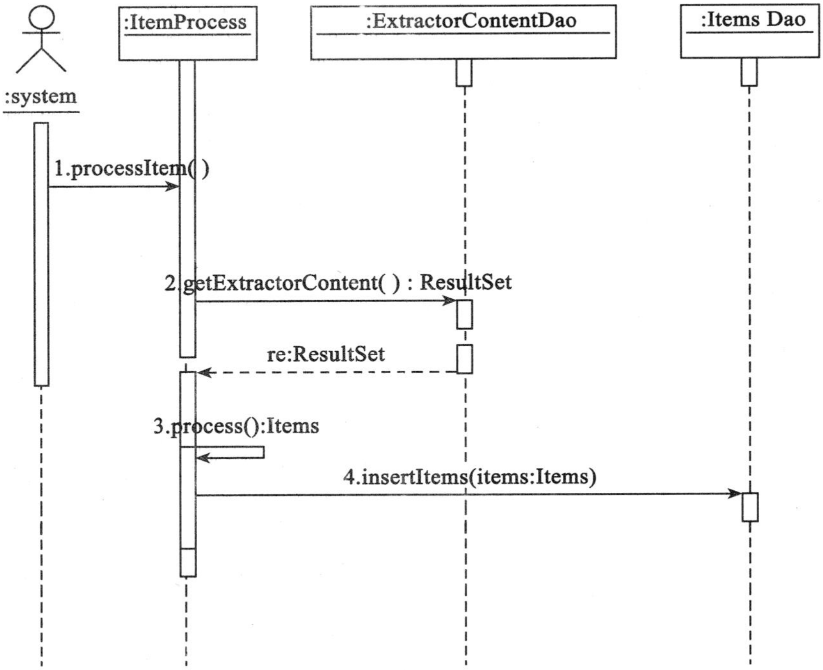

图 10-23 extractItems（抽词）时序图

调用方法 processItem （）实现抽词的全过程。在 processItem （）的方法体中，首先实例化类 ExtractorContentDao，调用方法 getExtractorContent （），将 HTML 解析产生并保存到数据库的反映文献主题的信息读取出来，并将数据集 ResultSet 对象返回。然后调用当前的 ItemProcess 对象的方法 process （），对读取到的暂存在 ResultSet 对象中的文献信息按照既定流程进行处理，抽取出术语及其相关信息，并以此信息实例化 Items 对象，返回该对象。最后实例化类 ItemsDao，调用方法 insertItems （items：Items）将 Items 对象的属性术语、术语所在文献、术语出现频率保存至相关的数据库。

对用例 extractNewItems （抽取新词）实现的描述如图 10-24。当

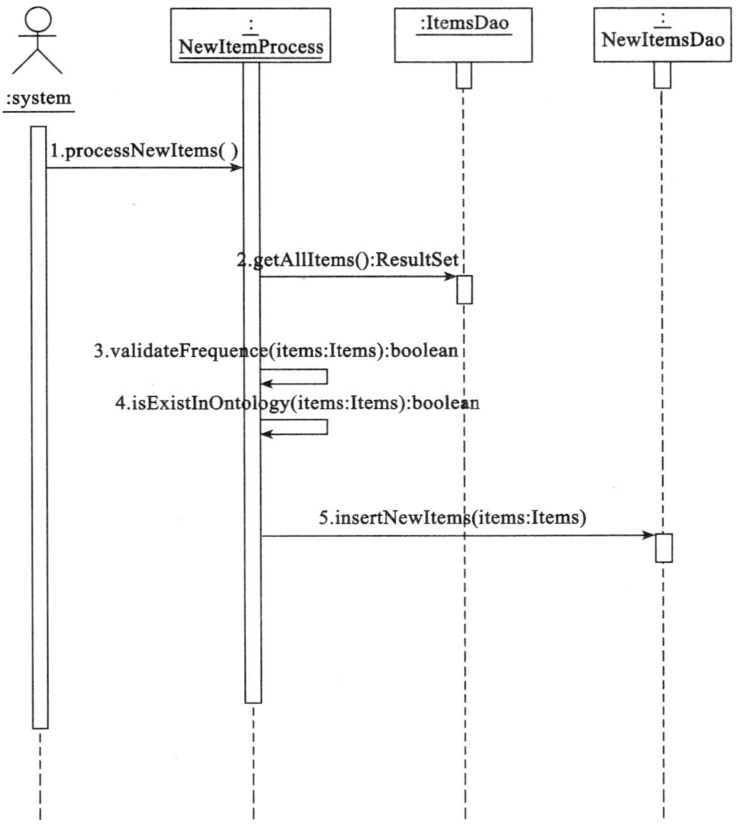

图 10-24　extractNewItems （抽取新词）时序图

用例 extractItems（抽词）完成后，用例 extractNewItems（抽取新词）启动。类 NewItemProcess 被实例化，调用方法 processNewItems（）实现抽取新词的全过程。在 processNewItems（）方法体中，首先实例化类 ItemsDao，调用方法 getAllItems（），将保存在数据库中的术语及其相关信息查询出来，并返回记录集 ResultSet 对象。然后调用当前的 NewItemProcess 对象的 validFrequence（）方法和 isExistInOntology（）方法分别对记录集 ResultSet 对象中的术语进行验证，验证出现频率是否达到了所设置的阈值，该术语是否存在于叙词本体中。如果满足了验证条件，则实例化类 NewItemsDao，调用方法 insertNewItems（）将该条术语信息保存至临时新词表中。

10.5 关系抽取子系统

由于提取关系时需要涉及两个或者两个以上的词语之间的关系。不管是模板方法还是关联规则方法，都需要一对词语同时出现。因此两种方法都需要首先统计词语共现的概率。只有当一对词语同时出现在摘要里面的概率达到了一定程度，才能够确定其具有相关关系。在确定了相关关系的基础之上，再根据模板方法进行模板匹配，从而确定其为等同关系（用、代）还是等级关系（属、分、族）。

10.5.1 功能分析

10.5.1.1 相关关系的抽取

提取出的关系不仅是指新术语之间的关系，还包括新术语与已有术语之间的关系。因此在完成术语提取的过程中，不仅要记录下新术语，同时也需要记录下已有的术语。相关关系抽取的流程如图 10-25 所示。

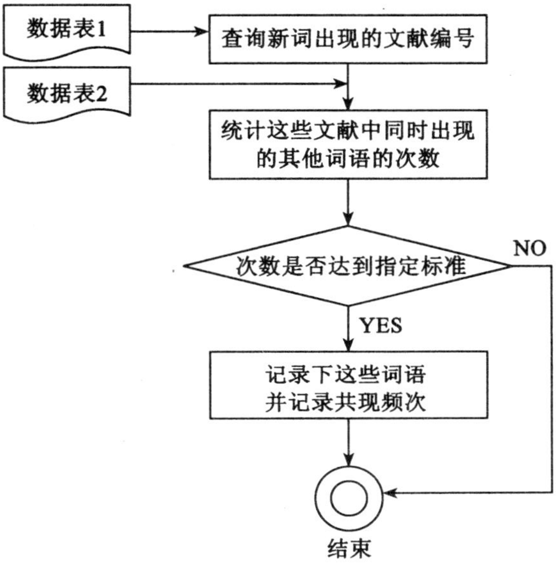

图 10-25 相关关系提取流程图

如图 10-25，数据表 1 是指提取出的新词数据库表，数据库表的存储在上一阶段新术语的提取中已经完成。数据表包含的信息包括新词所在的所有文献编号，已经总共出现的频次。从这张数据表中可以查询到新词所在的所有文献编号。

数据表 2 是指标题，关键词以及摘要中出现的词汇以及这些词语所在的文献编号，出现的频次，包括新词汇和旧词汇。根据上一步骤查得的所有文献编号，可以查到这些文献中同时存在的其他的词汇，并统计共同出现在同一篇文献的次数，记录这些共现词汇对，共现所在的文献编号以及共现频次。

比较这些频次，如果其频次达到了指定的标准，那么我们认为这些词汇对之间存在着相关关系。但是这种关系中也可能包含等级关系与等同关系，因此必须将等级关系和等同关系排除掉才可以将这些词汇对作为候选相关关系提供给专家进行评审。我们所采取的方法是先将所有的词汇对都以“参”的关系存储到数据库中，在完成等级关系与等同关系的判定后，将属于等级关系和等同关系的词汇对关系修改成“属或分或族”以及“用或代”。

10.5.1.2 等级关系与等同关系的抽取

在完成“参”的关系的基础上，只需要对这些关系进行等级关系及等同关系匹配即可。根据前面的理论，我们对等级关系与等同关系采取模板方法，即利用模式匹配的方法来解决。可以采用正则表达式的方法来实现匹配。因此我们需要两个模式文档，其保存的内容为转化后的模板正则表达式。如，等同关系的一种就可以表示为.*NP*.*［亦称|又称|或称|俗称|也称|又叫|也叫|亦叫|或叫］NP*，其中.*表示任意字符，NP*表示需要抽取其关系的术语，.*NP*.*表示术语前面和后面都可以出现任意字符即任意文字对其进行修饰补充或者解释说明。［亦称|又称|或称|俗称|也称|又叫|也叫|亦叫|或叫］表示为亦称与又称，或称，俗称，也称，又叫，也叫，亦叫，或叫为或的关系，只要出现了【】中的任意一个词语，那么给定的两个术语满足这个正则表达式，就可以说明这两个术语是等同关系。图 10-26 为判定术语等级关系与等同关系的流程图。

从图 10-26 中可以看到，需要等级关系模式与等同关系模式两种文档，而文档中的模板则是一条一条语句的正则表达式，因此需要找到术语对共现的文献，如果术语对恰好同时出现在同一条语句中，那么就可以将这条语句分别与这个文档中的所有模板进行匹配，如果满足两个文档中的任意一个模板，那么就说明该术语对很有可能是所属模板的关系。对于这些可能术语等级关系及等同关系的可能性进行统计，当这些频次超过了指定的阈值，那么就可以确定该术语对是等级关系或者等同关系，并将数据库中的关系改成“属或分或族”或者“代或用”。如果频次未超过指定的阈值，那么不能将术语对确定为等级关系或者等同关系，只能确定为相关关系。如果对于术语对所在的所有语句都无法满足文档的模板，那么也只能认定该术语对就是相关关系，而非等级关系和等同关系。如果对于所有的术语对同现文献，术语对并没有同时出现在同一条语

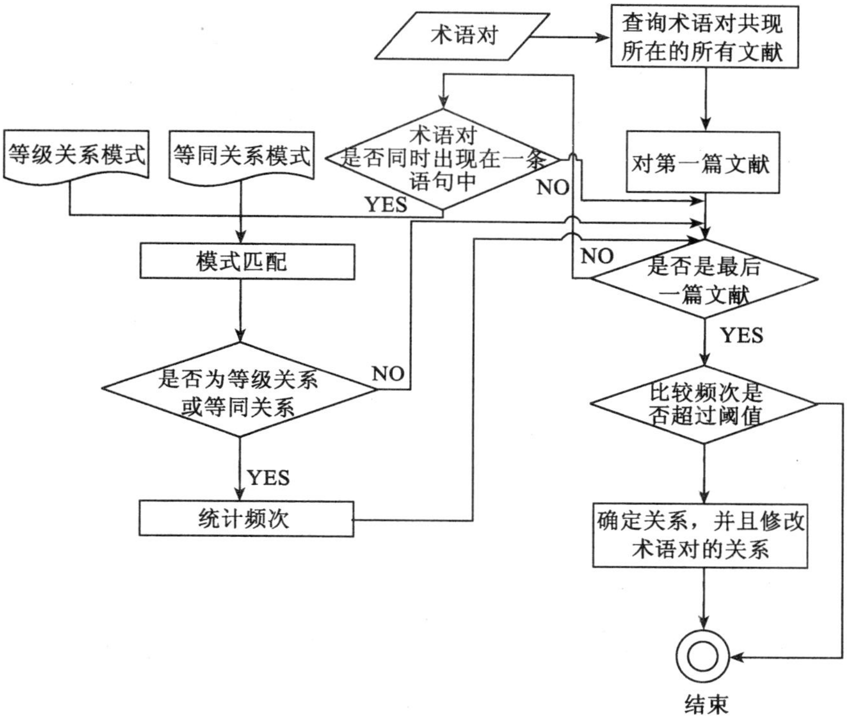

图 10-26　等级关系与等同关系提取流程图

句中，同样只能认定该术语对就是相关关系，而非等级关系和等同关系。

10.5.2　问题域分析

通过上一节对功能的需求可知。叙词之间的关系有三种：相关关系、等级关系和等同关系。如果两个术语，包括新术语和新术语、新术语和旧术语，共同出现在同一篇文献的频率超过某一设定的阈值，则认为这两个术语之间存在相关关系。而等级关系和等同关系是在两词是相关关系的基础上，利用各自的模板进行模板匹配来确定的。所以首先应将术语与其他术语，以及两者之间共同出现的频率获取。然后根据共同出现的频率的大小判断术语与术语之间是否存在相关关系。最后利用模板的方法来判断术语与术语之间是否存在等同关系或等级关系。所以关系抽取部分的用例有：relationExtract（关系抽取），包括四个子用例：generateRelation（生成词间关系）、confirmRelatedRelation（确定相关关系）、confirmEquivalentRelation（确定等同关系）、confirmRankRelation（确定等级关系）。而关系抽取是在概念获取完成后，由系统按照设定的周期自动执行的，故关系抽取部分的 Actor 是 system（系统）。

1. 识别参与者

根据上面的分析可知，关系抽取部分的参与者是 system，对其的描述如下：

system 描述：system 按照设定周期在完成概念获取之后自动执行关系抽取的全过程。

2. 识别用例

通过以上分析，可知关系抽取部分的用例如下：

（1） relationExtract（关系抽取）

该用例对概念获取产生的叙词以及 HTML 解析产生的反映文献主题的信息进行处理，得出叙词与叙词之间的相关关系、等同关系或等级关系。

（2） generateRelation（生成词间关系）

该用例是 relationExtract 的一个子用例，也是其实现的一个环节。用例 generateRelation 实现从术语信息集和文献信息集中抽取出术语与术语之间共同出现在同一文献中的频率。

（3） confirmRelatedRelation（确定相关关系）

用例 confirmRelatedRelation（确定相关关系）是用例 relationExtract 的子用例。当用例 generateRelation（生成词间关系）完成时，用例启动，实现术语与术语间相关关系的确定。

（4） confirmEquivalentRelation（确定等同关系）

用例 confirmEquivalentRelation（确定等同关系）是用例 rela

tion Extract 的子用例。该用例用来确定术语与术语之间的等同关系。

(5) confirmRankRelation（确定等级关系）

用例 confirmRankRelation（确定等级关系）是用例 relationExtract 的子用例。该用例用来确定术语与术语之间的等级关系。

通过对参与者和用例的分析，可得出关系抽取的用例图，如图 10-27。

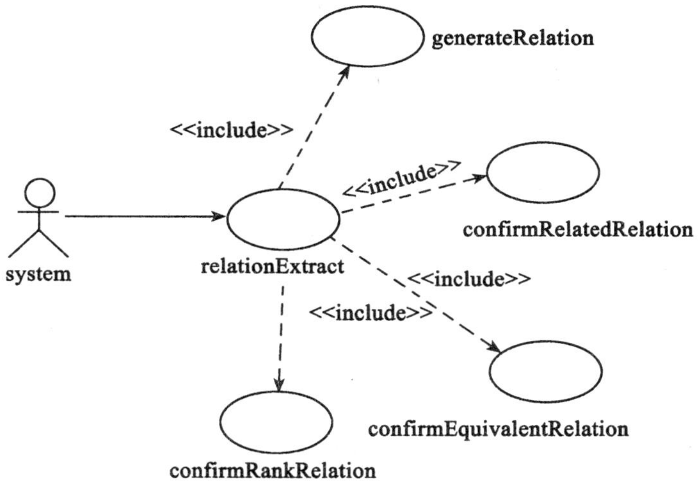

图 10-27　关系抽取用例图

3. 用例的事件流描述

> 1. relationExtract（关系抽取）
>
> 1.1 简单描述
>
> 本用例描述了关系抽取的全过程。
>
> 1.2 前置条件（Pre-Conditions）
>
> 概念获取完成。

1.3 后置条件（Post-Conditions）

如果用例成功，则完成对概念获取部分抽取出的新术语与术语的关系抽取。这些关系包括相关关系、等级关系和等同关系。

1.4 扩充点（Extension Points）

无。

1.5 事件流

1.5.1 基流（Basic Flow）

当概念获取过程结束，用例启动。

（1）启动用例 generateRelation。实现从术语信息集和文献信息集中抽取出术语与术语之间共同出现在同一文献中的频率。并将术语之间的关系以及关系在同一篇文献中的频率等信息保存至数据库。

（2）启动用例 confirmRelatedRelation。对用例 generateRelation 过程产生的术语之间关系进行判断，确定术语之间的相关关系。

（3）启动用例 confirmEquivalentRelation。确定术语之间的等同关系。

（4）启动用例 confirmRankRelation。确定术语之间的等级关系。

用例“relationExtract”（关系抽取）可用如图 10-28 的活动图进行描述。关系抽取是利用前面研究过的抽取方法对网络资源爬取和概念获取过程产生的结果进行处理，识别出术语与术语之间的关系，并将该关系和相关参数保存起来。所以关系抽取的主要过程可以是首先对网络资源爬取和概念获取产生的信息进行处理，识别出可能存在关系的术语对，得出术语与术语共同出现于同一篇文献的频率。然后根据判断相关关系、等同关系和等级关系的方法，分别对上一过程产生的术语对进行判断，识别出相关关系、等同关系和等级关系。

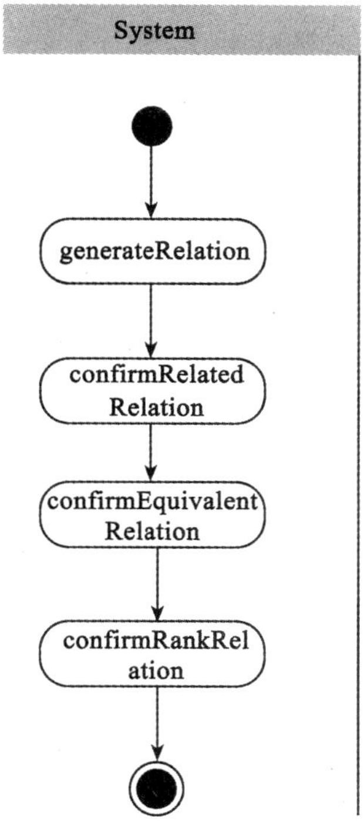

图 10-28 用例 “relationExtract”（关系抽取）的活动图

2. generateRelation（生成词间关系）

2.1 简单描述

本用例用于识别出可能存在关系的术语对，并统计出两术语共同出现于同一篇文献的频率。

2.2 前置条件（Pre-Conditions）

概念获取完成。

2.3 后置条件（Post-Conditions）

如果用例成功，则可识别出术语与术语的共现率。

2.4 扩充点（Extension Points）

无。

2.5 事件流

2.5.1 基流（Basic Flow）

当概念获取过程结束，用例启动。

（1）从数据库中获取所有新术语及其相关信息，形成新术语集。

（2）分别对该术语集中的每一个新术语 X 进行处理。判断术语集中是否存在未被处理的术语［E-1］。

（3）根据该术语获取到该术语出现的文献。并将这些文献组成文献集。

（4）分别对该文献集中的每一个文献进行处理。判断文献集中是否存在未被处理的文献［E-2］。

（5）根据该文献编号，获取它所出现的并已保存的所有术语，并形成术语集。

（6）分别对术语集中的每一个术语 Y 进行处理。判断术语集中是否存在未被处理的术语［E-3］。

（7）判断抽取出的新术语 X 是否与术语 Y 不相等［E-4］。

（8）将 X 与 Y 形成术语对，并更新它们的共现率。

（9）处理术语集中的下一条术语 Y2。

2.5.2 替代流（Alternative Flow）

E-1：如果新术语集中的术语都被处理了，则表示用例已完成，用例结束。

E-2：如果文献集中的文献都已被处理过了，则表示对当前术语所在文献的处理已经完成，开始处理新术语集中的下一条术语信息。

E-3：如果术语集中的术语都被处理了，则表示存在于当前文献的所有术语已处理完毕，开始处理文献集中下一条文献。

E-4：如果新术语 X 与术语 Y 相等，则不会将此两个术语作为需要的术语对，不会进行进一步的处理，直接进行基流中的第（9）步，处理术语集中的下一条术语。

用例“generateRelation”（生成词间关系）可由活动图 10-29 进行描述。用例“生成词间关系”的过程主要由三个循环实现。首

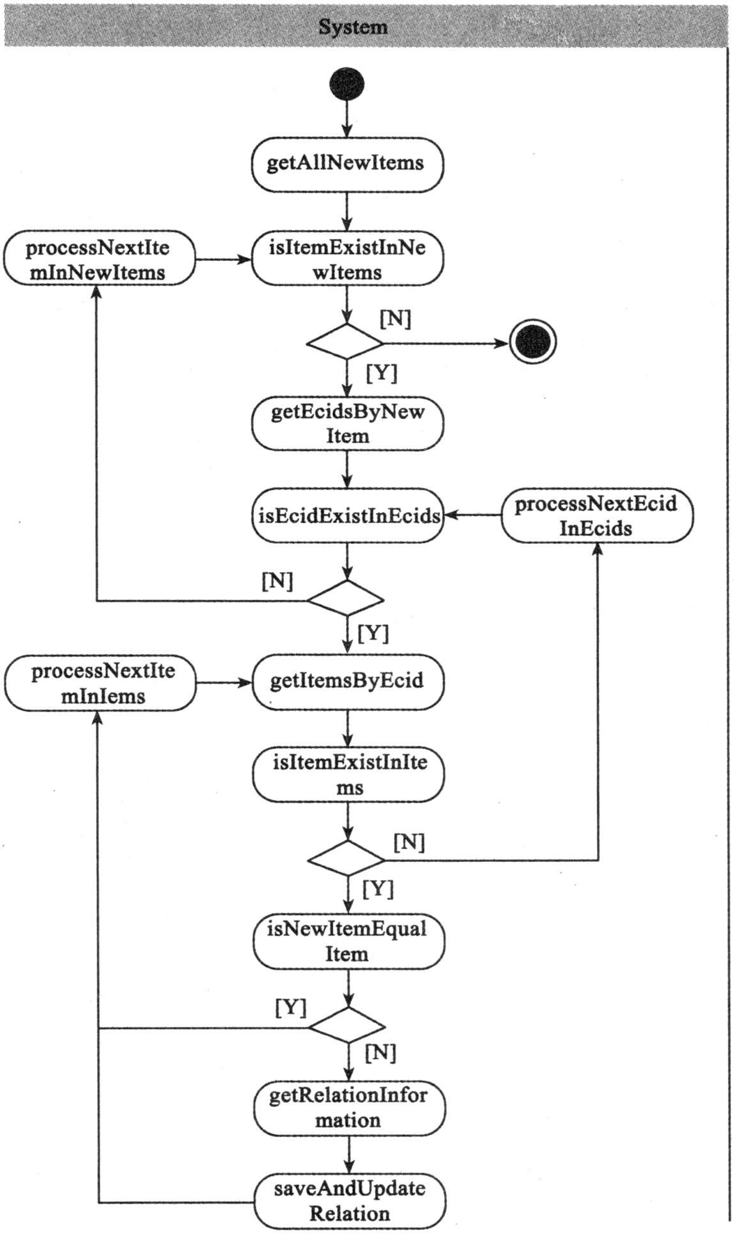

图 10-29　用例“generateRelation”（生成词间关系）的活动图

先要将所有新术语获取到，循环处理各个术语。然后在新术语的处理过程中，要将术语出现的文献信息全部获取到，形成文献集合，循环处理各个文献。最后在单个文献的处理过程中，要查取到存在于该文献中且已经通过概念抽取保存了的术语，形成术语集合，循环处理术语集合中的各个术语。通过这三个循环就可以识别出新术语与其他术语共现的文献以及它们共现的频率。在第三个循环体里实现术语对的定义和共现率的更新。

3. confirmRelatedRelation（确定相关关系）

3.1 简单描述

本用例描述了叙词之间相关关系的确立过程。

3.2 前置条件（Pre-Conditions）

用例“generateRelation”（生成词间关系）完成。

3.3 后置条件（Post-Conditions）

如果用例成功，则完成叙词之间相关关系的抽取。

3.4 扩充点（Extension Points）

无。

3.5 事件流

3.5.1 基流（Basic Flow）

当用例“generateRelation”（生成词间关系）完成，用例启动。

（1）读取设定了相关关系的频率阈值，并查询共现率达到该阈值的叙词对，形成集合 R。

（2）分别对集合 R 中的每一个叙词对进行处理。判断集合 R 中是否存在叙词对未被处理（E-1）。

（3）以“参”更新叙词对的关系类型。“参”表示术语之间的相关关系。

3.5.2 替代流（Alternative Flow）

E-1：如果集合 R 中已不存在未被处理的叙词对，则表示用例“关系确认”的过程已完成，结束用例。

对用例“confirmRelatedRelation”（确定相关关系）实现过程的描述如图 10-30。系统启动用例，实例化类 ProcessRelation，调用方法 confirmRelatedRelation（）实现术语之间相关关系的确定。在 confirmRelatedRelation（）的方法体中，首先实例化类 RelationDao，调用方法 getRelationByFrequence（frequence：float），根据所设定的相关关系确定所需的术语对的共现率阈值，查询共现率达到了阈值的关系信息，形成相关关系集。则认为该集合中的关系都为相关关系。最后调用方法 updateRelationType（），将该相关关系集中的关系记录的关系类型更新为“参”。

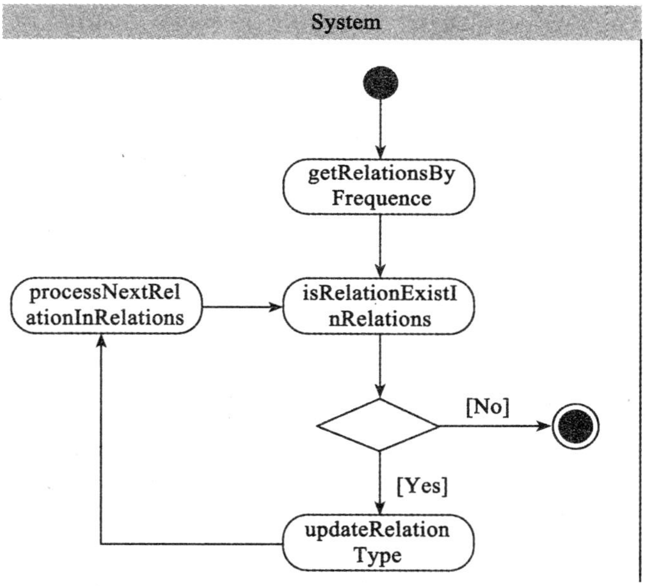

图 10-30 用例“confirmRelatedRelation”（确定相关关系）的活动图

4. confirmEquivalentRelation（确定等同关系）

4.1 简单描述

本用例描述了叙词之间等同关系的确立过程。

4.2 前置条件（Pre-Conditions）

用例“confirmRelatedRelation”（确定相关关系）完成。

4.3 后置条件（Post-Conditions）

如果用例成功，则完成叙词之间等同关系的抽取。

4.4 扩充点（Extension Points）

无。

4.5 事件流

4.5.1 基流（Basic Flow）

用例“confirmRelatedRelation”（确定相关关系）完成，用例启动。

（1）将关系类型为“参”的术语对获取出来，形成关系集 R。

（2）分别对关系集 R 里的每一个术语对形成的关系进行处理。判断集合 R 中是否存在未被处理的关系［E-1］。

（3）从当前关系对象 r1 中获取术语共同出现的文献，形成文献集合 W。

（4）分别对文献集 W 中的每一篇文献进行处理。判断集合 W 中是否存在未被处理的文献［E-2］。

（5）从当前文献中获取同时包括了关系 r1 中两术语的句子，并形成句子集合 S。

（6）分别对句子集合 S 中的每一个句子 s 进行处理。判断集合 S 中是否存在未被处理的句子［E-3］。

（7）利用 Y、D 关系模板匹配当前句子 s。判断是否匹配成功［E-4］。因为等同关系具体表现为术语之间的 Y、D 关系，故等同关系模板即为 Y、D 关系模板。

（8）如果模式匹配成功，则认为该关系为等同关系。则以相应的 Y、D 关系来更新关系集。

（9）处理句子集合 S 中的下一条句子。

4.5.2 替代流（Alternative Flow）

E-1：如果集合 R 中已不存在未被处理的关系，则认为等同关系处理已经完成，用例结束。

E-2：如果集合 W 中已不存在未被处理的文献，则认为该术语对共同出现的文献已被处理完成，该术语对的处理已完成，则会开始关系集 R 中下一个术语对的处理。

E-3：如果集合 S 中已不存在未被处理的句子，则认为当前文献中同时出现当前关系 r1 中两术语的句子已处理完成，对该文献的处理也完成，则开始文献集 W 中下一个文献的处理。

E-4：如果 Y、D 模板匹配当前句子 s 失败，则认为该句子不能判断当前术语对存在等同关系，则开始对句子集中另一句子的处理。

用例“confirmEquivalentRelation”（确定等同关系）可用活动图 10-31 来进行描述。该用例的实现可以用三个循环来完成。首先，

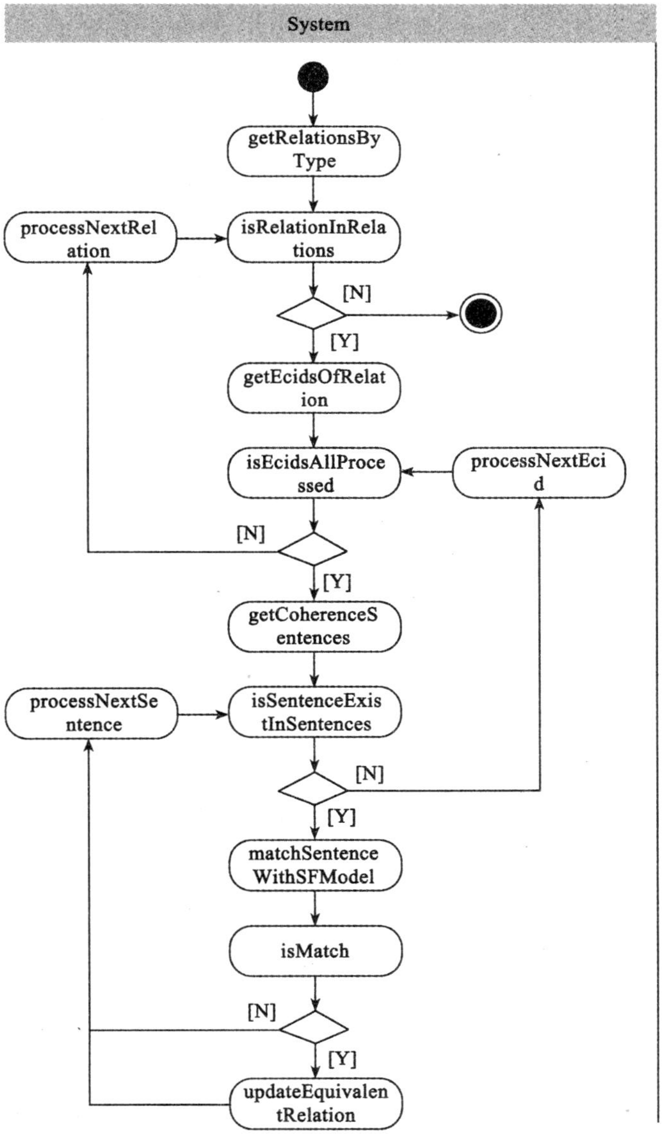

图 10-31　用例“confirmEquivalentRelation”（确定等同关系）的活动图

获取确定为相关关系的术语对，形成关系集，对关系集中的每一个记录进行处理，直到关系集中的每条记录都被处理过。其次，在处理每条记录时，获取该记录所表示的两个术语共同出现的文献，并形成文献集合，对文献集合中的每一个记录进行处理，直到集合中的每条记录都被处理过。最后，在对文献的记录进行处理时，要获取文献中同时出现当前的两个术语的句子，并形成句子集合，对句子集中的每个句子进行处理，直到集合中的每条记录处理完成。对单个句子的处理即是使用等同关系模板来匹配句子，如果匹配成功，则认为当前的两个术语之间存在等同关系，则更新关系集，将关系类型更新为“用”或者“代”（具体是“用”还是“代”需依据匹配的等同关系模板是“Y”还是“D”，如果匹配的是“Y”，则选择“用”，否则选择“代”）。如果匹配失败，则继续匹配句子集中的下一条记录。

5. confirmRankRelation（确定等级关系）

5.1 简单描述

本用例描述了叙词之间等级关系的确立过程。

5.2 前置条件（Pre-Conditions）

用例“confirmEquivalentRelation”（确定等同关系）完成。

5.3 后置条件（Post-Conditions）

如果用例成功，则完成叙词之间等级关系的抽取。

5.4 扩充点（Extension Points）

无。

5.5 事件流

5.5.1 基流（Basic Flow）

用例“confirmEquivalentRelation”（确定等同关系）完成，用例启动。

（1）将关系类型为“参”的术语对获取出来，形成关系集 R。

（2）分别对关系集 R 里的每一个术语对形成的关系进行处理。判断集合 R 中是否存在未被处理的关系［E-1］。

(3) 从当前关系对象 r1 中获取术语共同出现的文献，形成文献集合 W。
(4) 分别对文献集 W 中的每一篇文献进行处理。判断集合 W 中是否存在未被处理的文献 [E-2]。
(5) 从当前文献中获取同时包括了关系 r1 中两术语的句子，并形成句子集合 S。
(6) 分别对句子集合 S 中的每一个句子 s 进行处理。判断集合 S 中是否存在未被处理的句子 [E-3]。
(7) 利用 S、F 关系模板匹配当前句子 s。判断是否匹配成功 [E-4]。因为等级关系具体表现为术语之间的 S、F 关系，故等同关系模板即为 S、F 关系模板。
(8) 如果模式匹配成功，则认为该关系为等级关系。则以相应的 S、F 关系来更新关系集。
(9) 处理句子集合 S 中的下一条句子。

5.5.2 替代流 (Alternative Flow)

E-1：如果集合 R 中已不存在未被处理的关系，则认为等级关系处理已经完成，用例结束。
E-2：如果集合 W 中已不存在未被处理的文献，则认为该术语对共同出现的文献已被处理完成，该术语对的处理已完成，则会开始关系集 R 中下一个术语对的处理。
E-3：如果集合 S 中已不存在未被处理的句子，则认为当前文献中同时出现当前关系 r1 中两术语的句子已处理完成，对该文献的处理也完成，则开始文献集 W 中下一个文献的处理。
E-4：如果 Y、D 模板匹配当前句子 s 失败，则认为该句子不能判断当前术语对存在等级关系，则开始对句子集中另一句子的处理。

用例“confirmRankRelation”(确定等级关系) 可用活动图10-32来进行描述。该用例的实现可以用三个循环来完成。首先，获取确定为相关关系的术语对，形成关系集，对关系集中的每一个记录进行处理，直到关系集中的每条记录都被处理过。其次，在处理每

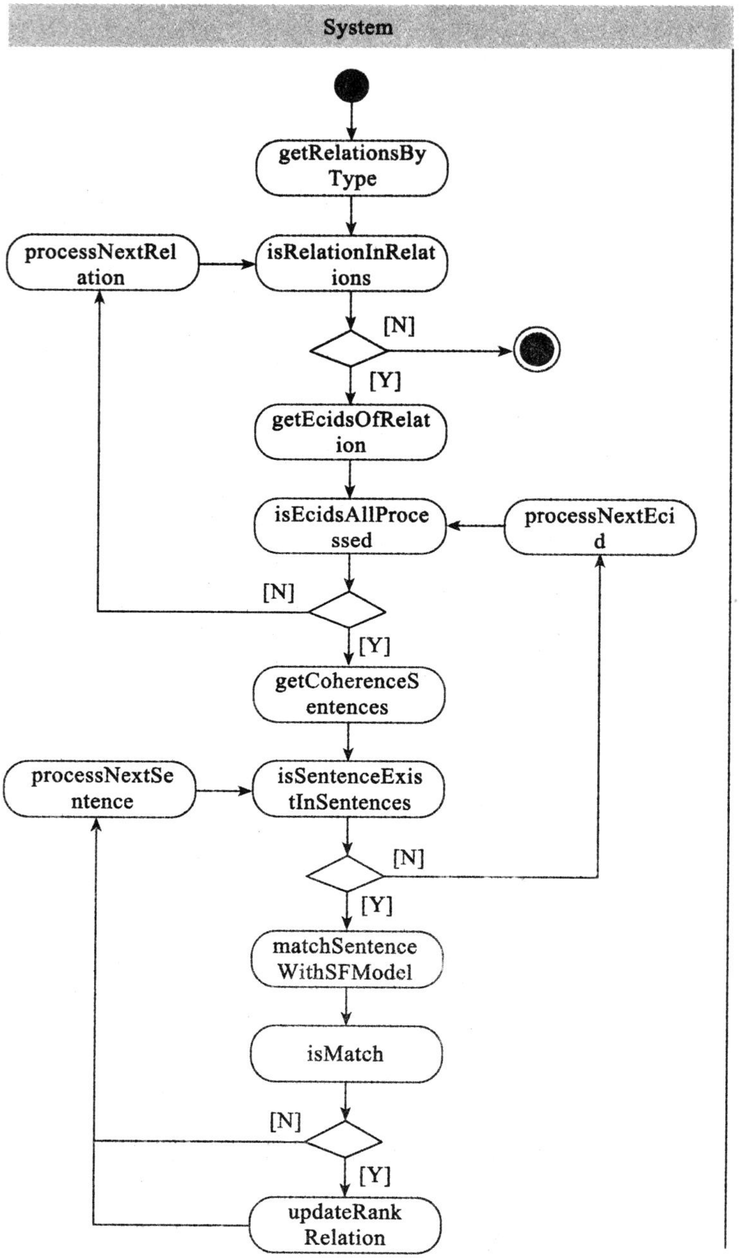

图 10-32 用例“confirmRankRelation”（确定等级关系）的活动图

条记录时，获取该记录所表示的两个术语共同出现的文献，并形成文献集合，对文献集合中的每一个记录进行处理，直到集合中的每条记录都被处理过。最后，在对文献的记录进行处理时，要获取文献中同时出现当前的两个术语的句子，并形成句子集合，对句子集中的每个句子进行处理，直到集合中的每条记录处理完成。对单个句子的处理即是使用等级关系模板来匹配句子，如果匹配成功，则认为当前的两个术语之间存在等级关系，则更新关系集，将关系类型更新为“属”或者“分”（具体是“属”还是“分”需依据匹配的等同关系模板是“S”还是“F”，如果匹配的是“S”，则选择“属”，否则选择“分”）。如果匹配失败，则继续匹配句子集中的下一条记录。

10.5.3 静态结构模型

1. 定义类

关系抽取实现了从术语信息集和文献信息集中识别出新术语与其他术语组成的术语对，统计出术语与术语共同出现在同一篇文章的频率，并利用在前面章节所探讨的关系抽取方法，识别出术语与术语之间的相关关系、等同关系和等级关系。并将识别出的两术语，术语的共现率，术语之间的关系类型等信息保存入数据库。故首先，由于关系抽取涉及了从数据库获取术语信息集合文献信息集的过程，所以应需要类 ItemsDao、NewItemsDao、ExtractorContentDao 分别实现术语、新术语、文献信息的数据库操作。其次，由于识别出的术语之间的关系等信息需要更集中的表示，且需要对数据库的操作，所以应具有类 Relation 以表示术语之间的关系等信息，应具有类 RelationDao 以实现对术语之间关系等信息的数据库的操作。最后，因为关系抽取是按一定的过程和方法来实现的，且在关系抽取过程中存在关系模板匹配的过程，所以可以用类 ProcessRelation 来实现关系抽取的过程，用类 MatchRelation 实现关系模式匹配的过程。

（1）类 ItemsDao

类 ItemsDao 用来实现对数据库中存储的抽词产生的术语及相关信息的添加记录、更新记录、查询记录等操作。该类的属性如下：

sql：String

表示用以操作数据库中数据的 SQL 语句。

connectDB：ConnectionToDB

connectDB 是 ConnectionToDB 类的对象，具有实现对数据库中的数据进行增、删、改、查操作的方法。用在此类中用来辅助实现对 Items 的基本数据库操作。

items：Items

表示要执行数据库操作的 Items 对象。

因该类要实现对 Items 的增加、更新和查询操作，故类具有以下方法：

insertItems（items：Items）

updateItems（items：Items）

getItemsByItem（items：String）：Resulted

getAllItems（）：Resulted

getItemsByEcid（ecid：String）：Resulted

（2）类 NewItemsDao

类 NewItemsDao 用来实现对 NewItems 的数据库操作。包括 NewItems 记录的添加和 NewItems 的查询。故类的属性和方法如下：

sql：String

表示用以操作数据库中数据的 SQL 语句。

connectDB：ConnectionToDB

connectDB 是 ConnectionToDB 类的对象，具有实现对数据库中的数据进行增删改查操作的方法。用在此类中用来辅助实现对 Items的基本数据库操作。

insertNewItems（items：NewItems）

getAllNewItems（）

（3）类 ExtractorContentDao

类 ExtractorContentDao 用来实现对数据库中的反映文献主题的标题、关键词、摘要、学科导航的读取操作。故 ExtratorContentDao

的方法如下：

getExtractorContentById (id: Int): ResultSet

getExtractorContent (): ResultSet

(4) 类 Relation

类 Relation 用来表示术语与术语之间形成的术语对，术语之间的关系类型，术语之间的共现率等信息。故类 Relation 应具有如下私有属性：

id: int

subjectItem: String

relatedItem: String

ecids: String

coFrequence: float

relationType: String

为实现对私有属性的基本读出写入操作，类 Relation 还应有各属性相对应的 getXX () 和 setXX () 方法。为方便类对象的初始化，类还有构造函数 Relation (id: int, subjectItem: String, relatedItem: String, ecids: String, coFrequence: float, relationType: String) 和 Relation (resultSet: ResultSet)。

(5) 类 RelationDao

类 RelationDao 用来实现对 Relation 对象的数据库操作。所以应具有表示实现数据库增删改查操作的 sql 语句的私有属性 sql，还应具有执行 sql 语句的数据库操作对象 connectDB。所以类 RelationDao 应具有的私有属性如下：

sql: String

connectDB: ConnectionToDB

为实现对数据库的操作，应具有以下方法：

getRelation (relation: Relation): ResultSet

updateRelation (relation: Relation)

(6) 类 ProcessRelation

类 ProcessRelation 用来实现关系抽取的全过程，所以应具有以下方法：

processRelation（）

generateRelation（）

confirmRelatedRelation（）

confirmEquivalentRelation（）

confirmRankRelation（）

（7）类 MatchRelation

类 MatchRelation 用来实现句子与术语对的模式匹配。所以类应具有方法：

matchYrelation（nucWord：String，objWord：String，charSequence：String）：Boolean

//nucWord，objWord，charSequence 分别表示新术语，关系对象，匹配句子

//匹配 Y 关系

matchDrelation（nucWord：String，objWord：String，charSequence：String）：Boolean

//匹配 D 关系

matchSrelation（nucWord：String，objWord：String，charSequence：String）：Boolean

//匹配 S 关系

matchFrelation（nucWord：String，objWord：String，charSequence：String）：Boolean

//匹配 F 关系

2. 类图

通过对关系抽取各用例过程的分析，可以识别出类、类的结构以及类与类之间的关系。关系抽取的类图如图 10-33 所示，它反映了各类之间的关系。类 ProcessRelation 依赖于类 RelationDao、MatchRelation、ItemsDao、NewitemsDao、ExtractorContentDao，类 RelationDao 依赖于 Relation。

3. 数据库设计

关系抽取部分涉及了对文献信息、新术语、术语的基本读取操作，然因这些实体在概念获取部分已纳为数据库设计的一部分，这

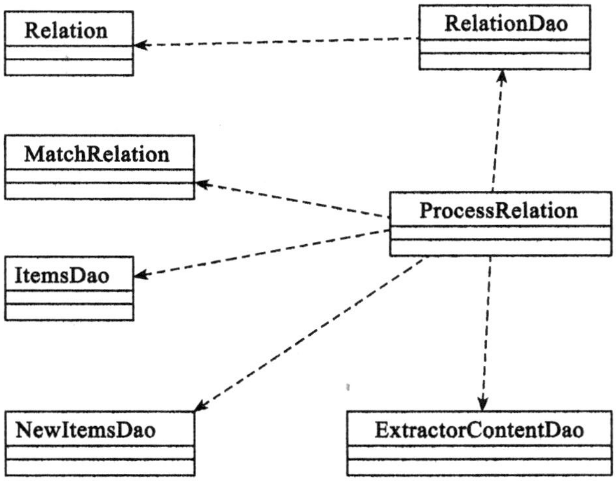

图 10-33 关系抽取的类图

里就不赘述了。因关系抽取实现后应将术语与术语之间形成的术语对、术语之间的关系类型、术语之间的共现率等信息存入数据库，并且可以将这些信息看做是一个关系实体对象，故应设计表 relation（见表 10-4），以表示、读取、记录术语间的关系。

表 10-4 **表 relation**

字段名	主键	数据类型	长度	允许空	字段描述
Id	√	Int	11	N	
subjectitem		Varchar	45	N	术语
relateditem		Varchar	45	N	相关术语
relationtype		Varchar	255	Y	关系类型
ecids		Varchar	1000	N	术语对共同出现的文献
cofrequence		float		N	共现率

10.5.4 动态行为模型

关系抽取部分的用例有：relationExtract（关系抽取），包括四个子用例：generateRelation（生成词间关系）、confirmRelatedRelation（确定相关关系）、confirmEquivalentRelation（确定等同关系）、confirmRankRelation（确定等级关系）。对这些用例的实现过程所涉及的对象与对象之间信息的交换可用时序图描述如下：

对用例 relationExtract（关系抽取）的实现过程的描述如图 10-34 所示。当概念获取过程完成时，用例启动。因关系抽取过程是

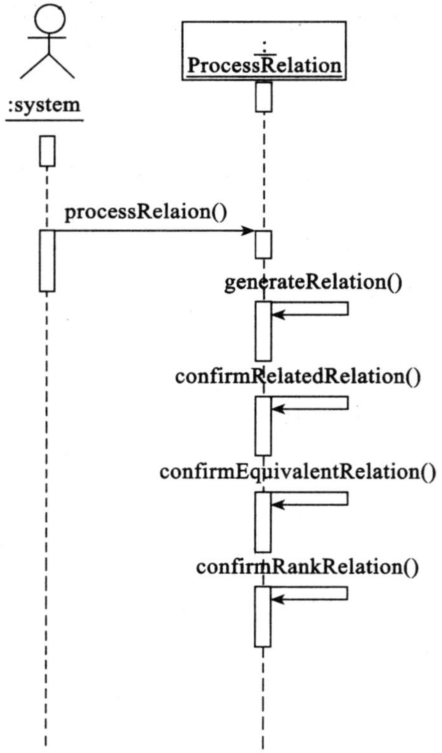

图 10-34　“relationExtract”（关系抽取）的时序图

由系统根据设定的固定周期按周期自动执行的，所以该用例由系统 system 启动。首先实例化类 ProcessRelation，调用方法 processRelation（），实现关系抽取的全过程。在 processRelation（）的方法体中，依次调用方法 generateRelation（）、confirmRelatedRelation（）、confirmEquivalentRelation（）、confirmRankRelation（），实现关系的产生和各种关系确立的全过程。

对用例 generateRelation（生成词间关系）实现过程的描述如图10-35所示。实例化类 ProcessRelation，调用类的方法 generateRelation（），

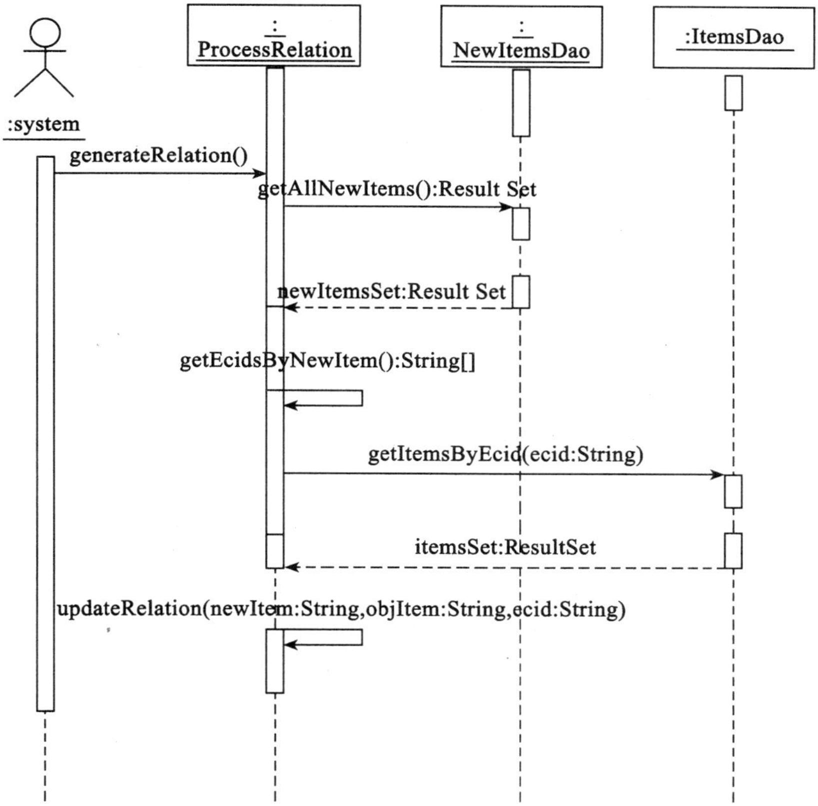

图 10-35 “generateRelation”（生成词间关系）的时序图

实现新术语和其他术语组成的术语对的识别以及统计出该术语对的共现率。在 processRelation 的方法体中，首先实例化类 NewItemsDao，调用方法 getAllNewItems（），从数据库中获取所有新术语信息，形成新术语集。然后依次针对新术语集中的每个术语调用方法 getEcidsByNewItem（），获取包含该新术语的文献，形成文献集。然后再依次针对该文献集中的每个文献调用方法 getItemsByEcid（），获取从该文献抽取出的所有术语信息，形成术语集。最后根据当前的新术语、术语和文献信息形成术语对，并更新关系信息集中的共现率。整个过程涉及了三个循环，通过这三个循环可以实现对所有新术语及其相关的文献和术语的抽取，从而保证了术语关系识别的完整。

对用例“confirmRelatedRelation”（确定相关关系）实现过程的描述如图 10-36。系统启动用例，实例化类 ProcessRelation，调用方法 confirmRelatedRelation（）实现术语之间相关关系的确定。

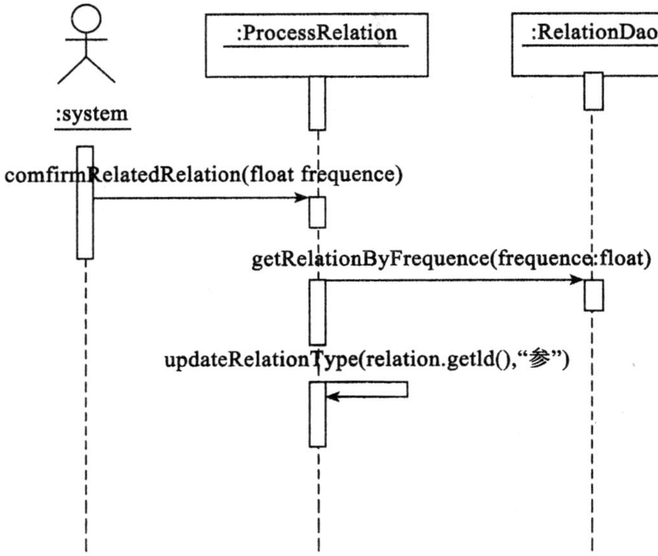

图 10-36 “confirmRelatedRelation”（确定相关关系）的时序图

在 confirmRelatedRelation（）的方法体中，首先实例化类 Relation-Dao，调用方法 getRelationByFrequence（frequence：float），根据所设定的相关关系确定所需的术语对的共现率阈值，查询共现率达到了阈值的关系信息，形成相关关系集。则认为该集合中的关系都为相关关系。最后调用方法 updateRelationType（），将该相关关系集中的关系记录的关系类型更新为“参”。

对用例“confirmEquivalentRelation”（确定等同关系）的实现过程如图 10-37 所示。当用例“confirmRelatedRelation”（确定相关

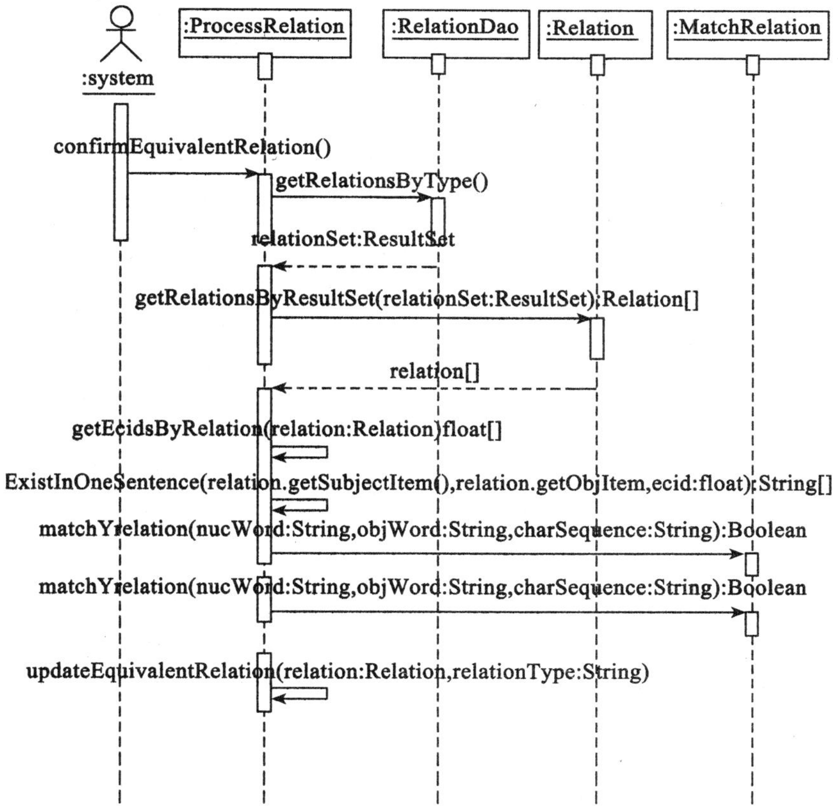

图 10-37 “confirmEquivalentRelation”（确定等同关系）的时序图

关系）完成时，用例启动，调用 ProcessRelation 的 confirmEquivalentRelation（）实现术语对之间等同关系的判断和确立。在 confirmEquivalentRelation（）的方法体中，首先实例化类 RelationDao，调用方法 getRelationsByType（）从关系集中抽取关系类型为“参”的关系，形成关系集。然后依次针对关系集中的每一个关系记录调用方法 getEcidsByRelation（），实现从当前关系记录获取同时出现术语对的文献，形成文献集。然后对文献集中的每一条文献调用方法 ExistInOneSentence（），判断当前文献中是否存在句子同时包含当前关系的两个术语，如果存在，则将这些句子作为句子集返回。然后循环处理句子集中的句子，对术语，对象术语和句子调用方法 matchYrelation（），判断当前句子中的两个术语是否满足关系“用”，调用方法 matchDrelation（），判断当前句子中的两个术语是否满足关系“代”。如果满足关系“代”，则以“代”更新当前关系记录的关系类型；如果满足关系“用”，则以“用”更新当前关系记录的关系类型。

对用例“confirmRankRelation”（确定等同关系）的实现过程如图 10-38 所示。当用例“confirmEquivalentRelation”（确定相关关系）完成时，用例启动，调用 ProcessRelation 的 confirmRankRelation（）实现术语对之间等同关系的判断和确立。在 confirmRankRelation（）的方法体中，首先实例化类 RelationDao，调用方法 getRelationsByType（）从关系集中抽取关系类型为“参”的关系，形成关系集。然后依次针对关系集中的每一个关系记录调用方法 getEcidsByRelation（），实现从当前关系记录获取同时出现术语对的文献，形成文献集。然后对文献集中的每一条文献调用方法 ExistInOneSentence（），判断当前文献中是否存在句子同时包含当前关系的两个术语，如果存在，则将这些句子作为句子集返回。然后循环处理句子集中的句子，对术语，对象术语和句子调用方法 matchSrelation（），判断当前句子中的两个术语是否满足关系“属”，调用方法 matchFrelation（），判断当前句子中的两个术语是否满足关系“分”。如果满足关系“属”，则以“属”更新当前关系记录的关系类型；如果满足关系“分”，则以“分”更新当前关系记录的关系类型。

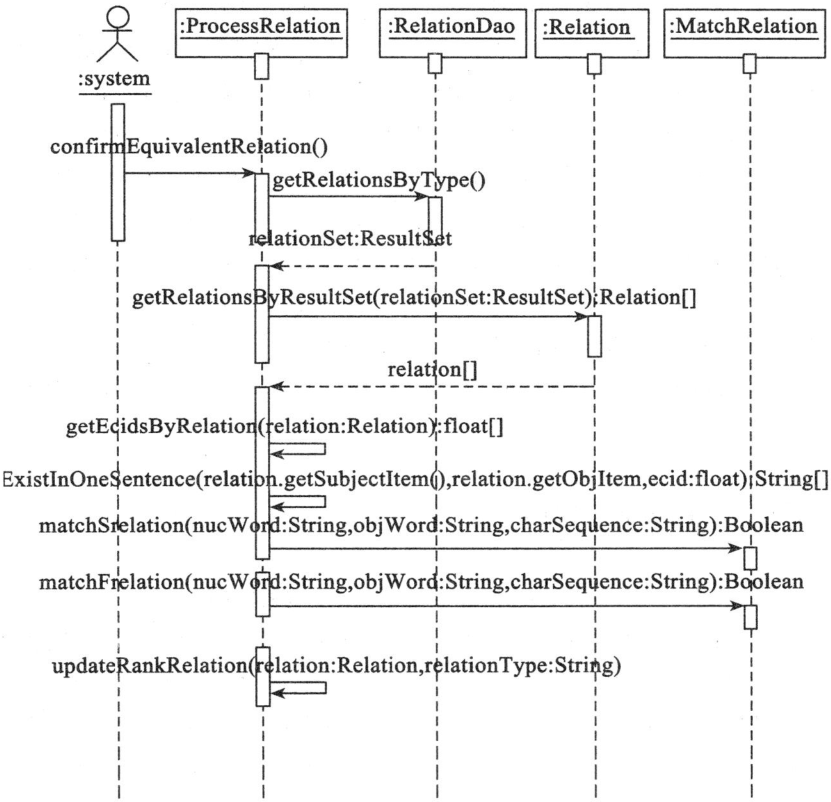

图 10-38 "confirmRankRelation"（确定等级关系）的时序图

10.6 本体演化管理

10.6.1 专家评审

由于通过上述方法抽取出来的新词以及新关系存在着一些误差，因此需要专家进行审核，并将多个专家的意见进行统计分析之后才能由工作人员将新叙词以及新关系更新到叙词本体中去。然而在专家评审部分涉及了一些复杂的内容，主要包括专家的选取、评审的程序、评审的内容、评审的规则、评审的结果如何表示、评审的结果如何裁决等，这些内容需要仔细系统的研究。在实验时间有限的情况下，实验系统没有实现专家评审的各个细节。但是专家评审部分是叙词本体演化的一个必要环节，并且在经过了仔细的研究后必定会实现。所以实验系统在建立整个系统的简单模型时也将专家评审作为必要环节考虑其中，且将其作为叙词本体更新的前提条件，只是在时间有限的情况下没有为其建立具体模型。这作为实验系统暂时的缺陷，在条件充足的情况下，必定会在以后的研究中得到实现。

10.6.2 叙词本体更新

通过专家评审即可确定添加到叙词本体中的新词与关系。图10-39是叙词本体演化系统为叙词本体更新提供的界面。首先选择更新的方式，这里提供了三种方式：创建新本体、添加本体元素、修改本体，分别实现使用更新后的本体创建新版本的本体，向已有本体中添加叙词和关系，修改所需更新本体的叙词和关系。以创建新本体的方式为例，选择所需更新的本体后显示出所需更新本体与新关系融合后产生的分类结构。左边的树形类目结构展示了叙词的上下位关系，每个类目下是通过了专家评审的新叙词。点击叙词，在右边显示出与该叙词具有“用”、“代”、“属”、“分”、“参”、“族”关系的叙词。点击“用”，则在下面显示与当前叙词具有“用”关系的叙词，其他的关系同样如此。点上叙词前面的方框，再点提交，则将叙词及关系添入了叙词本体。以图10-39所示的为例，选择叙词情报检索，点击“分”，则显示出与“情报检索”具有关系“分”的叙词，点上这些叙词前的选择框，再点提交，则将叙词“情报检索”和选择的叙词以及“情报检索”与这些叙词的关系“分”写入叙词本体。叙词本体的更新手段为利用Jena API将新词语与新关系写入到本体中去。前面章节已描述过利用Jena

API 更新本体的方法和过程，这里就不赘述了。

图 10-39 叙词本体更新界面

10.7 实验结果

10.7.1 叙词本体构建

首先，我们根据《中国图书馆分类主题词表》构建了“科学与科学研究”类目下的一部分叙词，由于是实验系统，因此我们并没有将所有的分类和术语都创建起来。而是选择了其中的一部分。其结构如图 10-40 所示：

在图 10-40 中，左边区域为叙词本体的类属结构：科学_ 科学研究——→情报学与情报工作——→情报学，情报检索；而中间区

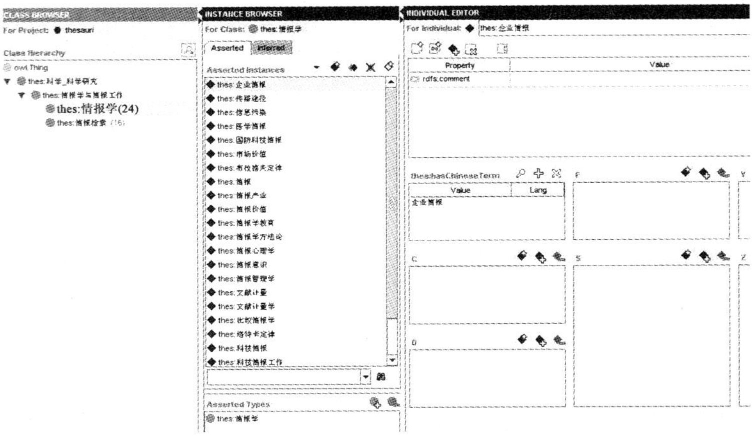

图 10-40　用 Protégé 构建的叙词本体结构

域则是类目下的实例，这里就是属于该类目的叙词，从图 10-40 可以看到，情报学下有 24 个叙词，而信息检索下有 15 个叙词；最右边是中间叙词所对应的关系，包括用（Y），代（D），属（S），分（F），参（C），族（Z）以及值属性，如中文术语等。

10.7.2　信息抽取结果

实验系统从中国期刊网上抽取了近期的四百多篇关于情报学学科的文献，提取了最能描述文献主题的几个特征内容，包括标题，关键词，摘要以及学科导航。将抽取的结果保存到数据库中，如图 10-41 所示。

通过将这些文献信息与文献信息所对应的中国期刊网上的文献描述页面进行对比，可以看出抽取的结果是符合要求的。描述文献主题的标题，关键词，摘要以及学科导航是通过分析文献描述页面的特征，对页面代码进行 HTML 解析获取的。如果中国期刊网的文献描述页面上反映文献标题、关键词、摘要以及学科导航的特征发生了变化，则会导致抽取到的结果出错或者抽取不到信息。这是实验系统的一个缺陷，在信息抽取部分依赖于中国期刊网上文献描

id	title	keywords	abstract	navigator
277	2000–2007年知识网络研究分...	知识网络;文献研究;文献计量...	以2000–2007年ISI Web of Science数据库收录的知识网络研究文献为研究对...	文化、科学、教育、体育
278	20年可视化发展历程对情报...	可视化;信息组织;信息检索;...	可视化是情报学研究中涌现出的一个新热点.本文通过对可视化发展20年历...	文化、科学、教育、体育
279	21世纪情报学的发展与应用...	情报学;学科建设;发展研究;	随着社会信息化进程的加速推进,情报学的重要性日益增加,情报服务与情...	文化、科学、教育、体育
280	Internet科技信息资源门户网...	STIP;搜索引擎;多线程搜索;...	Internet是全球最大而且还在迅速增长的信息资源库，有效地组织和开发¶¶...	文化、科学、教育、体育
281	20年可视化发展历程对情报...	可视化;信息组织;信息检索;...	可视化是情报学研究中涌现出的一个新热点.本文通过对可视化发展20年历...	文化、科学、教育、体育
282	Internet科技信息资源门户网...	STIP;搜索引擎;多线程搜索;...	Internet是全球最大而且还在迅速增长的信息资源库，有效地组织和开发¶¶...	文化、科学、教育、体育
283	Starlogo对Wiki演化过程模拟...	Starlogo;Wiki;演化;模拟;	本文以Wikipedia为例,概括了Wiki演化过程的主要特点,认为用户数量的增长...	文化、科学、教育、体育
284	Web2.0有序性的应用—Lib2.0	Web2.0;Lib2.0;自组织;有序性;	本文主要探讨Web2.0的自组织和有序性在图书馆中的应用所形成的Lib2.0...	文化、科学、教育、体育
285	Web信息服务中受控语言研究	受控语言;信息服务;信息检索;...	Web信息服务采用知识组织体系和规范操作流程构建基于主题的有序信息...	文化、科学、教育、体育
286	WWW科技信息资源自动标引...	自动分类;自动标引;自动分词...	随着因特网的迅速发展和广泛应用，它逐渐成为目前最大的信息资源宝库...	文化、科学、教育、体育
287	一种网络信息资源综合评价...	网络资源;信息资源;评价指标...	本文在构建网络信息资源评价指标体系的基础上,提出了一种基于层次分析...	文化、科学、教育、体育
288	上海情报学硕士教育发展现...	情报学;研究生教育;上海;	对上海8个情报学硕士招生单位进行调研,主要内容包括培养目标、研究方...	文化、科学、教育、体育
289	不正当竞争情报行为及其防...	竞争情报;不正当竞争情报行...	在知识者生存的信息时代，企业的情报意识和情报能力日益增强，竞争...	经济　经济计划与管理
290	个性化推荐系统中基于本体...	用户建模;个性化;本体;可扩...	随着信息的急剧膨胀，信息过载、资源迷向等问题相继出现，信息检索...	文化、科学、教育、体育
291	个性化知识服务中基于Ontolo...	Ontology;用户兴趣模型;个性...	个性化知识服务是知识经济时代信息服务发展的必然趋势,是满足信息用户...	文化、科学、教育、体育
292	中国情报学研究的继承与发...	情报学;继承;发展;中国;	本研究以维普期刊论文数据库为数据来源,利用专用软件分析1990年至2005...	文化、科学、教育、体育
293	中日情报学专业研究生课程...	情报学;课程体系;教育模式;...	本文针对情报学专业研究生教育的状况,把中日情报学专业研究生课程体系...	
294	中美图书情报用户教育发展...	图书情报用户教育;文献资源;...	通过中美图书情报用户教育发展概况、形式和内容,以及两国的教学规模进...	文化、科学、教育、体育
295	中美大学网络影响因子研究	网络影响因子;大学网站;回归...	选取了中国和美国26所大学,对其进行了网络影响因子测定,考察了其中6项...	文化、科学、教育、体育
296	人际网络开发与竞争情报发展	人际网络;竞争情报;信息转化...	人际网络开发事关情报和竞争情报发展的大局。从信息转化理论和两种信...	文化、科学、教育、体育
297	从情报学与相关学科的差异...	情报学;情报技术;相关学科;	情报学与图书馆学、信息管理、通信科学、智能科学、计算机科学、计算...	文化、科学、教育、体育
298	企业竞争情报与知识管理的...	竞争情报;知识管理;系统整合;	随着经济全球化的发展和知识经济时代的来临，竞争情报和知识管理迅速...	经济　经济计划与管理
299	信息化时代医务人员的情报...	医务人员;信息素养;信息社会;	阐明了情报信息素养的概念,指出了信息素养是信息化社会对医生提出的新...	医药、卫生　预防医学、卫
300	信息可视化系统通用框架设计	信息可视化;系统框架;通用系...	对信息可视化系统通用框架问题进行了研究和探讨,介绍并分析了系统框架...	文化、科学、教育、体育
301	信息哲学与图书情报学	信息;信息哲学;图书情报学;	从介绍弗罗里迪的信息哲学和图书情报学的关系入手,围绕信息哲学对图书...	文化、科学、教育、体育
302	信息时代对情报学的影响	信息时代;情报学;学科发展;	随着信息技术的不断进步,信息时代对情报学的影响也越来越大,文章对比...	文化、科学、教育、体育
303	信息构建在情报学领域的应...	信息构建;情报学;	本文对信息构建的核心内容、特点进行了概述,分析了情报学研究现状,然...	文化、科学、教育、体育
304	信息熵在竞争情报计量分析...	信息熵;竞争情报;主题研究;...	采用信息熵分析方法,以情报科学《十年来我国竞争情报文献的计量分析》...	文化、科学、教育、体育
305	信息生态因子分析	信息生态;信息生态系统;信息...	人的全面发展和社会的进步除了应注重自然环境外,还必须兼顾与社会环境...	文化、科学、教育、体育

图 10-41　信息抽取结果

述页面中反映文献标题、关键词等信息的具体特征。通过对 2008 年和 2009 年中国期刊网文献描述页面进行调查分析，可以看出该页面的特征在 2009 年已经发生了变化。在当前，机器也无法考虑到这些特征变化的所有可能性，所以工作人员应该要根据文献页面特征的变化，及时地将变化捕捉，以保证信息的抽取准确、完整。实验系统信息抽取的信息源也只是局限在了中国期刊网。所以实验系统信息抽取部分应该要扩展信息源，对信息源及其特征进行仔细的分析，实现一个能抽取多个信息源的文献信息的功能较完善的组件。然而，在实验时间有限的情况下，在信息抽取部分我们建立了一个简单的模型，功能虽然比较局限且有待改进，但是已经满足了我们实验的需要。

这些信息对之后的新词提取和关系提取都是很关键的。新词主要来自于关键词与标题中的词汇，而关系则主要是通过分析摘要中语句的结构来识别的。

10.7.3　新词提取效果

通过分离关键词以及对标题进行分词，得到了标题和关键词中所有的词汇并保存到数据库中。数据库保存了每一个词汇所在的文献编号以及出现的频率。频率的计算采取的方法是按照不同特征记以不同的权重。如果词语出现在标题中，记做 1.0；如果出现在关键词中，记做 0.5；如果出现在摘要，记做 0.3。通过程序运行提取出了 530 个词汇。这里的词汇只包含满足叙词要求的名词类词语或短语，并且是非通用词汇。

评价实体抽取主要有准确率（P），查全率（R）以及 F 值三个指标。我们也可以将这三个指标应用到词语抽取上。这三个指标的定义如下：

$$P=\frac{N_1}{N_1+N_2} \tag{1}$$

$$R=\frac{N_1}{N_1+N_3} \tag{2}$$

其中，N_1 表示正确识别的词语个数，N_2 表示被误识别到该类词语的个数，N_3 表示术语该类词语但是被误识别为其他类词语的个数。

$$F=\frac{(\beta^2+1)\times P\times R}{\beta^2\times P+R} \tag{3}$$

其中，参数 β 用来为准确率（P）和查全率（R）赋予不同的权重，当 β 取 1 时，准确率和查全率赋予相同的权重，实验中我们取 $\beta=1$。

通用词汇表是作者本人通过常识总结出的 333 个词语，由于知识水平和专业水平的限制，因此总结并不算全面，因此出现的词汇中仍然会有一些通用词汇。通过人工检查，仍有 31 个词汇不符合标准，因此正确率为：

$$P=(530-31)/530=94.15\%。$$

关键词是文献作者在非常明确文献内容的前提下写的词汇或短语，即使其是新术语，系统也会认为其是一个术语，并且同时会判断这个新术语是否同时也出现在标题和摘要中，如果是，那么修改术语的出现频率，并将标题中的这个术语去掉后再进行分词。这样就可以避免将同一个术语进行多次分词，形成数个术语。通过这种处理方式，将叙词术语认定为是其他实体的可能性就降低了很多。但是也不排除分词系统辨别词性过程中，受分词文档的限制将一些名词认定为是非名词。通过人工对所抽取文献的标题进行分析，得出了有30个词语并未被系统识别出来。因此其查全率为：

$$R=(530-31)/(530-31)+30=94.33\%$$

$$F=(1+1)\times 94.15\%\times 94.33\%/(94.15\%+94.33\%)=94.24\%$$

测试结果反映出抽取词汇的结果较令人满意。

通过比较频率，在本文中我们认为频率等于或大于5.0的词语可以认为该词达到一定广泛应用程度。而在这500多个词语当中，频率超过了5.0的仅有22个词汇，而每一个词语至少在4篇文献中出现过。由于构建的叙词本体的规模还不够，通过对比这些词汇与已有叙词本体，发现绝大多数都是新词，共有20个新词汇。

10.7.4 关系提取效果

这里的关系只抽取了新词与新词之间，新词与叙词本体中已有词之间的关系。而并没有提取叙词本体已有词之间的关系，因此存在着很大的局限性。这里也只对上述的两个关系进行检测。关系抽取的结果如图10-42所示。

在本系统中，如果一对词汇同时在两篇文献的摘要中出现过，那么就认为这一对词汇具有相关关系。使用这种方法，系统共抽取出了22个关系。其中有12组词汇对仅在两篇文献的摘要中出现过，而有7组在三篇文献的摘要中出现过，有2组同时出现在四篇文献中，只有1组同时出现在五篇文献的摘要中。通过句法结构的匹配，只有2个关系是“代”的关系。

通过人工分析这两组词汇对所在的语句，如图10-43所示。

这两组词汇对并不存在这样的“代”关系。由此可见，如果模板的正则表达式定义得不够规范，就会出现上面的情况，将不是属于这种关系的词汇对映射成了该关系。另外，模板方法还存在另外一个问题，即是模板的定义过于死板，一定要语句的结构与模板完全符合才能够匹配，因此很容易因为语句的不够规范，而漏掉很

id	subjectitem	relateditem	ecids	cofrequence	relationtype
100	信息检索	情报学	278,281,376,413,447	5	参
101	信息检索	信息	280,282	2	参
102	信息检索	资源	280,282	2	参
104	信息	信息检索	280,282	2	参
105	信息	资源	280,282,286	3	参
108	信息	情报	363,370,378	3	参
112	资源	信息检索	280,282	2	参
113	资源	信息	280,282,286	3	参
118	网络	评价	351,443	2	代
120	竞争情报	知识管理	298,348,427	3	参
129	发展	情报学	292,373,375	3	代
130	知识管理	竞争情报	298,348,427	3	参
131	知识管理	情报学	311,413,437,457	4	参
139	情报	图书馆	330,363	2	参
140	情报	信息	363,370,378	3	参
141	情报	情报学	370,379	2	参
144	领域	情报学	303,343,367	3	参
148	评价	网络	351,443	2	参
159	指标体系	期刊评价	324,395	2	参
164	图书馆	情报	330,363	2	参
167	期刊评价	指标体系	324,395	2	参
173	网络环境	情报学	370,437	2	参

图 10-42　关系抽取结果

网络，评价：在网络信息资源的评价中，专家给出的信息可能为纯语言信息。
网络，评价：本文在纯语言加权算术平均算子（PLWAA）的概念和纯语言运算法则的基础上，提出了基于纯语言信息的网络信息资源综合评价的方法，从而解决了网络信息资源采用纯语言信息可以做定量化的综合评价问题。

发展，情报学：并进一步指出，情报学研究存在三个方面的问题：①研究内容过于集中，各领域发展严重失衡；②长期悬而未决的基本理论问题之争是情报学发展最大的隐患；③情报学的应用研究亟待加强。
发展，情况学：论述了情报学体系结构和未来的演化及发展趋势，并从哲学的角度分析了情报学的发展规律。

图 10-43　人工分析结果

多该关系。并且实验系统中所用的模板过少，这样也会导致很多关系的漏选。所以在关系抽取部分关系的抽取方法仍需要改进，在采用了模板方法的情况下可以考虑结合其他方法同时使用，并且可以研究出模板自动学习的方法以丰富和更新模板库。

参考文献

[1]岳巧云．叙词表与 Ontology 的比较研究[J]．科技情报开发与经济,2006,16(24):86-87.

[2]曾蕾．联机环境中的情报检索语言[M]．北京:北京图书出版社,1997.

[3]常春,卢文林．叙词表的编制历史、现状与发展[J]．农业图书情报学刊,2002(5):25-28.

[4]宋翠云．中外叙词表的发展[J]．河南省图书馆学刊,1995(4):27-28.

[5]陈红艳,司莉．网络叙词表构建的现状调查与分析[J]．图书馆理论与实践,2008(5):33-36.

[6]http://baike. baidu. com/view/554473. htm[EB/OJ].

[7]周全明．叙词表建立和增加组代参照方法浅探 [J]．图书与情报,1994(4):17-19.

[8]张琪玉．情报语言学基础[M]．武汉:武汉大学出版社,1997.

[9]张琪玉,侯汉清．情报检索语言实用教程[M]．武汉:武汉大学出版社,2003.

[10]戴维民．信息组织[M]．北京:高等教育出版社,2004.

[11]马张华．信息组织[M]．北京:清华大学出版社,2008.

[12]丘峰．情报检索与主题词表[M]．北京:书目文献出版社,1988.

[13]侯汉清．当代分类法主题法索引法研究[M]．北京:书目文献出版社,1993.

[14]张琪玉．张琪玉情报语言学文集[M]．北京:北京图书出版社,1999.

[15]段明莲．文献信息资源编目[M]．北京:北京大学出版社,2000.
[16]中国图书馆图书分类法编辑委员会．中国图书馆图书分类法[M]//中国图书资料分类法第四版使用手册．北京:书目文献出版社,1999.
[17]中华人民共和国国家标准．汉语叙词标引规则(GB13190-91)[S].
[18]中国图书馆分类法编辑委员会．中国分类主题词表[M]．北京:科学技术文献出版社,1995.
[19]中国图书馆分类法编辑委员会．中国图书馆分类法[M]．北京:北京图书馆出版社,1999.
[20]刘湘生．主题法的理论与标引[M]．北京:书目文献出版社,1985.
[21] 王淼洋．东西方哲学比较研究 [M]．上海:上海教育出版社,1994:97-104.
[22] Alexander Maeche. Ontology Learning for the Semantic Web [M]. Norwell:Kluwer Academc Publishers,2002: 15-17.
[23]Rick Jelliffe 著．XML & SGML 参考手册[M]．潇湘工作室译．北京:人民邮电出版社,2000:47.
[24]Cowie,A. P. 霍恩比．牛津现代高级英汉双解词典(简化汉字本)[M]．北京:商务印书馆,1993:786.
[25]林亚西,黄继豪．中西第一哲学问题——对以海德格尔为蓝本的几点辩驳[DB/OL]．[2000-06-25]. http://www. crrs. org/m25c. html.
[26]杨学功．本体论哲学批判纲要——对马克思哲学变革实质的一种理解[DB/OL]．[2009-04-14]. http://www. siwen. org/xx-lr1. asp? id=251.
[27]杨学功．传统本体论哲学的终结和马克思哲学变革的实质[DB/OL]. http://www. siwen. org/XXLR.
[28] Guarino, Nicola, Pierdaniele Giaretta. Ontologies and Knowledge Bases:Towards a Termino-logical Clarification[M]. Towards Very

Large Knowledge Bases. N. J. I. Mars. Ed. IOS Press. 1995: 25-32.
[29] Neches, R. ,Fikes R. E . ,Gruber T. R. ,et al. Enabling Technology for Knowledge Sharing [J] . AI Magazine, 1991, 12 (3): 36-56.
[30] Gruber T. R. A Translation Approach to Portable Ontology Specifications[D]. Knowledge Acquisition ,1993(5) :199-220.
[31] Borst, W. N. . Construction of Engineering Ontologies for Knowledge Sharing and Reuse [D] . University of Twente , Enschede ,1997.
[32] Borst, P. ,Akkermans, H. . An Ontology Approach to Product Disassembly[J]. EKAW 1997 ,Sant Feliu deGuxols, Spain, October: 15-19.
[33] Studer, R. , Benjamins, V. R. , Fensel, D. . Knowledge Engineering,Principles and Methods[J]. Data and Knowledge Engineering, 1998 ,25(122) :161-197.
[34] Guarino, N. . Formal Ontology and Information System [M]. Trento: IOS Press 1998 :6-8.
[35] Uschold. Mike, Michael Gruninger. Ontologies: Principles, Methods and Applications [J] . Knowledge Engineering Review, Vol. 11, 1996(2) ;93-136.
[36] Natalya, F. Noy, Deborah L. McGuinness. Ontology Development 101: A Guide to Creating Your First Ontology (2001-08) [EB/OL] . http://protege. stanford. edu/publications/ontology_development/ontology101-noy-mcguinness. html.
[37]张晓林,李宇. 描述知识组织体系的元数据[J]. 图书情报工作,2002(2):64-69.
[38]刘柏嵩,高济. 基于 RDF 的异构信息语义集成研究[J]. 情报学报,2002(6):691-695.
[39]张玉峰,李敏. 动态约束性概念网络与知识检索研究[J]. 情报学报,2003(3):278-281.
[40] Tim Berners-Lee. Semantic Web-by XML2000. 2000-12-06 [EB/

OL]. [2009-04-14]. http://www. w3. org/2000/Talks/1206-xml2k-tbl/slide10-0. html.

[41] Web-ontology working group. OWL Web ontology language guide [EB/OL]. [2009-04-14]. http://www. w3. org/TR/owl-guide/.

[42] Web-ontology working group. OWL Web Ontology Language Semantics and Abstract Syntax. [EB/OL]. [2009-04-14]. http://www. w3. org/TR/2003/PR-owl-semantics-20031215/.

[43] Web-ontology Working Group. OWL Web ontology Language Reference [EB/OL]. http://www. w3. org/TR/2003/PR-owl-ref-20031215/.

[44] AlexanderMaeche. Ontology Learning for the Semantic Web [M]. Norwell: Kluwer Academic Publishers, 2002:18-20.

[45] AIFB [EB/OL]. [2009-04-14]. http://www. aifb. uni-karlsruhe. de/Projekte/english.

[46] AIFB[EB/OL]. [2009-04-14]. OntoWeb-ontology-based Information Exchange for Knowledge Management and Electronic Commerce. 2001. http://ontoware. org/.

[47] KSL. DAML Research Project[EB/OL]. [2009-04-15]. http://www. ksl. stanford. edu/projects/DAML/.

[48] Rapid Knowledge Formation Project for the Stanford Knowledge Systems Laboratory [EB/OL]. [2009-04-15]. http://www. ksl. stanford. edu/projects/RKF/.

[49] Chaudhri V. K., Farquhar. A., Fikes. R, Karp, P. D, Rice. J. P.. OKBC: A Programmatic Foundation for Knowledge Base Interoperability[C]. Proceedings of the 15th National Conference on Artificial Intelligence (AAAI-98) and of the 10th Conference on Innovative Applications of Artificial Intelligence (IAAI-98), AAAI Press, 1998:600-607.

[50] ISO 704:1987. Principles and Methods of Terminology[R]. Technical Report, International Standard ISO.

[51] Peirce, C.. On the Algebra of Logic [J]. American Journal of

Mathematics.
[52]刘遵雄,郑淑娟．基于一阶逻辑 FOL 的知识交换格式 KIF[J].情报杂志,2003 (8).
[53]董明楷,蒋运承,史忠植．一种带缺省推理的描述逻辑[J]. 计算机学报,2003 (6).
[54]Knowledge Interchange Format[EB/OL]. [2009-04-19]. http://logic. stanford. edu/kif/.
[55]Perez, A . G, Benjamins , V. R. . Overview of Knowledge Sharing and Reuse Components: Ontologies and Problem-Solving Methods. [M]//Stockholm, V. R. , Benjamins, B. , Chandrasekaran, A. , eds. Proceedings of the IJCAI-99 workshop on Ontologies and Problem-Solving Methods (KRR5) 1999:1-15.
[56]李景．本体理论在文献检索系统中的应用研究[M]. 北京:北京图书馆出版社,2005:5-6.
[57] Guarino, N. . Formal Ontology and Information Systems [C]//Guarino N. ,editor,Proceedings of the 1st International Conference on Formal Ontologies in Information Systems, FOIS98, Trento, Italy. IOS Press, June 1998: 3-15.
[58]徐振宁,张维明,陈文伟．基于 Ontology 的智能信息检索[J].计算机科学,2001(6):21-26,44.
[59] Borgo, Stefano, Nicola Cuarino, Claudio Masolo. Stratified Ontologies: The Case of Physical Objects[C]. Proceedings of ECAI96's Workshop on Ontological Engineering. ECAI96.
[60] Speel, Pie-Hein. Selecting Knowledge Representation Systems [D]. Dissertation. Twente University, 1995.
[61]Van der Vet, Paul E. ed. . Proceedings of ECAI96's Workshop on Ontological Engineering[C]. ECAI96, 1996.
[62] Mizoguchi, Riichiro, Johan Vanwelkenhuysen, Mitsuru Ikeda. Task Ontology for Reuse of Problem Solving Knowlegde[M]. Towards Very Large Knowledge Bases. N. J. I. Mars. ed. IOS Press, 1995: 46-94.

[63] Guarino, Nicola. Semantic Matching: Formal Ontological Distinction for Information Organization, Extraction, and Intergration [M]// Pazienza M. T. , eds. Information Extration: A Multidisciplinary Approach to an Emerging Information Technology, Springer Verlag, 1997: 139-170.

[64] Perez A. G. , Benjamins V. R. . Overview of Knowledge Sharing and Reuse Components: Ontologies and Problem-Solving Methods [M]. Workshop on Ontologies and Problem-Solving Methods: Lessons Learnes and Future Trends (IJCAI99), de Agosto, Estocolmo, 1999.

[65]李健康,张春辉. 本体研究及其应用进展[J]. 图书馆论坛, 2004, 24(6): 80-86.

[66] Resource Description Framework (RDF): Concepts and Abstract Syntax[EB/OL]. [2009-04-19]. http://www. w3. org/TR/2004/REC-rdf-concepts-20040210/.

[67] RDF Primer W3C Recommendation 10 February 2004[EB/OL]. [2009-04-19]. http://www. w3. org/TR/REC-rdf-syntax/.

[68] Resource Description Framework (RDF) Schema Specification 1. 0. [EB/OL]. [2009-04-19]. http://www. w3. org/TR/2000/CR-rdf-schema-20000327/).

[69] RDF Vocabulary Description Language 1. 0: RDF Schema W3C Recommendation 10 February 2004 [EB/OL]. [2009-04-19]. http://www. w3. org/TR/rdf-schema/.

[70] OWL Web Ontology Language Reference[EB/OL]. [2009-04-19]. http://www. w3. org/TR/owl-ref/.

[71] Franz Baader, Diego Calvanese, Deborah McGuinness, Daniele Nardi, Peter Patel-Schneider[J]. The Description Logic Handbook Theory, Implementation and Application. London: Cambridge University Press. January, 2003.

[72] Beck, Howard W. , Gala, Sham B. . Navathe. Classification as a Query Pocessing Technique in the Candide Semantic Data Model

[C]. Proceedings of the Fifth International Conference on Data Engineering. IEEE. Los Angeles, CA. 1989:572-581.

[73] Description of OIL [EB/OL]. [2009-04-20]. http://www. ontoknowledge. org/oil/.

[74] The Ontology Inference Layer OIL[EB/OL]. [2009-04-20]. http://www. ontoknowledge. org/oil/TR/oil. long. html.

[75] The DARPA Agent Markup Language Homepage[EB/OL]. [2009-04-20]. http://www. daml. org/.

[76] About the DAML Language [EB/OL]. [2009-04-20]. http://www. daml. org/about. html.

[77] 张晓林. XTM—元数据研究与应用[M]. 北京:北京图书馆出版社,2002:206-208.

[78] Michael Kifer, Geory Lausen. Flogic: A Higher-order Language for Reasoning About Objects, Inheritance and Schmeme[J]. Clifford et al. [CLM89] 134-136.

[79] Open Knowledge Base Connectivity 2.0 [EB/OL]. [2009-04-20]. http://ksl. stanford. edu/KSL_Abstracts/KSL-98-06. html.

[80] Mike Uschold. AIAI-TR-192. Converting an Informal Ontology into Ontolingua: Some Experiences [C]. A Slightly Abridged Version of This Paper Appears Fin the Proceedings of the Workshop on Ontological Engineering Held in Conjunction with ECAI96, Budapest; March 1996.

[81] Mike Ushold, Michael Gruninger. Ontologies: Principles, Methods and Applications [J]. Knowledge Engineering Review 1996, 11 (2).

[82] Mahesh, K., Nireburg. S.. Meaning Representation for Knowledge Sharing in Practical Machine Translation[C]. Proceedings of the AI Resource Seminar: Special Track on Information Interchange, Florida 1996.

[83] John A. Bateman. Ontology Construction and Natural Language [C]// Proceedings of the International Workshop on Formal Onto-

logy. Padova, Italy, LABSEB-CNR. LADSEB-CNR Internal Report 01/93; Guarino. Nand Poli . R. 1993:83-93.
[84] Uschold, Mike ad Michael Gruninger. Ontologies: Principles, Methods and Applications[J]. Knowledge Engineering Review ,1996: 11(2).
[85] Fox, Mark. SRKB Mailing List, 9th of June, Gruninger, Michael . Designing and Evaluating Generic Ontologies[C]. Proceedings of ECAI96's Workshop on Ontological Engineering 1995: 53-64.
[86]杨秋芬,陈跃新 . Ontology 方法学综述[J]. 计算机应用与研究, 2002(4): 5-7.
[87]What is Protégé-2000? [EB/OL]. [2009-04-21] http://protege. stanford. edu/doc/users_guide/index. html.
[88] Ontosaurus: Loom Web Browser. [EB/OL]. [2009-04-21] http://www. isi. edu/isd/ontosaurus. html.
[89] Knowledge Modelling in Webonto and OCML: A User Guide[EB/OL]. [2009-04-21]. http://projects. kmi. open. ac. uk /webonto/user_guide. 2. 4. pdf.
[90]谢储晖,郭达志 . 本体的研究现状及其应用[J]. 福建电脑, 2003(12): 26-28.
[91]张其文,臧凤奎,李明 . 本体语言的联系及其逻辑基础分析[J]. 科学技术与工程,2009(9): 950-954.
[92]顾芳,曹存根 . 知识工程中的本体研究现状与存在问题[J]. 计算机科学,2004(10):1-10.
[93]吴丹 . 本体在信息检索中的作用及实例研究[J]. 情报杂志 2006(6):72-75.
[94]杜文华,冬惠 . 本体建设工具比较研究 . 情报杂志,2005(2):1-7.
[95] Stader ,J. . Results of the Enterprise Project. [C]// Proceedings of the 16th Int. Conference of the British Computer Society Specialist Group on Expert Systems, Cambridge, UK, 1996.
[96] 唐静 . 叙词表转换为 Ontology 的研究[J]. 情报理论与实践,

2004(6):642-645.

[97] 杨卫．从叙词表到 Ontology[J]．情报科学,2005(6):945-949.

[98] 中华人民共和国国家标准 GB13190-91．汉语叙词表编制规则[M]．北京:中国标准出版社,1991.

[99] Studer,R. ,Benjamins,V. R,Fensel, D.. Knowledge Engineering: Principles and methods [J]. Data & Knowledge Engineering,1998,25(1-2):161-197.

[100] Lee,T. B. ,Hendler,J. ,Lassila,O.. The Semantic Web[J]. Scientific American,2001,284(5):34- 43.

[101] 孙倩,万建成．基于叙词表的领域本体构建方法研究[J]．计算机工程与设计,2007(20):5055- 5056.

[102] 唐爱民,真溱,樊静．基于叙词表的领域本体构建研究[J]．现代图书情报技术,2005(4):1-5.

[103] 张继东,余以胜．利用叙词表构建本体的方法研究[J]．图书情报知识,2006(7):82-85.

[104] 卢文林,常春．编制多语种叙词表的计算机处理方法应用[J]．农业图书情报学刊,2005(5):18- 19.

[105] Choi Suk-Doo. 利用叙词表开发本体[J]．数字图书馆论坛,2007(5):18-23.

[106] Bagni,D. Pazienza,M. T. et al. Harvesting Relational and Structured Knowledge for Ontology Building in the WPro Architecture. AI* IA 2007: Artificial Intelligence and Human-Oriented Computing[M]. Berlin,German:Springer Berlin,2007:157-169.

[107] Zheng, Y. ,Dou W. X. Wu,G. F. Li,X.. Automated Chinese Domain Ontology Construction from Text Document[J]. Bio-Inspired Computational Intelligence and Applications,2007:639-648.

[108] Valencia-Garcia,R. Nieves,D. C. et al. An Approach for Ontology Building from Text Supported by NLP Techniques[C]. Proc: for the 10th conference of the Spanish Association for Artificial Intelligence,Murcia. Spain,2004:126-135.

[109] Yang,C. Z. Chen,I. X. Chou,C,H. Yang, M. C. RDF/XTM On-

tology Construction Based on a Topic Map-Driven Framework [C]. Digital Libraries: Achievements, Challenges and Opportunities. Berlin, German: Springer Berlin, 2006: 523-526.

[110] Blomqvist. E. On the Move to Meaningful Internet Systems 2007: CoopIS, DOA, ODBASE, GADA, and IS. Berlin [C]. German: Springer Berlin, 2007: 971-988.

[111] Hwang, S. H. Kim, H. G. Yang, H. S. A FCA-Based Ontology Construction for the Design of Class Hierarchy[C]. Computational Science and Its Applications—ICCSA 2005. Berlin, German: Springer Berlin/Herdelberg. 2005: 827-835.

[112] Bernaras, A., Laresgoiti, I. Corera, J. Building and Reusing Ontologies for Electrical Network Applications[C]. Proc of the European Conf on Artificial Intelligence. Budapest, Hungary: John Wiley and Sons, 1996: 298-302.

[113] Lopez. M. F, Gomez-perez, A, Sierra, J. P., Sierra, A. P.. Building a Chemical Ontology Using METHONTOLOGY and the Ontology Design Environment[J]. IEEE Intelligent Systems and Their Applications, 1999, 14(1): 37-46.

[114] Lopez, M. F. Overview of Methodologies for Building Ontologies [J]. The IJCAI-99 Workshop on Ontologies and Problem Solving Methods, Stockholm, Sweden. 1999.

[115] 李华,刘竞,侯汉清. 用本体构建工具 protégé 实现叙词表的可视化[J]. 图书馆杂志. 2007(4).

[116] Falconer, S. M. Storey, M. A.. A Cognitive Support Framework for Ontology Mapping[C]. The Semantic Web. Berlin, German, 2008: 114-127.

[117] Heβ. A. An Iterative Algorithm for Ontology Mapping Capable of Using Training Data[C]. The Semantic Web: Research and Applications. Berlin, German, 2006: 19-33.

[118] Qian, P. F. Zhang, S. S. Ontology Mapping Approach Based on OCL[C]. Frontiers of WWW Research and Development—AP-

Web 2006. Berlin, German, 2005:1022-1033.

[119] Mao. M. Ontology Mapping: An Information Retrieval and Interactive Activation Network Based Approach [C]. The Semantic Web. Berlin, German, 2007:931-935.

[120] Chung, S. Jun, J. McLed, D. A Web-Based Novel Term Similarity Framework for Ontology Learning[C]. On the Move to Meaningful Internet Systems 2006: CoopIS, DOA, ODBASE, GADA, and ODBASE. Berlin, German, 2006:1092-1109.

[121] Lee, C. H. Na, J. C. Khoo, C. Automated Ontology Learning and Validation Using Hypothesis Testing[C]. Digital Libraries: Technology and Management of Indigenous Knowledge for Global Access. Berlin, German, 2007:130-135.

[122] Zhang, J. Xiong, M. Yu, Y. Mining Query Log to Assist Ontology Learning from Relational Database[C]. Frontiers of WWW Research and Development—APWeb 2006. Berlin, German. 2006: 437-448.

[123] 刘子恒. 本体演化研究综述[J]. 软件导刊,2005(20):3-5.

[124] 何琳,杜慧平,侯汉清. 领域本体的半自动构建方法研究[J]. 图书馆理论与实践,2007(5):26-27.

[125] 侯汉清,薛春香. 用于中文信息自动分类的《中图法》知识库的构建[J]. 中图索引,2005(3):31-36.

[126] Prieto-Diaz. R. A Faceted Approach to Building Ontologies [EB/OL]. 2002. http://users. cs. jmu. edu/prietorx/Public/publications/BulidOntologiesRPD-ER2002. doc.

[127] Omelayenko. B. Learning of Ontologies for the Web: the Analysis of Existent Approaches [C]. Proceedings of the International Workshop on Web Dynamics, 2001.

[128] 王素芳. Ontology 与叙词表的融合初探[J]. 大学图书馆学报, 2005(1).

[129] 马张华. 信息组织[M]. 第3版. 北京:清华大学出版社,2008

[130]陈建．领域本体的创建和应用研究[D]．北京:对外经济贸易大学,2006
[131]顾芳,曹存根.知识工程中的本体研究现状与存在问题[J]．计算机科学,2004,31(10):1-10
[132]刘琳娜,薛建武,汪小梅．领域本体构建方法的研究[J]．情报杂志,2007, 26(4):14-16
[133]欧阳宁,包平.基于本体《中国图书馆分类法》的可视化实现[J]．图书馆杂志,2008,27(1).
[134]李健康,张春辉.本体研究及其应用进展[J]．图书馆论坛,2004,24(6):80-86
[135]穆丽娜,侯汉清.用机编词表软件构建专业分类表[J]．情报科学,2007,25(12):1859-1864
[136]李涵．本体构建及其在试题资源检索中的应用研究[D]．郑州:河南大学,2008
[137]付佳佳．基于叙词表的领域本体建模研究[D]．上海:华东师范大学,2006
[138]韩韧,黄永忠,刘振林,刘晓楠．OWL 本体构建方法的研究[J]．计算机工程与设计,2008,29(6):1397-1400
[139]杨建池,韩守鹏,黄柯棣．军事领域本体构建研究[J]．计算机仿真,2007,24(12):6-9
[140]薛云,叶东毅,张文德．基于《中国分类主题词表》的领域本体构建研究[J]．情报杂志,2007 (3).
[141]毛军．基于 RDF 的叙词表研究 [J]．情报学报,2003(2).
[142]刘秀琴．基于语义网的自适应学习系统中领域本体的创建研究[D]．哈尔滨: 东北师范大学,2008
[143]马文峰,杜小勇．领域本体评价研究[J]．图书情报工作,2006(10).
[144]张志刚．领域本体构建方法的研究与应用[D]．大连:大连海事大学,2008
[145]刘艳玲．本体构建的评估研究[D]．兰州: 山西大学,2008
[146]张佳．基于 Ontology 的领域知识库的构建与集成实现[D]．

贵阳：贵州大学,2006

[147]曾新红.《中国分类主题词表》的OWL表示及其语义深层揭示[J].情报学报,2005(2).

[148]孙倩,万建成.基于叙词表的领域本体构建方法研究[J].计算机工程与设计,2007(20).

[149]贾黎莉.Ontology构建中概念间关系的研究[D].北京:中国农业科学院,2007.

[150]陈志伟.本体的构建及其在信息检索系统中的应用[D].武汉:华中师范大学,2008.

[151]张志刚.领域本体构建方法的研究与应用[D].大连:大连海事大学,2008.

[152]张建钢,程桂瑛.关于叙词表修订[J].图书与情报,1991(1).

[153]何琳,杜慧平,侯汉清.古农书本体的构建及其可视化[J].中国索引,2007(2).

[154]李景,钱平.叙词表与本体的区别与联系[J].中国图书馆学报,2004 (1).

[155]王子熙,马蕾.《汉语主题词表》词间关系的可视化[J].现代图书情报技术,2006 (3).

[156]曾新红,明仲,蒋颖,林伟明,胡振宁,张水英.中文叙词表本体共建共享系统研究[J].情报学报,2008(3).

[157]张继东,余以胜.利用叙词表构建本体的方法研究[J].图书情报知识,2006 (4).

[158]田梅,王兰成,侯双.主题词表及其语义环境的计算机构建与应用研究[J].情报学报,2003 (5).

[159]刘伟成,孙吉红.多语言本体构建及其在跨语言信息检索中的应用[J].武汉科技大学学报(社会科学版),2008 (4).

[160]邓仲华,罗玲,王琴,焦玉英.多语种叙词本体研究[J].情报学报,2009(5).

[161]姚文琳,王存刚,任丽婕,仇利克,郜振霞.基于核心概念集的多语言Ontology[J].计算机应用研究,2006(4).

[162]芦明,李冠宇,史一民. 本体映射过程及方法[J]. 大连海事大学学报,2008(S1).

[163]Falconer,S. M. Storey, M. A.. A Cognitive Support Framework for Ontology Mapping[J]. The Semantic Web. Berlin,German. 2008: 114-127.

[164] Heβ,A.. An Iterative Algorithm for Ontology Mapping Capable of Using Training Data[J]. The Semantic Web:Research and Applications,2006:19-33.

[165] Qian,P. F. Zhang,S. S.. Ontology Mapping Approach Based on OCL[J]. Frontiers of WWW Research and Development -APWeb 2006,2005: 1022-1033.

[166]Mao,M. Ontology Mapping:An Information Retrieval and Interactive Activation Network Based Approach[J]. The Semantic Web, 2007:931-935.

[167] Dagobert Soergel,Boris Lauseret Ⅱ F. Reengineering Thesauri for New Applications: The AGROVOC Example [EB/OL]. http//jodl,ecs. soton. ac. uk/Articles/v04/i04/Soergel/.

[168] Vossen,Pick. EuroWordNet[EB/OL]. http://www. hum. uva. nl/—ewn,2001.

[169] Fellbaum, C.. WordNet: An Electronic Lexleal Database [M]. Cambridge,MA:MIT Press,1998.

[170]卢文林,常春. 编制多语种叙词表的计算机处理方法应用[J]. 农业图书情报学刊,2005(5).

[171]苗壮,张亚非,陆建江. 本体的半自动构建技术[J]. 解放军理工大学学报(自然科学版),2006(5).

[172]刘俊,李华,侯汉清,徐焕良. 叙词表词间关系可视化实验研究[J]. 大学图书馆学报,2008(1).

[173] http://www. cnindex. fudan. edu. cn/zgsy/2007n2/liujun. htm [EB/OL].

[174]孔敬. 本体学习:原理、方法与相关进展[J]. 情报学报,2006(6).

[175]车敦仁,麦中凡. 论对象之间的关系[J]. 北京航空航天大学学报,1993(3).

[176]陈长青,柯建国,柳建国. 基于关系和规则的农业知识表达方式[J]. 南京农业大学学报,2002(4).

[177]贾秀玲,文敦伟. 面向文本的本体学习研究概述[J]. 计算机科学,2007(2).

[178] Stojanovic, L. . Methods and Tools for Ontology Evolution [D]. University of Karlsruhe,2004.

[179]Maedche, A. , Staab, S. . Discovering Conceptual Relations from Text[C]. Proc. of the ECAI 2000. Amsterdam: IOS Press, 2000: 321-325.

[180] Damerau F. J. . Evaluating Domain-oriented Muiti-Word Terms from Text[J]. Information Proeessing and Management,1990,29 (4): 433-447.

[181] Buitelaar, P. , Olejnik Hutanu, D. , Schutz, A. Declerck, T. Sintek. M. . Towards Ontology Engineering Based on Linguistic Analysis[J]. Proceedings of LREC. 2004.

[182] Shamsfard, M. , Barforoush, A. A. . Learning Ontologies from Natural Language Texts[J]. International Journal of Human-computer Studies,2004,60 (1): 17-63.

[183] Cimiano, P. , Hotho, A. , Staab, S. . Learning Concept Hierarchies from Text Corpora Using Formal Concept Analysis[J]. Journal of Artificial Intelligence Re-search,2005(24): 305-339.

[184]杜小勇,李曼,王珊. 本体学习研究综述[J]. 软件学报,2006(9).

[185]刘柏嵩,高济. 本体演化管理研究[J]. 计算机科学,2004(5).

[186]刘子恒. 本体演化研究综述[J]. 软件导刊,2005(20).

[187]刘晨,韩燕波,陈旺虎,王建武. MINI——一种可减小变更影响范围的本体演化算法[J]. 计算机学报,2008(5).

[188]杨明华,钱乐秋,赵文耘,唐姗. 基于本体描述构件库中的本

体演化研究[J]. 计算机工程,2007(9).
[189]王进,陈恩红,林乐. 一种网络环境中的本体演化和维护模型[J]. 计算机科学,2003(12).
[190]何扬帆,何克清. 一种支持可靠语义互操作的本体演化管理框架[J]. 计算机工程,2007(18).
[191]王兴,何婷婷,庄超. 本体演化及本体的版本管理机制研究[J]. 计算机与数字工程,2006(7).
[192]鲁宁. 本体变化的表示与分析[D]. 长春:吉林大学,2009.
[193]王兴. 本体演化方法与机制研究及应用[D]. 武汉:华中师范大学,2006.
[194]傅魁,聂规划. 面向文本的本体学习方法综述[J]. 情报杂志,2008(9).
[195]张囡囡,李冠宇,曲丽宁. 主要本体学习工具的比较分析[J]. 软件时空,2008(24).
[196]Wikipedia. Web Crawler-Wikipedia, the Free Encyclopedia[EB/OL]. [2009-10-21]. http://en. wikipedia. org/wiki/Web_crawler.
[197]李学勇等. 网络蜘蛛搜索策略比较研究[J]. 计算机工程与应用,2001(4):128-131.
[198]陆伟. 信息检索实验[M]. 武汉:武汉大学出版社,2008.
[199]IBM 实战 Lucene,第 1 部分:初识. Lucene[EB/OL]. [2009-10-26]. http://www. ibm. com/developerworks/cn/java/j-lo-lucene1.
[200]关于 Nutch 的框架[EB/OL]. [2009-10-26]. http://hi. baidu. com/shirdrn/blog/item/f92312ef46bc62e9ce1b3ed7. html.
[201]苏晓珂. 基于 Nutch 的主题爬虫研究与实现[D]. 昆明:昆明理工大学,2007.
[202]李山亭. 基于语义的网络化制造资源智能检索技术研究[D]. 杭州:浙江大学计算机科学与技术学院,2008.
[203]刘运佳. 基于 Lucene 和 Heritrix 构建搜索引擎的研究和示例实现[D]. 西安:电子科技大学,2008.

[204] JavaEye[EB/OL]. [2009-10-29]. http://www. javaeye. com/topic/56860.

[205]使用 Heritrix-1. 12. 1 新建抓取任务[EB/OL]. [2009-10-29]. http://hi. baidu. com/shirdrn/blog/item/cf712f4bb1fc84f 483025c42. html.

[206] 杜小勇，李曼．本体学习综述[J]. 软件学报，2006(9).

[207] Shamsfard, M., Barforoush, A. A.. Learning Ontologies from Naturl Language Texts[J]. Journal Human-Computer Studies, 2004, 60(1):17-63.

[208] 南京航空航天大学图书馆组．网络信息采集与应用[M]. 北京：清华大学出版社，2005.

[209] Alexander Maedche, Steffen Staab. Discovering Conceptual Relations from Text[C] // Horn, W. ed.. ECAI 2000. Proceedings of the 14th European Conference on Artificial Intelligence, Berlin, August 21-25, 2000. IOS Press, Amsterdam, 2000.

[210] Alexander Maedche, Steffen Staab. Ontology Learning for the Semantic Web[J]. The Semantic Web. 2001(4).

[211] Alexander Maedche, Raphael Volz. The Ontology Extraction & Maintenance Framework Text-To-Onto[C]. Proceedings of the 2006 International Symposium on Practical Cognitive Agents and Robots, New York, 2006:177-191.

[212] 揭春雨，刘源，梁南元．汉语自动分词实用系统 CASS 的设计和实现[J]. 中文信息学报，1991(4).

[213] 沈达阳，孙茂松，黄昌宁．汉语分词系统中的信息集成和最佳路径搜索方法[J]. 中文信息学报，1997(2).

[214] 刘群，张华平等．基于层迭隐马模型的汉语词法分析[J]. 计算机研究与发展，2004，8(41).

[215] 吴立德．大规模中文文本处理[M]. 上海：复旦大学出版社，1997.

[216] 刘挺，吴岩，王开铸．串频统计和词形匹配相结合的汉语自动分词系统[J]. 中文信息学报，1998，12(1).

[217] 姜贤塔，陈根才．利用语料库技术的中文自动文摘系统[J]．中文信息学报，1999(2)．

[218] 现代汉语语料库加工规范——词语切分与词性标注[EB/OL]．http://icl. pku. edu. cn /icl_groups/corpus/spec. htm.

[219] 孙茂松，邹嘉彦．汉语自动分词研究评述[EB/OL]．http://www. icst. pku. edu. cn/ course/ TextMining/ 07-08spring.

[220] Sproat, R., Shih C. L.. A Statistical Method for Finding Word Boundaries in Chinese Text[J]. Computer Processing of Chinese and Oriental Languages,1993(4).

[221] Sun, M. S., Shen D. Y., et al.. Chinese Word Segmentation without Using Lexicon and Hand-crafted Training Data[C]. Proceedings of the 36th AnnualMeeting of Association of Computational Linguistics and the 17th International Conference on Computational Linguistics, Montreal,1998:169-271.

[222] 黄萱菁，吴立德．基于机器学习的无需人工编制词典的切词系统[J]．模式识别与人工智能，1996(4)．

[223] Nie, J. Y., Jin W. Y., et al.. A Hybrid Approach to Unknown-word Detection and Segmentation of Chinese[C]. Proceedings of International Conference on Chinese Computing 1994, Singapore: 405-412.

[224] Mehrnoush Shamsfard, Ahmad Abdollahzadeh Barforoush[J]//Learning Ontologies from Natural Language Texts. International Journal of Human-Computer Studies, 2004(60).

[225] 龙树全，赵正文，唐华．中文分词算法概述[J]．电脑知识与技术，2009，5(10)．

[226] 余蕾，曹存根．基于Web语料的概念获取系统的研究与实现[J]．计算机科学，2007(2)．

[227] 施芸虹，危辉，陈燕．概念获取的框架表征重述方法[J]．计算机应用研究，2007(1)．

[228] Michael Gamon. Linguistic Correlates of Style: Authorship Classification with Deep Linguistic Analysis Features[EB/OL]. http://

www. aclweb. org/anthology-new/C/C04- 1088. pdf.
[229]杨建明．关系抽取方法研究[J]．电子技术,2009(4).
[230] Proceedings of the 6th Message Understanding Conference(MUC-6)[C]. National Institute of Standards and Technology,1995.
[231] Aone. C,M. Ramos-Santacruz. REES:A Large-Scale Relation and Event Extraction System[C]. Proeeedings of the 6th Applied Nature Language Processing Conference,2000:76-83.
[232] Hamish Cunningham, Diana Maynard, Kalina Bontcheva, ValentinTablan. A Framework and Graphical Development Environment for Robust NLP Tools and Applications[J]. ACL 2002:168-175.
[233] Ellen Riloff. Automatically Generating Extraction Patterns from Untagged Text[J]. AAAI/IAAI, Vol. 2 ,1996:1044-1049.
[234] Mark Craven, Johan Kumlien. Constructing Biological Knowledge Bases by Extracting Information from Text Sources [J]. ISMB1999:77-86.
[235] Sergey Brin. Extraceting Patterns and Relations from the World Wide Web[J]. WebDB 1998. 172-183.
[236]黄晨．语义关系抽取发展现状及抽取方法的研究[J]．福建电脑,2009(6).
[237]贾黎莉．Ontology构建中概念间关系的研究[D]．北京:中国农业科学院,2007.
[238]吴金红,张玉峰,王翠波．基于本体的竞争情报采集模型研究[J]．情报理论与实践,2007(5).
[239]杜小勇,李曼,王珊．本体学习研究综述[J]．软件学报,2006(9).
[240]闫学东,张阔,李涓子．一种本体知识文摘方法的研究和实现[J]．计算机科学,2006 (7).
[241]杜慧平,侯汉清．网络环境中汉语叙词表的自动构建研究[J]．情报学报,2008 (6).
[242]贾秀玲,文敦伟．一种本体学习中分类关系提取方法的研究[J]．计算机技术与发展,2007(10).

[243] Daille, B. . Study And Implementation of Combined Techniques for Automatic Extraction of Terminology [EB/OL]. Proc. of the ACL'94. Workshop "The Balancing Act: Combining Symbolic and Statistical Approaches to Language", 1994. http://acl. 1dc. upenn. edu/W/W 94/W 94 · 0104. pdf.

[244] Velardi, P. , Fabriani, P. , Missikof, M. . Using Text Processing Techniques to Automatically Enrich a Domain Ontology [M]. Proc. of the FOIS. New York: ACM Press, 2001. 270-284.

[245] Pennaeehiotti Marco, Pantel Patrick. A Bootstrapping Algorithm for Automatically Harvesting Semantic Relations[J]. The Fifth Workshop on Inference in Computational Semantics, IcoS-5, Buxton, England, 2006.

[246] Hearst Marti A. . Automatic Acquisition of Hyponyms from Large Text Corpora[J]. Proc. of the COLING-92, 1992: 539-545.

[247] Hearst Marti. A. , ed. Automated Discovery of Wordnet Relations. Cambridge[M], MA: MIT Press, 1998.

[248] Berland Matthew, Charniak Eugene. Finding Parts in Very Large Corpora[C]. Proceedings of the 37th Annual Meeting of the Association for Computational Linguistics(ACL-99), 1999: 57-64.

[249] Girju Roxana, Baduleseu Adriana, Moldovan Dan. Learning Semantic Constraints for the Automatic Discovery of Part-Whole Relations[C]. Proceedings of the 2003 Conference of the North American Chapter of the Association for Computational Linguistics on Human Language Technology (HLT/NAACL-03), Edmonton, Canada, 2003: 1-8.

[250] Pantel Patriek, Ravichandran DeePak, Hovy Eduard. Towards Terasceale Knowledge Acequisition[C]. Proceedings of the 20th·International Conference on Computational Linguistics, 2004.

[251] 杜慧平. 自然语言叙词表自动构建研究[D]. 南京:南京农业大学, 2007.

[252] Harris Zelig S. . Mathematical Structures of Language[M]. New

York: Wiley,1968.

[253] Hindle Donald. Noun Classification from Predicate-Argument Structures[C]. Proceedings of the 28th Annual Meeting on Association for Computational Linguistics, Pittsburgh, Pennsylvania, 1990:268-275.

[254] Lin Dekang. Automatic Retrieval and Clustering of Similar Words [C]. Proceedings of The 17th International Conference on Computational linguistics, Montreal, Quebec Canada, 1998:768-774.

[255] Pantel Patrick Andre. Clustering by Committee (Dissertation) [M]. Edmonton, Alberta, Canada: University of Alberta, 2003.

[256] Fisher Douglas, H. Kowledge Acquisition ViaIncerемental Conceptual Clustering[J]. Machine Learning, 1987, 2(2):139-172.

[257] Gennari J. H., Langley, P., Fisher D.. Models of Incremental Concept Formation [J]. Artificial Intelligence, 1989, 40 (1-3): 11-61.

[258] Cheeseman, P., Stutz J. Bayesian Classification (Autoclass): Theory and Results [J]// Fayyad Usama M., Piatetsky-ShaPiro Gregory, Smyth Padhraie, etal., ed. AdVances in Knowledge Discovery and DataMining, 1996:153-180.

[259] Decaestecker, C.. Description Contrasting in Incremental Concept Formation[J]//Proceedings of the European Working Session on Learning on Machine Leaming, Porto, Portugal, 1991:220-233.

[260] HanJiawei, Kanlbe Mieheline. 数据挖掘:概念与技术[M]. 范明,孟小峰,译. 北京:机械工业出版社,2001.

[261] Caraballo Sharon A. Automatic Construction of a Hypemym-Labeled Noun Hierarchy From Text[C]. Proceedings of the 37th Annual Meeting of the Association for Computational Linguistics on Computational Linguistics, College Park, Maryland, 1999: 120-126.

[262] Pantel Patriek, Raviehandran DeePak. Automatically Labeling Semantic Classes[D]. Proceedings of Human Language Technology/

North American Association for Computational Linguistics(HLT/NAACL-04),Boston,MA,2004:321-328.

[263]贾秀玲. 面向文本的本体学习中概念提取及关系提取的研究[D]. 长沙:中南大学,2007.

[264]李卫. 领域知识的获取[D]. 北京:北京邮电大学,2008.

[265]Maedche, A., Staab, S.. Discovering Conceptual Relations from Text[C]. Horn W. Proceeding of the ECAI 2000. Am sterdam: IOS Press, 2000: 321-325.

[266]Missikoff, M., Navigli, R., Velardi, P.. Integrated Approach for Web Ontology Learning and Engineering[J]. IEEE Computer, 2002,35(11):60-63.

[267]Navigli, R., Velardi, P., Gangemi, A.. Ontology Learning and Its Application to Automated Terminology Translation[J]. IEEE Intelligent Systems,2003,18(1):22-31.

[268]Kavalec. M, Svhtek. V, A Study on Automated Relation Labeling in Ontology Learning[EB/OL]Buitelaar, P., Cimiano, P., Magnini B, eds.. Ontology Learning from Text: Methods, Evaluation and Applications. Am Sterdam: IOS Press, 2005, http://nb. vse. cz/-svatek/olp05, pdf.

[269]马张华. 信息组织[M]. 第2版. 北京:清华大学出版社,2003.

[270]Manning, C. D, Schutze, H.. 统计自然语言处理基础[M]. 苑春法,等译. 北京:电子工业出版社,2005.

[271]何清,路斌,史忠植. 基于HMM的文本信息抽取方法[C]. 中国人工智能学会第10届全国学术年会,2003:1066-1071.

[272]杨翼宏. 人工智能技术在分离过程中的综合应用研究[D]. 北京:北京化工学院,1990.

[273]常春. Ontology在农业信息管理中的构建和转化[D]. 北京:中国农业科学院, 2004.

[274] 王兴. 本体演化方法与机制研究及应用[D]. 武汉:华中师范大学, 2006.

[275]李景．本体理论及在农业文献检索系统中的应用研究——以花卉学本体建模为例[D]．北京：中国科学院研究生院（文献情报中心），2004．

[276]潘玉田，马新谋，马昀．基于模糊德尔菲法的主战坦克性能评价研究[J]．火炮发射与控制学报，2008(3)．

[277]张琪玉．情报语言学基础[M]．武汉：武汉大学出版社，1997.

[278]查先进．信息分析与预测[M]．武汉：武汉大学出版社，2002.

[279]Natalya，F. Noy，Michel Klein. Ontology Evolution：Not the Same as Schema Evolution[J]. Knowledge and Information Systems，2004，6(4)．

[280]刘晨，韩燕波，陈旺虎，王建武．MINI——一种可减小变更影响范围的本体演化算法[J]．计算机学报，2008(5)．

[281]聂规划，傅魁．基于Web的中文本体学习研究[J]．情报杂志，2008(6)．

[282]谢能付．农业知识不一致性研究[J]．农业网络信息，2007(6)．

[283]唐晓波．管理信息系统[M]．北京：科学出版社，2005.

[284]吴建，郑潮，汪杰．UML基础与Rose建模案例[M]．北京：人民邮电出版社，2004.

[285]邸春红．Visio 2003图形设计实用教程[M]．北京：清华大学出版社，2006.

[286][美]昊斯特曼（Horstmann Gay S.），（美）Gary Cornell. JAVA核心技术[M]．叶乃文，邝劲筠，杜永萍，译．北京：机械工业出版社，2008.

[287]曾新红．《中国分类主题词表》的OWL表示及其语义深层揭示研究[J]．情报学报，2005，24(2)：151-160.

[288]贾秀玲．面向文本的本体学习中概念提取及关系提取的研究[D]．2007.

[289]向阳，王敏，马强．基于Jena的本体构建方法研究[J]．计算

机工程,2007(14).
[290]丁晟春,顾德访. Jena在实现基于Ontology的语义检索中的应用研究[J]. 现代图书情报技术,2005(10).
[291]边杰. 一种基于Jena的语义检索模型研究与实现[D]. 西安:西安电子科技大学,2008
[292]陈琮. 基于Jena的本体检索模型设计与实现[D]. 武汉:武汉大学,2005.

数字时代图书馆学情报学研究论丛

（第二辑）

书　目

竞争情报与企业危机管理	查先进　陈明红　杨凤
现代服务管理理论与实践	李枫林
数字信息生命周期管理	马费成
信息资源集成	唐晓波
多语种叙词本体	邓仲华　赵又霖　黎春兰　汤平
企业竞争情报智能采集	张玉峰
数字化信息服务	胡昌平
泛在环境下的信息采集理论与应用	张李义
数字化信息时代的图书馆管理	肖希明
基于业务规则的档案信息资源管理	王新才
人事档案管理原理与方法	朱玉媛　周耀林
图书馆与信息领域知识产权问题研究	陈传夫
数字信息资源的开放存取	黄如花
XML信息检索	陆　伟
现代企业信息系统的演进	张晓娟
抗战时期中国出版业研究	吴永贵
信息相似性研究	沈　阳
国故新证	司马朝军
商务信息检索理论与技术	李湘东